红军长征回忆录精选

薛庆超 编

人民出版社

目　录

序言：长征与中国共产党的历史性转变

1934 年 10 月至 1936 年 10 月，中共中央领导红军主力通过长征，结束"左"倾教条主义在中共中央的统治，确立以毛泽东同志为核心的第一代中央领导集体，突破国民党军队围追堵截，克服恶劣的自然环境，战胜张国焘的分裂活动，实现红军三大主力会师西北，进入准备全国抗日战争的前进阵地。长征使中国共产党犹如凤凰涅槃、浴火重生，实现了历史性的转变。

毛泽东高度评价长征的历史意义和现实意义。1935 年 12 月 27 日，他在《论反对日本帝国主义的策略》的报告中指出：讲到长征，请问有什么意义呢？我们说，长征是历史纪录上的第一次，长征是宣言书，长征是宣传队，长征是播种机。毛泽东强调，自从盘古开天地，三皇五帝到于今，历史上曾经有过我们这样的长征吗？十二个月光阴中间，天上每日几十架飞机侦察轰炸，地下几十万大军围追堵截，路上遇着了说不尽的艰难险阻，我们却开动了每人的两只脚，长驱二万余里，纵横十一个省。请问历史上曾有过我们这样的长征吗？没有，从来没有的。毛泽东认为，长征又是宣言书。它向全世界宣告，红军是英雄好汉，帝国主义者和他们的走狗蒋介石等辈则是完全无用的。长征宣告了帝国主义和蒋介围追堵截的破产。长征又是宣传队。它向十一个省内大约两万万人民宣布，只有红军的道路，才是解放他们的道路。不因此一举，那么广大的民众怎会如此迅速地知道世界上还有红军这样一篇大道理呢？长征又是播种机。它散布了许多种子在十一个省内，发芽、长叶、开花、结果，将来是会有收获的。总而言之，长征是以我们胜利、敌人失败的结果而告结束。毛泽东说，谁使长征胜利的呢？是共产党。没有共产党，这样的长征是不可能设想的。中国共产党，它的领导机关，它的干部，它的党员，是不怕任何艰难困苦的。谁怀疑我们领导革命战争的能力，谁就会陷进机会主义的泥坑里去。

习近平总书记非常重视发掘长征资源、发扬长征精神、传承长征基因。2016年9月23日，他在中国人民革命军事博物馆参观"英雄史诗不朽丰碑——纪念中国工农红军长征胜利80周年主题展览"时指出：我们要铭记红军丰功伟绩，弘扬伟大长征精神，深入进行爱国主义教育和革命传统教育，引导广大干部群众坚定中国特色社会主义道路自信、理论自信、制度自信、文化自信，继续在实现"两个一百年"奋斗目标、实现中华民族伟大复兴中国梦的新长征路上万众一心、顽强拼搏、奋勇前进。2016年10月21日，他在纪念红军长征胜利80周年大会上强调："实现伟大的理想，没有平坦的大道可走。夺取坚持和发展中国特色社会主义伟大事业新进展，夺取推进党的建设新的伟大工程新成效，夺取具有许多新的历史特点的伟大斗争新胜利，我们还有许多'雪山'、'草地'需要跨越，还有许多'娄山关'、'腊子口'需要征服，一切贪图安逸、不愿继续艰苦奋斗的想法都是要不得的，一切骄傲自满、不愿继续开拓前进的想法都是要不得的。"①2019年5月20日，他在江西于都县中央红军长征出发纪念馆强调："现在我们正走在开启建设社会主义现代化国家的新征程上，我们要继往开来再出发！"

党的领导人对长征的论述告诉我们：长征是中国共产党和人民军队最宝贵的精神财富，是中华民族立足于世界民族之林的最雄厚的"软实力"，是实现中华民族伟大复兴中国梦的强大精神力量。长征具有丰富的历史内涵，具有鲜明的时代价值，可以从中汲取丰厚的历史智慧，可以从中感悟深刻的政治智慧。长征永远在路上，传承长征精神永远在路上，研究长征永远在路上。

---

① 《习近平谈治国理政》第二卷，外文出版社2017年版，第49页。

一、中国共产党在长征中反思历史，总结经验，汲取教训，展望未来，实现历史性伟大转变

（一）长征使中国共产党独立自主地解决一系列重大问题而走向成熟

中国共产党成立后，作为共产国际一个支部，长期接受共产国际指导。遵义会议前党的主要领导人先后有陈独秀、瞿秋白、向忠发、王明、博古等，一直没有形成坚强的领导核心。陈独秀犯过右倾错误，瞿秋白犯过"左"倾错误；向忠发凭着"工人"出身登上高位，既缺乏必要的政治理论水平，也缺乏必要的政治素质、思想素质和领导能力；王明、博古唯共产国际之命是从，不懂得把马克思主义基本原理与中国革命具体实际相结合，犯了"左"倾教条主义的严重错误。遵义会议在脱离共产国际指导的情况下，结束了"左"倾教条主义在中共中央的统治，确立了毛泽东在中共中央和红军的实际领导地位，使中国共产党走上了马克思主义的正确轨道。这是中国共产党历史上一个生死攸关的转折点。中国革命的实践证明，通过遵义会议，中共中央和红军得以在极其危急的情况下保存下来，为中国革命从挫折走向胜利提供了重要保证。长征期间，中国共产党独立自主地选择领导核心，形成第一代中央领导集体，确立符合中国革命实际的军事路线、组织路线和政治路线，为中国革命顺利发展奠定了稳固基础。以毛泽东同志为核心的中国共产党第一代中央领导集体在长征中逐步形成，这是党在长征中的历史性选择。从此，中国共产党率领红军夺取了长征的胜利，中国革命也走上了正确的道路。

（二）长征使中国共产党开始马克思主义基本原理同中国革命具体实践相结合的新阶段

在中国这样一个半殖民地半封建的东方大国进行革命，必然遇到许多特殊的复杂问题，靠背诵马克思主义一般原理和照搬外国经验不可能解决这些问题，只有创造性地运用马克思主义基本原理，实事求是、独立自主地解决中国革命的重大问题，才能把革命事业引向胜利。列宁指出，把诞生于欧洲的马克思主义基本原理同东方半殖民地半封建国家的革命实践结合起来，是东方共产主义者的一个重要任务。"左"倾教条主义之所以给中国革命带来惨重损失，就是因为只会空

谈"教条"，不懂得把马克思主义基本原理同中国革命具体实践结合起来。长征中，以毛泽东同志为主要代表的中国共产党人坚持把马克思主义基本原理同中国革命具体实践相结合，正确解决关系中国革命前途命运的一系列重大问题。从此，中国共产党坚持把马克思主义基本原理同中国革命具体实践相结合，开创适合中国国情的革命道路，制定符合中国革命实际的战略策略，对中国革命产生了深远影响。因此，坚持把马克思主义基本原理同中国具体实际相结合，实事求是，一切从实际出发，独立自主地研究解决中国革命问题，坚定不移地走中国特色的革命道路，是长征最宝贵的历史经验，是长征精神的精髓。

（三）长征使中国共产党提升了领导中国革命的世界眼光和政治远见

长征中，中国共产党坚持把中国革命的命运与中华民族的命运紧密联系在一起，把军事上的战略转移与政治上的战略转变紧密联系在一起，把长征前进的"落脚点"与建立全国抗日战争的前进阵地联系在一起，把夺取长征胜利同实现国内革命战争向抗日民族解放战争的历史转变联系在一起。以长征的胜利，推动中国革命转危为安，推动建立抗日民族统一战线，推动实现全民族的抗战。面对日本帝国主义的侵略，中国共产党正确分析了国内外形势，提出建立抗日民族统一战线与建立国际反法西斯统一阵线实行"无缝对接"，从而实现了国内革命战争向抗日民族解放战争的伟大转变，成为团结带领中国人民打败日本帝国主义的中流砥柱。长征锻炼了中国革命力量，共产党员和红军指战员的素质显著提高，为新形势下党的队伍和革命力量的壮大、为革命事业的发展培养了基本骨干。长征的胜利，实现了中国共产党北上抗日的战略方针，有力地推动了抗日民族统一战线的形成，极大地鼓舞了中国人民和中华民族团结抗战的信心和勇气，为未来夺取中国人民抗日战争胜利和世界反法西斯战争的胜利打下坚实基础。

（四）长征使中国共产党确立妥善解决党内问题的正确方针

"左"倾教条主义者在中央占统治地位时，对党内持不同意见的同志实行"残酷斗争、无情打击"。长征中解决党内问题，开创了"惩前毖后、治病救人"的新风气。遵义会议之所以能够在最短的时间内处理和解决事关中国革命前途的重大问题，既有形势发展的需要、党和红军的强烈要求、与会同志的积极努力，也是与会议充分发扬民主分不开的。与会同志在会议上畅所欲言，各抒己见，激烈争论，辨明是非，在讨论中达到一致。毛泽东以其卓越的政治远见、高超的政治智慧和实事求是精神，成为会议的核心和灵魂。为了使会议达到预期目的，毛泽东作了大量工作。首先，鉴于在长征途中军事问题的解决与否，直接关系到中共中央和红一方面军的生死存亡，而且长征以来，军事问题上的错误已经为中央政治局多数同志在实践中觉悟到了，迫切要求批判和纠正。有鉴于此，遵义会议集中全力解决军事问题和组织问题，将六届四中全会以来的政治路线错误暂时搁置起来，留待条件成熟的时候再去解决。这样考虑问题和处理问题，体现了毛泽东政治上的高瞻远瞩、策略上的深谋远虑，是保证遵义会议圆满成功的重要条件。其次，在团结犯过"左"倾错误的同志方面，遵义会议也为全党树立了榜样。张闻天曾经是"左"倾错误的主要执行者之一，但一经认识错误，就坚定地站在正确路线一边，毛泽东立即满腔热情地予以欢迎，并和其他同志一起，推举张闻天在中央"负总责"。对于暂时没有认识错误的博古、凯丰，也保留其中央政治局成员职务。这种以团结为重、以大局为重、以党的事业为重的马克思主义作风，同"左"倾教条主义的"残酷斗争、无情打击"形成了鲜明对比，有利于全党更加紧密地团结在党中央周围。在长征的危难时期，张国焘不守纪律、不讲规矩，大搞分裂活动，分裂红军，另立中央，制造了建党以来最严重的分裂事件。中共中央冷静思考，稳妥处理，耐心等待，始终坚持高度的原则性与灵活性相结合，始终坚持以党和红军的团结与统一为重，始终坚持把张国焘的分裂活动与红四方面军区别开来，充分相信红四方面军的广大指战员，最终战胜了张国焘由分裂中央到另立中央的严重事件，为正确处理党内斗争积累了成功经验。

（五）长征使中国共产党领导的各路红军从分散达到集中

长征前，各路红军分散在各个革命根据地。长征中，中共中央和红一方面军、红二方面军、红四方面军在极端艰险的条件下，从南方向西北进行战略转移，跨越十几个省，行程数万里，跋山涉水，浴血奋战，会师西北。红一方面军在中共中央直接率领下，突破国民党军队围追堵截，纠正党内"左"倾教条主义，战胜张国焘分裂活动，找到长征"落脚点"，巩固和发展陕甘革命根据地，开辟了中国革命的新局面。红六军团长征前担负着为中共中央和红一方面军开路的任务，红二军团与红六军团会合后，"大家团结得像一个人"，采取灵活机动的战略战术，形成一支强大的军事力量。红二方面军与红四方面军会师后，任弼时、贺龙、关向应等详细了解红一方面军与红四方面军会师的情况、中共中央与张国焘的分歧、以及张国焘的分裂活动，同朱德、刘伯承一起，同张国焘的分裂活动进行了坚决的斗争，既坚持原则，又讲究策略，顾全大局，为推动红四方面军北上发挥了积极作用。红四方面军从川陕地区出发，强渡嘉陵江开始长征，能征善战，敢打敢拼。红二十五军从河南罗山出发，血战独树镇，转战鄂豫陕，主动配合中共中央和红一方面军与红四方面军的行动，率先到达陕北。陕甘红军与红二十五军组建红十五军团，取得了劳山战役的胜利，为迎接中共中央和红一方面军、红二方面军、红四方面军会师打下基础。通过长征，中共中央、红军三大主力和红二十五军、陕甘红军，从原来分散的各个革命根据地，统一集中到陕甘革命根据地，"从激流归向大海"。经过长征锻炼的红军主力后来改编为八路军，长征保存下来的党和红军骨干，成为夺取中国革命胜利和建立中华人民共和国的骨干力量。

（六）长征使中国共产党领导中国革命的重心从南方转移到西北

经过长征，中共中央领导人和红军主力从四面八方、不同的革命根据地、不同的区域，几乎全部集中到西北。从此，西北成为中共中央和红军主力的"落脚点"、中国革命的"大本营"、人民军队投入全国抗日战争的"出发点"、开创中国革命新局面的重要基地。红军在长征中沿途播下的革命种子，在中国革命新的高潮到来的时候得以迅速生长。当日本帝国主义发动全面侵华战争的时候，当中华民族抗日战争的烽火即将在全国燃烧起来的时候，中共中央和红军三大主力肩负着中华民族抗日战争中流砥柱的历史使命会师西北，这是具有历史意义的重大事件。中共中央将领导中国革命的大本营奠基西北，巩固和发展陕甘革命根据地为陕甘宁革命根据地，使其成为中国革命的政治中心，为党和红军的发展创造了必要条件，为开创中国革命新局面作了充分准备，为全国抗日战争准备了前进阵地。

（七）长征使中国共产党倡导的抗日民族统一战线初步形成

中国共产党是中国人民和中华民族根本利益的忠实代表者，是建立抗日民族统一战线的倡导者、发起者和推动者。1933 年年初，中国共产党驻共产国际代表团以中共中央名义发出"一二六指示信",提出在东北建立反对日本帝国主义的统一战线。1934年7月,红七军团作为抗日先遣队北上时,中华苏维埃共和国临时中央政府主席毛泽东、中国工农红军总司令朱德等联名发表《为中国工农红军北上抗日宣言》。中共中央率领红一方面军同红四方面军会师后,张国焘坚持南下,中共中央坚决主张北上。事实证明,南下川康地区是没有出路的,北上陕甘地区则可以创造全国抗日战争的前进基地。1935年,中国共产党驻共产国际代表团根据共产国际第七次代表大会关于建立国际反法西斯统一阵线精神,以中国共产党中央委员会和中华苏维埃共和国中央政府名义发表《为抗日救国告全体同胞书》,即"八一宣言",产生了强烈的政治影响。中共中央致红二、六军团的贺电指出:"欢迎你们继续英勇的进军,北出陕甘与一方面军配合以至会合。在中国的西北建立中国革命的大本营","建立抗日救国的统一战线","向着日本帝国主义及其走狗卖国贼,开展神圣的民族革命战争"。中共中央率领红一方面军到达陕甘后,根据中国政治形势发展变化,发表"抗日救国宣言"。中共中央瓦窑堡会议确定建立抗日民族统一战线总方针。在中国共产党抗日民族统一战线总方针、抗日救国主张和全国抗日救亡运动影响推动下,国民党阵营发生分化,国民党营垒内部的东北军统帅张学良、十七路军总指挥杨虎城毅然发动西安事变,对蒋介石实行"兵谏"。中国共产党代表周恩来、红军代表叶剑英,东北军统帅张学良、十七路军总指挥杨虎城与国民党和南京政府及蒋介石本人的代表宋子文、宋美龄经过谈判,达成"停止内战、一致抗日"的"六项协议",西安事变得到和平解决。蒋介石被迫同意"停止内战、联合红军抗日",抗日民族统一战线初步形成。

二、中国共产党在长征中实现了实践创新、理论创新,将政治主张传播到全中国和全世界

(一)长征使中国共产党形成马克思主义群众观与中国革命具体实际相结合的群众路线

马克思主义群众观认为,人民群众是社会物质财富和精神财富的创造者,是推动历史前进的真正动力。中共中央和红军在长征途中,从南方到西北,所到之

处，宣传中国共产党的政治主张，发展中国共产党组织，建立革命政权，废除苛捐杂税，扫除贪官污吏，"为中国人民谋利益，为中华民族谋复兴"，从而使广大人民群众了解了中国共产党和中国工农红军，在中华大地播下了广泛的革命火种，促进了人民群众思想觉醒、政治觉悟的提高。例如，1935年1月7日，红一方面军红一军团智取遵义。根据红军总政治部要求，所有红军指战员严格遵守"三大纪律、八项注意"，"买卖公平"，秋毫无犯，"不拿群众一针一线"。红军指战员的工作作风与贵州军阀王家烈所部对劳苦大众敲骨吸髓，搜刮民脂民膏的行为，形成鲜明对照。

红军在遵义期间，深入群众，宣传群众，发动群众，组织群众，成效显著。当时，红军总政治部在遵义天主教堂召开遵义群众代表大会，阐述中国共产党、中华苏维埃共和国临时中央政府的各项政策和法令，讲解中国工农红军的性质与任务，宣传中国共产党的政治主张。遵义群众受到红军的宣传教育后，革命热情空前高涨，革命要求非常强烈，迅速建立遵义县革命委员会，由毛泽民、罗梓铭、周守如、邓云山等25名委员组成，罗梓铭（红军干部）任主席。遵义县革命委员会实行中华维埃共和国临时中央政府颁布的土地政策、经济政策和劳动法。领导贫苦农民打土豪分田地，时间虽短，影响却十分深远。这是红一方面军长征中成立的规模较大、时间较长的一个县级临时革命政权。红军在遵义期间，得到人民群众大力支援，获得充分休整。红军在遵义的群众工作卓有成效，在遵义地区12天扩红5000余人。红军长征经过的云南省会泽县，当时属于云南省、贵州省、四川省交界的边远荒凉地区。红九军团长征经过会泽，途经5个乡镇、30个行政村、69个村寨，行程115公里，历时6天，产生巨大政治影响。红九军团在会泽期间，号召"扩红"，当即有1500多名各族青年踊跃参加红军，编成一个新兵营，由红九军团罗炳辉军团长对刚入伍的新战士作了动员报告。会泽县参加红军人数之多，创造红九军团长征史上的"扩红之最"。①

（二）长征使中国共产党积累了少数民族工作的成功经验

长征中，红军经过苗族、彝族、藏族、羌族、回族等十多个少数民族地区。

---

① 中共楚雄州委党史研究室：《楚雄党史党建》2007年第2期。

中共中央和红一方面军从冕宁到大渡河必经的大凉山地区，聚居着尚处在奴隶社会发展阶段的彝族。根据中共中央指示，红军总参谋长刘伯承向彝族部落首领小叶丹表示：此次红军只是借路北上，并不停留，愿与小叶丹拜盟，待将来红军打败反动派后，帮助彝族人民解除一切压迫，建设美好家园。然后，刘伯承与小叶丹"彝海结盟"，结为兄弟。红军部队顺利通过彝族地区。"彝海结盟"充分证明中国共产党少数民族政策的巨大威力。红二方面军、红四方面军、红二十五军经过少数民族聚居地区时，严格贯彻中国共产党"各兄弟民族一律平等"的民族政策，尊重、团结、教育、帮助少数民族，与少数民族建立良好关系。红军长征在甘孜期间，朱德总司令与格达活佛多次促膝谈心，成为知心朋友，红军得到格达活佛的大力帮助。红军长征经过四川阿坝地区时，充分尊重藏族、羌族、回族等少数民族人民生活习惯，帮助建立少数民族革命政权，得到少数民族群众大力支持，他们纷纷为红军筹集粮草，充当向导、翻译，参军参战。中国共产党长征中的少数民族工作，经受了长征实践的检验，取得丰硕成果，为后来的少数民族工作提供了丰富经验。

（三）长征使中国共产党将政治影响扩大到全中国

毛泽东在《七律·长征》中写道："红军不怕远征难，万水千山只等闲。五岭逶迤腾细浪，乌蒙磅礴走泥丸。金沙水拍云崖暖，大渡桥横铁索寒。更喜岷山千里雪，三军过后尽开颜。"长征中，中国共产党领导的红军指战员逢山开路，遇水搭桥，突破四道封锁线，四渡赤水，通过彝民区，强渡大渡河，飞夺泸定桥，巧渡金沙江，回旋乌蒙山，爬雪山，过草地，这些神话般的史实，使共产党和红军备受革命青年的推崇，反映长征的书籍成为进步青年的革命教科书。全国性抗日战争爆发后，正是在长征精神的感召下，大批进步青年冒着政治风险，不怕山高路远，从天南海北来到陕甘宁边区和各个抗日民主根据地投身革命。长征的巨大影响，为中国共产党和人民军队在中国人民抗日战争时期的大发展奠定广泛的群众基础。

（四）长征使中国共产党将政治影响扩大到全世界

中共中央率领红一方面军到达陕甘革命根据地结束长征后，美国记者埃德加·斯诺访问了陕甘革命根据地，根据对毛泽东等中国共产党和红军领导人以及许多红军将士的访谈和实地观察，撰写了《红星照耀中国》（即《西行漫记》），向全世界详细介绍中国共产党和红军的长征，产生重大影响，一时间风靡全球。长征既感动着中国，也感动着世界，使全世界对中国共产党和红军有了新的认识。美国总统罗斯福多次阅读《西行漫记》，在其执政期间对中国共产党采取友好态度。许多国际人士通过长征了解了中国共产党和红军，他们历尽艰辛，支援中国革命。加拿大人白求恩、美国人马海德、印度人柯棣华就是其中的优秀代表。美国人索尔兹伯里认为：长征"是一首伟大的人间英雄史诗"，"在本世纪的历史上，还没有一次事件能够这样打动全世界的心，这样深刻地影响世界的未来"。

总之，长征以"左"倾教条主义造成红军第五次反"围剿"失败、中国革命遭到重大挫折、中国共产党和红军处于危难之中为开端，以确立毛泽东在中共中央的领导地位、实现中国革命的历史性转折、开创中国革命新局面而结束。长征是一次理想信念的伟大远征，崇高的理想，坚定的信念，永远是中国共产党人的政治灵魂。长征是一次检验真理的伟大远征，真理只有在实践中才能得到检验，真理只有在实践中才能得到确立。长征是一次唤醒民众的伟大远征，红军打胜仗，人民是靠山。长征是一次开创新局的伟大远征，长征的胜利，是方向和道路的胜利。长征永远激励着中国，长征永远影响着世界，长征永远在路上！

中共中央党史和文献研究院　薛庆超

1. 长征是宣言书，长征是宣传队，长征是播种机

毛泽东

　　同志们，你们看，差不多一年半以来，中国的三支主力红军都在作阵地的大转移。从去年八月任弼时同志等率领第六军团向贺龙同志的地方开始转移起，接着就是十月开始的我们的转移。今年三月，川陕边区的红军也开始转移。这三支红军，都放弃了原有阵地，转移到新地区去。这个大转移，使得旧区域变为游击区。在转移中，红军本身又有很大的削弱。如果我们拿着整个局面中的这一方面来看，敌人是得到了暂时的部分的胜利，我们是遭遇了暂时的部分的失败。这种说法对不对呢？我以为是对的，因为这是事实。但是有人说（例如张国焘）：中央红军失败了。这话对不对呢？不对。因为这不是事实。马克思主义者看问题，不但要看到部分，而且要看到全体。一个虾蟆坐在井里说："天有一个井大。"这是不对的，因为天不止一个井大。如果它说："天的某一部分有一个井大。"这是对的，因为合乎事实。我们说，红军在一个方面（保持原有阵地的方面）来说是失败了，在另一个方面（完成长征计划的方面）来说是胜利了。敌人在一个方面（占领我军原有阵地的方面）来说是胜利了，在另一个方面（实现"围剿""追剿"计划的方面）来说是失败了。这样说才是恰当的，因为我们完成了长征。

　　讲到长征，请问有什么意义呢？我们说，长征是历史纪录上的第一次，长征是宣言书，长征是宣传队，长征是播种机。自从盘古开天地，三皇五帝到于今，历史上曾经有过我们这样的长征吗？十二个月光阴中间，天上每日几十架飞机侦察轰炸，地下几十万大军围追堵截，路上遇着了说不尽的艰难险阻，我们却开动

了每人的两只脚，长驱二万余里，纵横十一个省。请问历史上曾有过我们这样的长征吗？没有，从来没有的。长征又是宣言书。它向全世界宣告，红军是英雄好汉，帝国主义者和他们的走狗蒋介石等辈则是完全无用的。长征宣告了帝国主义和蒋介石围追堵截的破产。长征又是宣传队。它向十一个省内大约两万万人民宣布，只有红军的道路，才是解放他们的道路。不因此一举，那么广大的民众怎会如此迅速地知道世界上还有红军这样一篇大道理呢？长征又是播种机。它散布了许多种子在十一个省内，发芽、长叶、开花、结果，将来是会有收获的。总而言之，长征是以我们胜利、敌人失败的结果而告结束。谁使长征胜利的呢？是共产党。没有共产党，这样的长征是不可能设想的。中国共产党，它的领导机关，它的干部，它的党员，是不怕任何艰难困苦的。谁怀疑我们领导革命战争的能力，谁就会陷进机会主义的泥坑里去。长征一完结，新局面就开始。直罗镇一仗，中央红军同西北红军兄弟般的团结，粉碎了卖国贼蒋介石向着陕甘边区的"围剿"，给党中央把全国革命大本营放在西北的任务，举行了一个奠基礼。[1]

---

[1]　原载《毛泽东选集》第一卷，人民出版社 1991 年版，第 149 页。标题为编者所加。

2.党的历史教训（节录）

周恩来

毛主席说：一九三五年一月遵义会议纠正了王明的路线错误，王明倒台了。这是简单的总结的话。事实经过是：在长征中，毛主席先取得王稼祥、洛甫的支持。那时在中央局工作的主要成员经过不断斗争，在遵义会议前夜，就排除了李德，不让李德指挥作战。这样就开好了遵义会议。中央的很多同志都站在毛主席方面。由于毛主席拨转了航向，使中国革命在惊涛骇浪中得以转危为安，转败为胜。这是中国革命历史中的伟大转折点。毛主席的正确路线在党中央取得了领导地位，真正取得了领导地位。遵义会议一传达，就得到全党全军的欢呼。

中央红军一九三四年十月十日从于都出发，出发时八万多人，号称十万人，辗转三个月到达了遵义地区。三个月中间，坛坛罐罐都带着，连机器都抬着，那简直是不堪设想的。哪有那种大转移呢？那是大搬家。当然那些东西都纷纷丢掉了，大概没有出江西，机器就丢掉了。经过广东、江西，然后又转到湖南。在湖南多次转移，然后才进到贵州。在进入贵州前后，就争论起来了，开始酝酿召集政治局会议了。从黎平往西北，经过黄平，然后渡乌江，到达遵义，沿途争论更烈。在争论过程中间，毛主席说服了中央许多同志，首先是得到王稼祥同志的支持，还有其他中央同志。当时林彪并不是积极的，是同别人说牢骚话的。在遵义会议上，毛主席作了讲话，扭转了航向。

遵义会议的主旨是纠正军事路线错误，因为当时是在惊涛骇浪中作战，军事路线最紧迫。长征是辗转战斗，蒋介石以大军围追我们，截击我们，侧击我们。我们在广西那个地方受了很大的损失。白崇禧用很厉害的办法对付我们，他把我们走的路上的老百姓都赶掉，甚至把房子烧掉，使我们没有法子得到粮食和住房。他在背后截击我们，我们一个师被截断了，得不到消息，牺牲了。经过多次挫折，到了遵义只有三万多人。这么大的损失！这个严重的错误是血的教训。毛主席取得领导地位，是水到渠成。事实证明，在千军万马中毛主席的领导是正确的。

毛主席的办法是采取逐步的改正，先从军事路线解决，批判了反五次"围剿"以来的作战的错误：开始是冒险主义，然后是保守主义，最后是逃跑主义。这样就容易说服人。其他问题暂时不争论。比如"左"倾的土地政策和经济政策，"肃反"扩大化，攻打大城市。那些都不说，先解决军事路线，这就容易通，很多人一下子就接受了。如果当时说整个都是路线问题，有很多人暂时会要保留，反而阻碍党的前进。这是毛主席的辩证唯物主义，解决矛盾首先解决主要的矛盾，其次的放后一点嘛。

实际上次要矛盾跟着解决了，组织路线也是勉强解决了。当时博古再继续领导是困难的，再领导没有人服了。本来理所当然归毛主席领导，没有问题。洛甫那个时候提出要变换领导，他说博古不行。我记得很清楚，毛主席把我找去说，洛甫现在要变换领导。我们当时说，当然是毛主席，听毛主席的话。毛主席说，不对，应该让洛甫做一个时期。毛主席硬是让洛甫做一做看。人总要帮嘛。说服了大家，当时就让洛甫做了。撤销博古的那个声明也没有用"总书记"。那个时候名称也不是那么固定的，不那么严格的，这个"总"字好像没有加上，反正他是书记就是了，因为其他的人做常委嘛。那个时候没有书记处。

毛主席总是采取这样的办法来教育人，使大家逐步地觉悟起来。所以，组织路线并没有完全解决。但是，这样比较自然，便于集中力量取得胜利，减少阻力。至于政治路线，暂时不提。

遵义会议开了以后，要继续前进。这个时候争论又起来了，打仗如何打法也引起了争论。那个时候困难啰，八万人剩下三万多人。每一个部队里都减员，伤员病号都不少，的确有困难。在那种关头，只有坚定不移地跟毛主席走。这时问题就出来了，一个比较小的问题，但是一个关键性的问题，就是从遵义一出发，遇到敌人一个师守在打鼓新场那个地方，大家开会都说要打，硬要去攻那个堡垒。只毛主席一个人说不能打，打又是啃硬的，损失了更不应该，我们应该在运动战中去消灭敌人嘛。但别人一致通过要打，毛主席那样高的威信还是不听，他也只好服从。但毛主席回去一想，还是不放心，觉得这样不对，半夜里提马灯又到我那里来，叫我把命令暂时晚一点发，还是想一想。我接受了毛主席的意见，一早再开会议，把大家说服了。毛主席才说，既然如此，不能像过去那么多人集体指挥，还是成立一个几人的小组。由毛主席、王稼祥和我，三人小组指挥作战。从那个时候一直到渡金沙江，从一月、二月出发，到了五月，这是相当艰难困苦的一个时期。走"之"字路，四渡赤水河。从土城战斗渡了赤水河。我们赶快转到三省交界即四川、贵州、云南交界地方，有个庄子名字很特别，叫"鸡鸣三省"，鸡一叫三省都听到。就在那个地方，洛甫才做了书记，换下了博古。①

---

① 原载《周恩来军事文集》第四卷，人民出版社 1997 年版，第 561—563 页。

3. 教条主义使革命受到严重损失

朱 德

一、二、三次反"围剿",是中国很好的革命战争经验。主要一点是在于依靠群众。三次反"围剿",我们都是为了群众,又很好地依靠了群众。当时我们只有五万人,三万支枪,粉碎了几十万敌人的三次"围剿"。蒋介石、外国人,都不知道我们究竟有多少人,连党中央也不相信我们只有那么多人。

这一胜利以后,党中央就冲昏了头脑。根据苏区胜利与九一八事变的新的情况,作出了《由于工农红军冲破第三次"围剿"及革命危机逐渐成熟而产生的党的紧急任务》的决议,提出要"争取革命在一省或数省首先胜利的前途",取消游击战争的方针,要打大城市。一九三二年一月十日,中央命令红军打赣州,结果打不开,这又是不应打大城市的一个证明。在这以前,毛主席主张向东北发展,分散以争取群众,一直把网撒到浙江去,打到蒋介石的老家。如若实行,我看红军发展可能上十万人,同时也会更扩大苏区。但可惜这一主张当时被否定了。不久,军事上由教条主义出来负责,方向从此又搞错了。红军三大任务,改作只剩下了一个打仗,不做群众工作,不筹款,因此就脱离了群众,又保障不了供给。以后红一军团虽也打了很多好仗,但今天看来,很多都是空打的。第四次反"围剿"时,因为有前三次反"围剿"经验,所以还打了一些胜仗,但教条主义已经把红军削弱,把游击队吃掉。在军队组成上,只盲目地强调"成分",对于工人干部,不问其能力、经验如何,把他们提到师、军级的领导岗位上,而全不知我们在农村绝没有许多工人参加红军的实际事实。教条主义的特点,就是不从实际出发,不从中国情况出发,而是从苏联情况出发,从主观愿望出发。不晓得要把我们这样一支军队，完完全全变成一支象苏联红军一模一样的军队，是绝对不可能的。

第五次反"围剿"，就更坏了，完全是洋教条，把过去苏区反"围剿"的经验抛得干干净净。硬搬世界大战的一套，打堡垒战，搞短促突击，不了解自己家务有多大，硬干硬拼。军事上的教条主义，伴随着其他方面的教条主义，使革命受到严重损失。直到遵义会议，在毛主席领导下，才结束了错误路线的领导。长征后，红一、三军团一共只剩下了七千人，这都是教条主义拒绝毛主席的正确思想，把方向搞错了的结果。

全面抗战以来，晋察冀军区、山东军区、新四军黄克诚部，这些都是红一军团的底子，都有了较大发展。但在抗战中，对过去作战的经验教训，有的同志仍未很好接受，在思想上仍有争论。洛川会议，毛主席主张独立自主的游击战，以游击战争为主，积极发动群众，扩大自己力量。但有些地方并未很好执行，仍想多打大仗，不知道我们主要的是进行游击战争，应当放手分散去争取群众，发展力量。仗，是必要打时才打的，不必要的仗，一定不打。别的不说，我们处在农村，身上子弹没有几颗，有什么必要打大仗，打大仗又能打几回呢？在抗战中，我们的军队都有很大发展，这是由于毛主席抓得紧，我们有些错误，得到了及时纠正，这才使部队走上健康发展的道路。

红一军团干部，有良好的传统：英勇善战，善于管理部队，又会做群众工作。但你们应该知道，你们身上背了一个很大的包袱。切不可自高自大。比如说，你们的同志中有的以为自己是正统，是模范，不管到什么地方工作，总是硬搬硬套，到处和人家搞不好，结果到处碰壁。大家要知道，到别的地方工作，要尊重人家，然后才能使自己提高，并实现自己的理想。我们红一军团同志跟随毛主席搞了这么多年，要把毛主席的思想真正搞通了才行。把毛主席的思想方法学好了，才能把事情办好，才不愧是毛主席的学生。要很好学习毛主席实事求是和谦逊的态度，自己不管到什么地方工作，随时都要虚心，要看到人家的长处，并善于向人家学习。

最后，还要讲一个山头主义问题。我们是从井冈山下来的，客观上是个山头，但主观上不可有山头主义。我们切不可居功。群众风起云涌，烈士牺牲性命，如果有功，功是他们的。离开了群众，我们什么事也做不出来。比如说，我个人，中外人士都知道，好象我是三头六臂，实际上，我只是广大群众事业与功绩的代表中的一个而已。一定要记住，如果有功，功是党的，是群众的。①

---

① 原载《朱德选集》，人民出版社 1983 年版，第 131—134 页。

4. 从福建事变到遵义会议

——整风笔记片段

张闻天

　　然而政治上的分歧终究开始发生了。首先关于三条件的了解（1933 年 1 月 17 日），我们一开始即有区别。博古说，三条件只是宣传的号召，只对下层士兵与广大工农群众讲的。我说，三条件是宣传的，也是行动的号召，也是对上层军官说的。对于十九路军的策略，他完全采取开玩笑的态度，在军事行动上完全不配合，我则主张慎重其事，在军事上主张积极配合。但这种不同的意见，没有在正式的会议上发生过公开的争论。虽是关于十九路军问题，我曾经在《斗争》报上发表过一篇文章，主张在这个问题上的两条战线斗争（请参看《斗争》三十六期，1933 年 11 月 26 日）。

　　其他关于经济政策也曾经有过个别的不同意见。他曾经写了一篇文章《关于苏维埃的经济政策》（没有写完），暗中是驳我的个别意见的。我总感觉到，他在无论什么问题上总要比我"左"些。我在反右倾机会主义斗争中，在个别问题上也反对过"左"，如关于劳动政策上的"左"，同十九路军统一战线上的"左"，党内斗争中的"左"，在上海时我曾经反对过河北高阳蠡县暴动中的"左"（见上海《斗争》报），但是我却从来没有一次见过博古反对过任何问题上的"左"。相反的，他的拿手好戏，就是把你的反对"左"，曲解为右而加以打击。我平时就怕他这一点，怕他找到我的"右"打击我。所以我的反"左"，常常是胆怯的，在反右倾中附带说及的，或者反一下"左"，赶快转过来说要反右。我现在反省，这主要的还是由于我的思想基本上没有转变的关系，但他的极左态度摧残着一切新思想的生长这一事实，是无可怀疑的。

会议上，我同博古同志的公开冲突，是在关于广昌战斗的一次讨论。我批评广昌战斗同敌人死拼，遭受不应有的损失，是不对的。他批评我，说这是普列哈诺夫反对一九〇五年俄国工人武装暴动的机会主义思想。我当时批驳了他的这种诬蔑。我坚持了我的意见，结果大家不欢而散。其他到会同志，没有一个表示意见。

从此时起，我同博古的矛盾加深了，他有一次似乎是传达李德的意见，说："这里的事情还是依靠于莫斯科回来的同志。"意思似乎说，我们内部不应该闹摩擦。当时，我没有重视这句话，现在想起来，倒是很有意思的。

由于这些矛盾的发展，博古开始排挤我。五中全会后，我被派往中央政府工作，就是把我从中央排挤出去的具体步骤。后来又把我派到闽赣做巡视工作（项英从闽赣巡视才回来），实际上要把我从中央政府再排挤出去，而把中央政府的领导交给别人。在我不在中央政府时期，博古等公开批评中央政府的文牍主义，在背后攻击我。直到快要出发长征以前，我才从闽赣回来。当时关于长征前一切准备工作，均由以李德、博古、周恩来三人所主持的最高"三人团"决定，我只是依照最高"三人团"的通知行事。我记得他们规定了中央政府可以携带的中级干部数目字，我就提出了名单交他们批准。至于高级干部，则一律由最高"三人团"决定。瞿秋白同志曾向我要求同走，我表示同情，曾向博古提出，博古反对。

在出发以前，最高"三人团"要把我们一律分散到各军团去（后因毛泽东同志提议未分散）。我当时觉得我已经处于无权的地位，我心里很不满意。记得在出发前有一天，泽东同志同我闲谈，我把这些不满意完全向他坦白了。从此，我同泽东同志接近起来。他要我同他和王稼祥同志住在一起——这样就形成了以毛泽东同志为首的反对李德、博古领导的"中央队"三人集团，给遵义会议的伟大胜利放下了物质基础。

我现在反省起来，我同毛泽东同志之所以能够在长征出发前即合作起来的原因，除了我前面所说的种种原因外，我对他历来无仇恨之心。我一进中央苏区，不重视毛泽东同志是事实，但并无特别仇视或有意要打击他的心思，也是事实。在我未当人民委员会主席以前，我曾分工管理过政府工作，同他关系也还平常，他的文章我均给他在《斗争》报上发表。但究竟他是个什么人，他有些什么主张与本领，我是不了解，也并没有想去了解过的。

此外，关于军事系统方面，青年团系统方面，保卫局系统方面，我知道很少，所以也说不出什么来。

关于博古如此纵容李德，信任李德，把他捧为"太上皇"，这件空前奇案确有值得好好研究的必要。我在十九路军事变时，觉得李德把军队西调不对，广昌战斗中把军队硬拼受损失不对，其余我知道很少。

错误领导的破产是必然的。中央红军于 1934 年 10 月退出中央苏区，开始长征。这件事实，对于以后在毛泽东同志领导下反对李德、博古的斗争亦大有帮助。实际的结果，是路线的正确或错误的最好证据。

长征出发后，我同毛泽东、王稼祥二同志住一起。毛泽东同志开始对我们解释反五次"围剿"中中央过去在军事领导上的错误，我很快的接受了他的意见，并且在政治局内开始了反对李德、博古的斗争，一直到遵义会议。

遵义会议在我党历史上有决定转变的意义。没有遵义会议，红军在李德、博古领导下会被打散，党中央的领导及大批干部会遭受严重的损失。遵义会议在紧急关头挽救了党，挽救了红军，这是一。第二，遵义会议改变了领导，实际上开始了以毛泽东同志为领导中心的中央的建立。第三，遵义会议克服了"左"倾机会主义，首先在革命战争的领导上。第四，教条宗派开始了政治上、组织上的分裂。这个会议的功绩，当然属于毛泽东同志，我个人不过是一个配角而已。

对于我个人说来，遵义会议前后，我从毛泽东同志那里第一次领受了关于领导中国革命战争的规律性的教育，这对于我有很大的益处。

但因遵义会议没有提出过去中央政治上的路线错误，而且反而肯定了它的正确，使我当时对于我自己过去的一套错误，还很少反省。这在毛泽东同志当时只能如此做，不然我们的联合会成为不可能，因而遵义会议不能取得胜利。为了党与革命的利益，而这个利益是高于一切的，毛泽东同志当时做了原则上的让步，承认一个不正确的路线为正确，这在当时是完全必要，完全正确的。这个例子，可以作为党内斗争一个示范来看。

在遵义会议上，我不但未受打击，而且我批评了李德、博古，我不但未受处罚，而且还被抬出来代替了博古的工作。这个特殊的顺利环境，使我在长久时期内不能彻底了解到自己的严重错误。

5. 回顾长征

刘伯承

从 1934 年 10 月到 1936 年 10 月的整整两年中，中国工农红军离开了原来的根据地举行了震惊世界的二万五千里长征。长征中，红军斩关夺隘，抢险飞渡，杀退了千万追兵阻敌，翻越了高耸入云的雪山，跋涉了渺无人烟的草原，其神勇艰苦的精神，充分显示了共产主义运动无比顽强的生命力，表现了共产党领导的军队无坚不摧的战斗力量。

但是，为什么要举行长征？红军为什么能够胜利地完成这个伟大的壮举？其中却有许多经验教训值得记取。

一

党中央六届四中全会以后，开始了土地革命时期以王明为代表的第三次"左"倾机会主义路线对党的统治。1931 年 11 月的中央根据地党代表大会和 1932 年 10 月的宁都会议，根据六届四中全会的错误纲领，诬蔑毛泽东同志的正确路线为"富农路线"和"极严重的一贯的右倾机会主义错误"，并改变了中央根据地正确的党的领导和军事领导。到 1933 年年初，临时中央因为白区工作在错误路线的领导下遭受严重损失而迁入中央根据地，更使错误路线得以在中央根据地和邻近根据地进一步地贯彻执行。

"左"倾路线混淆了民主革命和社会主义革命两个历史阶段的任务和界限，主观地急于要超过民主革命；低估了农民反封建斗争在中国革命中的决定作用；

主张整个地反对资产阶级以至上层小资产阶级。第三次"左"倾路线更把反资产阶级和反帝反封建并列，完全否认由日本侵略所引起的国内政治形势的重大变化，反而把同国民党反动统治有矛盾、在当时积极活动起来的中间派别断定为所谓"最危险的敌人"。他们不了解半殖民地半封建的中国社会的特点，不了解中国资产阶级民主革命实质上是农民革命，不了解中国革命的不平衡性、曲折性和长期性，从而低估了军事斗争特别是农民游击战争和乡村根据地的重要性，错误地要求红军夺取中心城市。

但是因为毛泽东同志的正确的战略方针在红军中有深刻影响，在临时中央的错误路线尚未完全贯彻到红军中以前，1933年春的第四次反"围剿"战争仍然得到胜利。而在1933年年底开始的第五次反"围剿"战争中，极端错误的军事路线就取得了完全的统治。1934年1月召开的六届五中全会，是第三次"左"倾路线发展的顶点。这时，他们错误地认为"中国革命危机已到了新的尖锐的阶段——直接革命形势在中国存在着"；认为第五次反"围剿"的斗争"即是争取中国革命完全胜利的斗争"。第三次"左"倾路线在军事上也形成了完整的体系。在建军的问题上，把红军的三项任务缩小为单纯的打仗一项，要求不适当的正规化，把当时红军的正当的游击性和运动性当作所谓"游击主义"来反对；又发展了政治工作中的形式主义。在作战问题上，它否认了敌强我弱的前提；要求阵地战和单纯依靠主力军队的所谓"正规战"；要求战略的速决战和战役的持久战；要求"全线出击"和"两个拳头打人"，反对诱敌深入，把必要的转移当作所谓"退却逃跑主义"；要求固定的作战线和绝对的集中指挥等，总之是否定了游击战和带游击性的运动战，不了解正确的人民战争。

在第五次反"围剿"作战中，开始时实行了进攻中的冒险主义，洵口遭遇战偶然获胜，"左"倾机会主义者更以此为据，陈兵敌区，实行"御敌于国门之外"的错误方针。

这时，福建事变发生，敌人被迫调动兵力东下。如果我们善于联合这些主张反蒋抗日的力量，共同对付蒋介石反动派，这对支持国内日益增长的抗日民主要求会起到极大的作用；同时，军事上也完全可能趁此消灭一部分敌人，粉碎第五次"围剿"。可是，"左"倾路线却断言中间派别是所谓中国革命最危险的敌人，因而坐失良机。敌人摧毁了福建人民政府，得以从容调转头来重新压向根据地。

广昌一战红军损失很大。从此"左"倾路线又实行了防御中的保守主义，主张分兵把口，因而完全处于被动，东堵西击，穷于应付，以致兵日少而地日蹙。

最后，又拒绝了毛主席将红军主力转至外线、调动和歼灭敌人、用以保卫和扩大根据地的正确主张，实行了逃跑主义。1934年10月，猝然决定离开中央根据地，事前固然未在广大干部和群众中作深入的思想动员，又未作从阵地战转为运动战、从依靠根据地转为脱离根据地、长途行军作战所必需的准备工作，即仓促转移。

二

开始长征，由于"左"倾路线在军事行动中的逃跑主义错误，继续使红军受到重大损失。当时，中央红军第五军团自离开中央根据地起，长期成为掩护全军的后卫，保护着骡马、辎重，沿粤桂湘边境向西转移。全军八万多人马在山中羊肠小道行进，拥挤不堪，常常是一夜只翻一个山坳，非常疲劳。而敌人走的是大道，速度很快，我们怎么也摆脱不掉追敌。

我军经过苦战，突破敌人三道封锁线后，蒋介石急调四十万大军，分成三路，前堵后追，企图消灭我军于湘江之侧。

面对敌人的重兵，"左"倾路线的领导更是一筹莫展，只是命令部队硬攻硬打，企图夺路突围，把希望寄托在与二、六军团会合上。在广西全县以南湘江东岸激战达一星期，竟使用大军作甬道式的两侧掩护，虽然突破了敌人第四道封锁线，渡过湘江，却付出了惨重的代价，人员折损过半。

广大干部眼看反五次"围剿"以来迭次失利，现在又几乎濒于绝境，与反四次"围剿"以前的情况对比之下，逐渐觉悟到这是排斥了以毛泽东同志为代表的正确路线、贯彻执行了错误的路线所致，部队中明显地滋长了怀疑不满和积极要求改变领导的情绪。这种情绪随着我军的失利而日益显著，湘江战役达到了顶点。

这时，二、六军团为了策应中央红军，在川黔湘边界展开了强大攻势。蒋介石为了阻挡我军会师，忙调重兵堵截、追击。如果我们不放弃原来的企图，就必须与五、六倍的敌人决战。但部队战斗力又空前减弱，要是仍旧采用正面直顶的笨战法，和优势的敌人打硬仗，显然就有覆没的危险。

正是在这危急关头毛主席挽救了红军。他力主放弃会合二、六军团的企图，改向敌人力量薄弱的贵州前进，争取主动，打几个胜仗，使部队得以稍事休整。他的主张得到大部分同志的赞同。于是，部队在占领湖南西南边境之通道城后，立即向贵州前进，一举攻克了黎平。当时，如果不是毛主席坚决主张改变方针，所剩三万多红军的前途只有毁灭。

中央政治局在黎平召开了会议，决定向敌人力量薄弱的贵州前进。部队在黎平整编后立即出发，1935年1月强渡乌江，打下了遵义城。这一时期，行军作战虽然同样紧张，但由于毛主席的英明主张，作战一直顺利，部队情绪也逐渐振奋。

在遵义休整了十二天。党中央就在这时候召开了扩大的中央政治局会议。

三

遵义会议集中全力纠正了当时具有决定意义的军事上和组织上的错误。"左"倾路线的领导者企图用阵地战代替游击战和运动战，用所谓"正规"战争代替人民战争。这个错误的军事路线，就决定了五次反"围剿"的失败，并招致了长征初期的严重损失。

这次会议胜利地结束了"左"倾路线在党中央的统治，开始了以毛泽东同志为首的中央的新的领导，在最危急的关头挽救了党，挽救了红军。这是有极大的历史意义的转变，正是由于这一转变，我们党才能够胜利地结束了长征，在长征的极端艰险的条件下，保存并锻炼了党和红军的基干，并且克服了张国焘的退却逃跑路线和分裂党的阴谋，胜利到达陕北，促成了抗日民族统一战线，推动了抗日高潮的到来。

遵义会议的精神传达到部队中，全军振奋，好象拨开重雾，看见了阳光，一切疑虑不满的情绪一扫而光。经过十多天的休整，部队体力稍见恢复，又进行了整编，立即移师北上。

这时候二、六军团在湘鄂川黔地区颇有发展，但是因为敌人驻在芷江一线，防备我返回湖南，因而无法取得联系。四方面军在川陕也粉碎了四川军阀的六路围攻。当中央红军经桐梓渡赤水河北上时，立即引起敌人极大的恐慌。四川军阀急忙抽调兵力至川黔边境布防，派其模范师(郭勋祺师)四处巡弋，并封锁长江，防我北渡与四方面军会合。当我军挺进至滇东北之威信时，敌周浑元、吴奇伟纵队已从湖南赶来。土城一仗，未能消灭郭师，敌又大军奔集。我乃放弃北渡长江的意图，突然甩开敌人，挥戈东指，再渡赤水河，重占桐梓、娄山关和遵义，消灭王家烈两个师。这时，敌周、吴纵队也已赶上，和我军展开激战。天下大雨，山路泞滑，我三军团与干部团和敌人反复争夺老鸦山制高点，一军团趁黑夜从西侧插入敌人大队中，号声四起，山鸣谷应，敌人腹背受敌，顿时大乱，仓皇南逃。我军边追边打，直到乌江边，歼灭敌一个多师。残敌渡江南窜，怕我追击，把乌江浮桥拆掉，来不及过江的敌人也悉数被歼。这一战役是长征以来第一个大胜仗。

遵义会议以后，我军一反以前的情况，好象忽然获得了新的生命，迂回曲折，穿插于敌人之间，以为我向东却又向西，以为我渡江北上却又远途回击，处处主动，生龙活虎，左右敌人。我军一动，敌又须至摆阵势，因而我军得以从容休息，发动群众，扩大红军。待敌部署就绪，我们却又打到别处去了。弄得敌人扑朔迷离，处处挨打，疲于奔命。这些情况和"左"倾路线统治时期相对照，全军指战员更深刻地认识到：毛主席的正确的路线和高度发展了的马克思主义的军事艺术，是使我军立于不败之地的唯一保证。

我军在遵义一带几次寻战，敌却小心防守。3月，我军便自遵义西进，占仁怀，由茅台三渡赤水河，再入川南。敌人料我将北渡长江，大为恐慌，连忙在川黔滇三省边界大修碉堡，企图封锁围歼我军。但我军却突然由川南折回贵州，在茅台附近四渡赤水河，除留一支小部队牵制敌人外，其余急行军通过枫香坝，南渡乌江，直逼贵阳，并且分兵一部东击瓮安、黄平。

这时候，蒋介石正亲自在贵阳督战，慌忙调云南军阀部队来"保驾"，又令薛岳和湖南部队东往余庆、石阡等地布防，防止我军东进与二、六军团会师。在部署这次行动时，毛主席就曾说："只要能将滇军调出来，就是胜利。"果然，敌人完全按照毛主席的指挥行动了。于是，我军以一军团包围贵阳东南的龙里，虚张声势，迷惑敌人，其余主力穿过湘黔公路，直插云南，与驰援贵阳的滇军夹道而行。这次，毛主席又成功地运用了声东击西的灵活的战术，"示形"于贵阳之东，造成敌人的过失，我军得以争取时机突然西去。

一过公路，甩开了敌人，部队就象插上了翅膀，放开大步，一天就走一百二十里。途中，连克定番（今惠水）、广顺、兴义等县城，并渡过了北盘江。4 月下旬，我分三路进军云南：一路就是留在乌江北牵制敌人的别动支队九军团，他们打败了敌人五个团的围追，入滇时，占领宣威，后来经过会泽，渡金沙江；另两路是红军主力，攻克霑益、马龙、寻甸、嵩明等地，直逼昆明。这时，滇军主力全部东调，云南后方空虚，我军入滇，吓得龙云胆战心惊，忙将各地民团集中昆明守城，我军却虚晃一枪，即向西北方向金沙江边挺进。

金沙江穿行在川滇边界的深山峡谷间，江面宽阔，水流湍急，形势非常险要。如果我军不能北渡，则有被敌人压在深谷歼灭的危险。这时，蒋介石似乎已经发觉了我军的行踪，天天派飞机来侦察。我军三路连夜向金沙江平行急进：一军团抢龙街渡，三军团抢洪门渡，干部团抢绞车渡，五军团仍旧殿后掩护。

干部团偷渡金沙江袭击并消灭了川军一排守敌，迅即以一部控制了绞车渡两岸渡口，前后控获七只小船。而团主力则由北岸的深谷急进至几十里外的高原，击溃了川军援兵。这时洪门渡因江流太急，无法渡过，龙街渡又因江面太宽，敌机可以低飞骚扰不便渡江；因此，一、三军团都集中到绞车渡江，而仍以五军团的一个师担任掩护。

三天后，敌人的敢死队十三师约五六个团的兵力向绞车渡追来，被我五军团打了个措手不及，沿河溃退下去。原来蒋介石也发觉了我军的战术方针有了新的变化，于是就在贵阳召开会议，研究我军近来的作战特点，规定了"长追稳打"的战术方针，以免被我军歼灭。现在敌十三师见脱离主力太远，被我一追，不知虚实，不敢轻举妄动，就在团街固守起来。我军就依靠绞车渡七只小船，经过九天九夜全部渡过江去。第二天，敌人的大队人马才赶到，而这时候船只已经烧毁，红军早已远走高飞了。

从此我军跳出了数十万敌人围追堵击的圈子，取得了战略转移中具有决定意义的胜利。在会理休息了五天，继续北上。经西昌、泸沽，进入彝族同胞聚居的地方。我们坚定地执行了毛主席规定的民族政策，与沽基族首领结盟修好；并使老伍族中立；对受蒋介石特务支持利用、不断袭击我们的罗洪族，则反复说明我们是帮助少数民族求解放的。就这样依仗党的民族政策顺利地通过了彝族地区，赶到河南岸的安顺场渡口。

安顺场原名紫打地，濒大渡河南岸，是太平天国石达开从此北渡未成而最后失败之处。这里是一个河谷地带，两侧是四五十里的高山，在这样的深沟中，部队无回旋余地，兵力亦无法展开，极易为敌人伏击消灭。因此四川军阀曾扬言红军将蹈石达开覆辙。河南岸安顺场驻着四川军阀的一个营，仅留一只交通用的小船，其余船只都被他们拉到河北岸去了。我们在河南岸包围安顺场川军时，找到了那一只小船，便组织突击队渡河。十七勇士一过河去，就将敌人打垮，占领了渡口，接着，我第一师陆续渡过河去，扫清北岸沿河之敌，并在化林坪击溃了川军刘文辉的北岸预备队刘元瑭旅。随即与南岸二师夹河而上，向泸定桥前进。第二师先到，敌人还没有来得及彻底破坏泸定桥，我军便攀缘铁索冲过大渡河与第一师会合。

1935年6月，红军飞渡大渡河后，在汉源打了一仗，击溃四川军阀四个团，旋经天全、芦山、宝兴，翻越了长征途中第一座大雪山——夹金山，占领川西北之大维、懋功等地，与四方面军胜利会合。

四

中央红军长征期间，川陕根据地的红四方面军曾经取得粉碎敌人六路围攻的胜利。可是，这时张国焘却继续坚持右倾机会主义逃跑路线，放弃了川陕根据地，带着全部人马向西退却逃跑。这支部队在渡过嘉陵江、涪江、岷江后，到理番（今理县）、懋功一带，即与一方面军会师。

对于张国焘的错误，毛主席始终采取党内斗争的正确方针。会师后，中央在两河口召开了政治局会议，决定继续北进。会后，毛主席率领部队于6月下旬启程，翻越梦笔山、长板山、打鼓山等大雪山，到达松潘附近的毛儿盖。可是，这时张国焘并没有放弃逃跑主义的错误路线。他在一、四方面军会师之前，业已成立西北联邦政府。由此可见他的目的是在经营西北，包括西康、青海、甘肃西北部以至新疆。此时他仍旧坚持预定计划，向西康、青海等少数民族地区退却。因而中央屡屡电催不应。

毛主席一面命令部队筹粮，准备过草地，一面耐心地等待，在毛儿盖停留了一个月。这时，日本帝国主义正加紧对我国的进攻，自"九一八"事变以来，由东三省而热河，由热河而华北各省，不到四年，差不多占领和侵袭了我国半壁河山！我党早在1933年1月就曾发表宣言，表示愿意在三个条件下与全国各军队共同抗日。而国民党反动派却置民族存亡于不顾。一面降日卖国，一面却继续增兵"围剿"和追击红军，妄想将我全部消灭。其倒行逆施令人发指。国内舆论对我党坚持大义深表同情，期望我党能负起抗日大任。我党早已发出停止内战、一致抗日的号召，得到全国各阶层人民的热烈拥护，打击了蒋介石坚持内战的反动政策。

接着，中央政治局又在毛儿盖召开会议，就一、四方面军会合后的政治形势与任务作出决议，并决定分兵两路北上。右路军由中央、毛主席率领，包括一方面军之一、三军团及四方面军之四军、三十军。左路军由朱总司令、张国焘率领，包括四方面军之九军、三十一军及一方面军之五、九军团。

右路军穿过草地，向班佑、巴西、阿西一带前进，在包座河边的救济寺，消灭了胡宗南一个师。左路军由卓克基出发，经草地向阿坝、班佑一带前进。但到了阿坝后，张国焘进一步露出了他分裂党的野心，竟打电报给中央，要右路军全部南下。中央虽曾几次去电，指出只有北上才是出路，纠正其南下的错误，后来甚至严词责令北上，但张国焘却悍然不顾中央指示，仍坚持其错误路线。

这时，右路军虽只剩下七八千人，可是中央北上的意志坚定不移。9月，部队自巴西出发，渡包座河，沿白龙江前进，过栈道，攻克天险腊子口，然后即越岷山，脱离了雪山草地地区，到达甘南之岷县、西固间的哈达铺。敌人急忙拼凑了二三十万人马，准备在渭水堵击。红军在哈达铺休息两天，便出动向天水前进状，诱使敌人将主力集中天水。我们却以急行军自武山、漳县之间，顺利渡过渭水封锁线，相继占按罗镇和通渭墟。10月，经回民区连续突破会宁、静宁之间的封锁线及平凉、固原之间的封锁线，击败敌四个骑兵团的追击，翻越六盘山高峰，过环县，抵达陕北根据地之吴起镇，与陕北十五军团胜利会师。直罗镇一仗，粉碎了蒋介石向陕北边区的第三次"围剿"，给党中央把全国革命大本营放在西北的任务举行了一个奠基礼。

党中央到达陕北以后，在1935年12月召开了中央政治局会议（瓦窑堡会议）。会议批判了党内那种认为中国民族资产阶级不可能和中国工人农民联合抗日的错误观点，决定了建立抗日民族统一战线的策略；指出了中国革命的长期性，批判了党内在过去长时期内存在着的狭隘的关门主义和对于革命的急性病。这些错误，都是党和红军在第二次国内革命战争时期遭受严重挫折的基本原因。遵义会议是在红军长征途中召集的，所以只能够对于当时最迫切的军事问题和组织问题做决议。红军长征到达陕北之后，党中央、毛泽东同志才可能系统地阐明政治策略方面的问题。瓦窑堡会议是一次极为重要的会议。会后毛泽东同志又作了《论反对日本帝国主义的策略》的报告。这个报告，不但规定了当时党的政策，系统地提出了建立抗日民族统一战线的问题，而且总结了两次国内革命战争时期的根本经验，规定了党在民主革命时期的根本路线。

五

张国焘公开和中央分裂后，擅自率领左路军及右路军中原属四方面军的两个军，再过草地、翻雪山，经毛儿盖、懋功、宝兴等地，向川康边境的天全、芦山一带退却。在绰木碉，他终于奸心毕露，公然进行叛党活动，宣布成立伪中央，自己担任主席。朱总司令在这样的境遇下，坚持了毛主席党内斗争的正确方针，表现了坚定的政治原则性。张国焘要他发表宣言反对中央，他不但严词拒绝，而且耐心地向干部宣传中央的正确主张。

四方面军在天全、芦山一带停留了三个月。这时，敌中央军周浑元部入川，与刘湘配合向我们攻击。两军对峙，仗越打越大。部队消耗很大，张国焘却举棋不定，直到部分防地被突破，才被迫撤向道孚、炉霍、瞻化、甘孜和大金寺一带，仍旧企图向青海西宁方向逃跑。

这时，二方面军由湘鄂川黔边界根据地出发，经贵州、云南，长途转战，历尽艰辛，也来到甘孜。由于朱德、任弼时、贺龙、关向应等同志坚决维护中央的正确路线；加上四方面军广大干部也逐渐认识到南下是错误的道路，纷纷要求北上抗日；因而叛徒张国焘的分裂阴谋就完全失败了。这时，他被迫取消了伪中央，并率领队伍北上。

部队由甘孜出发，经东谷、阿坝、包座，再次过雪山草地，8月到达甘南，占哈达铺、大草滩、临潭。这时，中央已经派聂荣臻、左权同志带领部队西征，迎接二、四方面军北上，并准备组织静（宁）会（宁）战役。二、四方面军乃兵分两路：四方面军为左路；二方面军为右路。右路军经西和、武山之间东去，连克成县、徽县、康县、两当，并围攻凤县，抱住胡宗南的尾巴。聂、左部队已将毛炳文、许克祥包围起来，通知张国焘前来协同聚歼。谁知张国焘竟继续他逃跑主义的错误，以组织岷（县）洮（临洮）西战役为名，擅自带领左路军仍旧向西撤走，准备去青海西宁。后因部队不满，而且渡河困难，张国焘只好将部队又拉回来。

但张国焘野心不死，竟又借口执行宁夏战役计划，擅自命令四方面军西渡黄河。结果过去了一部分，渡口即被过来的胡宗南部控制。已渡的部队照他的预定计划西进至甘州、肃州地带，即被国民党军辗转包围。虽经英勇抗击，但终于遭受失败。

张国焘的错误，给党和红军带来了严重的损失。但由于遵义会议以后，全党确立了以毛泽东同志为首的党中央的正确领导，这才使得张国焘的错误没有能够发生更大的危害。毛泽东同志的正确领导，对从张国焘的错误路线下挽救四方面军，对从极端艰难困苦的情况下保存中国工农红军，对长征的胜利，起了决定性的作用。

1936 年 10 月，一、二、四方面军三大主力终于在会宁会师。旋即在山城堡打了一仗，消灭胡宗南部一个师，胜利地结束了长征。从此，我军就紧密地团结在以毛泽东同志为首的党中央正确的领导之下，为争取实现党的抗日民族统一战线政策、迎接抗日高潮而奋斗。

回顾长征的全部过程，我们可以清楚地看出：长征是彻底纠正了"左"倾错误路线、确立了毛泽东同志正确路线的领导才取得胜利的；长征是在与张国焘的右倾机会主义路线和他的分裂阴谋作了坚决斗争，并坚持了毛泽东同志的正确主张才取得胜利的。

我们也可以看出：只有毛泽东同志提出的马列主义与中国实际相结合的革命战略思想，是中国革命的唯一正确的指导思想。只有它，才能赋予中国共产主义运动以无比顽强的生命力，赋予革命军队以无坚不摧的战斗力量。也只有它，才能引导红军奇迹般地战胜千苦万难，完成长征，走向新的胜利。

长征，用它铁的事实宣布：以毛泽东思想武装起来的中国共产党人，是不可战胜的。

6. 从长征到三大主力会师

彭德怀

王明"左"倾机会主义路线的结束

1934 年 10 月，红军突出敌重围，11 月到达宜章、郴州间。我建议以三军团迅速向湘潭、宁乡、益阳挺进，威胁长沙，在灵活机动中抓住战机消灭敌军小股，迫使蒋军改变部署，阻击、牵制敌人，同时我中央率领其他兵团，进占溆浦、辰溪、沅陵一带，迅速发动群众创造战场，创造根据地，粉碎敌军进攻。否则，将被迫经过湘桂边之西延山脉，同桂军作战，其后果是不利的。但中央既未回信，也未采纳。最奇怪的是退出中央苏区这样一件大事情，都没有讨论过（我是从 1932 年 3 月中央局江口会议后，就没有参加过任何会议，当时，我不是中央委员 ① 和中央局委员，但听说其他中央委员也是如此）。结果红军深入湘桂边两省交界之大山（西延山脉）中，走了 7 天。桂军利用人熟、地熟条件，采用游击战，给三军团以极大困难。我军经过艰苦斗争，才进入贵州省境黎平。一军团走在最右，在湖南境内的情况较好些。中央纵队走在一、三军团中间，听说也很困难。一、三军团像两个轿夫，抬起中央纵队这顶轿子，总算是在 12 月抬到了贵州之遵义城，结束统治了四年之久的王明路线。

在中国革命运动中的几次"左"倾路线中，王明路线时间是最长的一次。它以国际主义为幌子，穿着马列主义外衣，使人更不容易看出其真面目。我对王明

---

① 1934 年 1 月在瑞金召开的中共六届五中全会上当选为中央委员。由于战事紧张未及通知本人。

路线是在一个又一个的事实面前碰得头破血流后才认识的。直到看到王明路线对福建事变的态度，我才开始把它和毛泽东同志的领导作了比较的认识。在第一、二、三次反"围剿"时，特别是第三次反"围剿"，蒋介石以50万大军，分为三路长驱直入，我红军仅3万人多一点，丝毫不乱，一一将其粉碎，那是不容易的事。在第五次反"围剿"时，客观形势和主观力量比以前任何一次要好得多，可是得出了一个相反的结果。

我对立三路线的认识比较早些，原因有许多，对我最直接的因素是打武昌。当时如果执行打武昌这一指示，三军团有被全部消灭的危险，这是一个生与死的威胁。所以，对立三路线的冒险性，是从这样一个具体行动上认识的。这种认识是肤浅的、不深刻的。

从遵义会议后成立以毛主席为首的党中央，到1943年党内学习两条路线，我才进一步认识到党内马列主义和反马列主义两条路线的长期斗争。

遵义会议到会理会议

1935年1月我第一次参加中央的会议——遵义会议。这次会议是在毛主席主持下进行的，清算了反第五次"围剿"以来错误的军事路线。我没有等会开完，大概开了一半就走了。因为三军团第六师摆在遵义以南之刀把水，沿乌江警戒，遭蒋介石吴奇伟[1]军的进攻，我即离席赶回前线指挥战斗去了。

会议结束后，听了传达，大概意思是：改变了军委领导，中央革命军事委员会由毛主席担任领导；撤换了博古的总书记，中央总书记由洛甫（张闻天）担任；准备艰苦奋斗，在湘、贵、川边建立根据地[2]，与二方面军取得联系。这一切大家都高兴，完全拥护。大家希望毛主席兼任总书记。

蒋军追迫遵义，红军放弃遵义，继续向西转进。待各路敌追迫至云南、贵州、四川三省交界时，红军从间道插回桐梓。三军团向南转进，在娄山关与王家烈[3]部约四五个团遭遇，王部被我击溃，我军猛追至遵义，当晚强攻该敌，敌

---

[1] 吴奇伟，当时任国民党第六路军副总指挥。
[2] 遵义会议决定在云、贵、川边建立根据地。
[3] 王家烈，贵州军阀。当时任国民党贵州省主席、第二路军第四纵队司令官。

弃城南逃，这就是第二次攻占遵义。

第二天早上，蒋部吴奇伟军向遵义反攻，蒋到贵阳亲自指挥。三军团沿城南门外至西门外高地抗击吴军；我一军团隐蔽集结于城东南，待吴奇伟军全面展开向三军团攻击时，从敌侧后突击。从上午9时战斗到午后4时，一、三军团合歼敌一个师，余敌逃脱。这是退出中央苏区第一次连打了两次胜仗。打乱了敌人的追击部署，争取了某些主动。改换新的领导后，打这样一个胜仗意义更大。

打败吴奇伟的第二天，中央机关到达遵义城。三军团集结在城外西南十余里，打算休息三五天，深入传达和讨论遵义会议决议。当时，蒋介石军正在向贵阳集结；滇军向云贵边之毕节、宣威一带集结；四川军数部向川南集结。我当时认为，应摆脱滇军，专对蒋军作战。只要寻机再歼灭蒋军三四个师，我们就可以站住脚，而达到按照遵义会议的决定，在湘、贵、川、鄂边，即思南、秀山、铜仁、溆浦、辰溪、沅陵地区反复作战，粉碎敌军进攻，争取与第二方面军靠拢，建立新的根据地，停止战略退却。这时接到军委命令，三军团归一军团林、聂指挥，进攻鲁班场驻守之敌约一个军。该敌到鲁班场已是第四天，野战工事已完成。我攻击一天未奏效，黄昏撤退，继续西进。到离习水不远之某镇，军委又决定打击追敌潘文华师，该师九个团，系川军刘湘主力，战斗一天又未取胜，我乘夜撤退，渡过习水河继续西进。敌军继续堵击、侧击，比较紧张。

军委派刘少奇来三军团任政治部主任，原主任袁国平调军委另行分配工作。在遵义会议时，毛主席向我介绍：这是刘少奇，很早入党，是中央委员。以前我不认识刘少奇，他来三军团工作，我表示欢迎。我和他谈过以下的话：现在部队的普遍情绪，是不怕打仗阵亡，就怕负伤；不怕急行军、夜行军，就怕害病掉队，这是没有根据地作战的反映。遵义会议决定在湘鄂川黔边建立根据地，大家都很高兴，但传达讨论不深入。我们曾想在打败吴奇伟军后，争取三五天休息，讨论遵义会议决议，克服对敌作战的犹豫情绪。现在部队比较疲劳，特别是打娄山关那一天，很疲劳。王家烈所部，是上午八九时从遵义出发的，想先占娄山关（该关离桐梓和遵义各45里）。我们11时许才接到军委告诉的上述情况和要我们相机袭占遵义的命令，即刻跑步前进。武装长途跑步，消耗体力很大，几天都没有恢复起来。我先头部队到娄山关分水线（制高点）时，王家烈部队只隔两三百米，如果它先占领，我处仰攻态势，就会增加伤亡和困难。那天因为我军居高临下，王家烈部战斗力也不强，我们伤亡不大，只有百人，就把敌人五个团打败了，但因正面突击，没有截断敌军退路，故缴获也不多。我还同他谈：湖南敌军战斗力也比以前弱。蒋桂战争时，湖南吴尚第八军一部投桂军，一部溃散。红军两次进攻长沙何键部，损失也不少。红军到达郴州、宜章间时，我曾向中央建议：第三军团向湘潭、宁乡挺进，威胁长沙；中央率主力迅速进占溆浦为中心的地区，发动群众准备战场；三军团尽可能在宁乡、湘潭、湘乡、益阳地区同敌周旋一个时期。博古他们未采纳，其实这个意见是可以考虑的。蒋介石的部队也很疲劳，目前滇军和川军还是生力军。我军应摆脱堵、侧、追四面环敌的形势，选择有利的战机打一两个胜仗，转入主动，实现遵义会议决议，靠近二方面军，创建新根据地，就好办了。这是我和刘少奇谈话的内容。

娄山关旧址

过了两天，刘少奇加上自己的意见和别人的意见，写了一个电报给中央军委，拿给我和杨尚昆签字。我觉得与我的看法不同，没有签字，以刘、杨名义发了。

当时中央军委命令，从三军团抽调三四百人，派得力干部率领，在川、滇、黔边创建新根据地，我们照办了。抽选了四百余人，派师政治委员徐策同志率领，在军委指定地区进行游击战，创建新根据地。徐是1930年鄂东南特委组织部长，派来三军团做政治工作的。此事，至1966年3月我到珙县视察煤矿工作，就便调查徐策同志所部下落，才知他们当年转战至五六月间，只剩数十人，被敌包围，全部壮烈牺牲，没有一人投降。

刘少奇到三军团任政治部主任时，正是蒋介石在贵阳城指挥他数十万军队欲消灭我军之时。在毛主席的英明指导下，我军采取穿插战术，从贵阳城之西北绕至城东，然后又从南向西进，摆脱敌四面包围的形势，把所有敌军抛在我军后面。我军胜利地渡过金沙江，进入会理地区，这是一个很大的胜利。我对这一段穿插、渡江是敬佩和高兴的，并没有什么"右倾动摇"。

大概是5月中旬，中央在会理召开了一次会议，名曰"会理会议"。这时有前述刘少奇和杨尚昆给中央军委的电报，又有林彪写给中央军委的一封信，林信大意是，毛、朱、周随军主持大计，请彭德怀任前敌指挥，迅速北进与四方面军会合。在会议时我看了这封信，当时也未介意，以为这就是战场指挥呗，一、三军团在战斗中早就形成了这种关系：有时一军团指挥三军团，有时三军团指挥一军团，有时就自动配合。如第二次占领遵义的第二天，打吴奇伟军的反攻，一、三军团就完全是自动配合把敌打败的。这次，毛主席在会议上指出，林彪的信是彭德怀同志鼓动起来的，还有刘、杨电报，这都是对失去中央苏区不满的右倾情绪的反映。当时听了也有些难过，但大敌当前，追敌又迫近金沙江了，心想人的误会总是有的，以为林彪的信是出于好意，想把事情办好吧；我既没有同林彪谈过话，而同刘少奇谈话内容也是完全正当的，我就没有申明，等他们将来自己去申明。我采取了事久自然明的态度，但作了自我批评，说：因鲁班场和习水两战未打好，有些烦闷，想要如何才能打好仗，才能摆脱被动局面。烦闷就是右倾。我也批评了林彪的信：遵义会议才改变领导，这时又提出改变前敌指挥是不妥当的；特别提出我，则更不适当。林彪当时也没有说他的信与我无关。

此事到 1959 年庐山会议时，毛主席又重提此事，林彪同志庄严申明了：那封信与彭德怀同志无关，他写信彭不知道。

我记得刘少奇未参加会理会议。会议决定立即北进，与四方面军会合（靠拢），建立川、陕、甘边苏区。当时我想，电报与信和我完全无关，竟落到自己头上，今后可要注意些，可是事一临头，就忘记了。

在这 24 年中，主席大概讲过 4 次，我没有去向主席申明此事，也没有同其他任何同志谈过此事。从现在的经验教训来看，还是应当谈清楚的好，以免积累算总账；同时也可避免挑拨者利用（以后张国焘利用会理会议来进行挑拨，我说是小事情，是我的不对）。像会理会议，我没有主动向主席说清楚，是我不对。

会理会后，张国焘分裂和反张国焘分裂的斗争又来了，我站的位置不容我有任何犹豫。

和四方面军会合及对张国焘的斗争

在会理会议后，全军北进。红军英勇，我一军团主力很顺利地从安顺场渡过了大渡河，击败了刘文辉河防部队；另一部强夺了泸定桥，使全军得以迅速北进。三军团占天全、芦山经宝兴北进，翻越夹金山（雪山），在两河口与张国焘会合。

进到黑水寺时，军委命令我率一部沿黑水河右岸东进，至石雕楼迎接四方面军主力渡黑水河；三军团主力和军团部留芦花。我率十一团到达亦念，先后接引了王宏坤、余天云等军和徐向前同志。

张国焘派秘书黄超来亦念，住在我处。说此地给养艰难，特来慰劳。送来几斤牛肉干和几升大米，还送来二三百元银洋。我想这是干吗？黄住下就问会理会议情形。我说，仗没打好，有点右倾情绪，这也没有什么。他们为什么知道会理会议？是不是中央同他们谈的呢？如果是中央谈的，又问我干什么？他又说，张主席（张国焘）很知道你。我说，没见过面。他又说到当前的战略方针，什么"欲北伐必先南征"。我说，那是孔明巩固蜀国后方。他又说，西北马家骑兵如何厉害。把上面这些综合起来，知来意非善，黄是来当说客的。不同意中央北上的战略方针，挑拨一方面军内部关系，阴谋破坏党内团结。把全国形势看成黑漆一团，这是明显的。把王明路线造成的恶果，同客观形势新的发展混为一谈，否认遵义会议纠正王明路线的伟大胜利。送了一点点吃的这倒不稀奇，送二三百元银洋引起我很高警惕：完全是旧军阀卑鄙的手法。

我完成任务后，回到芦花军团部时，军委参谋部将各军团互通情报的密电本收缴了，连一、三军团和军委毛主席通报密电本也收缴了。从此以后，只能与前敌总指挥部通报了。与中央隔绝了，与一军团也隔绝了。

这次北进，三军团走在右翼纵队的最后面，最前面是一军团，中间是红四方面军之四军、三十军、九军和前敌总指挥部。当时使我感觉：张国焘有野心，中央似乎没有察觉。毛主席、张闻天随前敌总指挥部一处住，先一两天到达上下包座（松潘西北百余里）。三军团后一两天才到达阿西、巴西，离前敌总指挥部约15里至20里。我到宿营地时，立即到前敌总部和毛主席处，其实我只是为了到毛主席处去才去前总的。这时周恩来、王稼祥均害病住在三军团部。在巴西住了四五天，我每天都去前总，秘密派第十一团隐蔽在毛主席住处不远，以备万一。在前敌参谋长叶剑英处，得知一军团到了俄界地区，找不到向导，问不到路。没有地图，茫茫草原，何处是俄界呢？这时杨尚昆已调其他工作，三军团政委是李富春。三军团准备了电台，另编了密本，也只能说是要与一军团联络，而未说是为了防止突然事变。派武亭同志(朝鲜同志)带着指北针寻找一军团走过的行踪,务必把电台密本送给林、聂。正好送到林彪处,这天,事情就发生了。

某日午前到前总,还在谈北进。午饭后再去,陈昌浩完全改变了腔调,说阿坝比通、南、巴(川东北)还好。一个基本的游牧区,比农业区还好,这谁相信呢?全国政治形势需要红军北上抗日的事,一句也不谈了。我没吭声,只是听了就是。这无疑是张国焘来了电报,改变了行动方针。我即到毛主席处告知此事。并问毛主席,我们坚持北进,拥护中央,他们拥护张国焘南进方针,一军团已前走了两天,四方面军如解散三军团怎么办?为了避免红军打红军的不幸事,在这种被迫的情况下,可不可以扣押人质?主席想了一会儿,答曰:不可。当时我难过:如强制三军团南进,一军团不能单独北进了;中央不能去,一军团单独北进也起不了作用。一同南进,张国焘就可能仗着优势军力,采用阴谋手段,将中央搞掉。这在亦念时,黄超谈话就说出来了,他说,实际主事人是毛而不是张闻天(当时张闻天是总书记,他们并没有放在眼里)。这话当然不是一个年不满30岁的黄超所能理解的,而是老奸巨猾的张国焘口里吐出来的。扣押人质的意见是不对的,可是,我没有向第三者讲过,只是在处境危急的时刻,向毛主席提出供考虑,以便求得一个脱身之计。

向毛主席报告后不到两小时,叶剑英秘密报出:张国焘来电南进,毛主席亲到徐、陈处商谈行动方针,陈谈,张总政委(张国焘)来电要南进。毛主席即说:"既然要南进嘛,中央书记处要开一个会。周恩来、王稼祥同志病在三军团部,我和张闻天、博古去三军团司令部就周、王开会吧。"陈昌浩同意了,他们未想到是脱身之计。我和叶剑英商量,如何偷出地图和二局,在明晨拂晓前到达三军团司令部北进,叶示意想办法。毛主席脱险来到三军团司令部,发了电给林、聂,说行动方针有变,叫一军团在原地等着。天明还未见叶到,我以为出了问题。正怀疑之际,叶率二局(局长曾希圣)连地图都拿来了。陈昌浩布置的监视,全被叶摆脱了,幸甚!

三军团北进,毛主席和我走在后尾之十团即杨勇团。在路上走时,我问毛主席,如果他们扣留我们怎么办?毛主席说,那就只好一起跟他们南进吧!他们总会要觉悟的。四方面军之李特(留苏生,四方面军的参谋长)不许红军第一方面军干部回第一方面军,采取野蛮的镇压。可是李德在中央苏区犯了错误,这次表现很好，站在正确的方面，放回一方面军干部。毛主席同李特说了一些很感动人的话，也劝我不要同他闹了。陈昌浩送信给我，要我停止北进。毛主席说，打个收条给他，后会有期。听说，陈昌浩要派兵追击我们，徐向前说，岂有此理，哪有红军打红军的道理！这句话起了决定作用，陈未来追击。

第二天到了俄界，会合第一军团，真是比亲人还亲。我在这里真正体会到阶级友爱高于一切友情。

毛主席在同张国焘的斗争中，表现了高度的原则性和灵活性。在黑水寺开中央会议时（我没参加），张国焘要当总政委，洛甫提议把总书记交给张国焘，毛主席不同意。宁愿交出总政委，不能交总书记。张国焘当时不要总书记，他说，总书记你们当吧，现在是打仗呗。如果当时让掉总书记，他以总书记名义召集会议，成立以后的伪中央，就成为合法的了。这是原则问题。

一、四方面军分裂后，一、三军团到俄界会合，当晚中央召集了会议。有人主张开除张国焘党籍，毛主席不同意。说，这不是他个人问题，应看到四方面军广大指战员。你开除他的党籍，他还是统率几万军队，还蒙蔽着几万军队，以后就不好见面了。在张国焘成立伪中央时，又有人要开除他的党籍，毛主席也不同意。如果当时开除了张国焘的党籍，以后争取四方面军过草地就会困难得多。就不会有以后二、四方面军在甘孜的会合，更不会有一、二、四方面军在陕北的大会合了。上述做法是在党内路线斗争中原则性和灵活性结合的典范。

红军长征出草地

从俄界向西北继续前进时，毛主席每日都是随一军团走在前面，我和叶剑英率中央直属队、三军团走在后面。白龙江两岸都是悬崖绝壁，特别是腊子口真是天险，原驻有邓宝珊[①]之一个团防守。第二天经过时，不知昨天我第一军团这些英雄怎样爬上这些悬崖峭壁，投掷手榴弹的。被炸死的敌人尸体，还血肉模糊在地，我军的伤亡不知怎样。

由俄界经过天险腊子口，到哈达铺约走了七八天。这一段路虽然不算是草

---

① 当时驻守腊子口的为国民党的鲁大昌部。

地，但还是半牧的藏族地区，人烟稀少，给养困难，走在后面的部队更困难。哈达铺在岷县以南三四十里，是藏、汉族交界地区，但汉人居住地是落后的农业区。此时，五、九两军团大概约六七千人，随四方面军在阿坝地区；一、三军团到达哈达铺各约六千人，中央直属队约两千人，共一万四千人，体质很弱，行军时常见道旁有同志无故倒地就死了！

在哈达铺约休息了四五天，从报纸上看到陕北有刘志丹苏区根据地，很高兴。从哈达铺到保安县，还有千余里，要经过六盘山山脉。那时干部和战士真是骨瘦如柴，每天行军，还少不了百八十里。沿途还必须战胜敌军阻击，尤其是敌骑袭击。为了充实战斗单位，准备继续战斗，部队需要缩编；为了保存干部，发展新区，也必须缩编——取消三军团，编入一军团。我这提议得到军委毛主席同意。召集三军团团级以上干部会议，说明了缩编和取消三军团番号的理由。因时间仓促，没有很好讨论。

1959年庐山会议后，说成彭某某这也是阴谋了，真是令人啼笑皆非。为了照顾南昌起义、秋收起义的历史，必须保存一军团。我提议部队进行缩编，取消三军团，充实一军团。中央同意了这一建议，我坚决执行了缩编计划，这些难道不是事实吗？难道这些事实也是"只顾个人小局而不顾党的大局"吗？难道这也是"伪装"或"阴谋"所能解释得了的吗？

改编后，一方面军改为抗日先遣队，即陕甘支队（这是对外的名称），我为支队司令，毛主席兼政委。由哈达铺东进时，战胜了马步芳、马鸿逵、马鸿宾的骑兵，也战胜了邓宝珊部及毛炳文军，还有东北军某部。在六盘山高峰消灭了邓宝珊之一个团。经过二十余天的艰苦奋斗，才由哈达铺到达吴起镇，即陕北根据地的边境。刚停脚一天，敌骑五个团又追到。毛主席说，打退追敌，不要把敌人带进根据地。此役胜利了，结束了红军英勇伟大的二万五千里长征。在哈达铺整编时一万四千余人，到吴起镇只剩七千二百人。

有人说："在1935年党的遵义会议确立了毛泽东同志在全党全军的领导地位以后，彭德怀在大部分时期仍然反对毛泽东同志的领导，并且在党内、军队内进行分裂活动。"这些莫须有的罪名，究竟有什么事实作根据呢？是完全没有事实作根据的。相反，在红军到达陕北吴起镇时，击败追敌骑兵后，承毛泽东同志给予夸奖："山高路远坑深，大军纵横驰奔。谁敢横刀立马？唯我彭大将军。"（标点是我加的）我把最后一句改为"唯我英勇红军"，将原诗退还毛主席了。从这诗中也可以看出，不仅没有什么隔阂，还表现了相互信赖。

粉碎对陕北的第三次"围剿"

红军第一方面军主力到达陕北吴起镇，正是蒋介石命令东北军张学良十余师向陕北苏区红军进行第三次"围剿"之时。敌第一线有董英斌军四个师集结庆阳，准备由庆阳、合水夹葫芦河东进；王以哲三个师集结洛川，准备北进；甘泉、延安各一个师驻守。第二线有西北军杨虎城部两个军，还有东北军数师，当时位置不明。

陕北红军刘志丹之二十六军近三千人，鄂豫皖区红军徐海东部之二十五军亦近三千人，这两部分合并为十五军团，驻在甘泉和鄜县间之道佐铺。我随毛主席由吴起镇先行，经保安(志丹县)下寺湾，越梢山直插道佐铺之十五军团司令部，会见了徐海东、程子华两同志，和他们商量粉碎敌第三次"围剿"的计划。部队在吴起镇休息三天，尾随我们来路前进。我和徐海东及其他团级干部先到直罗镇一带侦察了地形。我军平毁了土寨子，消灭了套同寨子内之民团。战场的必要准备完成后，我一军团约七千人到套同一带集结。一军团及十五军团预伏于直罗镇南北山内。董英斌军四个师分成四个梯队，经合水、黑水寺向直罗镇推进，每日约进 30 里。敌 109 师进到直罗镇我军两面伏击区，受到我军夹击。约两个小时全师覆灭，师长牛元峰被击毙。106 师为第二梯队，被我消灭了一个团，余退黑水寺土寨子内。第三次"围剿"即被打破，时为 1935 年 12 月初旬。

初到陕北根据地，打这样一个胜仗是非常必要的。这是长征胜利后的第一个胜仗。甘泉敌 110 师，被我杨得志和贺晋年两个小师（各二千人）围攻近月，敌军亦不增援。我一军团主力和十五军团进占宜川、秋林之线及其南北地区，在该地区解决给养和做群众工作。

直罗镇战斗结束后，约 12 月下旬，毛主席到瓦窑堡开中央会议，在那次会议后做了有名的《论反对日本帝国主义的策略》报告（1935 年 12 月 27 日）。我留在甘泉地区指挥前方各部围攻甘泉。在一个多月中，做东北军和西北军抗日民族统一战线工作，争取了俘虏军官高福原（我们到达陕北以前劳山战斗时被十五军团俘虏的）。

高福原系北京的大学生，东北讲武堂毕业，和张学良关系好，有相当强烈的抗日要求。我们待之如宾，同他多次谈抗日救国的道理，谈蒋介石不抵抗主义，利用"剿共"削弱东北军，以至消灭东北军。请他参观我们红军，观看我军演出话剧、抗日歌曲。他认为我们抗日是真的，但他对共产党抗日有许多疑问，最主要的是：国际主义与爱国主义怎样结合？我根据毛主席在瓦窑堡会议讲话的精神，采取民主讨论方式，同他谈了两天一晚。他要求去被围在甘泉的110师，我同意他去。数天后，他从甘泉城内回来了。他对我说，抗日救亡大事依靠共产党和红军。红军与人民的关系，表现了共产党是真正爱国爱民。某晚，他又来我处，谈到张学良、王以哲等都要求抗日，东北军要求打回东北去是普遍的，关键在张学良。如张能了解红军的真实情况，在抗日问题上是可以合作的。我说，你就回西安去，做这件工作。他高兴极了，问："你们真敢放我回去吗？我若回去，一定不辜负红军对我的优待。"我说："你什么时候去都可以。"他说："明早？"我说："好吧！欢送你。"送给他200元，派骑兵送他到王以哲军防线以外。

经过一星期，高福原乘运送给养的飞机到甘泉，在我司令部附近，掷下大批报纸刊物。从此，红军即同东北军搭起抗日民族统一战线的桥了。外面抗日形势发展很快，高以后表现很好，加入了共产党，在张学良送蒋介石回南京后被杀害。

张学良由反共转到联共抗日，这件事完全证明毛主席《论反对日本帝国主义的策略》的正确，反对了当时的关门主义者。东北军和西北军的抗日民族统一战线工作开展了，有利于红军东征。从这里可以看出两条路线的对比：我们在江西时，那样强大的红军和相当辽阔的苏区，但由于王明路线的贯彻，对十九路军采取了错误政策等，使我苏区和红军削弱了百分之九十，白区损失了几乎百分之百。我们到达吴起镇，只存七千二百人，加上十五军团也不过一万三千余人。在毛主席正确路线领导下，一到陕北立住脚跟，即粉碎第三次"围剿"，开展了抗日民族统一战线，开展了向国民党的战略进攻。逼迫蒋介石国民党处于被动，引导我党我军、苏区白区工作转入主动。当时，我体会到正确的政治路线威力的强大，最能调动各方面的革命力量，增加了自己很大的勇气。

东渡黄河　进军山西

粉碎国民党对陕北的第三次"围剿"以后，部队的给养等物资问题仍然很困难。这些实际问题，也就经常使人考虑着红军的行动方向问题。

陕北是小红军的好根据地、大红军的落脚点，但经济落后，交通不便。东侧黄河，北靠沙漠，西面荒凉，人烟稀少，虽不易形成白军四面"围剿"的局面，而红军本身的发展也有困难。向南发展，就要同东北军和西北军打仗；且陈诚于洛阳及其以西控制三个军，放在机动位置，这是专门对付我军的；向南发展就会把蒋军嫡系引进西北，加强对西北的控制。这些，对于当时的发展和总的局势都不利。东渡黄河开辟吕梁山根据地，再向晋中和晋东南发展比较理想。东征可以把抗日主张发展到华北去，可以解决给养问题、补充兵员问题以及筹款和其他物资问题。但是，东征必须保证部队和陕北根据地的联系。

1936年，大约是1月中旬，接毛主席电报，决定东渡黄河，夺取吕梁山脉，开辟新根据地。我接到军委这个指示后，是拥护毛主席这一决定的，但是内心有两点顾虑：一是怕渡不过去。当时红军在大疲劳之后，体质还很弱；且人数也少，包括刘志丹、徐海东两部分才一万三千余人。如受挫而强渡不成，那就不好。二是东渡黄河后，在蒋军大增援下，要保证能够撤回陕北根据地。在这一点上，也是不能大意的。因此，我除复电同意外，还就自己的上述看法，提出东渡黄河是必要的，但须绝对保证同陕北根据地的联系。我这种想法，反映了当时红军体质弱的实际情况以及长征中没有根据地的痛苦教训。这引起了主席的不高兴，他说，你去绝对保证，我是不能绝对保证的。

我随毛主席到无定河以北之大相村后，即率电台去无定河口上下游各数十里，详细侦察渡河点。我用了7个晚上侦察了一军团和十五军团的两处渡河点，也侦察了敌情。不仅了解了敌人表面的工事构筑、兵力火力配备，而且真实掌握了敌人的纵深配备；以求既保证东渡取得胜利，又准备形势万一变化，能安全撤回陕北。我到预定渡河点时，才造好15只船，每船乘30人，来往一次需要1小时20分钟。全军一万四千人，还有行李、伙食担子、马匹等，这样少的船只，是无法保证东渡胜利和万一情况变化下回师的安全的。即决心组织地方党、政、民全力以赴，根据掌握的每渡一次来回的时间，星夜赶造百只船。每船配备3至

4个船工，对船工加强政治动员和组织训练。这才有了东渡的胜利保证和必要时返回西渡的安全，不然绝对保证同陕北根据地的联系就成了空话。一军团和十五军团渡点正面守敌各不到一个营，其纵深也只有留誉镇、石楼各一个营，都离河岸30至40里。待敌纵深部队到达河岸时，我之战斗部队即可全部渡完。

我在黄河边做了一个多月这样的准备工作。做了详细的侦察工作，把对岸每一个碉堡敌人的兵力、火力配备、预备队位置都弄清楚了；选择了适当的渡河点，大体保证了渡河的准确性。这样细致的组织、侦察工作，对那次东渡的保证是没有白费的。在我军火力弱，尤其无炮火掩护下，作为一个高级指挥员，在执行军委指示时，亲自详细侦察，进行各种渡河准备，是非常重要的。我回到大相村，向主席汇报了各项准备工作的情况，渡河地点、时间得到了批准。强渡很顺利，两处渡点均已登岸，几乎没有什么伤亡。主席随十五军团到石楼，我随一军团到留誉镇。

东渡黄河后，我军胜利占领吕梁山之隰县、石楼、吉县，打退了敌军进占绥德、米脂的两个师。这对于陕北根据地可以减少威胁，有利于陕北根据地的发展。阎锡山花了数十万元修建的沿黄河的堡垒，一点也没有起到阻拦红军东渡的作用。

敌人迅速集结十二个团于兑九峪，准备向大麦郑推进。如乘敌前进时首先消灭其先头两个团（一个旅）是可能的。当时没有这样打，而采取对兑九峪三面包围攻击。此役口张得太宽，战斗一天成了相持。毛主席又即改变了计划，乘晋军后方空虚，以十五军团向北挺进文水、交城，威胁太原，后又挺进到静乐县，宣传北进抗日；一军团进占孝义，向灵石、介休北扩张，威胁平遥、榆次、太谷、太原。这就调退了兑九峪晋军退守太原，阎锡山原进入陕北绥德、米脂的两个师，星夜东调回晋，使无定河两岸苏区连成一片；迫使陈诚三个军不敢从潼关北渡黄河入晋，而绕道郑州、石家庄乘火车集结榆次、太谷地区，然后逐步南压。待阎、陈主力集结向我进攻时，我军争取了一个多月时间休整，做群众工作。一军团在灵石、介休、临汾之线，发动群众打土豪，筹得现金数十万元，扩兵数千人（河南、山东人多），收缴民团武装、弹药不少。十五军团因行动时间多，扩兵筹款成绩少些，但他们回师时经岚县、柳林，在柳林以南歼敌军一个整团。当敌军迫近河岸，我军早已准备大量船只胜利地、安全地撤回陕北。

当阎、陈集中兵力向吕梁山进攻时，我们以红军抗日先锋军名义发表了宣言，通电国民党政府、全国海陆空军、各公法团体学校，并写专函给阎锡山，说明抗日主张，不愿同室操戈（从这时起对蒋介石、阎锡山等均称阎氏、蒋氏）；说明我们北进抗日，你们既不能原谅，奉中国红军革命军事委员会命令，将红军抗日先锋军暂时撤回陕北，请你们派代表前来共商救国大计，等等。

东征意义甚大：消灭敌军约 3 个团，共缴获了几十万发子弹；动员群众参加红军竟达 5 千人，还有俘虏参加红军，共约 7 千人；筹了 40 万元左右的现金；扩大了陕北苏区。这次行动宣传了中共中央 1935 年 12 月会议的抗日主张，对平津、太原学生救亡运动起了积极支援的作用。全军指战员都看出了以毛主席为首的党中央政治路线的正确。政治、军事由被动转入主动，向敌人开展了战略上的进攻。

在毛主席的正确领导下，粉碎了国民党军对陕北根据地的第三次"围剿"，进军山西，扩大宣传抗日主张，从此共产党夺取了抗日领导权，这是红军到达陕北后的第二个伟大胜利。这次，毛主席是以军委主席兼抗日先锋军政治委员亲自出征的，一切措施都是他决定的。灵活机动，所耗甚少，收获很大。我是抗日先锋军司令员，在他的领导下，做一点点微不足道的具体工作。

六月西征

东征胜利结束后，红军回师陕北。1936 年，约在 5 月下旬或 6 月上旬，中央机关驻瓦窑堡，在瓦窑堡以东地区开了全军干部会议，毛主席讲了话。讲到东征的伟大胜利，反对了一军团不愿调出新兵补充十五军团的本位主义。组织了西征军及其指挥部，任务是扩大抗日根据地，接援二、四方面军出草地。以我为司令员，没有指定政治委员，但以刘晓为政治部主任。从部队中抽调大批干部成立了红军学校，林彪为校长。

我率一军团、十五军团分左右两路西进。一军团为左路进攻曲子、环县、豫旺，在曲子一仗，消灭宁夏马鸿逵之叶旅。旅长夫妇被俘，给予优遇，放回后影响很好，对在回族军队中开展抗日统一战线工作起了某些作用。十五军团为右路进攻靖边、定边、安边、盐池，四城逐次解放，发动群众，建立了政权。前方指挥部随右路十五军团行动。

8月初，继续西进。右路十五军团进占惠安堡、同心城，向宁夏开展工作；一军团进至固原、海原及同心城之间。东北军何柱国率一个师和军直属队驻固原城，一个师驻海原，一个师驻同心城及固原线。我军插驻其间，使其互相隔离。我写信给何柱国军长，说明抗日救国大道理，要他让出海原、同心城，全部撤至固原城及其以南，不要扰乱我军接援二、四方面军北上抗日；在他的军队移动时，我军给予方便及决不进攻的保证。何开始不相信，以后相信了，我军派朱瑞和他进行谈判，彼此遵守协议，他实行了。

8月中旬，一军团进占平凉（不含）、兰州（不含）之间的隆德、会宁等数城；一部出渭源，接援二、四方面军，在通渭一带会合。我率前方司令部进驻海原西北之打拉池。

张国焘司令部到达会宁，我与他直接通电，说我拟去会宁和他会见，并告以东北军四个军①的位置：王以哲军驻洛川；董英斌军驻庆阳；何柱国军驻固原；马××军驻兰州城，这些都不会阻拦你们东进。但蒋介石令王均军进至平凉，有向隆德阻击模样；令胡宗南部开西北。你们应全部集结海原、打拉池地区，准备消灭王均部。张国焘当即回电，不要我去会宁，他即日和朱总司令等来打拉池面谈。徐、陈亦率部前来。

第二天，张国焘到打拉池，徐、陈第三天还未见到。拂晓，我到张国焘处质问：徐、陈为什么还未见到？张说："已令徐、陈率四方面军之主力及一方面军之五军团从兰州附近渡过黄河北岸，向武威（凉州）前进了。"他下达这个命令时，也正是他电告我时。我把毛主席在1935年12月的《论反对日本帝国主义的策略》一文起的作用，当时东北军、西北军同我们的统战关系同他谈，他完全不听。王宏坤之陈锡联、谢富治师和张国焘司令部，大概是由于西北马家军和王均军的阻拦，未来得及过河。

张国焘到了打拉池后，敌王均两个师尾追四方面军被截断部分前进。我与张国焘面商，只要被截断部分在正面阻拦该敌前进，一军团即可从追敌侧后进攻，在打拉池布置伏击阵地。这样，消灭王均部是完全可能的，这样还可与四方面军

---

① 东北军四个军为王以哲军、董英斌军、何柱国军、于学忠军。驻兰州的是于学忠军。

北渡主力取得联络。张口头同意，却秘密令王宏坤部向同心城方向撤走，破坏了当时的作战部署。我又与张商，在海原和同心城之间布置伏击阵地，歼灭王均部。他口头又同意了，实际上他又令四军东撤了，使伏击计划又被破坏。

张国焘多次破坏作战部署，使我们不得不放弃豫旺以西大块土地。如果我军当时把王均军消灭，西安事变就可提早，我军就可能控制兰州和西兰公路以至甘肃全省。

这时已是九、十月之间。10月初旬，王均和毛炳文两军尾一军团后追击；胡宗南率5个整编旅向一军团侧击；在蒋介石的压迫下，何柱国、董英斌两军亦由南向北迫近，此时情况是很紧张的。我认为不打退敌人追击，陕北根据地没有粮食，当时保安全县只有一万多人口，如站不住脚，将被迫放弃陕北，东渡黄河，这种形势是很不利的。无论如何要挽救这种局势。遂决定迅速将一军团集结于山城堡之南，十五军团集结于山城堡之北，待胡宗南先头旅深入山城堡时，南北夹击。山城堡在洪德城以西15里，此地有数户人家，有一股笔孔大的泉水，胡宗南部当日离开甜水堡（在山城堡以西60里）后，即无处找到饮水，非到山城堡不可。该敌先头旅丁德隆部，黄昏才到山城堡，一军团从南和西面向丁德隆旅进攻，消灭其大半。此役虽小，却成为促成西安"双十二事变"的一个因素。

胡宗南并不死心，率四个旅为左路向盐池、定边前进；王均、毛炳文两军为中路，向吴起、志丹（保安）前进；东北军为右路向华池方向前进。我军转移至洪德城与盐池间，位置于沙漠边缘埋伏着，拟待胡敌通过沙漠疲乏和饥渴之际，给以打击。胡部是主力，也最积极，我如能再歼胡敌两个旅，即可将敌人这次进攻打退。

12月12日深夜，我和任弼时（此时，中央刚指定任为前敌政治委员）住在一个1米高、2米宽的土洞（牧羊者住的）内，聊避风沙，点灯看地图。外面狂风，飞沙迷雾。译电员送来电报，高叫："蒋介石被张学良捉起来了！"以后，中央又来电征求对蒋处理意见。我和弼时经过反复交谈，一致同意中央放蒋方针。

13日拂晓，胡宗南部乘夜撤走了，敌其他各路也均撤走了。张学良军集结西安，将洛川、庆阳诸城皆放弃。我一军团、十五军团、二方面军之一部，及四军、三十一军开驻庆阳、西峰镇一带，张学良送来部分棉衣和弹药。

如果没有张国焘这个反革命捣乱，使四方面军主力进到凉州这个死胡同里，后又被青海马步芳军全部歼灭，把四方面军主力两万多人送掉，则一、二、四方面军还可保存六七万人，红军是可能完全控制西北地区的。那么，我们对抗日战争的领导地位就要优越得多。东北军、西北军也就不致被蒋介石各个宰割，那样就会形成抗日联军控制大西北。

王明"左"倾机会主义路线、张国焘右倾机会主义路线，先后相继都失败了，惟毛主席的正确路线，在各方面都得到了胜利的发展。特别是一方面军到达陕北吴起镇后，军事上连续给敌以反击和反攻，政治上迅速地开展了战略进攻，以致东北军张学良扣押蒋介石，蒋被迫停止内战。时间只有 11 个月，这是狂风暴雨的 11 个月。

在反对张国焘的斗争中，我向毛主席学到许多东西。当时如不坚持北上抗日的政治和军事方针，同张国焘机会主义路线混淆起来，在伟大的抗日民族革命战争中，无产阶级就不可能取得领导地位，甚至连发言权也不会有；在草地如不坚持正确路线，采取坚决的分，就不能证明毛主席路线的正确，以后也就不会有一、二、四方面军在陕北的大会合；在张国焘分裂红军后，如开除张国焘党籍，也就可能造成党内长期分裂。毛主席坚持了原则（不让总书记），又表现了灵活性，避免了长期分裂。经过顽强斗争，最后，张国焘一个人开了小差，团结了四方面军大批干部。既弄清了是非，又团结了同志，这是毛主席从团结愿望出发的一贯方针的伟大胜利。经过 1935 年 9 月到 1936 年 9 月一年的实践——粉碎第三次"围剿"、十二月会议、东征胜利、停止内战等——在全党、全军、全国人民中，大大树立起以毛主席为首的党中央的威信。在活生生的事实中，使全党同志得到两条路线的比较从而认识了自己的领袖。这也是经过多次反复才得到的认识。

7. 答红二方面军战史编者问

贺 龙

为什么过金沙江？对"朱、张"的第一个电报有争论，我们不同意。第二个电报指出了5个渡口，第三个电报命令过江。这是有命令才走的。一部分同志不愿过，不愿过草地。（编者问：当时知不知道要过草地？）过草地我清楚，湘西有人到过番地，陈渠珍在那里当过管带。我们不同意的理由只有一个：革命，南边也要放一个。你讲二、六军团在江南能否发展，利用军阀矛盾，利用广大区域，四川、湖南、湖北、贵州都可以去嘛，湘江、沅江都挡我们不了，红三军还准备到当阳、远安搞湖北，打了几仗转过来的。最后一个命令才过江的，有不同的意见，不是什么争论。

一、四方面军之间有了问题，我们是估计出来的，为什么一方面军过草地去了，四方面军未过？周恩来同志明码给我们发电报。与四方面军会合后才知道密码本交给张国焘了，到巴西后我们才与中央通电。

张国焘对二、六军团使用的手段是：

分化。催六军团快走，说毛、周、张、博是反革命。

物质收买。到绒坝岔，衣服、粮食、补兵，都答应给我们，当我们不同意他的路线时，什么都没有了，要饿死我们，要把我们困死。他们先走，东西都带走了，张国焘命令我们没收东谷喇嘛寺的青稞，我们未执行。我们还有些驮子，有现洋，有金子，用现洋买粮食，到了哈达铺还给了他们（指四方面军——编者）几驮子现洋和金子。

以多数压迫少数。我们第一天到绒坝岔，第二天开了个小会，我们不同意提一、四方面军问题。张国焘提出来两个方面军开联席会议，我们问：报告哪个做？张做还是任做？结论哪个做？不能以多数压迫少数。这即是不同意张国焘的意见。

散发张国焘反党反中央的小册子《干部必读》。我在绒坝岔一个庙前说："干部必读不准发，看了要处罚人，放在政治部。"到甘孜时，我和关向应同志到刘少文（波巴政府顾问）那里去，他说："我有全部记录在这里。"从菩萨肚子里拿出来，又单独地和我们谈。

出草地后，中央组织三个方面军作战的计划，他们（指张国焘——编者）接到了，我们也接到了。这个战役，我们是出关中坝子，不是汉中，对西安胡宗南有威胁。我们把4县打下，张国焘不打，向西一跑，所有的敌人都加到我们头上，对付我们，汤祥峰叛变，四师上去没有抵赢，尹先炳被俘，……张国焘整了我们一手。这段写清楚一点。损失相当大，我们损失了第十七团。我们按照战役计划作，四方面军走了，我们才请示，10月4号向北走的。十七团一个团收不赢，很紧急，我们过河也很仓促。在盐关镇六军团被侧击，晏福生负伤。行军中受到敌人侧击，二军团甩了个团，到海原又吃了点亏，我差点被炸弹炸死，敌人已围拢过来。东北军作统一战线工作的王克送信来。四师前卫收不拢来，我们走错了路，在红包子打了一仗，在一个山上会到朱总，那时我们二军团又掉了两个连，部队搞得稀烂，后勤都搞完了。

过渭河，狼狈极了，遭敌侧击，渭河上游下暴雨，徒涉，水越来越大，冲了点人去。张国焘违背中央军委的指示，二方面军几乎遭到全军覆没。在渭河南岸时也很危险。这是长征中最危险的一次。乌蒙山并不紧张，他们要埋重武器，我都不准埋。在黔、大、毕那面都可以打，封锁线我们一冲就破。要说紧张第一次是甘孜，张国焘要困死我们；第二次就是成徽两康战役。我们原来估计四方面军不会走的。后来，我们给中央发了电报。早走两天就好了，不会这样狼狈，六军团也遭不到侧击。四方面军一撤走，敌人就围拢来了，急行军，掉了几千人，刚出草地，部队体力都未恢复，早走两天可以少受损失，可以冲出去，往东打也好，可是不能，因为被大的战略意图箍住了。

这个战役是岷县三十里铺开会决定的，我们坚决执行了，张国焘未执行，敌人压到我们头上来了。

那时中央总想把三个方面军搞到一起，打一仗，大家拥护。四方面军出草地还有三万多人，他的三十军能打仗，特别是八十八师有夜老虎之称。这个战役如成功，不是陕北的情况了，把毛炳文一打，我们出关中，甘肃问题解决了，就没有后顾之虑了。对巩固东北军西北军都好。三原、耀县都可以搞掉，陕南、陇东可以搞掉，胡宗南不敢来。

三个方面军会合后，周恩来同志由延安到洪德城，我和他见面后，周恩来同志问我三个方面军会合后怎么办？我说："统一归彭指挥吧！"那是我们二方面军表示态度拥护中央。

8. 漫漫长征路

萧劲光

出 征 之 前

长征之前的八个多月，我一直是在红军大学度过的。

在"左"倾冒险主义者还占据着中央领导岗位的情况下，当然不会安排我再去做什么领导工作，有机会为培养红军的军政干部尽自己一点微薄的力量，也是一件值得欣慰的事。我也别无他求，安下心来当教员了。

红军大学设在距离瑞金城十多里的一个叫大树下的地方。山坡上一片茂密的松林。据说原先那一带荒无人烟，学员们自己动手，建起了一排排茅草屋。虽然简陋，比起在露天上课、生活，要好得多了。

学校生活对我来说并不陌生。从指导思想到教学方法，从课程的设置到教材的编写，很多都是仿效、参考苏联红军学校的一套。当时红大校长是张宗逊，随后由何长工继任。全校分为四个科：高级指挥科、上级政治科、上级指挥科、上级参谋科。学员约三四百人，都是从各部队调来的军政领导干部。高级指挥科主要训练师长、政委和军区司令员、政委，其他科训练的是营、团以上领导干部。每期大约学习四个月，一期结束后，学员分回前方，又调来第二批。主要课程有：马列主义常识、党的历史、政治工作、战略战术、参谋业务，等等。

红大的教员分为两类：一类是兼职教员，多是中央和总政治部有关部门的一些领导同志，如瞿秋白同志讲过中国革命问题，总政组织部部长李弼庭讲过中共党史，宣传部部长徐梦秋讲过马列主义常识，李德也多次来讲过战术课。另一类是专职教员，有宋时轮、周士第、苏进、冯达飞、何涤宙等。我也属于这一类，主要讲政治工作课，有时也讲战术课。开始我和周士第等同志分配在训练部任专职教员。过了一段时间，我被任命为政治科科长，既要做行政领导工作，又要继续教课，每天的工作就更加繁忙了。

由于自己身处逆境，对全国，特别是对中央苏区周围敌我斗争形势的发展变化，不但非常关心，还特别敏感。我已被开除党籍，中央对形势怎样分析，采取什么对策，一般是听不到传达的，有时领导上还有意对我实行"保密"。但由于不少同志对我蒙冤受屈表示同情，特别是对苏区某些报刊宣传中不择手段地丑化、谩骂我，甚至对我进行人身攻击表示反感，加上我办事、讲课都比较认真，无论是教员还是学员，都不把我当外人看待。这样，我也就能通过各种渠道知道不少情况。

比如，就在我受审查和服刑期间，也就是1933年的11月下旬，至1934年1月底，爆发了轰动全国的"福建事变"。国民党第十九路军不满蒋介石卖国投降和排除异己的政策，公开宣布同蒋介石决裂，成立福建"人民革命政府"，并与红军订立了抗日反蒋的协定。蒋介石慌忙抽调大量兵力，进攻第十九路军。这本来是我军粉碎敌人第五次"围剿"的一个非常有利的时机。但王明路线的领导人不去利用敌人的内部矛盾，而是继续叫喊什么"中间派是最危险的敌人"，"揭露"福建"人民革命政府"的所谓"欺骗性"，让第十九路军孤军奋战，在蒋介石军队的强大压力下终于完全失败。同时也使得我军丧失了打破敌人"围剿"的有利战机，招致最后被迫完全退出中央根据地的严重恶果。对于这件事，我刚到红大时，也曾隐隐约约地听人议论过。后来，周士第向我讲了他的亲身见闻，我才了解到这次事变的详细情况。

周士第是早在大革命时期就加入过我党的一位老战士。北伐军从广东出发前我们就相识。在北伐战争中，他担任过叶挺独立团的参谋长、铁甲车队队长。南昌起义时，他任过师长。起义失败后，他同党脱离了组织关系。在"福建事变"中，他是第十九路军补充团的团长。失败后，他的部队被打散了。他独自一个跑来苏区投奔红军，并把随身携带的一千元交给了党。他被分配来红大工作后，党籍一时还没有得到恢复，直到后来红军长征到达陕北，党组织根据他的表现才又重新接收他入党。由于我俩都是教员，过去又认识，便经常在一起交谈。当他把

"福建事变"的详情告知我以后，我俩都为这一事变遭受惨重失败深深感到惋惜。当时我党领导人对待这一事变的"左"得出奇的言行，使我进一步加深了对王明错误路线的认识，为这条路线给革命事业造成的巨大损失深感痛心。

春天过去，天气一天天热起来，苏区周围的斗争形势也一天比一天紧张。当时我们对前线战斗失利的详情虽然不甚了解，但传言很多，私下议论的也很多。今天有人传说我军已被迫撤出了广昌、建宁等地，明天又有人传说敌人发动了全面进攻，我军"六路分兵"，节节败退。后来，瑞金附近的兴国、古龙岗、宁都、石城相继失守的消息也传来了。根据地一天天在缩小，我军将采取什么对策扭转这种局势呢？谁也说不清楚。大家越议论，感到形势越严重，心情也就越沉重。

终于，上面来了通知：准备大转移。转移到哪里去？不知道。转移出去干什么？也不知道。一个劲地强调要保密，保密，结果是一切都使人摸不着头脑。紧接着，又来了通知：红军大学改编成上干队（上级干部队），隶属军委干部团领导。我被任命为上干队队长。这一任命出乎我的意料：我这样一个刚被释放的"罪犯"，怎么一跃又当上队长了呢？但是，我还是感到高兴的。敌人的反革命"围剿"打不破，根据地保不住，只有转移出去才有活路。"御敌于国门之外""不让敌人侵占一寸土地"一类大胡话，在严酷的事实面前已经碰得粉碎。现在"转移"虽然晚了一点，但能转移出去，对于扭转危局总是件好事。不久，何长工等学校领导人被调走了。时间紧迫，许多事情不容我多想。执行命令是不能也不应该讲价钱的。于是，我就正式挑起上干队队长这副担子。

当时，红大高级科、参谋科的学员已经毕业，各自回部队去了。剩下两个科：指挥科、政治科，加上当时一部分县级地方干部要随部队转移，又增添了一个地方工作科，总数不到两百人（在以后的长征途中，上干队这个单位人数很不固定。上面陆续分配来一些干部，有时主力战斗部队或地方工作需要，又调走一些干部。多的时候全队达两百余人，少的时候也有一百多人），就编成上干队了。初期指挥科科长是周士第，政治科科长是余泽鸿，地方工作科科长是冯达飞。

余泽鸿原先在中央机关做青年工作，也受过王明路线的打击迫害。他为人忠厚，处处小心谨慎。冯达飞也是早在第一次国内革命战争时期就加入中国共产党的老战士，是黄埔军官学校的学生，曾留学苏联，回国后到广西工作，参加过百色起义。以后曾任过红七军第二纵队司令、红八军代理军长。他也是因为王明路线迫害被撤职、开除党籍才来到红军大学的。后来抗战期间在"皖南事变"中不幸牺牲。

1934年10月18日，按照通知，我率领上干队离开大树下，准时到达干部团的集合地点——九堡，向团长陈赓、政委宋任穷报到。当时干部团新编成的一、二、三营和特科营，都是由苏区原有几个学校的干部学员组成的，不同的是这四个营的学员都是年轻的连排干部，配有较好的武器装备；而上干队的学员则是中层以上领导干部，武器很少，每个班不过两三支枪。

这天黄昏时分，干部团所属单位集合在九堡村外，随着陈赓团长一声令下，队伍辞别了瑞金的父老兄弟姐妹，踏上了漫漫长征路。

斜阳的余晖照射在山坡上、小河边，山显得格外青，水显得格外秀。队伍在行进，但是谁也没有吭声，都在默默地想着心事，只是不时回过头来想多看上几眼。我的心情和许多同志一样，一则以喜，喜的是转移出去，有希望摆脱掉敌人；一则以忧，忧的是不知何年何月才能再回到这块战斗、生活了多年的红色根据地，红军离开后，根据地的人民群众不知又要遭受到多么惨重的磨难和损失！部队越走离瑞金越远，完全笼罩在一片迷蒙的月色中了。

从瑞金到遵义

瑞金到遵义，行程四千余里，历时两个多月。这段路程，特别是在进入贵州之前，是中央红军在长征途中处境最被动、损失最严重、大家的心情也最焦急的一段路程。

出发时，王明路线的领导人强令部队采取"甬道式"的搬家方式，左右两翼，由一、三军团担任前锋，八、九军团负责掩护，五军团在后压阵，中间是庞大的中央军委纵队，携带着各种笨重的"坛坛罐罐"，在狭窄的小道上，前呼后拥，磕磕碰碰，互相拥挤，缓慢地行进着。

干部团直属军委纵队，是军委纵队一支最有战斗力的部队，担负着直接保卫军委首长和领导机关的光荣任务。行军时一般都走在纵队的最后面，上干队又常常是走在全团的末尾。敌人前堵后追，机构这么庞大臃肿，行动这么缓慢拖沓，看到这种情况，大家都心焦如焚。原先以为转移可以调动敌人，乘机打破敌人的反革命"围剿",现在却被敌人紧紧追赶着,是在拼命逃跑,处处挨打,处处被动。这究竟是怎么回事呢?我和许多同志一样,感到困惑、不安,又无处打听,只是跟着纵队一个劲地往前走,不停地走!

当时,上干队只调给一匹牲口,主要用来为病号和一些年纪较大的教员驮运行李。队部除我这个队长以外,有一个卫生员,负责给大家治疗各种小的伤痛。还有一个挑伕,是个哑巴,瑞金附近人,原先就是红大的伙伕,挑着两个铁皮文件箱,跟随部队长征。我这个队长既没有通信员,又没有牲口。好在当时我才三十出头,身体也还健壮,行军时,一个小背包,一袋干粮,一只水壶,往肩上一背,就大步走在队伍的前头了。

为了防止敌机空袭,开始一段时间,部队大都是夜行昼宿,只是在通过森林地区和那些极难行走的小路时才在白天行军。一到驻地,教员和学员们休息了,我往往还要先去了解一下当地的社会情况,要到各科,以至各班看一看是否都住下了,检查一下岗哨警戒派好没有,有时还要到团部去参加一些短会,领受某项任务。

一路上,谁也说不清翻越过多少座山,淌过了多少条河。攀登时最艰苦、因而留下印象也最深刻的是,翻越一座叫老山界的高峰。那天已经是下午了,开始大家听说只要走30里路就可以越过山顶,并没怎么把它放在心上。谁知越走山越陡,越走路也越窄。到后来竟象在爬梯子。这时已经快到半夜,许多牲口都拥挤在陡壁跟前。天上虽有星光,许多同志手里还举着火把,但路毕竟太难走了,一不小心,人马都可能滚下山去。上级只好下令:就地宿营,明天拂晓再走。这样陡的山坡,在一条宽不过两尺的小道上,躺下来睡觉是太难了,但又没有别的法子可想。有的同志把油布和毯子往身上一裹,横着心躺了下来;有的找到一块坡度稍缓的地方,背靠背地坐下打起盹来。由于实在太疲倦,大家竟酣然入睡了。直到第二天黎明时,炊事员已把饭做好,大家吃了一点后,又互相拉着推着,艰难地爬过这段陡岩石梯,登上了山顶。

在这一段行军途中,我们上干队的同志,虽然没有同前来围追堵截的敌人面对面地交过手、打过仗,但一路上遇到的艰难险阻也是不少的。除了要防止敌机的轰炸扫射,防止小股敌人的偷袭以外,还要同各地的恶霸地主武装——反动民团和特务分子的破坏袭扰作斗争。在途经广西境内的时候,敌人就使出了很毒辣的一手：他们不但事先在我们经过的地方把粮食和民房烧掉，增加红军吃住的困难，而且派遣了不少特务和坏分子，打扮成普通群众，混进红军的驻地，等到夜深人静后，就在村里村外放起火来。当地的民房一般都是竹木结构，鳞次栉比连成一片，火势非常迅猛，很难扑灭。许多民房都被烧毁。然后，特务们又到处造谣，说红军杀人放火，把罪名加在红军头上。我们上干队的驻地也曾遇到过几次，晚上经常要起来救火。有段时间，学员们不但要背着背包、枪支行军，还要携带着救火的工具，以免宿营发生火灾时忙乱中找不到工具灭火。开始大家很纳闷：为什么半夜会起火呢？后来大家提高了警惕，派出暗哨进行监视，发现起火，就迅速灭火、搜查，终于当场抓获了几个放火的家伙。经过盘问，才知道是敌人在有意捣鬼。

从离开中央根据地开始，蒋介石便在红军前进方向上设置了一道又一道封锁线。对于敌人的围追堵截，王明路线领导人惊慌失措，一筹莫展，只知道命令部队死打硬拼。这样，就迫使一、三、五、八、九军团等红军主力部队，同二、三十个师的敌人，进行着紧张、激烈的战斗。特别是在过第四道封锁线时，指战员们浴血苦战，付出了惨重的代价，才掩护中央军委纵队渡过湘江。红军由出发时的八万多人锐减到三万多人。当时，我和上干队的同志，对于主力部队如何苦战的详情虽然无从得知，但部队受到严重损失是知道的。有些同志开始偷偷议论："老是这样被动挨打，怎能打破敌人的'围剿'呢？""看来不换领导人是扭转不了被动局面的！"对我来说，感受就更加深切。从1930年到达中央苏区以后，第一、二、三、四次反"围剿"斗争，我都是直接或间接的参加者。在毛泽东同志亲自指挥下，粉碎敌人的第一、二、三次"围剿"都只用了一两个月的时间。在第四次反"围剿"斗争中，虽然毛泽东同志被排挤离开了中央和红军的领导岗位，但由于王明路线还没有完全贯彻到红军中去，毛泽东同志的军事思想还在起作用，粉碎敌人这次"围剿"，也只用了大约三个月时间。唯有在这第五次反"围剿"斗争中，由于王明路线领导人推行着一整套错误的战略方针和作战原则，听任李德进行瞎指挥，尽管红军指战员英勇作战，历时一年，最后还是被迫完全放弃中央根据地。现在，在长征途中部队又受到如此惨重损失，这怎能不叫人心痛，不令人气愤呢！在这次反"围剿"斗争刚刚开始的时候，我就成了王明路线领导人转嫁罪责的牺牲品。现在该是他们认识错误的时候了！对于毛泽东同志的正确路线肯定能战胜错误路线，我从一开始就满怀信心，但也知道，道路是不平坦的，错误路线不到碰得头破血流是不会回头的。由于自己当时的处境不好乱发议论，所以我总是在心里暗暗希望，这一天能够早日到来。刚接到要"转移"的通知时，我看到了这种希望；现在，我预感到这一天的到来，为期已经不远了。唯一感到不安的是，取得这一胜利，竟然付出了这么惨重的代价，而且不知道还要付出多大的代价。

部队前进到湘西通道地区时，蒋介石已察觉我军的意图是要与二、六军团会合，在我们前进方向布置了五倍于我的强大兵力，形成了一个大口袋等我们去钻。当时为李德作翻译的伍修权同志，在他的回忆录中写道："面对这一情况，李德竟然坚持按原计划行动，把已经遭到惨重损失的三万多红军，朝十几万强敌的虎口中送。在这紧急关头，毛泽东同志向中央政治局提出，部队应该改变战略方向，立即转而向西，到敌人力量薄弱的贵州去……中央迫于形势，只得接受了这一正确建议。"李德的这种顽固态度，我当时不得而知，但毛泽东同志的意见又开始在起作用是听说了的。随后召开的黎平会议作出了关于在川黔边建立新根据地的决议，其基本精神也知道一些。得知这些情况以后，我精神为之一振，心想：真是"山重水复疑无路，柳暗花明又一村"，红军这下有救了，错误路线的末日看来真要到了。我当时的喜悦是难以用笔墨形容的，只觉得行军走路，步子也轻快多了。

大约就在到达黎平前后，上级任命余泽鸿为上干队政治委员，苏进接替他任政治科科长。苏进是日本士官学校学生，原先在国民党二十六路军当副团长，参加"宁都暴动"过来以后，加入了中国共产党，担任过红军的师长。以后也因犯"错误"受过王明路线的迫害。余泽鸿任政委，分担了我一部分领导责任。需要向全队布置的事情，我们总是事先碰头商量一下。这样，工作也就做得更加周到一些。

1935年元旦，我们到达了乌江南岸的猴场附近。一军团的先头部队强占乌江渡口后，军委命令干部团特科营的工兵连迅速架设浮桥。在这样一条水深浪急的大河上架桥，是一项既危险又需要较高技术的艰巨任务。上干队的教员何涤宙被调去进行技术指导。何涤宙在国民党军队里曾任过工兵团团长，到红大任工兵教员。他在架桥等土木作业方面，在当时称得上是个专家。以后过金沙江、大渡河时，先头部队都曾把他请去，研究能否架桥。长征以后，他入了党，但后来到了抗日战争时期，他说要去大城市看病，到武汉以后不辞而别，离开了革命队伍。架桥需要大批物资、器材。于是，我就带领上干队的其他学员，同干部团一、二、三营的同志一道，连夜到各处去搜集木材、竹子、门板、洋油筒、棕绳等，并一批批搬运到江边。工兵连的同志昼夜奋战，很快把一座浮桥架了起来，中央军委纵队和各军团的后续部队，都从桥上浩浩荡荡地渡过了天险乌江。

几天以后，我们便随中央军委纵队进驻了遵义城。为保证中央政治局扩大会议的顺利召开，各主力部队分别扼守着遵义周围的交通要道和关卡隘口。我们和干部团其他各营留在城区担任警戒任务。上干队一边休整，一边派出学员到人民群众中去做宣传工作，并动员青年参军。经过各单位动员，红军很快就增加了几千人。

在遵义休整了12天，我向全队学员简要地总结了离开瑞金两个多月的行军情况。值得庆幸的是，除了少数学员由于主力战斗部队需要陆续被调走以外，全队没有减少一人。这固然同没有与敌人打仗有关，但是，主要原因还在于全队干部和学员有良好的政治素质，有顽强的战斗意志和艰苦奋斗精神。在从大树下出发时，有的领导人对周士第、宋时轮、苏进、冯达飞和包括我在内的一些曾脱离过党或被开除了党籍、犯有"错误""罪行"的干部，是很不放心的。为了防止我们逃跑或干出什么坏事，他们竟布置了一些学员，暗中监视我们的行动。现在全队连一个掉队的都没有，这就雄辩地说明，我们上干队的同志，无论是学员还是教员，都是值得信任的，是忠实于革命、经得起艰苦条件考验的。

娄山关阻敌

遵义会议刚开完，还没有来得及传达，红军便离开遵义继续北上。中央确定向四川进军，预定的渡江地点是在重庆上游的宜宾到泸州一线。到达土城附近时，干部团协同三军团、九军团，同蒋介石派来堵截的川军郭勋祺师打了一场恶仗。

干部团参战的主力是几个步兵营和特种营的迫击炮连、重机枪连。我们上干队的学员武器少，加上上级为了保存中、高级干部，不轻易把他们当普通战斗员使用，只是让他们担任一些次要的任务。记得那天从拂晓到黄昏，我们隐蔽在半山腰上，用火力支援主力部队向敌人发动一次又一次进攻。战斗开始很顺利，干部团那批基层干部学员打得勇猛顽强。敌人眼看坚持不住了，突然有几个旅增援上来，把我干部团的火力压了下来。我参战部队遭受严重损失。军委于是下令退出战斗，第一次渡过赤水，向古蔺开进，随后又改道到威信（扎西）、镇雄一带休整。

离开古蔺时，余泽鸿被调离了上干队，留在川黔滇边境地区做地方工作，开辟新的革命根据地。他从上干队带走一些干部和部分枪支。他们的工作开展得怎样，不得而知，只是后来才听说，他在斗争中牺牲了。上干队抵达威信时，上级又派莫文骅来担任政委。在这之前，莫文骅在八军团政治部任宣传部部长。

红军在二渡赤水后，一、三军团迅速东进，再次占领了桐梓城和娄山关。敌军纷纷溃逃，一、三军团并肩向遵义方向展开了追击战。参加追击的还有干部团的一、二、三营和特科营。随后，中央军委纵队也向遵义方向开进，唯有上干队被留在桐梓县城。这是长征以来上干队第一次离开干部团单独执行任务。这时已是 1935 年的 2 月底了。我们留在桐梓的任务是担任警戒，等九军团来换防以后，即向遵义归队。前头部队留下了一个警备连归我指挥。我们迅速布置好岗哨，在桐梓城过了一夜。第二天下午，九军团军团长罗炳辉带着电台和警卫连进了城。他的几个主力战斗团还没有来到。我向罗炳辉报告了桐梓周围的情况，他听完以后说，你们走吧，这里由我们来守卫。这样，我和莫文骅便率领上干队奔向娄山关。

桐梓离娄山关三十多里，由于前头部队已经击溃了敌人，一路上没遇上什么险情。没料到，在快接近娄山关时，我们的后面，即桐梓方向突然响起了密集的枪声。这是怎么回事？我们警惕起来，回头一看，罗炳辉仍然只带着电台和一个连，气喘吁吁地赶来，大队敌人在他们后面紧紧追赶。罗炳辉身体较胖，又穿一双布鞋，走起路来比较吃力。敌人一边口出污言秽语，大声喊叫着要抓住他，别让他跑了！我指挥上干队的学员迅速占领阵地，阻击敌人，把罗炳辉和他带领的人员接了过来。

事后才知道，原来罗炳辉领导的几个主力团队已经绕过娄山关向遵义方向开进了。他到达桐梓不久，又接到通知，要他也撤出桐梓，赶到遵义。在接近娄山关的路上，四川军阀刘湘的教导师从旁边插了过来，咬住他们紧追不放。

这时太阳已经落山。上干队总共只有一百四、五十人，几十条枪。离开桐梓时，那个警备连又因事耽搁没有赶上来。情况万分危急，我只得把有枪的同志组织起来，并把罗炳辉带的那个连要了过来，在第一线迅速展开，充分利用有利地形，继续阻击来势汹汹的敌人。没有枪的同志也都找好了石头、棍棒，拉开架势，准备敌人一旦冲过来时同敌人进行搏斗。双方"乒乒乓乓"地对打了一阵。我们的枪虽少，但许多同志都经过多次战斗锻炼，枪法很准，打死打伤了不少敌人。我们且战且退，终于把敌人阻止在娄山关脚下。在夜色的掩护下，敌人胡乱地放了一阵枪，停止了追击。

这股敌人的出现，事先谁也没有料到。敌情既然有了变化，我们是否还按照原先上级的交代，越过娄山关向遵义归队？当我向罗炳辉提出这个问题时，他说："最好还是一起走吧。"娄山关是从川南通向遵义的大门，地理位置十分重要。娄山关若是让敌人占领了，就要严重威胁已经到达遵义的军委首长、领导机关和数万大军，我把这个意见说了，罗炳辉也认为是个问题，但又觉得上干队兵力单薄，担心我们寡不敌众。我们上干队也有个别同志感到自己人少枪少，难以担负起这样繁重的守关任务。敌人已经到了山下，附近又没有别的兄弟部队，情况紧急，不容许我们再犹豫了。我对罗炳辉说："这样吧，把你的那个连留给我，我们一定把娄山关守住，你放心先走吧！"于是，罗炳辉便只带着电台和少数随从人员，越过娄山关奔遵义方向走了。

我们迅速占领了娄山关的主要山头。透过迷蒙的夜色，但见关口周围群峰陡峭，到处是奇岩怪石，草深林密，关下是蜿蜒曲折的川黔公路。居高临下守住关口，就掐断了这贯通南北的唯一通道，真有"一夫当关，万夫莫开"之险。看到这样易守难攻的有利地形，大家满怀胜利信心，积极做好各项战斗准备。一路上，我们收容了先头部队一些掉队的战士。他们大都有枪，有两个战士还扛着挺机枪，我们就动员他们留下来一起参加战斗。想继续赶队的，就让他们把枪留给我们。这样一来，战斗力又有所增加，击退敌人进攻的信心就更足了。

就这样，我们扼守在娄山关左右的山上。炊事员埋锅做饭，大家吃饱了，都在自己的岗位上警惕地守卫着。敌人从正面是难以攻上来的，我们主要担心敌人从两侧迂回上来。但部队就那么多，不能再分散使用。当时我们作了最坏的思想准备：万一被敌人把我们同主力部队隔开，我们只好在黔北一带打游击了。

敌人发现我们已经凭险固守，加上在夜间，一时又摸不清我们的虚实，在山下打了一阵枪，却不敢冒险过关。我们沉着应战，拿定主意：你不到跟前，我不开火。持续了一阵，最后终于听不到枪声了。周围万籁俱寂，只有冷飕飕的寒风在刮着。快到半夜了，根据各种迹象判断，敌人已经走远，再来进攻的可能性不大了。当我们正准备往山下撤的时候，罗炳辉派骑兵通信员送信来了。信上说，我军在遵义附近打了大胜仗，并嘱咐我们在娄山关坚守到天明，由五军团派部队来换防。大家听说打了大胜仗，精神一振，顿时睡意全消。第二天拂晓，五军团的一个营准时来换防，我们交接后即向遵义前进。

娄山关到遵义90里。傍晚，我们便赶到了遵义城。当天晚上，周恩来同志接见了我。一见面，他就关切地问："上干队的同志都到了吗？住下没有？有没有伤亡？"我回答说，都住下了，没有伤亡。他听了很高兴，赞扬我们在娄山关这一仗打得好，保卫了遵义，保卫了党中央。随后他对我讲了不久前召开的中央政治局扩大会议（即遵义会议）的主要精神，说会议开得很好，批判了错误路线，毛泽东同志又回到了党中央和军委的领导岗位上。他还告诉我：会议认为，你的问题过去搞错了，取消了对你的处分，决定恢复你的党籍、军籍，中央还考虑要重新安排你的工作。他说话时态度非常诚恳，使我听了很受感动。最后，他还给上干队布置了一项战斗任务：立即做好准备，并带上工兵，首先把敌人占领的仁怀县城拿下来，随即到茅台，在赤水河上把浮桥架起来。事后才知道，执行这项任务，是为红军三渡赤水提前做好准备。

当我听到周恩来同志讲遵义会议精神的时候，激动得差点掉下泪来。王明"左"倾路线受到了批判，毛主席的正确路线取得了胜利，我盼望已久的这一天终于到来了。这次会议，挽救了红军，挽救了党，成为我党历史上由失败走向胜利的一个伟大转折。这次会议，还纠正了包括我在内的一些同志的冤案，摘掉了我头上那顶"罪犯"的帽子。我的党籍虽然在过金沙江以后通过组织手续才得到恢复。但是，压在我心上的那块沉重的石头被搬掉了，我怎能不激动，怎能不深深地感谢党呢！从此以后，我的精神更加振奋，在漫漫长征路上，步子也迈得更大、更坚定了。

紧接着，上干队的同志也都在遵义城的天主教堂内，听了遵义会议精神的正式传达。大家的心情都很兴奋，一致拥护结束王明路线在党中央的统治，确立毛泽东同志在全党全军的领导地位。

几天后的一个晚上，我和莫文骅带领上干队和一个工兵连，还有一个步兵连，悄悄地离开遵义，直奔仁怀。遵义到仁怀，约八、九十里，出发前得知，我军的通信部门从窃听敌人的电话中获得情报：守卫仁怀的敌军只有一个连，而且是地方部队，战斗力不强。我们携带攻城的梯子和一些必需的架桥器材，沿着一条狭窄的小路，在高山深谷间穿行。走了一段，突然下起倾盆大雨，虽然披着油布，大家的衣服还是湿透了。夜很黑，为了不被敌人发现，又不能点火把，大家只得摸索着前进。不少同志摔倒了，磕破了腿，扭伤了脚，周士第脚上扎进一根很粗的尖刺，淌着血，为了不影响赶路，他硬是咬牙忍痛，一颠一拐地前进，到达目的地后，才把刺挑出来，包扎了一下。经过整整一个晚上的跋涉，终于在拂晓时到达了仁怀。我带领尖刀班跑步前进，后续部队紧紧跟上。接近城边时，大家选择有利地形，向城内猛烈射击。敌人遭到突然袭击，惊慌失措，纷纷逃跑出城，窜进丛林中逃命去了。这样，没费多大力气，我们就占领了仁怀。

茅台距仁怀约30里。我们留下步兵连守卫仁怀县城，带领工兵连迅速赶到了茅台。在上干队的掩护下，工兵连迅速把浮桥架了起来。直到红军大队人马三渡赤水以后，我们才回到了干部团的战斗序列。

茅台镇很小，茅台酒却驰名中外。我们在茅台驻扎了3天，我和一些同志去参观了一家酒厂。有很大的酒池，还有一排排的酒桶。我们品尝了这种名酒，芬芳甘甜，沁人心肺，真是一种莫大的享受。有些同志还买了些用水壶装着，留着在路上擦脚解乏。有的同志打趣说，要不是长征来到这里，这辈子哪能喝上茅台酒呢！如果单凭这点，还得好好"谢谢"蒋介石呢！的确，我们一路上吃尽千言万苦，但也品尝过一些稀奇和有名的东西。路过湘南、广西，我们吃过猫肉，有的同志还吃过猴子肉。以后路过云南时，还吃过有名的宣威火腿。

三渡赤水后，向古蔺方向走了不远，部队又突然掉头向东，于3月中旬四渡赤水，随后又迅速南下，渡过乌江，到贵阳附近突然转向西南，大踏步地向云南境内前进，把尾追的敌人甩得远远的。

四渡赤水之战，毛泽东同志指挥红军避实就虚，声东击西，灵活地调动敌人，实行机动作战，充分显示了他卓越的军事指挥艺术和领导才能。这同红军在通过敌人第一、二、三、四道封锁线时，李德等人只知道命令部队死打硬拼，形成了强烈的对比。部队虽然多走了一些路，但是取得了主动，还消灭了不少敌人，而红军却损失不多。我和许多同志都打心眼里感到高兴，庆贺红军有了可以充分信赖的领导人。

在这期间，莫文骅又被调往干部团团部任政治处主任。接替他任上干队第三任政委的是周桓。他原先也在八军团工作，辽宁人，在上干队一直工作到一、四方面军会合以后。

"红军不是石达开！"

4月下旬的云南，天气已经相当热了。我们只穿一件单军衣行军，还走得大汗淋漓。为了迷惑和牵制敌人，红军在昆明附近虚晃了一枪，立即转向西北，直奔金沙江畔。

在这期间，我们听到了一个不幸的消息：刘伯坚同志被敌人杀害了。这消息是张闻天同志从收音机里听到，告诉过去同他在上海共过事、现在随上干队一起长征的冯雪峰的。中央红军离开瑞金时，伯坚等同志被王明路线领导人乘机甩掉，留在苏区。3月上旬的一天，他在于都附近随赣南省党政军机关突围时，不幸负伤被俘。在敌人面前，他坚强不屈。4月21日，敌人将他杀害在大余县城郊的金莲山。上干队有不少同志在伯坚领导下工作过，对他的为人十分敬佩。前面已经提到，我同他在苏联同过学，到苏区后又共过事，有着相当深厚的感情。听到他遇害的消息，大家都悲痛万分。在痛恨国民党反动派的同时，对王明路线也满怀义愤。据苏进后来说，到延安后，有一次他去拜见毛主席提起刘伯坚时，主席感慨地说："离开苏区时，象瞿秋白、刘伯坚，我的爱弟毛泽覃，都该带出来的。闹宗派嘛！送给敌人杀掉，太可惜了！"

4月29日下午，干部团接到抢占金沙江渡口的任务。这时，我们距离皎平渡还有280余里。陈赓团长决定，以三营为前卫营，九连为前卫连，立即出发，我们上干队和其他各营随后跟进。

在这以前，我已经有了一匹马。但我始终没有骑过，而是用它来给大家驮行李。我虽然疲劳一点，同志们却减轻了一些负担。

部队一天走一百多里，赶往金沙江边。金沙江是长江的主要水源，在宜宾和岷江会合后，以下才称长江。这条江是从云南进入四川境内必须越过的一道天然屏障。

这天，在夕阳西下的时候，我们已经来到离金沙江只有40里的陡坡上。远远望去，江水泛着银光，在高山峻岭间蜿蜒穿行。我们一路下坡，虽是夜间，大家走得还是特别快。走着走着，前面传来了"三营已经完全控制渡口"的胜利消息。接着江水奔流的声音也听得见了。大家抖擞精神，一口气跑到了江边。

原来前卫连来到渡口时，正巧敌人有两条木船过江来侦察。这个连巧妙地俘获了这两条船和船夫。接着就渡过江去，以迅雷不及掩耳之势，解决了敌人厘金局的三四十名保安队员和当天刚到达江边的国民党正规军一个连，控制了渡口。

我们上干队过江后，同干部团其他营一起，就在河边沙滩上露营。睡不多久，全团又突然接到命令，立即出发，赶到通安镇，去消灭昼夜兼程赶来增援的川军刘元堂部约一个团的敌人。我们在晨曦中走不多远，前面就传来了枪声。一问，才知是先头部队抢占通往通安镇的山顶隘口，正在同敌人进行激战。我们赶到时，隘口已经被拿下了。

中午时分，部队继续往通安镇方向前进。陈赓团长在山坡上指挥这场战斗。担任主攻的仍然是几个步兵营和重机枪连。在距离通安镇几里的地方，我拿起望远镜一看，我军已经占领了有利阵地，疲惫不堪的敌人正在溃逃。我们一气猛追了十多里路，终于把敌人彻底打垮了，俘敌二百多人。上干队的学员也抓了几十个俘虏，还缴获了一些枪支弹药。

这一胜利，有效地巩固了皎平渡渡口，保证了中央军委纵队和一、三军团的大队人马，都从这里渡过金沙江，真正把长征以来一直尾追我们的敌人甩掉了。军委通报嘉奖了干部团。

我们在通安镇休息了两天，这是南渡乌江以来仅有的一次较长时间的休息。第三天，便向会理前进。会理城里驻扎着川军刘元堂一个师的兵力。军委命令干部团配合三军团攻城。我们上干队的学员也参加了围城。城墙很高，敌人使用了很毒的一手：白天把全城的男女老少驱赶到城墙上，排在第一线，这样，红军就不好开枪；晚上，他们把老百姓的棉被、衣服，浇上油，在城墙上烧得火光冲天，以阻止红军夜间攻城。为了防止红军靠近城墙，敌人还把城墙周围的建筑烧得精光。红军左攻右攻都攻不进去。于是在城墙根下挖掘地道，用棺材装上炸药进行爆破。又因炸药威力不大，没有奏效。为了不耽误行军和减少伤亡，军委下令停止攻城。部队在城外前后住了6天，便继续北上，向大渡河进发。

过了冕宁，便进入彝族区。由于先头部队做了大量工作，取得了彝族人民的信任，我们在过彝族区时，没有遇到什么麻烦。为了表示友好，学员们大都准备了一条毛巾或是几块饼干，作为礼物，送给跑到路边来欢迎的彝族兄弟。礼物虽薄，彝族人民拿到后，都兴高采烈，雀跃而去。

上干队的学员一边行军，一边还抓紧时间坚持学习。学习的方式倒也简单。大家围在一起，教员讲个什么问题，就算是上课。讲课的内容一般都是联系行军或战斗中遇到的问题。讨论的方式就更灵活。有时几个人凑在一起，每人说上三言两语，有时一边走路，一边围绕个什么问题，大家发表意见。大家经常争得面红耳赤，既交流了思想，增长了知识，又活跃了行军气氛，驱散了疲劳。过金沙江以后，由于敌情不象前一段那么紧张、频繁，这样的学习、讨论也就多起来了。

还在过金沙江以前，有个同志在路上偶然得到上海出版的一本杂志，上面有一篇评论红军长征的文章，说什么"红军的道路就是石达开的道路"。连续几天敌人飞机扔下来的传单上，也叫嚷"毛泽东要成为石达开了"。

红军果真会成为第二个石达开吗？如果不会，理由又何在呢？这个问题引起了大家的浓厚兴趣。上干队的教员，因势利导，先给大家讲了石达开在大渡河全军覆没的故事，随后便组织大家围绕这个问题，边行军边讨论。

太平天国的翼王石达开，1856年和洪秀全分裂以后，率队从南京出走，转战浙江、福建、江西、湖南、广西、贵州等省。1863年3月被清军逼到这一带，在安顺场被清军联合彝民消灭，石达开也被捕遇害。民间还传说，当年石达开来到安顺场，本来已经渡过一万多人，后因王妃生王子，要大大庆祝，又把已渡河的兵力渡回来。突然河水陡涨，对岸又被清军抢占，进退维谷，终于全军覆没。

大家讨论得很热烈，共同的结论是：红军不是石达开，石达开的悲剧决不可能在红军身上重演。大家列举的理由，归纳起来有这样几条：一、红军有用无产阶级先进思想武装起来的共产党的坚强领导，这同石达开实行个人领导的农民军根本不同；二、红军是工农子弟兵，和人民群众有着血肉联系，这同石达开的不联系群众、不依靠群众的农民军也不同；三、红军有严明的群众纪律和正确的民族政策，石达开在这方面也根本不能和红军相比。这在我们顺利通过彝民区时已得到了证明；四、红军指战员有着异乎寻常的勇猛顽强、不怕艰难困苦、不怕流血牺牲的革命精神，石达开的农民军却相差很远；五、红军的指挥员是一些具有大公无私精神，又善于运用唯物辩证法指导战争的军事家，石达开的思想和才干，根本无法相比。

道理上是弄通了，信心也增强了，但是，红军的环境毕竟还很险恶：后有金沙江，前有大渡河，国民党几十万大军左右堵截。大渡河的所有渡口都有国民党的重兵把守。红军果真能顺利渡过大渡河吗？

强渡大渡河的战斗终于打响了。这项重任首先落到了一军团一师一团的肩上。他们挑选 17 名勇士，乘着唯一的一条木船，在我强大火力的掩护下，冒着弹雨，冲向对岸，占领滩头阵地以后，又缴获到两条船。渡口虽然到手了，但要依靠这 3 条船，把几万红军渡过河去，可不是一件容易的事！红军渡过金沙江时，依靠 6 条较大的船还用了 9 天 9 夜才过完，而且九军团还是后来从另一个渡口过的江呢！再说，这时一股敌人又已渡过金沙江尾追上来。幸好这时毛泽东同志及时来到了大渡河边。当他得知这一困难情况后，当机立断，立即决定除我们干部团随一师继续在安顺场过河以外，其余部队，以一军团二师四团为前锋，均溯河而上，从泸定桥过河。

干部团渡河时，我们上干队被安排在全团的最末尾。在我们前面渡河的，是团供给处的一艘载着供给物品和牲口的船。河水汹涌澎湃，河面又宽，这艘船驶到河中间时，不知是撞上了礁石，还是遇上大漩涡，船身剧烈地摇动起来，牲口受惊，乱蹦乱跳，船翻了，船上人员和物资、牲口，全部坠入水中，除两个水性好的船夫没有丧命以外，都被激流冲走，其中有我们上干队政治科派去押船的同志。轮到我们渡河时，政治科党支部书记卢仁灿带领的那条船，在快要靠岸时也遇到了一次险情，被激流冲下几十米。有的学员正准备跳水，幸亏船夫手疾眼快，抓住岸边的一块大石头，这才把船稳住，化险为夷。

渡河后，我们在安靖霸住了两天，即随一军团的一师，成为右路，与作为左路的其他所有部队互相呼应，夹河而上。几天后，左路部队全部越过了泸定桥。大渡河终于被征服，蒋介石想要红军成为"石达开第二"的梦想也终于彻底破灭。

这样，学员们在讨论这个问题时所得出的"红军不是石达开"的结论，就经过了实践的检验，被证明是完全正确的了。

随上干队一起长征的李一氓同志写过一篇《大渡河怀古》的诗，在一定程度上也反映了上干队全体同志在过大渡河前后的万千思绪。写到石达开的悲剧时，他有这样的诗句："岂有渡来重渡去，翼王遗恨入西川"，"检点太平天国事，惊涛幽咽太伤心"。写到红军胜利渡过大渡河时，他兴奋地写道："十七人飞十七桨，一船烽火浪滔滔，输他大渡称天堑，又见红军过铁桥。"

左右两路军的会合点是在泸定桥南边的龙八埠。我们到达时，大部分队伍已经继续往前走了，只有三军团的一部还驻扎在街上。从龙八埠往前走是化林坪。这以后，才算完全脱离大渡河，再也见不到这条河了。一路上，我们观察了大渡河的水势，到处都是"乱石崩云，惊涛裂岸，卷起千堆雪"，真个没有一处可以架设浮桥。假如没有泸定这座铁索桥，数万红军还真不知道怎样才能顺利越过这条近代史上有名的大河呢！有的同志提出了一个发人深思的问题：泸定桥在清康熙时即已建成，到了太平天国，石达开为何想不到从泸定桥过河呢？从这个问题谈起，许多同志对于毛泽东同志断然决定红军夹河而上、抢夺泸定桥的英明决策，更加打心眼里表示钦佩。这一事实更加充分表明：红军的确不是石达开！

雪 山 劲 松

在化林坪，我们没有停留，继续越天全、芦山、宝兴，向千里雪山进军。

在天全、芦山的路上，我们遇到两次险情。一次是离开化林坪后不久，突然窜来两架敌机，在军委警卫团和干部团上空盘旋扫射。我们很快隐蔽起来。这时正巧毛泽东同志从后面赶来。大家都在为他的安全担心，他却从容不迫，抬头望了望敌机，才带着警卫员往路旁的小竹林里隐蔽起来。敌机疯狂扫射了一阵，打死打伤了我们几个战士。

另一次是快到雅安的一个小村里。这时，一、三军团的干部都已经走远了，只有干部团随军委总部在这里宿营，毛泽东、周恩来和军委其他领导同志都在。拂晓前，不知从哪里插过来一股敌人，约一个团的兵力，从山上冲了下来。眼看总部有被包围的危险，陈赓团长急忙指挥干部团往上冲。我带着上干队也投入了战斗。经过一场激战，终于把敌人击退，保证了军委首长和总部的安全。

我们要翻越的第一座大雪山是夹金山，位于宝兴的西北，海拔四千多米。山峰高耸入云，白雪皑皑，象一个高大无比的冰雪巨人横躺在我们的征途上。

这次，干部团被安排走在中央军委纵队的前头。当我们前进到距离夹金山麓还有几十里的地方时，突然下起了倾盆大雨，整个上干队都挤在一座破庙里宿营。庙破得实在厉害，到处漏雨，我们只得头戴斗笠，背靠背坐在背包上过了一夜。

6月12日，各路人马都来到离夹金山不远的大硗碛村集合。接着，浩浩荡荡的队伍沿着一条小路向山麓挺进。

在这之前，对于这次翻越雪山要注意的事项，上级已经讲过多次了。要求各单位都要做到"强帮弱，大帮小，走不动的扶着走，扶不行的抬着走"，"不掉一个人，不失一匹马"。在到达山麓时，前面的部队在慢慢地往上移动，我和周桓商量后，抓紧时间，针对上干队的情况，再一次进行动员，把大家的劲头鼓得更足了。

一到山麓，气温便骤然下降，脚下的土也冻得梆硬。越往上走，越是寒冷。尽管出发前听当地群众说过，要多穿衣服，要吃些白酒、生姜、辣椒等能发热御寒的食物，但时逢6月，大家都只穿一件单衣，嘴唇都冻得黑紫，上下牙床直打架，发热御寒的食物一时也找不到，只得凭着顽强意志来与严寒搏斗。我和大家一样，手里拄着一根棍子，沿着一条冰雪铺成的小路，一步一步，艰难地往上爬。小路两旁，一边是陡立险峻的雪壁，一边是不知有多深多厚的雪岩。如果不小心滑了下去，就会被积雪埋葬掉。我们互相鼓励着，搀扶着，把所有能御寒的都披在身上，拼命爬上了山腰。这时我举目四望，山坡上是一片很大的原始森林，青松翠柏和许多叫不上名字的树木，银装素裹，傲然挺立在风雪中；抬头朝山顶望去，又是一派风光，泛着银光的冰雪，刺得大家眼都睁不开来。快接近山腰时，突然下起了一阵冰雹，核桃大的冰碴砸得头上、身上生痛。大家戴上斗笠，抵挡冰雹的袭击，继续往上爬。这时身上简直是冰凉透骨了。想走快点吧，山上空气稀薄，呼吸更加困难，两条腿酸得直打战。大家咬紧牙关，一步一喘，一步一停，顽强地坚持着往上爬。四五个小时过去了，我们终于爬到了山顶。山顶是一块不大的平地，有两、三个牺牲的同志躺在雪地上。显然，他们是前面队伍中在爬山时倒下的。我们默默地走过去，就开始下山。

在这次同大自然展开的搏斗中，上干队的同志个个都表现得很出色，真正做到没一人掉队。特别值得提的是徐特立、董必武、谢觉哉、李一氓、成仿吾、冯雪峰6位同志。

长征开始后，中央把一些德高望重的老同志和知名人士，都分散到各单位，便于在行军中对他们进行照应。徐特立等6位同志便是在长征途中陆续被分配来到上干队的。他们到上干队后的职务都叫教员。那时徐老已年近花甲，不但在上干队，在整个红军长征队伍中，也是年岁最高的。他是无产阶级的革命家和教育家。早年他在湖南省立第一师范学校任教时，毛泽东、李维汉等同志都曾是他的学生。他42岁时还满怀豪情，奔赴法国勤工俭学。51岁加入了中国共产党，随后又去苏联留学。他到中央苏区后，一直担任教育人民委员部的副部长。由于部长瞿秋白长期留在上海，苏区的教育工作实际上是由他负责。董必武那时也已年近半百。他是出席我党第一次全国代表大会的代表之一。长征前，在中央苏区任最高法院院长。谢觉哉这年52岁，长征前任中央工农民主政府秘书长兼内务部部长。其他三人，虽然年龄都不很大，但都是有点名气的人物。李一氓长期在上海做党的地下工作，长征前任国家保卫局的部长。成仿吾是位有名的文学家，同郭沫若、郁达夫一起，被称为《创造社》的"三杰"，译著颇多。后来到了鄂豫皖苏区，任过省委宣传部部长，长征前到了中央苏区。冯雪峰是著名的文学评论家，在上海担任过中国左翼作家联盟党团书记、中共上海中央局文委书记等职务，长征前在瑞金任中央党校副校长。

在行军途中，这些同志表现了高度的政治觉悟和很强的组织纪律观念，处处以普通一兵的姿态出现。年纪大不畏苦，职位高不自矜。尊重领导，团结同志，严守纪律。每到宿营地，都主动打水、做饭，衣服破了自己补，草鞋坏了自己编。没有粮食吃，带头啃草根树皮；没有地方歇宿，同学员们一道在野外露营。其中徐特立同志给我和学员们留下的印象尤其深刻。五十多年过去了，许多往事还历历在目。

徐老是一位非常和蔼可亲的长者。在宿营地，甚至行军休息时，经常有学员拥在他周围，要他讲故事。他从不推辞，常常讲得舌焦口干。讲得最多的是他在法国勤工俭学和在苏联留学时耳闻目睹的事。异国的风土人情，学员们感到非常新鲜，听得津津有味。他也讲早年在湖南任教的事，寓教育于故事之中，使学员们很受启发。他一路行军，还一路坚持学习。他特别重视搜集学习资料，一张旧报纸上有篇什么文章，他都要剪下来保存着。为了存放资料，他亲手缝制了许多布口袋，把它们左一个右一个绑在身上，里面塞得鼓鼓囊囊的。有的学员一再劝他："徐老，路这么难走，还背着这些破烂干啥？"有的甚至偷偷地给他扔掉一些，以减轻他的行军负担。他听到和发现后，常常发脾气："平常不注意搜集学习资料，要用的时候，到哪里去找？！"上级为了照顾他，给他配了一匹马，还有一个小马夫。但他几乎从来不骑马，让马帮助学员们驮运行李。小马夫是个孩子，与其让他照顾徐老，不如说是徐老在照顾他。在路上，小马夫牵着马经常掉在后面，走一程，徐老就得站在路边等一阵。到了宿营地，徐老常常亲自喂马，晚上还要起来给小马夫赶蚊子、盖被子，怕他着凉生病。看徐老走得实在累了，学员们常常催他："徐老，上马吧！"他总是摇头说："不骑，不骑！"别人问他为什么不骑，或者催得急了，他也会冲你发脾气说："天气这么热，你没看到马驮那么多东西？我要再骑上去，它不就更累了吗？！"这次过夹金山，开始大家很担心他，能不能爬过山去。他就是不服老，同学员们一样，拄着棍子，顽强地一步一步往上爬。路滑，实在走不动的时候，他就用手紧紧抓住马尾巴，硬是坚持着不掉队。

对这些老同志，大家都很尊敬，经常主动关心照顾。每到宿营地，搞到什么好吃的东西，总要多分给他们一些。行军途中，遇上敌机来盘旋扫射，大家都首先帮助他们隐蔽好。在急行军赶赴金沙江的那天夜里，仅有的几盏马灯，大家都让给他们照明。这次爬雪山，大家首先关心的也是他们。有的把自己的衣物让给他们御寒，有的替他们赶着马，搀扶着他们前进。

我不是诗人，但是，每当我想起当年过夹金山的情景时，心中诗意总是油然而生。我想：如果把上干队的学员和广大红军战士，比作雪山坡上那一片迎风斗雪的青松的话，那么象徐老、董老、谢老这样的老前辈，就称得上是雪山的不老松了。

下山时，自然不象上山那么吃力了。队伍活跃起来，步子越走越快。不久，前面传下话来：山下驻有四方面军的同志，先头部队已同他们胜利会师了。听到这一喜讯，大家兴奋得心花怒放，简直是在奔跑着，很快到了山下。当天晚上，我们上干队的同志也参加了总政治部在达维村统一组织的庆祝两大主力胜利会师的联欢晚会。大家尽情欢乐，半年多连续行军的疲劳仿佛都被驱散了。

这以后，部队经懋功、两河口、卓克基、打鼓、沙窝，直到毛儿盖。在长达两千余里、历时一个月的征途中，我们又翻越了梦笔山、长板山等三、四座大雪山。这些雪山的高度和艰险程度，同夹金山相比也差不了多少。但由于大家爬一次就增加一次经验，事先该做些什么准备，雪地里怎样走才显得轻松些，何时最容易出现险情，大家心中都有数了。每爬一次，虽然仍很艰苦，但远不如过夹金山那样险恶可怕了。相反，有时一路行军，一路还欣赏雪景。最使我难忘的是，在爬最后那座，也就是打鼓村至沙窝中间的那座大雪山时，我们还别开生面地大吃了一次"冰琪琳"。这事还是从我一句话引起的。在雪山顶上，我们眺望四周，但见远远近近的峰峦，都被雪被覆盖着，在阳光照射下，反射着万道银光，那景色真是美极了！大家忘记了爬山的疲劳，尽情地欣赏起来。我脑子里突然闪过一个念头：这白雪要是拌上白糖，准好吃，便脱口说了一句："我们吃冰琪琳吧！"大家一听，齐声叫好。在场的有当时干部团的领导和上干队的教员陈赓、宋任穷、毕士梯、莫文骅、郭化若、陈明、何涤宙、冯雪峰、李一氓、周士第、罗贵波等十多个人。大家解下漱口杯，各自从雪堆下层挖出一缸子最洁白的雪。随后，就有人叫喊："伙计们，谁带着糖精，拿出来'共产'吧！"于是，毕士梯、郭化若都掏出一个装着糖精的小瓶子，我也把包着糖精的一个小纸包打开了。大家嬉笑着，都争着倒点糖精拌在雪里，吃了起来。边吃边赞美着，这个说："我这杯冰琪琳，比上海南京路冠生园的还美！"那个说："我的更美，是安乐园的呢！"后来周士第把雪山顶上的这个小镜头，写成了一篇短文，被收进了《中国工农红军一方面军长征记》一书中。

在从打鼓到毛儿盖的途中，我接到通知：军委已正式决定，调我到三军团去任参谋长。在这前后，干部团与四方面军的红大合编，组成了新的红军大学。上干队的同志多数被调出来，分配到各个主力战斗部队去了，少数人留在红大。

在近十个月的长征途中，我和上干队的同志一起行军，一起吃，一起睡，共同经历过异乎寻常的艰难困苦，也一起分享过胜利的喜悦，彼此结下了深厚的战斗情谊。现在一旦要离开，大家都有些依恋不舍。到达毛儿盖以后，我就是怀着这种心情，辞别了上干队的同志们，到三军团报到了。

草地风云

长征初期，三军团的参谋长是邓萍同志。红军二进遵义时，邓萍不幸中弹牺牲。随后军委派叶剑英同志任参谋长。7月21日，中央军委决定组织前敌总指挥部，叶剑英调总指挥部任参谋长。我到达三军团时，他已经离开了。

三军团军团长彭德怀是平江起义的主要领导者、红三军团的创始人。我和他相识，最早是1931年在瑞金召开的第一次中华苏维埃共和国工农兵代表大会上。后来我调到红五军团工作，水口战役以后，一、三、五军团就在一起配合行动；第五次反"围剿"中，我在闽赣军区和七军团工作，又多次与三军团一起配合作战，彼此更加了解。彭德怀同志是一个有着强烈爱憎和鲜明个性的领导人。他对革命忠心耿耿，对工作认真负责，对同志热情诚恳，胸怀坦荡。他为人刚正不阿，大公无私，敢于坚持真理，敢讲真话。五次反"围剿"时，三、七军团在浒湾配合作战，失利后，中央军委派彭德怀去追查失利的责任。他坚持原则，实事求是，为我说了公道话，使我亲身体会到彭德怀同志的高风亮节。至于建国以后，他在庐山会议上挺身而出，为民请愿，蒙冤受屈，义无反顾，那种大无畏的精神和凛然正气，更是有口皆碑。彭德怀同志素以严格治军著称。作战中他身先士卒，部队管理中他严于律己。带兵打仗他是一员智勇双全的"虎将"，管理教育他是一位铁面无私的"严师"。三军团在他和滕代远领导下，是当时红军中很有战斗力的一支主力部队。他对部属的过失，从不袒护，批评起来"火力"很猛，毫不留情面。一次，还是在我刚到三军团不久，记不清是为什么事了，彭德怀批评杨勇，大发脾气，样子简直怕人。我当时在场都觉得有点过意不去，便出来作了些调解工作，把杨勇支使走了。事后我才知道，在他批评人时，是不喜欢别人干预的。可能是由于我刚到三军团，破例给我留了点面子。他批评人虽然很生硬厉害，但由于他一片赤诚之心，由于他不计前嫌，以及平时对干部战士的关怀爱护，被批评的同志事后往往可以从中领略到他对革命事业的忠贞，对有缺点错误的人恨铁不成钢的苦心，从而深深反悔自己，从心眼里感激他。有时批评有出入，他事后了解情况后，就主动找被批评的同志做诚恳的自我批评。所以三军团的干部上下之间非常团结。大家对彭德怀同志十分尊敬、亲热，这种情况直到建国后他任国防部长时还一直保留下来。

同我先后调到三军团的还有李富春同志。他接替杨尚昆同志任三军团政委。早在第一次国内革命战争时期，在北伐战争中，富春同志就是我的直接领导。我们的个人关系也不错。现在，又能在他领导下工作，我当然是高兴的。

三军团当时下属四个团，即十、十一、十二、十三团。十团团长黄祯（在红军到达陕北之前的一次战斗中不幸牺牲），政委杨勇。十一团团长邓国清，政委王平。十二团团长谢嵩。十三团团长彭雪枫，政委张爱萍。军团司令部除我以外，还有副参谋长伍修权，在我到职不久，他就调到十团任参谋长去了。当时任作战科长的是李天佑，侦察科长是黄克诚，教育科长是孙毅，还有通信科、管理科等，科长的名字记不得了。

我调三军团不久，部队编成左右两路军，开始准备过草地。在准备了必要的粮秣和其他物资，认真进行了思想动员后，右路军于8月下旬向草地前进。行军序列是：一军团在前，中间是四方面军的四军、三十军和前敌总指挥部，毛泽东、张闻天等中央领导同志，多数都和总指挥部一起行动，三军团走在最后。

出发时，周恩来、王稼祥都病在三军团。尤其是恩来同志，发了几天高烧，五、六天没有吃什么东西，身体非常虚弱，莫说是要过草地，就是在平坦的路上行军，也是不行的。怎么办？彭德怀、李富春和我都焦急万分，在一起商量办法。彭德怀苦苦思索了一阵，毅然决然地吐出一个字："抬！"是啊，只有抬。本来，找几个年轻力壮的小伙子抬抬担架也并不是什么困难的事情，然而，长征以来，缺粮少盐，风餐露宿，人人身体都很衰弱，要抬又谈何容易。彭德怀对我说，你具体负责，立即组织担架队。实在不行的话，宁可把装备丢掉一些，也要把恩来等领导同志抬出草地。最后，我们把迫击炮连的同志抽出来组成担架队，把带不走的炮埋掉，担架队分成几个组，轮流抬着病中的中央领导同志，向草地进发。

过草地的艰苦情景，许多老同志都作过真切动人的描述。整个草地是一片漫无边际的泽国，没有树木，没有石头，天空不见飞鸟，地上见不到昆虫走兽，更谈不上有什么房舍人烟。到处是一丛丛野草，一个个泥潭，一片片散发出腐臭气味的淤黑色污水。气候奇冷，天气一日多变。时而狂风四起，大雨滂沱，时而浓雾迷漫，天昏地暗，时而漫天飞雪，冰雹骤降。我们就是在这样恶劣的地理和气象条件下，踩着软塌塌的草丛，一步一摇，艰难地前进着。虽然是走在平地上，却比爬山还累得多。稍一不慎，踩进泥潭，那就很难拔出脚来，有的同志甚至被泥潭吞没，献出了宝贵生命。

过草地最大的威胁是饥饿。出发时，大家带的青稞面、炒黑豆，经过雨淋水浇，成了面团，邦硬变味，非常难吃，有的粮食袋掉进有毒的污泥水里，吃不得了。彭德怀同志和大家一样，吃野菜、草根，把胃吃坏了，经常痛得头上冒汗。出草地的前一两天，实在没有东西可吃了，许多同志眼看要被饥饿折磨死去。这时，他忍痛下令把包括自己的那头骡子在内的几头牲口枪杀了。这才挽救了一些同志的生命。那时，我的身体虽然还较健壮，但也因此得了胃病，经常疼痛，直到后来到了陕北，经过七、八年的治疗、调养，才慢慢好起来。

600 里草地，一般都走了 7 天时间。同先头部队相比，我们经班佑、到达巴西的时间，晚了一两天。由于我们走在最后，除了自己行军外，还要负责收容前面掉队的同志，掩埋烈士的尸体。我们出发一两天后，曾接到一军团的一份电报。除介绍了他们过草地的经验，提醒我们应注意的事项以外，还要求我们派一支部队携带工具，沿途负责掩埋他们没有来得及埋掉的烈士的尸体。我们报告了一起行军的恩来同志，并按照一军团领导同志的意见，加强了这项工作。据当时统计，三军团收容前面部队掉队的同志和掩埋的烈士尸体，竟达 400 人以上。我们自己也牺牲了一些同志。

红军过草地期间，不但同大自然进行了艰苦卓绝的较量，而且同张国焘分裂主义者展开了一场尖锐激烈、惊心动魄的斗争。彭德怀在他的《自述》中，对他和三军团在过草地前后参与这场斗争的情况，有了较详细的记述。这里，我就个人的所见所闻，再补充一些事情。

张国焘这个人，我是早在 1922 年在苏联学习时就认识的。那时他是作为中国共产党的代表，出席共产国际召开的东方会议到莫斯科去的。以后由于不在一起工作，没再见过。长征途中，一、四方面军在夹金山下会合以后来到两河口。中央正在这里召开政治局会议。当我们路过时，张闻天和张国焘都站在会场的门口，向大家招手。张国焘满脸堆笑，洋洋自得。他这副神态当时就给许多同志留下了很不好的印象。随后军委直属队就在两河口召开了一次欢迎张国焘的干部会。我那时还在上干队，同周桓都参加了。周桓至今还清楚地记得，会议由博古主持，致了简短的欢迎词后，就请张国焘给大家讲话。张国焘高谈阔论，从国际国内形势谈到红军的任务。他说，中国革命目前正处于低潮，国民党力量大，红军力量小，我们应当把红旗卷起来，到西康去"保存"这支革命力量，等革命高潮到了，再打出来。往北去，有胡宗南和薛岳、周浑元以及四川军阀部队围歼我们，凶多吉少。博古在遵义会议上受到批评以后，这时虽然对自己犯的严重错误还缺乏足够认识，但他在当时红军的行动方针这个问题上，同中央大多数同志是一致的，也主张红军要继续北上。他边听边皱眉头，等张国焘讲完，他又讲了一段，宣传了中央的主张。他说，革命力量是受到了削弱，但是，革命要发展。西康一带是少数民族地区，人口少，粮食缺，兵员得不到补充，到那里去就钻进了牛角尖，国民党就可来个"瓮中捉鳖"，把我们收拾干净。只有北上才有出路。两个人的讲话针锋相对，一下子把中央争论的分歧点在广大干部面前公开了。中央领导之间有分歧，应该在中央的会议上去解决，张国焘这样不顾场合、不择手段，在范围这样大的干部会上把中央的争论公开，其用心无非是想欺骗一部分干部跟着他跑。没想到反闹了个自讨没趣。不等博古讲完，他就连声粗暴地说：散会吧，散会吧！这个欢迎会，就这样不欢而散了。

我调到三军团后，有一次，张国焘见了我，说了一大堆向我讨好的话。他说，你在一方面军一向工作得很好，教条主义者打击你是错误的。你蒙受那么大的冤枉，吃苦头了。这时，我已经比较详细地知道了他和中央的分歧，察觉到这个人有野心。一听他净说这些"同情"我的话，就提高了警惕，只同他说了几句应酬的话，我就离开了。

为了拉三军团站在他一边，张国焘在彭德怀身上更是费尽了心机。他派四方面军总政治部的秘书长黄超当说客，兜售他那套"欲北伐必先南征"的货色。这件事彭德怀在《自述》中已经写到了。碰了一鼻子灰以后，他还是不死心。有一次，他对彭德怀说，三军团的兵力太单薄了，我从四方面军拨一支部队，给你们补充一下好了！彭德怀当时不置可否，"嘿嘿"笑了几声。在坚持北上这个问题上，他是旗帜鲜明、毫不动摇的。张国焘发现对手拉不动，最终只是开了张空头支票，没有派一兵一卒来补充三军团。

从两河口会议开始，张国焘一直阳奉阴违，反对中央北上抗日的方针。当中央过草地到达巴西后，他不但不按照毛儿盖会议的决定，带领左路军到巴西会合，反而凶相毕露，打电报命令陈昌浩带领右路军，包括一、三军团全部南下，并准备实行武力解决，公开背弃中央北上的决定。这时，一军团已到达俄界，巴西只有三军团同中央领导机关在一起。在这风云突变的关键时刻，彭德怀和三军团的广大指战员，都是坚定地站在中央和毛泽东同志一边的。毛主席指示三军团办什么事情，彭德怀总是坚决执行，丝毫不讲价钱。有一天，毛主席要三军团派一支部队掩护中央机关北上。接电报后，彭德怀毫不迟疑，当即决定派杨勇领导的十团去担负这项任务，并要我和十团一起行动，以便遇到意外情况时及时商量处理。杨勇和十团的同志们机智勇敢，英勇地掩护着中央领导机关走出松潘草地，翻过岷山，直到最后胜利到达陕北。

还有一天，毛主席来电，要三军团派部队去寻找原在四方面军工作的廖承志同志。廖承志是 1933 年加入红军的，随后任四方面军总政治部秘书长。在长征路上，他因对张国焘推行王明路线不满，被张国焘打成反革命，开除了党籍。毛泽东同志和党中央为了营救他，想尽快把他找到。彭德怀接到电报后，立即要我派部队去寻找。我们派出一个排去寻找了多半天，没有找到。我们感到很遗憾，回电向毛主席如实作了汇报。后来才知道，张国焘把他当作要犯，命令保卫部门把他押走了。直到 1936 年一、二、四方面军在甘肃会合后，恩来同志做了许多工作，他才被释放出来。

张国焘妄图用武力挟持中央放弃北上的阴谋被挫败以后，陈昌浩等人不择手段地把右路军中原四方面军的部队，都"动员"重过草地南下了。但有少数人员，大约一个排的兵力掉队，被我们三军团收容了。当时彭德怀觉得，这些同志是掉队被我们收容的，可以带他们一起北上。报告毛泽东同志时，毛主席说，一个也不能带，搞得不和睦，将来不好见面。我们要相信四方面军的同志将来会跟我们一道来的。彭德怀听了，愉快地放弃了自己的意见。毛主席亲自给这些同志讲了话，宣传了北上的主张。随后就让他们回四方面军去了。这件事说明毛泽东同志在同张国焘分裂主义作斗争时，表现了高度的原则性和灵活性，同时也说明彭德怀执行毛主席的指示是非常坚决的。

三军团随中央领导机关到达俄界以后，会合一军团，随后经过天险腊子口，于 9 月 20 日到达了哈达铺。22 日，中央在关帝庙召开了团以上干部会议，毛主席在会上作报告，宣布将这支红军改编成陕甘支队，由彭德怀任支队司令员，毛泽东兼任政委。一军团改称第一纵队。三军团改称第二纵队，纵队长开始由彭德怀兼，不久改由彭雪枫担任，李富春任政委，我仍任参谋长。中央军委直属纵队则改称第三纵队。

部队过腊子口以后，越走地势越开阔平坦，越走人口越稠密，庄稼越茂盛，越走大家的心情越舒展。部队渡渭河，攀六盘山，从甘南直奔陇东高原。

胜利到陕北

1935 年 10 月 19 日，历尽千辛万苦的中央红军，到达陕北吴起镇。吴起镇是从甘南进入陕北的第一个市镇，处于陕北革命根据地的边缘。一纵队先进了镇子，我们二纵、三纵在吴起镇以西约 20 里的地方宿营。吃过晚饭的时候，又接到了进镇的命令，我们即率部队进入吴起镇。

透过苍茫的暮色，我们在镇上看到了久日不见的"中国共产党万岁"的标语，看到了"工农民主政府"的牌子，不禁心头一热，不少同志都流下了热泪。的确，离开了自己艰苦创业建立的革命之家——中央苏区根据地以后，每日行军打仗，翻雪山，过草地，不停地走，走，做梦都想有一个落脚生根的目的地，如今终于到"家"了，心里有说不出的高兴。10 月的陕北已是深秋，高原气候，早晚已离不开棉衣。而我们的红军大多数都还身着单衣，脚穿草鞋。有的还是从中央苏区出来时的那身灰衣服，如今已褴褛不堪。有的还穿着短裤，有的为了御寒，穿着缴获来的国民党的黄军服，还有的穿着沿途买来的，以及打土豪得来的各色花衣服……加上长途跋涉的劳顿，挨饿受冻的艰苦生活，个个面黄肌瘦，体力衰弱，不少同志拄着棍子。当时有的同志开玩笑说自己象个叫花子，也真不算过分。特别是三纵队，收容了不少老弱病残的同志，还有女同志、家属、小孩，他们经过这样艰难的历程，吃得苦更多，更是衣衫褴褛，面有菜色。进吴起镇的时候，老百姓看到我们这个样子，开始还怀疑我们不是真正的主力红军，后来听说我们在国民党的围追堵截下，凭着两条腿，爬雪山，过草地，涉江河，硬是走了二万五千里路时，人人都感叹不已。他们怀着深厚的感情，为红军筹集粮食、布匹，为我们烧饭、缝衣。伤病员也得到了很好的安置。历时一年之久的二万五千里长征终于以我们胜利、敌人失败而告结束。

到吴起镇的时候，我们的背后还拖着一条"尾巴"——宁夏"二马"（马鸿逵、马步芳）的两个骑兵师还紧紧地尾追着我们。毛主席提出，不能把敌人带进我们的根据地，要坚决"切"掉这个尾巴。到吴起镇的第二天，毛主席召集一、二纵队的领导同志开会，部署了"切尾巴战斗"。他亲自向我们交代了任务，要我们在山川间布置一个口袋阵，让敌人钻进口袋后歼灭之。陕北地处黄土高原，山梁起伏，大川沟壑纵横，地形很有利于打伏击战。我们在吴起镇以西敌人必经的一条大川中埋伏下，一纵队在正面，我二纵队在左翼。大家憋足了劲，准备狠狠打它一下。但这一仗收获不算大，原因一是敌人发现了我们有埋伏，掉头就跑；二来他们是骑兵，跑起来快得很，不容易追上。结果只消灭了大约一个团的兵力。我们的红军战士虽然经过长途跋涉，体力下降，但革命精神丝毫不减。特别是今天背靠根据地作战，更加斗志昂扬。战后大家觉得还有些遗憾，觉得只敲掉他一个团不够过瘾。这仗以后，这股骑兵再也没有跟踪，"尾巴"被切掉了。

回到吴起镇，群众热烈地欢迎我们，镇上到处是送粮送衣的人，很令人感动。在这里，我们休整了几天，象回到家里似的，感到十分温暖。为了尽快解决部队的御寒冬衣，除了群众积极帮助外，也发动部队自己动手。我记得当时没收了土豪一批羊毛毡布，还发给了我一块棕色的，我自己动手，把它裁成三个筒子，一个做身子，两个做袖子，缝成一件毡衣。长征到陕北时，我还穿着一身夹衣。那时年轻，也苦惯了，不觉得怎么冷。第一次穿上这件相当粗呢面料的衣服，虽然做得不太高明，但很暖和，很解决问题。脚上又新穿了一双打土豪分的毡鞋，觉得很是不错。彭德怀同志看着我那样子，在一边偷偷笑我。我发现他在偷笑，便问他笑什么，他说我"汉人不象汉人，蛮子不象蛮子"，于是我俩开怀大笑。现在想起来，我那一身打扮也着实可笑得很。

从吴起镇出发，部队向甘泉进发。因为当时红十五军团指挥机关在甘泉下寺湾。在甘泉，我们与红十五军团会师，成立了西北军委。十五军团与一、三军团合编，恢复了红一方面军的番号，彭德怀任司令员，毛泽东任政委，叶剑英任参谋长，杨尚昆任政治部主任，下辖一军团和十五军团。三军团也编入一军团为第四师。这时，我与李富春调到陕甘省委，省委书记开始是朱理治，后由富春同志担任，我任陕甘省委军事部长，做了一个时期地方部队的工作。

1935年11月，在毛泽东同志的亲自部署下，主力红军又进行了直罗镇战役。当时，蒋介石正在对陕甘根据地进行第三次"围剿"，企图在中央红军刚到陕北立足未稳之时，一举歼灭我军。他调兵遣将，在合水、鄜县、甘泉、延安构成封锁线，妄图逐渐向北压缩，围歼我军于葫芦河、洛河西北地区。为了打破敌人的围剿，毛泽东等中央领导同志决定，在鄜县至合水中段的直罗镇，诱敌深入，集中主力，歼敌一至两个师。11 月 21 日拂晓，红一方面军的一、十五军团分别从南、北两面包围了诱进直罗镇的敌东北军五十七军一〇九师，经过激战，大获全胜，歼敌一〇九师全部及一〇六师一个团。当时，我刚到陕甘省委军事部，还人地生疏，连一个人都不认识，同志们也不认识我，只知道我是新来的负责干部。看到战斗打得激烈，我即带着陕甘省委军事部仅有的一个警卫连的几十个人，参加了直罗镇战役的追击战。那时地方武装的装备很差，我们冲上去的时候，用的是一些破旧不堪的烂枪，回来时则换了缴获国民党正规军的好枪。指战员们都爱不释手地摆弄着，喜气洋洋。这一仗，正如毛主席所说："给党中央把全国革命的大本营放在西北的任务，举行了一个奠基礼。"

9. 忆长征

黄克诚

　　1934年9月底，红三军团从驿前镇战斗撤回于都。博古来到红三军团，在团以上干部会议上作了一个报告，声称要转移阵地，动员部队准备突围。但他并没有讲明要转移到何处，更没有说要进行长征。这时《红色中华》上发表了张闻天的署名文章《一切为了保卫苏维埃》。从博古的报告和张闻天的文章中，我觉察到临时中央已打算放弃中央苏区，有向外线转移的迹象。于是，我急忙赶到红三军团医院里，去动员伤病员立即出院，准备随部队转移。当时红三军团的伤病员约有一万余人，他们对部队马上准备向外线转移一无所知，绝大多数伤病员不想或不能出院，只有少数人当即出院归队。记得当时出院和我回前线的伤病员中，有张震、甘渭汉、钟伟等同志。那些没有跟部队转移走的伤病员，后来都损失掉了，大部分是被敌人杀害了。

　　就这样，红三军团从于都出发，开始了举世闻名的万里长征。

　　长征开始时，中央红军的编队情况是，红一军团为一路，红三军团为一路，左右齐头并进。中央和军委纵队在红三军团之后跟进。红五军团作为全军的后卫，走在最后边。我们第四师作为红三军团的先头部队，走在最前边。张锡龙师长牺牲后，由洪超任第四师师长，我仍任该师政治委员。洪超是湖北人，十几岁就参加了红军，曾参加过南昌起义，是位身经百战的指挥员。一路上，第四师逢山开路，遇水架桥，斩关夺隘，为后续大部队开辟前进道路。

　　我和洪超率第四师离开于都后，先向南疾进，在信丰一线将陈济棠部击溃后，迅即占领了固陂，于10月21日突破了敌人设置的第一道封锁线。师长洪超不幸于此役牺牲，由张宗逊继任第四师师长。

固陂战斗之后，红三军团西渡赣江，进至湖南汝城，又与湘敌何键所部接上了火。我军经英勇冲杀，于11月8日通过了敌人的第二道封锁线。部队继续西进，于11月15日在郴县、宜章间突破敌人的第三道封锁线后，进至广西界首。

敌人已发觉我军西进意图，利用湘江这条天然障碍，构筑了第四道封锁线。此时，左右有桂、湘之敌夹击，后有参加第五次"围剿"的蒋军主力尾追，强渡湘江是我军的唯一生路。11月27日，红一、红三军团先头部队各一部，于广西的兴安、全州之间，突破敌人第四道封锁线，渡过湘江，控制了界首至觉山铺间的渡河点，为后续大部队渡江创造了有利条件。

敌人为了夺回渡河点，阻我西进，桂、湘两省敌军分路向我猛攻，蒋军主力则与我后卫部队展开激战，战斗打得相当艰苦。红一军团离开广东之后，粤敌就不再追赶了。这时红一军团掉头对付湘敌，红三军团则全力对付桂敌。白崇禧的桂军战斗力很强，红三军团在灌阳一线与桂军激战中，遭到很大伤亡。

红一军团的部队防守在界首之湘江北岸。现在他们要转过头来对付湘敌，就把界首的防务移交给红三军团。当灌阳战斗打得正激烈之时，我奉命到界首红一军团司令部，接收红一军团的防务。当红一军团军团长林彪向我交代了任务和敌军的情况后，我问林彪：我们是否仍照红一军团这样在湘江北岸布防？林彪说不行，要过江在南岸构筑防御阵地，阻止桂敌侧击，以掩护我军主力和中央、军委纵队通过湘江。不久，张宗逊师长率第四师赶到界首，我们就按照林彪的吩咐，在湘江南岸靠近山麓布防，并很快接敌，与桂军打了一场恶仗。这一仗一直打了两天两夜，异常激烈，我们部队受到很大损失。战斗中，第十团团长沈述清牺牲，师参谋长杜中美即前去接任该团团长。不久，杜中美也牺牲。

12月1日，中央红军主力和中央、军委纵队全部渡过湘江。但我们这个师还没有接到上级的撤退命令。我对师长张宗逊说，我师的阻击任务已经完成，应该指挥部队撤离了。张宗逊说没有接到命令，不能撤。我说，现在不撤，再拖延下去想撤也撤不走了，将会被敌人吃掉的。当时红军部队中，政治委员有最后的决定权。我对张宗逊说，你迅速指挥部队撤离，去追赶主力，一切由我负全部责任。这样，才勉强着张宗逊把部队撤走，使第四师得以避免被歼灭的危险。

界首一战，中央红军遭到的伤亡是空前的。自开始长征以来，中央红军沿途受到敌人的围追堵截，迭遭损失，其中以通过广西境内时的损失为最大，伤亡不下两万人。而界首一战，则是在广西境内作战中损失最重大的一次。

我军过了界首之后，沿山地继续西进，沿途仍不断遭到桂系军队的截击。在两渡桥战斗中，由于我军抢先占据隘口，桂军此次侧击未能得手。接着我军又在龙胜（今资源）县境之两河口与桂军激战两天。

中央红军主力离开两河口之后，张宗逊师长仍然坚持固守在山头上，在接到上级命令之前，不许部队撤离。我再次强勉他指挥部队撤离险境，并让师政治部主任张爱萍带领一支部队先撤走，其余部队随后跟进。

两河口战斗之后，我军翻越了几座高山，摆脱了桂敌，进入苗族聚居地区。我爬上一座小木楼，倒头便睡着了。待到半夜，突然火起，我住的小木楼被烧着了。我惊醒后，已被大火包围，楼内浓烟呛人，什么也看不清。我费了好大力气才摸索着下了楼，但眼镜放在楼上的桌子上面，被大火烧毁了。

我军在广西境内大约共走了十来天的时间，绝大部分时间在紧张的战斗中度过。桂军的侧击战术很令人恼火，我们不得不随时提防桂敌的袭扰，以致在这十来天当中我很少睡眠。有时抽空打个盹就算是休息了，搞得神经非常紧张。直到进入湖南、贵州境内，才得以睡上个安稳觉。

我军离开广西后，进入湖南通道县境，继而进入贵州黎平。这时，中央红军主力已折损过半。毛泽东力主放弃原定的与红二、红六军团会合的计划，建议改向敌人力量比较薄弱的贵州前进。毛泽东先同王稼祥交换意见，并提出需要认真考虑军事路线的是非问题，得到了王稼祥的赞同。接着，毛泽东又说服了张闻天等其他几位中央领导人。这样，中央政治局于1934年12月18日在黎平召开会议，通过了《中央政治局关于在川黔边建立新根据地的决议》，正式决定中央红军改向遵义为中心的川黔边地区挺进。

黎平会议使中央红军避免了陷入绝境，并为后来的遵义会议奠定了基础。由于临时中央支持李德在军事指挥上的"左"倾冒险和蛮干，导致第五次反"围剿"的失败和中央革命根据地的丧失，并使中央红军遭受巨大损耗。中央红军今后如何行动，这是当时最紧迫最重要的问题。所以，毛泽东首先提出要考虑解决军事路线和军事指挥问题。

我们第四师在黎平未作停留，于1934年12月底进至瓮安县，并在瓮安县进入 1935 年。过元旦时，我曾千方百计地想搞一点好吃的东西，让战士们过新年稍许改善一下伙食。结果连一点豆腐也没能搞得到，当时我心里真不是滋味。那年过元旦时的窘迫景状，使我后来许多年都不能忘记。

1935 年 1 月 1 日，中央政治局在贵州猴场召开会议，决定北渡乌江。红一、红三军团等主力红军在瓮安会合后，即着手北渡乌江的准备。红一军团在右，红三军团在左，齐头向乌江边进发。红一军团路近，首先抢渡乌江天险。待红三军团渡江时，就顺利通过。红一军团突破乌江后，直扑遵义，于 1935 年 1 月 7 日攻占遵义城和桐梓。红三军团则进至遵义以南以及川黔交界地区，一边休整部队，一边开展打土豪、扩军等项工作。当时大家都盼着能早日进入四川，因为感到贵州太贫穷，部队在这里难以立足和发展。

1935 年 1 月中旬，中央政治局在遵义召开扩大会议。会议期间，周恩来、王稼祥、张闻天等支持毛泽东的意见，圆满地解决了军事路线问题，批判了博古以及李德在军事指挥上的严重错误，通过了《中央关于反对敌人五次"围剿"的总结决议》。肯定了毛泽东在领导红军长期作战中形成的基本原则，决定立即恢复过去红军作战的基本原则，保持红军的高度机动性，以便粉碎敌人的新围攻，创建新苏区，争取革命战争的新胜利。会议决定增选毛泽东为政治局常委。遵义会议以后，根据这次会议的精神，中央政治局常委进行了分工，以张闻天为总书记，以毛泽东、周恩来、王稼祥组成军事指挥小组，全权负责处理最紧迫的军事指挥工作和红军的作战行动。我没有参加遵义会议，是会后听的传达。我对在最危急的关头解决了军事路线和军事指挥问题，重新确立了毛泽东在红军中的领导地位，心中非常高兴！感到中央红军又有了希望，长期以来紧缩的心情开始松弛了下来。可是，我对这次会议只谈军事路线而不谈政治路线问题不能理解，尤其是对没有明确毛泽东在党中央的领导地位而深感不安。直到后来红一、红四方面军会师后又分离，同张国焘分裂主义作斗争的过程中，我才认识到。遵义会议上，毛泽东把问题处理得非常得体，表现了他的雄才大略和政治远见。假使遵义会议上提出解决政治路线是非问题，短时期内肯定解决不了，而当时的形势又不容许长时间争论不休，久拖不决。当时面对的主要问题是战争，军事路线问题一经解决，就可望在战争中取得胜利，挽救红军，为革命保存有生力量。另外，暂时不谈政治路线是非，只解决军事路线问题，也更便于为原在中央执行过错误路线的同志所接受，有利于党中央的团结一致。事情的发展证明了这样做确是英明之举。后来张国焘搞分裂，党中央的全体同志形成了一个坚强的整体，团结一致同张国焘分裂主义作斗争；而张国焘则完全陷于孤立，其阴谋分裂党和红军的企图终未能得逞，使红军又一次转危为安。至此，我对遵义会议只解决军事路线问题而不谈政治路线是非的处置方法心悦诚服，脑子里再也不纠缠这个问题了。政治路线的解决，是在7年之后的延安整风运动中，那时才具备了解决这个问题的一切条件。因此，解决得非常彻底，使全党全军政治上、思想上达到空前的团结一致。

中央红军到达遵义和中央政治局扩大会议的召开，是长征以来迈出的艰难而关键的一步。这一步的迈出，是我们党和红军发展史上一个生死攸关的转折点，使广大指战员在迷茫之中看到光明，受到鼓舞，增强了信心。回顾长征所走过的这一段艰苦的路程，是有许多教训值得记取的。当初中央作出长征这一重大决策时比较仓促，部队几乎是刚从火线上拉下来，就匆匆上路。加之一路上连连苦战，没有打过什么好仗，眼见部队消耗殆尽，红军指战员谁个不心痛！而像瞿秋白、何叔衡等一批名声很大、在白区很难立足的同志，却没有随主力红军行动，让他们留了下来，结果相继遇害牺牲，这更是令人痛心的巨大损失。当时留在中央苏区的红军部队约占中央红军总数的三分之一，亦属没有必要。况且，留下来领导坚持中央苏区游击战争的人选亦欠周密考虑。其中项英缺乏指挥作战经验，陈毅、贺昌二人负伤未愈。这三位同志都不是江西本地人，活动起来有一定的困难。后来，留在中央苏区的红军部队受到了重大损失，贺昌牺牲，项英、陈毅等转移到苏区与白区交界地方才得以保存下来。闽西的情况稍好一些，那里的领导人张鼎丞、邓子恢等都是本地人，他们对龙岩、永定家乡一带的情况非常熟悉，在人民群众中生根立足，使闽西这块革命根据地得以坚持下来，并且保存了一部分有生力量。此外，长征选择走广西这条路线也是一个失策，使我军一开始就陷入腹背受敌的险境，损失了大批有生力量。由于遵义会议之前这一段，中央红军的指挥权仍控制在李德手中，以致有如此重大的损失。

遵义会议之后，中央决定移师北上，拟在泸州上游的兰田坝、大渡口、江安一线北渡长江，进至四川西北部创建新的革命根据地。红三军团奉命率先出发，向土城、赤水方向前进。于途中宿营时，担任掩护任务的第五师突遭黔敌王家烈部袭击，使部队受到一些损失。第五师师长李天佑因此而被撤职，由彭雪枫任第五师师长。第五师旋与军团直属队一起行动，改由第四师担任掩护任务。

当时敌王家烈所部紧紧咬住我军不放，我们只得边行军边打仗，还得寻找吃的东西。每前进一步，都需要付出很大代价。由于张宗逊师长负伤，第四师即由我负责指挥。当时最大的困难是没有地图，需要花费很大气力侦察地形，摸索前进的路线。后来我们集中杨勇、王平的两个团，向尾追之敌发动了一次猛烈反击，将敌击溃。王家烈的部队战斗力虽然不强，但爬山的本领极高。我们将其击溃后，他们跑得飞快，我们追击了好一阵子，也没能追得上，但经过这次反击之后，敌人不敢紧紧追赶了，只是远远地跟在我军后边移动。

1935 年 1 月下旬，中央红军主力集结于赤水河边的土城东皇庙，与川军刘湘所部打了一仗。此役由红一军团担任主攻，我们第四师的部队部署在土城以东三十华里处待敌。当时张宗逊师长已住进卫生所，我又赶上害病，躺在担架上指挥部队。适逢朱总司令前来督战，看到部队疲惫不堪的样子，朱总司令非常恼火，对我大发了一通脾气。土城这一仗没有打好，我军受到一些伤亡。中央红军旋即西渡赤水河，向叙永、古蔺前进。这一路上尽是大山，漫山遍野尽是橘树，枝头挂满熟透了的橘子，也不见有人采摘。

过了春节没有几天，中央红军就经川南进至贵州的扎西。中央红军在扎西进行了整编。红一、红三军团均取消师的建制，各缩编为四个团。红三军团第四师师部撤销后，保留了第十、第十一、第十二三个团的番号。第五师则缩编为第十三团。缩编后，红三军团直辖四个团。

当时，湘敌集结重兵对中央红军进行追堵截击，并加强了沿长江两岸的防御。鉴于此种情况，中央乃决定暂缓执行北渡长江计划，改在川滇黔边实行机动作战。当各路敌军追踪而至并逼近扎西村，中央红军突然掉头东进，向敌人力量薄弱的桐梓、遵义地区进攻，于 2 月 18 日东渡赤水河，是为"二渡赤水"。这样，敌军主力即被甩在川南。当我军进至桐梓时，黔敌王家烈所部已在娄山关占据制高点，对我军进行堵截。我军遂于 2 月 26 日对娄山关发起猛攻。是役以红三军团担任主攻，第十团攻敌左翼，第十二团攻敌正面。我第十团首先突破敌左翼阵地，将守敌压下关去，并尾敌猛追了五六十里。第十二团突破敌正面阵地后，守敌被迫退守关后一线阵地。我军再次发起猛攻，遂将敌击溃，并一直尾敌追至遵义城下。我军旋于 2 月 28 日凌晨再次攻克遵义城。

我自从在苗区木楼上被火烧毁了眼镜之后，就没有眼镜戴了，行军打仗非常困难。尤其是与黔敌王家烈所部作战，常常是要跑很长的路，追击敌人。王家烈的部队本不堪一击，一打就跑，但他们跑路快得很，我们总是追不上。娄山关和遵义城两次战斗，虽然将敌人打败，但我军收获不大，我们自己也受到了不小的伤亡。第十二团政治委员钟赤兵和参谋长孔权，都在娄山关战斗中负了重伤，腿被打断。当时部队中没有麻醉药品，钟赤兵硬是咬紧牙关锯掉了一条腿。卫生部门决定将一批不能随军行动的重伤员就地寄养起来，其中包括钟赤兵和孔权。钟赤兵听说要他离开部队就地寄养，说什么也不肯留下来，谁来劝说他都不听，并且拔出手枪来要拼命。这样，只好把他放在担架上抬着随部队走。由于他年轻，身体强壮，体力恢复得很快。过了不久，他就可以骑马了，用一条腿在马背上翻上翻下，跳跃自如。最后终于随部队坚持到达陕北。孔权当时留下来就地寄养，以后就与部队失掉了联系。全国解放以后，我突然接到孔权的来信，知道他还活着。孔权在信中表示，虽然身体残废了，但还可以做点力所能及的工作，要求组织上考虑分配他工作。我把他的来信转给了有关部门，组织上安排他担任了遵义纪念馆的馆长。

第二次攻打遵义时，红三军团参谋长邓萍不幸牺牲，这是红三军团一个重大损失。邓萍是一位很优秀的共产党员，牺牲时年仅 27 岁。他牺牲后，红三军团指战员一直很怀念他。

中央红军再次攻占遵义之后，蒋介石调集吴奇伟、周浑元两个纵队向我军进攻。吴、周所部占据了遵义周围的几座山头，虎视眈眈地要将我中央红军及中央首脑机关消灭在遵义城下。我们第十团奉命向敌人占据的山头发起进攻，一举攻下两座山头。不久敌人又组织兵力反扑，我军被迫退了下来。接着，我们再次发起进攻，又将这两座山头上的敌人赶了下去。敌人仗着人多武器好，不断地组织反扑，敌我双方在山上山下反复攻夺，战斗进行得异常激烈。第十团当时有2500 多人，善于打硬仗。面对敌人兵临城下，严重威胁中央首脑机关安全的情况下，指战员们个个都明了自己肩上的重担，战斗中英勇顽强，一往无前。我们趁敌人新的反扑被打退之机，组织部队勇猛追击。团长张宗逊看我没有眼镜，跑山路很困难，就让我带领少量部队守在山头阵地上，他和参谋长钟伟剑率领第十团主力向溃退之敌猛追而去。追了一阵子，敌人发现我军兵力并不很多，便稳住阵脚，重新调整部署，向我追击部队反攻过来。因敌人兵力占绝对优势，攻势又很猛烈，我追击部队顶不住了，吃了很大的亏。张宗逊再次负伤，腿被打残；钟伟剑英勇牺牲。

这时我身边只有两个班的兵力，用一挺重机枪守在山头阵地上。当我发现溃退的敌军突然像潮水般又压过来时，心知不妙，便对身边这两个班的战士们说："山下就是遵义城，领导机关就在城里，我们一定要守住阵地，决不能后退一步！"我们连续打退了敌人数次进攻，坚持了两个来小时。但敌军仍然轮番向山上冲锋，攻势越来越猛，情况已相当危险！恰在这时，陈赓率干部团赶到，接替了我们据守的山头阵地防务。陈赓说红一军团已包抄了敌军的后路，敌人很快将被打垮。不大一会儿，我就发现敌军的阵脚大乱，原来气势汹汹地向我进攻之敌，此时纷纷溃退。我赶忙从山上下来，去收拢部队。在山底下我见到红一军团军团长林彪。我对林彪说："好险啊！"林彪不以为然地说："你们当初守卫在山头上就是了，不应该去追击。"我说："敌人已逼近遵义城，不将敌人赶跑怎么得了！"林彪若无其事地说："当敌军正在向你们进攻的时候，红一军团的部队已向敌军侧后包抄过去，我军已化险为夷；陈赓到了你那里时，敌军的败局已定。"说话之间，果然敌军已全线崩溃。林彪当即派一支部队去追击溃退之敌。我基于前次追击吃亏的教训，建议林彪多派些部队追击。林彪说，全线溃败之敌，已无斗志，我有少量精干部队追歼即可解决问题，无须动用大部队。就这样，溃敌一直被我军追到乌江边上，大部就歼。这次战斗，我军共歼灭和击溃敌人两个师八个团，俘敌三千余，是中央红军长征以来最大的一次胜利，打乱了蒋介石的"追剿"部署。

我进到遵义城后，找到了一些报纸看。看到方志敏、寻淮洲、刘伯坚等同志被俘、牺牲的照片都登在报纸上。湘鄂赣省委书记陈寿昌、军区司令员徐彦刚牺牲的消息也登在报纸上。这时，我才知道留在中央苏区的红军部队损失严重，许多领导人或被俘或牺牲，而项英、陈毅等同志的情况则不明。看到这些令人痛心的消息后，我深为红军的安危担心。我当即找到一位领导同志谈心，讲了我的看法。我说，老根据地已被敌人摧残殆尽，主力红军又受到重大挫折，剩下来的部队已经不多了。当前保存革命力量十分重要，应该尽量避免与敌人打硬仗，因为红军再也经受不起消耗了。必须与敌人作战时，当要注意掌握时机，作通盘考虑，并应找出打开新局面的办法来，等等。由于我长期以来就被批判为右倾，这次我同领导同志谈话中，可能有些问题没有讲透，表达得不够清楚，因而反映上去以后，引起了误会。领导怀疑我缺乏信心，认为我不适宜继续担任领导工作了。于是，便把我调离所在部队，回到军团司令部赋闲。我这个人不愿意闲着没事干，就又恳求领导分配我做点工作。不久，任命我为军团司令部侦察科长。由于我的视力太差，又没了眼镜，搞侦察工作困难太大，曾几次遇到险情，差一点被敌人打死，但还是克服各种困难坚持干下去。

中央红军离开遵义之后，进至鸭溪停留了两天，我这时认识了陈云同志。后来陈云奉中央命令前往上海，去恢复白区党的组织。

中央红军离开鸭溪后，继续西进，到达茅台。于3月16日再次西渡赤水河，是为"三渡赤水"。敌人又纷纷向川南调动兵力，进行堵截。为进一步打乱敌人的部署，中央红军又于3月21日东渡赤水河，是为"四渡赤水"。旋即从敌军空隙中插过，向南疾进，突破乌江天险，直逼贵阳。当时蒋介石正坐镇贵阳指挥追剿红军，我军突然逼近贵阳，使得蒋介石惊慌失措，急忙调兵遣将进行堵截。中央红军已于4月9日从贵阳以东越过公路，向云南疾进。曾与敌军交火，但当时红军子弹极缺，打仗非常困难，不敢恋战。先由红三军团在后面掩护，中央纵队和红一军团通过公路之后，再由红五军团掩护红三军团通过。红五军团的子弹更少，与敌军稍一接触，就垮了下来，拼命向南奔跑，将红三军团的队伍也给冲乱了。

随后，中央红军乘虚占领了贞丰、兴义等滇黔交界的几座县城，摆脱了尾追之敌，我军才得以停下来稍事休整补充。我这时才设法找到了一副眼镜戴上。尽管不大合适，但总比不戴眼镜好得多。

我们离开贞丰、兴义后，即向西进入云南境内。红三军团先占领了沾益、寻甸。在沾益火车站我们缴获到一批待运的宣威火腿，正好解决了部队的给养补充。

蒋介石发现中央红军已进入云南，急忙调集兵力保卫昆明。我军乘虚直抵金沙江畔，兵分三路渡江。刘伯承率中央先遣队和干部团在中间，于5月3日晚偷渡成功。刘伯承过江之后，搞来一批船划到南岸，红一、红三军团才次第渡过金沙江。至此，中央红军终于摆脱了数十万敌军的围追堵截，取得了战略转移中具有决定意义的胜利。

中央红军渡过金沙江之后，进入到川南地区。红三军团奉命包围了会理城，发起强攻。结果城未攻下来，我军徒遭不小的伤亡。我军被迫撤围会理，就在会理附近驻下来。5月12日，中央在会理附近召开了一次会议，史称"会理会议"。在这次会议上，毛泽东对刘少奇、林彪、彭德怀进行了严厉的批评。因为在此之前，林彪曾给毛泽东写过一封信，要求由彭德怀来指挥部队。毛泽东批评他们是违背遵义会议决议，企图改变中央的军事指挥。刘少奇则是因为在贵州时曾向中央提过建议，他认为革命正处于低潮时期，应该改变方针，不能在贵州一带打圈子。我曾经同刘少奇在一起交换过看法，彼此意见颇相吻合。毛泽东批评这种观点是对革命丧失信心，是右倾机会主义。

会理会议之后，中央红军继续执行北上计划。当部队进至会理以北的德昌县时，红三军团召开会议，会上不便对彭德怀直接点名批判，便把我拉出来狠批了一通。其实真正矛头是对着彭德怀的。

中央红军继续北上途中，很好地执行了党的民族政策，顺利地通过彝族区，先头部队于5月24日晚占领了大渡河南岸的安顺场。5月25日，杨得志的红一团选派敢死队抢渡成功。但由于水深流急，缺少渡河工具，大部队迅速过渡已不可能。乃决定留少许部队在安顺场继续渡河，主力则沿大渡河右岸北上，渡过大渡河的部队亦沿左岸前进，两路夹河而上，直取泸定桥。于5月29日晨占领了泸定桥大渡河右岸桥头。是日下午4时，红一军团的红四团选派敢死队，冒着敌人的密集火力，强行越过铁索桥，攻占了左岸桥头堡，并就势攻入泸定城。至6月2日，中央红军全部胜利地渡过了天险大渡河。

渡过大渡河之后，中央红军随即进至雅安，攻占天全，于6月8日突破敌芦山、宝兴防线，占领芦山、宝兴县城。部队准备过雪山。这一带气候寒冷，前一段因天气暖和，我把皮大衣丢掉了，感到非常后悔。这时还有人为了轻装，要丢掉皮大衣，我力劝他们不要丢，过雪山时用得着。

我们爬的第一座雪山是夹金山。这座山看上去并不算高，海拔不过3000多米，但爬起来却感到非常吃力，每移动一步都相当困难。当地居民对我们讲，这山顶上有神灵，爬山时不能说话，更忌讳高声呼叫云云。由于我们刚刚进入藏民区，吃的东西还算充裕，体力消耗还不太大。所以在过夹金山时部队并没有受到多少损失。

翻过夹金山之后，就完全是藏民区了。这时，红四方面军正由岷江地区分路西进，其先头部队在红三十军政治委员李先念率领下，攻占懋功（今小金）。6月12日，中央红军和红四方面军之先头部队在达雅附近地区胜利会师。至16日，中央红军全部到达懋功地区，两大主力红军会师。此时中央红军只剩下两万余人。而且装备不整，人疲马乏，个个破衣烂衫。红四方面军见到这种情形，不免大失所望。当时的红四方面军正处于鼎盛时期，兵力有八九万，人强马壮枪多。由此，张国焘便不再把中央红军放在眼里了。

根据当时的形势，中央决定继续执行北上方针。而张国焘却力主向青海、新疆或西康等偏远地区退却。为了统一思想，中央政治局于6月26日在懋功的两河口举行会议，于28日作出了《关于一、四方面军会合后战略方针的决定》。决定指出："我们的战略方针是集中主力向北进攻，在运动中大量歼灭敌人，首先取得甘肃南部，以创造川陕甘苏区根据地。"据此制定了"松潘战役计划"。

张国焘在会议上表示拥护党中央的北上方针，会后却出尔反尔，故意延宕红四方面军的北上行动。中央鉴于当时的实际情况，为了加强两大主力红军的团结，于7月18日任命张国焘为红军总政治委员。21日决定以红四方面军总指挥部为红军的前敌总指挥部，由徐向前、陈昌浩分兼前敌总指挥和政治委员，叶剑英任参谋长。同时，将中央红军的红一、红三、红五、红九军团依次改为第一、第三、第五、第三十二军；红四方面军的第四、第九、第三十、第三十一、第三十三军的番号不变，实行统一指挥。但是，张国焘继续阻挠中央的战略方针和战役计划的实施，使红军失去了北出松潘的有利时机，而陷于十分不利的境地。博古当面批评张国焘自恃兵多枪多，目中无人，骄傲自大，无组织无纪律。但张国焘对此根本听不进去。

两河口会议之后，我们又翻过一座雪山，到达卓克基。卓克基是藏民区的一座较大的镇子，镇子上有一座很大的庙宇，却找不见一个老百姓。藏民全跑光了。部队在卓克基未作停留，继续北上，又翻越了一座雪山，进至黑水、芦花地区。部队在这一带一方面搞粮食，一方面打通芦花与红四方面军之间的通道，以便红四方面军顺利通过。

黑水、芦花地区藏民居住的房子，是用石头砌成的三层小楼，楼下养牲畜，中间一层住人，顶层摆设经堂。藏民纷纷躲到深山密林之中，偶尔还朝我们打冷枪，放冷箭。我费了很大劲才找到一位藏民，通过翻译同他谈话，并招待他吃饭。我再三向他讲道理，解释红军的性质和我们党的民族政策，试图打消他的对立情绪，请他帮助红军筹集粮食以便过境。但是，我费了许多口舌，他就是不通，回答只有两句话："不行！""你们赶快离开这里，否则我们只有打！"

由于得不到当地群众的支持，部队只好找到什么吃什么。我们设法弄到一批青稞，但水磨芯子被藏民破坏掉，无法磨面，就只好发动战士用手搓脱粒，然后把青稞粒炒干了吃。这时候我已经由侦察科调到教导营任政治委员，教导营长是彭绍辉，吴信泉任特派员。如果抓紧备足干粮，迅速北上过草地，大家的体力还可以坚持，过草地时就不至于那样艰难。但是，由于张国焘闹分裂，我们在这一带滞留了一个多月时间，食物吃尽，体力拖垮。吃了炒青稞，再喝雪水，很难消化，尤其是肠胃不大好的人，吃下去之后又原样排泄出来。因此，拉肚子的人越来越多。

直到8月初旬，我们才离开黑水、芦花，又翻过了一座较大的雪山，名叫沙窝山。这座雪山与夹金山差不多，山势也不算陡，可就是爬不动。因为大家的体力已相当衰弱，只能勉强挣扎着往上爬。每爬行一步都相当吃力。谁要是放任自己停下来休息一下，就再也动弹不得了。所以，大家互相勉励，尽量不停留下来。尽管如此，仍然有不少人没能坚持住，倒在路旁。一停留下来就意味着死亡，倒在一旁的人就再也爬不起来了。一路上死亡相继，惨不忍睹。

翻过沙窝山，就进入毛儿盖。为了贯彻北上的战略方针，中央政治局于8月初在毛儿盖附近的沙窝召开会议（史称"毛儿盖会议"），通过了《中央关于一、四方面军会合后的政治形势与任务的决议》，对张国焘进行了耐心的批评教育，决定中央红军和红四方面军继续经草地北上。但张国焘仍百般加以抵制。中央乃决定将红一、红四方面军混编成左右两路军，兵分两路北上。徐向前、陈昌浩、叶剑英率红四方面军的第四、第三十军和红一方面军的第一、第三军（即红一、红三军团）为右路军，张国焘率领红四方面军的第九、第三十一、第三十三军和红一方面军的第五、第三十二军（即红五、红九军团）为左路军。中央随右路军行动，从毛儿盖地区出发，向巴西、班佑地区前进；红军总司令朱德、总参谋长刘伯承随左路军行动,从毛儿盖南下卓克基再向阿坝地区前进。中央作了这样处置是煞费苦心的。如果不把红一、红四方面军混合编队,分路北上,红四方面军就可能会被张国焘全部带上错误的道路,给革命造成巨大损失。

我们右路军从毛儿盖出发过草地,徐向前、陈昌浩、叶剑英率红四方面军的两个军走在最前边,红一、红三军团的部队和中央机关随后跟进。在草地里大约共走了个把星期的时间,真是艰苦异常。茫茫草地,一望无垠,遍是水草沼泽,人迹罕至。在草地里行军,不仅格外费气力,而且一不小心,就会陷入泥沼之中,愈陷愈深,人马俱没。草地里的气候变化无常,时而狂风大作,时而暴雨倾盆。休息时只能就地而卧或坐着打盹。当时有一块油布用树枝架起来遮遮风雨,就算是极好的条件了。进草地的起初几天,吃一把炒青稞,喝一口冷水,还可以填饱肚子。后来食物断绝,只能靠野菜充饥。再后来野菜也难得吃上,饥饿和疾病威胁着每一个人的生命。许多身经百战的英雄好汉,在战场上没有倒下去,却倒在了草地里,默默地死去。在艰难的跋涉中,死亡越来越多,后边的人无须向导,顺着络绎不绝的尸体,就可以准确地找到行军路线。记得有一天晚上休息时,突然风雨交加,气温骤降。用树枝架起的一块油布,既遮不住风雨,也挡不住寒冷,我们只好在暴雨淋浇之下过了一夜。还有一次,部队正在淌水过一条河,又突降暴雨,河水猛涨,激流滚滚,尚在河中的人不少被大水冲走吞没。就这样,数不清的红军战士陈尸草地,为革命英勇捐躯。

部队好不容易挣扎着出了草地,进入阿西、巴西地区才找到了吃的东西。但当地藏民悉数跑光,到处找不见一个人。8月29日,徐向前率部在包座与敌人打了一仗,全歼企图堵截我军之敌胡宗南部第四十九师,并攻占了上下包座,打开了通向甘南的门户。张国焘却无理地要求中央及右路军退返草地,回到他所在的阿坝地区。中央急电张国焘速率左路军出阿坝向右路军靠拢,以便继续北上,并告诫他左路军滞留阿坝地区将有危险。张国焘一意孤行,顽固地对抗中央的北上方针,拒绝向右路军靠拢,并提出红军南下川康边的计划。当时还传闻张国焘密令在右路军的陈昌浩扣留毛泽东等中央领导人,以胁迫党中央和右路军南下。当时任右路军参谋长的叶剑英,携带陕甘地图脱离前敌指挥部,向毛泽东及党中央作了报告。党中央在巴西召开政治局紧急会议研究对策。彭德怀曾主张先发制人,扣留陈昌浩作为人质,以逼使张国焘就范。毛泽东不同意这样做,乃决定中央率红一、红三军团迅速脱离险境，先行北上。陈昌浩听到下面报告，询问是否应派红四方面军部队去追击时，遭到徐向前的坚决抵制。徐向前义正词严地说："哪有红军打红军的道理！"这才避免了一场红军之间的自相残杀。

当时随右路军行动的红军大学校长是红四方面军参谋长李特。李特要红军大学的学员回头南下，脱离右路军。学员中发生了激烈的争吵，有人主张随中央一起北上，有人主张南下去寻找红四方面军部队。当时我们教导营担任后卫，掩护中央和红一、红三军团北上，并负责收容掉队的同志。我见李特鼓动红大学员南返，就劝说他们要跟随中央北上，说明南下没有出路。但李特根本不听，执意要带领红大学员南下。彭德怀得知这一情况之后，赶来进行劝阻。彭德怀指着李特的鼻子大骂他是反革命，并气愤地说要枪毙李特云云。当时毛泽东的态度则非常镇静从容，他对红四方面军的干部说："我们先走一步，你们随后再跟上。"在形势非常严重困难的情况下，毛泽东表现了一个革命家顾全大局的宽阔胸怀，对张国焘始终采取说服教育、耐心等待的方针，并做到以诚相待，仁至义尽，以求团结红四方面军广大指战员。

我们在川甘边界翻越了最后一座雪山，到达拉界。部队在拉界休息的时候，我看到毛泽东和彭德怀坐在一起，摆弄着一张地图，筹划着下一步的行军路线。最后确定部队沿白龙江前进，红一军团在前，红三军团殿后，次第进到俄界。9月12日，党中央在俄界召开政治局扩大会议，听取了毛泽东《关于与四方面军领导者的争论及今后战略方针》的报告，作出了《关于张国焘同志的错误的决定》。该决定指出，张国焘公开违背中央的指令，分裂红军的行为，是绝对不能容许的。《决定》号召红四方面军中全体忠于党的同志，团结在党中央周围，同张国焘的右倾机会主义和军阀主义倾向作坚决的斗争，以巩固党和红军。中央同时还电示张国焘，要他改正错误，率部北上。但张国焘却顽固地坚持错误主张，并擅自命令左路军和右路军中的第四、第三十军南下川西南，企图在川康少数民族聚居地区建立根据地。

俄界会议之后，中央决定将中央红军主力整编为中国工农红军陕甘支队，彭德怀任司令员，毛泽东兼政治委员，叶剑英任参谋长，王稼祥任政治部主任，杨尚昆任政治部副主任。陕甘支队辖两个纵队。原红一军团改编为第一纵队，由林彪任司令员，聂荣臻任政治委员。原红三军团改编为第二纵队，由彭雪枫任司令员，李富春任政治委员。在这次部队整编中，红三军团的第十三团拨给了红一军团，编入第一纵队建制。我所在的教导营编入军委纵队（亦称第三纵队），由叶剑英兼任司令员，邓发任政治委员。

部队开始整编时，上级拟派我担任第二纵队政治部组织部部长，因当时有位领导同志说我反对整顿纪律，历史上一贯右倾，不适宜作领导工作，因而作罢。

说我反对整顿纪律，确有其事。那是在红军出了草地之后，中央派了几位领导干部到红三军团工作。红三军团在彭德怀的言传身教下，始终保持着艰苦朴素的本色，尤其是在长征途中极端困难的条件下，上下一致，官兵平等，共同过着艰苦的生活，领导干部和士兵的伙食完全一样。这次从上面派来的几位领导干部，常聚在一起改善改善伙食，红三军团有些同志就对这种作风看不惯，下边的干部战士也常常发点牢骚，讲些怪话。那时一般伙食条件很差，有的同志饿得受不住，偶尔会发生违反群众纪律、偷吃群众东西的现象。这些本来是属于教育问题，但是，从上面派来的个别领导干部却把这类问题看得过于严重，认为这是对革命丧失信心的表现，因而提出来要在红三军团整顿纪律和审查干部，对那些被认为问题严重的人甚至要采取处死的办法予以惩罚。我当时对这种做法提出了反对意见。我说，某些干部战士表现得情绪不高，发点牢骚，这与领导者平时教育不够有关系。同时，有些领导干部在生活非常艰苦的时候，不能以身作则，对下面有影响，不能够完全责怪下边的同志。下面同志偶尔违反群众纪律，固然是不对的，但还是应以教育为主，不能采取对待敌人的办法来对待自己的同志。何况我们刚刚走出草地，大家已经被拖得精疲力竭，目前的情况仍然很困难，马上进行整顿纪律和审查干部的工作是很不适宜的，等等。

由于我提了上述意见，有的领导认为我不可靠，不适宜担任政治工作，更不能带兵。在召开各种会议对我批判了几天之后，就安排我去担任军事裁判所所长。

部队离开俄界继续北上，翻越了岷山，向岷县方向前进。彭德怀指挥先头部队赶到天险腊子口，敌鲁大昌第十四师所部在这里据守隘口。9月17日，彭德怀指挥部队一举突破敌军重兵把守的腊子口阵地，为全军打开了北上的通道。毛泽东得悉这一捷报，高兴非常，当即挥笔疾书了"山高路远坑深，大军纵横驰奔。谁敢横刀立马，唯我彭大将军"六言诗一首，电达腊子口前线，高度评价了彭德怀和参战部队的功绩。①

9月18日，我军乘胜占领了哈达铺，进入甘南。至此，我们才最后走出了藏民区。我们自5月中旬进入藏民区以来，就始终见不到一个老百姓，这对于一向同人民群众血肉相连、情同鱼水的红军部队来说，不免有孤独无依之感。到了哈达铺之后，看到遍地都是老百姓，红军战士如鱼得水，高兴的心情实在无法用语言来形容。哈达铺的街上卖东西的很不少。记得当时一个馒头卖到五角大洋一个，虽然是价钱太贵，但我看到经过长期饥饿折磨的红军指战员能够买到吃的东西，可以饱餐一顿，真是高兴得不得了！

尤其令人高兴的是，在哈达铺可以看到报纸。从报纸上得知刘志丹、高岗等在陕北开辟了一块红色根据地，建立了人民政权。正是"山重水复疑无路，柳暗花明又一村"。这真是一个突如其来的大喜讯，大家高兴得都跳了起来。这时，中央政治局在班罗镇召开会议，正式决定以陕北作为领导中国革命的大本营。于是，中央遂率部向陕北挺进。陕甘支队加军委纵队这时只剩下近万人，另外红五、红九军团还有两三千人，正随张国焘的左路军行动。

我们从江西出发长征，艰苦跋涉两万多里，一路上连共产党的支部都很少遇到过，真没有想到会在陕北找到一块革命根据地。这无异于绝处逢生，使大家受到极大的鼓舞。历史是按照其必然规律在发展，但往往表现出许多偶然性。陕北根据地当时并不大，陕北红军也比较弱小，且处于国民党军队的"围剿"之中。要不是中央红军长征到此，陕北革命根据地要想坚持下来是很困难的。然而，正是这块不太大的革命根据地，此时却起了关键性的作用，使中央红军得以站住脚跟，休养生息，重整旗鼓，为尔后创建红色的首都、抗日的圣地奠定了基石。刘志丹的不朽功绩正是在这里。高岗后来犯了严重错误，但他协助刘志丹创建陕北根据地的功劳也是不应被抹杀的。

部队由于在哈达铺休息时间太短，体力消耗尚未得以恢复，所以，在向陕北进军途中，掉队的人一路不断。部队政治保卫机关认为掉队与情绪不振作有关系，怀疑掉队的人会投敌叛变，于是，又采取残酷的惩罚措施。我当时担任军事

---

① 据《彭德怀传》：主席六言诗并非1935年9月17日打腊子口时所写，而是在10月红军到吴起镇，宁夏马回子带骑兵进攻，彭率我军打败马回子时，主席写此诗赠彭。叙述人记忆有误，原诗依据《毛泽东年谱》上卷，第481页。

裁判所所长，上级机关把那些掉队的人抓起来交给我审判处理。我实在不忍心下手处理这些同志。记得有一位姓周的管理科长，以前在战斗中被敌人打掉了一只胳膊，因为在过草地时丢掉了几名伤兵，这时也被抓起来交付审判。我去找纵队司令员彭雪枫讲情，认为这种情况情有可原，不应处死。恰巧碰到政治部门的两位领导同志，他们见我替被交付审判的人讲情，就把我狠狠地训斥了一顿，说："你还当过师政治委员呢，连这点小事情都处理不了，真不中用！"说完，就派人将那位管理科长押走。这样一来，我这个裁判所长自然就不起作用了，以后有关审判处刑的事情就不找我了。

当时被处理的人我能记起名字的还有原第四师管理科长邱湘、曾担任过团长的康声扬、曾担任过卫生部部长的曹企贤等。

前次我因为反对整顿纪律和审查干部，已经使某些领导同志对我产生了极不好的印象，这次我又不肯执行审判处理掉队者的指令，更引起了他们的反感。一位领导同志曾毫不客气地说："像黄克诚、吴溉之这样的人，年龄大了，干不了什么工作了，连当个红军战士也不够格。"听了这个评语，我便不敢再讲什么话了，只得小心翼翼地跟着部队行军，生怕掉队而遭到处理。

部队继续向陇东高原前进。蒋介石调集胡宗南所部和东北军、西北军沿路对我军进行堵截，我们只好一边与敌作战，一边行军。10月初在白羊城打了一个胜仗，歼灭了东北军一部。随后，我们翻过六盘山，继续前进。这次行军，走了很远的路才停下来宿营。我虽然疲劳已极，但硬是咬紧牙关挣扎着往前走，直到夜里11点钟赶到宿营地才安下心来。我当时年龄其实并不算大，刚30出头，在窑洞里休息了一夜，第二天又能随队行军了。

10月19日，我们到达陕北革命根据地的吴起镇（今吴起县城），看到陕北红军张贴的标语和苏维埃的布告，感到格外亲切，心里又高兴又激动。这时，敌人的一支骑兵部队追踪而至，我军组织了一次反击，将敌人击退，并抓了一部分俘虏。我第十团团长黄珍于此役牺牲。

至此，中央红军主力历时一年，纵横十一个省，行程两万五千里的长征宣告胜利结束。到达陕北时，中央红军主力只剩下六千多人。红五、红九军团仍在张国焘的左路军中，后来西渡黄河，成为西路军的一部分，于河西走廊全部损失掉了。

10. 我所知道的长征前的准备工作

李维汉

第五次反"围剿"斗争，由于博古等人推行以王明为代表的"左"倾冒险主义，使中央革命根据地的军民虽经一年的艰苦斗争，终于 1934 年 10 月失败而被迫长征。在第五次反"围剿"斗争中，在军事路线上，他们反对积极防御，实行消极防御。反"围剿"开始时，他们搞冒险主义，"御敌于国门之外"；遇到挫折后，他们搞保守主义，分兵把守，打阵地战；在被迫作战略转移时，他们又搞逃跑主义的大搬家。这是王明"左"倾错误在中央根据地的最大恶果。

当中央红军在广昌保卫战失利后，各路敌军开始向中央苏区的中心全面进攻，形势已对我十分不利。红军在内线破敌的可能性已经不存在的时候，1934 年七八月间，博古把我找去，指着地图对我说，现在中央红军要转移了，到湘西建立新的根据地。你到江西省委、粤赣省委去传达这个精神，让省委作好转移的准备，提出带走和留下的干部名单，报中央组织局。他还说，因为要去建立新苏区，需要选择一批优秀的地方干部带走，也让省委提出名单。听了博古的话，我才知道中央红军要转移了。根据博古的嘱咐，我分别到江西省委、粤赣省委去传达。那时，江西省委书记是李富春，粤赣省委书记是刘晓。传达后我又回到瑞金。

长征的所有准备工作，不管中央的、地方的、军事的、非军事的都是秘密进行的，只有少数领导人知道，我只知道其中的个别环节，群众一般是不知道的。当时我虽然是中央组织局局长，但对红军转移的具体计划根本不了解。第五次反"围剿"的军事情况，他们也没有告诉过我。据我所知，长征前中央政治局对这个关系革命成败的重大战略问题没有提出讨论，中央红军为什么要退出中央苏区？当前任务是什么？要到何处去？始终没有在干部和广大指战员中进行解释。这些问题虽属军事秘密，应当保密，但必要的宣传动员是应该的。

我回到瑞金后，开始进行长征的编队工作。

按照中央指示，将中央机关编成两个纵队。第一纵队，又名"红星纵队"，是首脑机关，也是总指挥部。博古、洛甫、周恩来、毛泽东、朱德、王稼祥、李德，还有其他负责同志，都编在这个纵队，邓颖超、康克清以及电台、干部团也编在这个纵队，干部团的前身是红军大学，学员都是从部队调来的连排级干部，他们都经历过多次的战斗。干部团人数虽不多，但战斗力强，实际上是首脑机关的警卫部队。在长征中起过很大的作用。长征开始时，毛泽东身体不好，一直坐担架上，王稼祥在苏区负伤，不能行走，也只好坐担架。在长征路上，他们两人经常在一块讨论问题，交换意见。那时毛泽东不管事，管事的是博古、洛甫、恩来。第二纵队，又名"红章纵队"，由党中央机关、政府机关、后勤部队、卫生部门、总工会、青年团、担架队等组成，约有 1 万多人。中央任命我为第二纵队司令员兼政委，邓发为副司令员兼副政委，张宗逊为参谋长。纵队的编组工作，邓发花的力量大，我花的力量小。长征出发后，红三军团干部伤亡较大。张宗逊被调往红三军团任师长，第二纵队参谋长由邵式平接任。李富春是总政治部代主任，也在第二纵队。第二纵队司令部有 4 个女同志随军行动，她们是蔡畅、陈惠英（邓发夫人）、刘群先（博古夫人）、阿金（金维映）。司令部下面还有几个单位：一、干部团或干部连（也叫工作队），约有 100 多人，李坚真是指导员。这个干部团不是打仗的，是做地方工作和安排伤病员的。二、干部休养队，也有 100 多人，徐老（特立）、谢老（觉哉）等都在休养队。他们不担任工作，只要身体好，能随军走就行。三、警卫营（营长姚昔）。四、教导师（师长张经武），担任后卫，约 5000 人，是 1934 年红 5 月扩红时参加红军的新兵，才成立 15 天就出发了。它虽是后卫，但没有打过仗，因为第 2 纵队是由别人保卫的。配属第二纵队领导的还有 100 多名地方干部，他们对政权建设有经验，准备去新区建立政权。中央党校的一部分学员，也编在第二纵队。此外，还有运输队，挑夫很多，任务很重。党中央机关的文件、资料之类的东西不多，但中央政府机关的东西很多。如中央银行携带很多银元，财政部有大量苏维埃钞票，还有银元，都要挑着走。

一边走，一边抄土豪的家，得了现洋，也挑着走。因为部队发的是苏维埃钞票，不能拿苏维埃钞票买老百姓的东西。印票子的石印机也抬着走。军委后勤部把制造军火的机器也带上了，要七八个人才抬得动。每个部几乎都要抬着机器走。卫生部带的坛坛罐罐也很多。真是大搬家，这个运输队成员多数是从劳改队放出来的，体力差，又是走夜路，有的挑到半路就不行了，只好另换人。

长征前，干部的去留问题，不是由组织局决定的。属于省委管的干部，由省委决定报中央；党中央机关、政府、部队、共青团、总工会等，由各单位的党团负责人和行政领导决定报中央。决定走的人再由组织局编队。中央政府党团书记是洛甫，总工会委员长是刘少奇，党团书记是陈云，这些单位的留人名单，是分别由他们决定的。部队留人由总政治部决定，如邓小平随军长征就是总政治部决定的。我负责管的是苏区中央局的人。中央局有组织局、秘书处、宣传部。组织局还管妇女工作。中央局的秘书长是王首道，当时机要工作是邓颖超管的，李坚真也搞机要工作，他们三人都是随军长征的。

中央政治局常委决定留下一个领导机关，坚持斗争，叫中央分局。成员有项英、陈毅、瞿秋白等同志，由项英负责。关于留人问题，我没有参加意见，也未过问，是由中央政治局常委讨论决定的。但我负有直接责任的有 4 人，他们是毛泽覃、周以栗、陈正人、贺昌。

毛泽覃在组织局工作，我问过博古，是否让他走。博古不同意，我就没有带他走。以后毛泽覃在保卫苏区的战斗中牺牲了。对毛泽覃同志的不幸牺牲，我长期感到内疚。谢唯俊也在组织局工作，我把他带走了。

周以栗曾任红一方面军总政治部主任，是李立三领导中央工作时派去的。他是主张打长沙、攻大城市的，后来毛泽东把他说服了，放弃了攻打长沙和大城市的计划。我在湖南时就认识他，而且很熟悉。1933 年我到中央苏区时，他已在养病，没有工作。长征时，博古决定把他留下。

陈正人，原是江西省苏维埃政府主席，原来我不认识他，与他没有什么工作关系。我到苏区时他在养病，长征时，也被博古留下了。

贺昌，我对他很熟悉。立三路线时，他是北方局书记，六届四中全会时被撤职。长征前他负了伤，曾到我那里要求随军走。我问过博古，博古不同意。后来他牺牲了。

上述四个同志当时都在养病，没有工作，归组织局管。他们可以留下，也可以带走，病人可以坐担架长征嘛。他们如果不应该留而被留，我是负有一定责任。虽然博古不同意他们走，但我是组织局长，还有一定发言权，我可以争一下，但我没有争。

　　古柏，当时是江西省委决定把他留下的。

　　何叔衡留下，是博古他们决定的。

　　除了苏区中央局机关归我管以外，我还分管中央党校，从这儿调来的干部归我负责，我把他们都带走了。长征时中央宣传部部长是潘汉年，我把这个部的正、副部长都带走了。

11. 回顾红军北上抗日先遣队

粟　裕

1934 年 10 月，由于王明"左"倾冒险主义的错误领导，中央苏区第五次反"围剿"遭到失败，中央红军主力被迫从苏区的西南方向突围，进行战略转移，开始了两万五千里长征。在这次战略转移之前的三个多月，中央派出一支部队，举起"北上抗日"的旗帜，从中央苏区的东部出发，向闽、浙、赣、皖诸省国民党后方挺进。这支部队，就是人们常常提到的红军北上抗日先遣队。

这次北上行动，经历了两个阶段。1934 年 7 月初，红军第七军团受命担负抗日先遣队的任务，从瑞金出发，先后转战于闽中，闽东、闽北、浙西、浙皖边和皖赣边，10 月下旬到达闽浙赣（即赣东北）苏区，这是第一阶段。11 月初，红七军团与原在赣东北的红军第十军合编为红军第十军团，继续担负抗日先遣队的任务，转战于浙皖边、皖赣边和皖南，这是第二阶段。两个阶段共历时 6 个多月，行程 5600 多里，沿途且战且走，先后进行了樟湖坂、福州、桃源、罗源、庆元、清湖、大陈、分水、旌德和谭家桥等 30 余次重要战斗，一度震动了福州、杭州、徽州、芜湖以至蒋介石的反革命统治中心南京，对于宣传我党抗日主张、推动抗日运动发展，扩大党和红军的影响，以及策应中央红军主力战略转移，都起了积极的作用。广大指战员在极端艰苦的条件下长途跋涉，孤军奋战，以大无畏的革命精神，谱写了一篇雄伟壮烈的人民革命史诗。然而，在蒋介石调集大军不间断地围追堵截下，由于王明"左"倾错误的领导，这次进军始终难以摆脱被动的处境，最后招致了在怀玉山的失败。

47 年后的今天，重新回顾这段历史，使我感怀至深。红军广大指战员那无与伦比的勇敢顽强精神和革命英雄气概，我们应当永远继承和发扬。同时，王明"左"倾错误所造成的恶果，用战士鲜血换来的沉痛教训，值得我们引为鉴戒。

抗日先遣队的组成

30年代初期，我国国内形势出现了错综复杂的局面。1931年九一八事变后，日本帝国主义大举入侵我东北、华北，中国面临亡国之祸，民族矛盾急剧上升，国内阶级关系随之发生新的变化，全国人民纷纷要求停止内战，抗日救亡。但是，蒋介石无视全国人民的愿望，提出"攘外必先安内"的反动口号，顽固地坚持对日妥协投降和加紧扩大内战的反革命政策。内忧外患，阴霾笼罩整个中国。

与此同时，党内王明"左"倾冒险主义统治着中央，第四次反"围剿"以前，他们就排挤了毛泽东同志对中央苏区和红军的领导。1933年，临时中央从白区迁入苏区，到第五次反"围剿"时，"左"倾的军事指导方针已在红军中取得统治地位。他们完全摒弃了毛泽东同志的人民战争的战略战术原则，从军事冒险主义到军事保守主义，实行消极防御方针，造成了第五次反"围剿"的节节失利。到1934年夏，中央苏区已由原来的纵横各近千里，缩小到各300余里，周围敌重兵压境，并不断向我中心区进逼，军事形势已十分危急。

红军北上抗日先遣队，就是在这样的背景下组成和派出的。

1934年7月初，红七军团奉命从福建连城地区调回瑞金待命。部队到瑞金后，党中央和中央革命军事委员会的几位主要领导人及共产国际派来的李德，接见了军团领导人寻淮洲、乐少华、刘英和我，当面交代任务，宣布由红七军团组成红军北上抗日先遣队。立即向闽、浙、赣、皖等省出动，宣传我党抗日主张，推动抗日运动的发展，并规定这次行动的最后到达地域为皖南，因为那个地区有几个县的群众暴动，建立了一小块苏区，要求七军团在一个半月内赶到，支援和发展那里的革命局面。

宣传抗日和支援皖南，是当时赋予七军团的任务。中央在这方面做了不少准备工作。为了宣传我党抗日主张，中央公开发表了《为中国工农红军北上抗日宣言》《中国工农红军北上抗日先遣队告农民书》等文件，印制了"中国能不能抗日""一致对外——驱逐日本帝国主义出中国""拥护红军北上抗日运动口号"等大量宣传品，总数达 160 万份以上，这在当时条件下是很不容易的。为了及时支援皖南群众斗争，中央限令七军团进行三四天休整和准备后立即出动。

后来我们才知道，当时中央派出这支部队的更加直接的目的，是企图以这一行动威胁国民党统治的腹心地区，吸引和调动一部分"围剿"中央苏区的敌人，配合中央红军主力即将实行的战略转移。在中央领导同志接见我们时，并没有说明这个战略意图。当时中央下发的作战任务训令和政治训令中，虽然表达了要以先遣队的北上行动促使敌人变更战略部署的意图，但在"左"倾宗派主义控制下，这两分绝密文件未见传达，我是若干年后才看到的，当时对于中央这个重要的战略意图并不知晓。

七军团是中央苏区红军主力中较新的一个军团，较长时间在中央苏区东线——东方军的编成内作战，经过实战锻炼，逐渐发展成为一支英勇顽强、善于野战的部队。当接受抗日先遣队任务时，由于在东线连续作战的消耗，全军团约有 4000 人。为了执行新任务，突击补充了两千多名新战士，合计 6000 多人。其中战斗人员 4000 多人，分编为 3 个师，实际上各相当于一个大团；非战斗人员约 2000 人，包括中央派出的一个随军工作团。武器也很不足，全军团仅有长短枪一千二三百支，一部分轻重机枪和 6 门迫击炮，许多战士背的是梭镖。但其他物资却不少，中央交付部队随带的宣传品就有三百几十担，连同部队的后勤物资及炊事担子，总共 500 多担。这时，部队新成分多，非战斗人员多，武器不足，负荷很大，行动笨重，远不如在东线作战时那样精干了。

更为重要的是军团的领导问题。抗日先遣队仍保持军团体制，寻淮洲为军团长，乐少华为军团政治委员，曾洪易为随军中央代表，他们三个人组成红七军团军事委员会，决断一切政治和军事问题。刘英为军团政治部主任，我为军团参谋长，都不是军团军事委员会成员。在军团三个领导核心中，寻淮洲参加过秋收起义。是在革命战争中锻炼成长起来的一位优秀的青年军事指挥员，他艰苦朴素，联系群众，作战勇敢，机智灵活。但是，当时"左"倾宗派主义的领导者，对红军中原来的干部是不信任的，寻淮洲虽是军团长，却没有实权，很难有所作为。七军团的领导权实际上是由曾洪易、乐少华两人掌握。中央代表曾洪易，曾在闽浙赣苏区任中央代表和省委书记，积极推行"左"倾错误政策，造成了极大危害，到抗日先遣队以后，面对艰险的斗争环境，也一直悲观动摇，后来投敌叛变了。

军团政委乐少华也是"左"倾错误政策的坚决执行者。曾到莫斯科留学。回国后很快升任七军团政治委员。他既无实际斗争经验，又很蛮横霸道，动辄拍桌子骂娘，以"反政治委员制度"的大帽子来打击压制干部，并滥用所谓"政治委员最后决定权"进行瞎指挥。

抗日先遣队担负着特殊艰巨的任务，然而，当时的中央实行着"左"倾错误指导方针，军团本身的领导权又掌握在曾洪易、乐少华这样的人手中，就使它的前程更为艰险了。

从瑞金出发和攻打福州

1934年7月6日晚，红七军团从瑞金出发，开始执行北上抗日先遣队的任务。我们经过了长汀、连城、永安县境，打下大田县城，经尤溪以东，进到闽中地区。在罗炳辉同志率领的红九军团掩护和配合下，打下了樟湖坂，从那里渡过闽江，完全进入了白区。按原计划，我们渡过闽江之后，应由古田、庆元、遂昌直接北上浙西，然后去皖南。但中革军委忽然改变计划，电令我们由谷口东进，占领水口，威胁并相机袭取福州。于是，我们便转兵向东。水口是福州西北闽江边上的一个重要集镇，守敌四个营，慑于我军声威，连夜逃走。8月1日。我军进占水口。同时，我军另一部占领了古田县城。

占领水门之后，军团部即在该镇召开"八一"纪念大会。这时向部队正式宣布：对外以"中国工农红军北上抗日先遣队"的名义活动，对内仍称红七军团。在大会上，对北上行动和攻打福州进行了动员，部队情绪高涨，斗志昂扬。

我军在闽中地区的突然出现，引起了国民党反动当局的很大震惊。敌人匆忙将部署在闽东宁德、福安、霞浦和泉州等地的第87师王敬久部集中到福州，并向闽江上游堵截我军。同时，又急调在湖北整训的第49师伍诚仁部由长江水路日夜兼程东进，经海运驰援福建。"围剿"中央苏区的国民党东路军总司令蒋鼎文也急忙从漳州飞到福州"观察"。

福州是福建省省会，算是一个大城市。它南濒闽江，有高大的城墙，筑有比较坚固的防御工事，城内外驻有国民党第87师的一个团和一个宪兵团，还有一些炮兵，工兵和海军陆战队，城郊南台有飞机场。从水口到福州，约70公里，沿江的交通干道被敌人控制着，我们是从北面大湖方向绕道开进的。8月2日，部队从水口出发，当天黄昏遭到敌机袭击。因为缺少防空经验，伤亡了七八十人。这时，福州的敌人已加强了戒备。

攻打福州，带有很大盲目性。8月7日，我军到达福州西北近郊，当时对福州敌军的实力、工事等情况了解很差。但是，部队在中革军委攻打福州的作战命令鼓舞下情绪很高，又听说福州市内的地下党组织将进行策应配合，所以当晚即发起进攻。敌人凭借工事扼守，并使用飞机对我阵地轮番轰炸扫射。我军打得十分英勇，强攻一昼夜，攻占了敌军一些阵地和城北关的主要街道。但因我们还不善于近迫作业，又缺乏攻城手段，也没有地下党组织策应，没有办法打进城。我们估计即使打进城，也不容易解决敌人。于是决定把部队撤至福州以北岭头一带，准备向闽东转移。

约8月9日晚，我们进驻北石岭、桃源地区。当夜，敌87师的一个团追来，与我警戒部队打响，我们与敌人激战一夜一天，形成对峙状态。敌后续部队赶来增援，我们便撤出战斗。这一仗虽毙伤不少敌军，缴获了一批武器，但我们自己也受到不小损失，特别是伤亡了几个师、团干部。

中革军委这次电令攻打福州，给七军团以后的行动带来了很大困难。我们刚过闽江的时候，声势很大，敌人弄不清我们究竟有多大兵力。这一打，暴露了我军只是一支不怎么大的牵制力量。从此，敌人就一直疯狂地追击和堵截我军。

转战闽东、闽北

桃源战斗以后，我们继续向闽东地区转移。时值8月中旬，天气十分炎热，伤病员增加到七八百人。在敌区行动，民夫很不好找，伤病员大部分由干部战士抬着走，部队行动异常艰难，迫切需要一个适当的地区把伤病员安置下来。在经过连江附近的时候，我们和闽东游击区取得了联系。

闽东游击区主要位于宁德、福安、霞浦三县之间，以赛岐、赤溪一带为中心，领导人是叶飞、阮英平、范式人等同志。我们一进入游击区，在当地党和群众的协助下，先将伤病员进行安置。同时根据闽东同志的意见，为了打通宁德、连江等地几块小游击区之间的联系，军团决定攻打罗源县城。8月14日凌晨，在当地党、群众和游击队的配合支援下，我们采用突然袭击的手段，一举攻克了罗源县城。全歼敌保安 11 团第 3 营及县警备队共 1000 余人，活捉了敌县长和营长，群众大为振奋。我们在福州和桃源两次作战，都是采取正规战的打法，猛打硬拼，伤亡很大。这次罗源战斗，事先进行较详细的侦察，采用奇袭方法，因而能够以很小的代价一举全歼守敌。这使我们体会到，孤军深入敌区，在作战指导上应当有相应的改变。

七军团进入闽东，是红军主力部队第一次到这个地区，当地党和群众十分兴奋和热情。他们为七军团动员补充了一批新战士，我们也把战斗中缴获的几百条枪交给了地方党。留在当地的几百名伤病员，后来大都成了闽东独立师的骨干。

8 月 16 日，我们奉命离开闽东游击区，沿着闽浙边境，向闽北前进。8 月 22 日，攻克福安县西部的穆阳镇，消灭敌军数百人。8 月 28 日，在浙西南击溃敌一个保安团的拦阻后，又攻克了庆元县城。随后又在竹口打垮了敌浙江省保安纵队两个团的阻截，俘敌两百多人，缴获步枪数百支，轻重机枪 10 余挺，迫击炮两门。不到半个月的时间打了三个胜仗，我军声威大振。9 月初，我们进入了闽北苏区东北的古楼一带游击区。

闽北苏区以崇安为中心，是闽浙赣苏区的一部分，领导人是有威望的老党员黄道同志。七军团自出动以来，一路上马不停蹄，到达闽北苏区以后，原想利用这里的有利条件作短暂休整，总结一下经验教训，以利再战。同时，我军一路上受到敌军的前堵后追，尤其是敌 49 师始终咬住我军不放。为了摆脱这一被动局面，也需要依托闽北苏区寻机给敌人以有力打击，打一两个好仗。但是，中革军委随即来电批评我们"拟于闽北边区休息，这恰合敌人的企图，因敌人企图阻止你们北进"。于是，我们在这里只停留了几天，安置了一批伤病员，就继续向北进发了。

急于要我们离开闽东、闽北，这是继攻打福州之后中革军委在战略指导上的又一次重大失误。从当时红军斗争的全局来看，既然是要我们这支部队配合中央红军主力的战略转移，起战略牵制作用，就不必机械地限定到皖南去。何况当我们出动不久，中央就知道皖南暴动已经失败。如果当时让我们先在闽东、闽北地区活动，帮助地方党扩大武装斗争，打几个好仗，更大规模地发动群众，有依托地向政和、松溪发展，把闽东、闽北连成一片，再同浙南群众条件较好的庆元地区连接起来，创造较好的局面，然后跳跃式地向浙西和皖南发展，倒是可以吸引和调动更多一些敌人的。

部队自出动以来，不仅外有敌人围追堵截，内部也出现了严重困难，军团主要领导成员之间的矛盾日益尖锐起来。首先是乐少华同志一味盲目地执行中革军委的命令，拒绝结合实际的积极建议，而且专横无忌，对寻淮洲同志极不尊重，一开会就吵架，天天如此。几乎造成指挥上的瘫痪。与此同时，曾洪易则愈益暴露出严重的恐慌动摇，在水口遭到敌机袭击时，他吓得脸色发青，嘴唇颤抖，一到闽北就提出要到闽浙赣大苏区去，并直接发电报要闽浙赣军区派部队来接。他的主张受到寻淮洲和大部分同志的反对，中革军委在回电中也对他作了批驳，以后他就更加消极对抗，竟要求要离开部队。军团领导中这些极不正常的状况从根本上说，是"左"倾宗派主义的必然恶果。它给我们这支深入敌区、独立行动的部队带来了难以言喻的困难。

挺进浙西

我们到闽北苏区时，从瑞金出发已近两个月，超过了中央规定到达皖南的限期，如果继续进军，本应向皖南急进。但中革军委来电指示要我们在浙江执行两项"中心任务"：一、继续对进攻我赣东北红十军及闽北苏区的敌人后方进行彻底的破坏；二、在闽浙赣边境广泛开展游击战，创建新苏区。对于破坏敌人后方交通，要求首先破坏龙泉、浦城、广丰、玉山间的公路、交通工具及电话线，进而破坏兰溪、衢县、江山、玉山间的铁路、火车站，以及玉山、常山、江山之间的公路，对于原来赋予的去皖南的任务未作任何说明。

9月9日，我们离开闽北苏区，北上浙西。这时，中革军委又不顾当面实际情况，多次来电批评我们"对保安团畏惧其截击是不对的"，"不须以急行军增加病员与疲劳，每日行二三十里"，等等。于是，我们一面对付敌人日益加紧的围追堵截，一面深入敌后进行破袭活动，经江山县之二十八都、仙霞岭、石门，于9月13日攻占清湖镇，消灭了敌浙江保安团的一个营。接着胜利渡过江山河（即江山港），进行炸桥破路，给了敌人一定的威胁和打击。但是，限于当时的群众条件和装备、技术等条件，要按照中革军委要求在广大地段上破坏铁路、公路是办不到的。

9月15日，我们进到江（山）常（山）公路的大陈地区。在大陈打垮了敌浙江保安第三、四、六团各一部共7个连的进攻，并一度攻入常山县城，缴获一批物资和现款。其后便经招贤、上方镇继续北上。

浙江是蒋介石的老巢，反革命的社会基础雄厚，保安团较强，保甲制度较严密，交通与通讯捷便，敌人能及时掌握我军行动情况，从各方面调动部队围击我军。我们却只能机械地按照中革军委规定的时间、地点、路线、里程慢慢地走，差不多天天要打掩护仗、遭遇仗，虽然也取得了不少战术性的胜利，但整个处境却越来越被动了。那时候，还有一个很实际的问题，就是没有根据地或游击区作依托，有时即使有了战机，大一些的仗也不敢打。到处是反动统治势力，没有群众基础，一仗打下来，伤员无法安置。抬着伤员行军打仗是非常困难的。一个伤员要两个战士抬，还要一个战士替换，长距离抬下去，就削弱了部队的战斗力。但无论如何也不能把伤员丢了，那是革命军队所绝对不允许的。

正当我们艰苦转战浙西的时候，中革军委9月17日来电命令我们，在未执行军委给予的破坏杭江铁路及附近公路的任务前，禁止继续北进。第二天又来电令我们"应即向遂安前进，以袭击方法占领该城，并确保于我军手中"，规定我们以遂安为中心，于安徽边境的淳安、寿昌、衢县、开化地区开展游击战争，建立苏区，尔后再向浙皖边境之歙县（即徽州）、建德（今梅城）、兰溪、江山、屯溪地域发展。

中革军委的一系列批评和指示，特别是要求我们以遂安为中心建立苏区的指示，使我们困惑不解，因为它完全脱离我们当前的实际情况。遂安位于新安江上游，距杭州约200公里。这个地方虽是山区，但处于衢江、兰江、新安江三角地带，江水较深，汽船可以通到建德、兰溪，还有浙赣铁路和公路干线，敌人交通方便，这样的地形，对我军机动十分不利。那里地瘠民贫，居民多以竹木为生，产粮很少，解决部队给养困难。特别是当地没有我们党的工作基础，相反的是赣东北逃亡地主聚居之地。不论政治条件和自然条件，以遂安为中心建立根据地显然是不适宜的。

就在这时候，敌49师、浙江保安第1、2纵队以及新增调来的补充第1旅王耀武部，从几个方向加紧对我追击和"围剿"，企图切断我前进道路，合击我军。

面临严重敌情，我军处境危殆。为了避免全军覆灭之祸，我们只得不顾中革军委的一再指责，转向皖赣边行动。

活动于皖赣边

9月30日，我们到达皖赣边之段莘（婺源县北）地区，这里距原定最后目的地皖南已经不远。这时我们才知道，皖南几个县的暴动早已失败，有些干部和群众分散活动在山里面，继续坚持斗争。我们在转移的路上，碰到皖赣特委和当地游击队的领导同志。按照他们的意见，我们继续西进到黎痕地区。

皖赣边和皖南，比我们所经过的浙赣边、浙西的条件要好些。在地形上，皖赣边有鸟山、白际山，皖南有黄山，既有大山区，又有丘陵地，河道可以徒涉，便于我军隐蔽和机动；经济上比较富裕，有利于解决部队的粮食供给；文化教育也比较发达，稍大点的村子大都有报纸，便于我们了解形势动向；特别是有党的工作基础和影响，群众条件比较好。这里所处的地位也很重要，向东北可以威胁芜湖、南京，向东可以威胁杭州。我们准备在这个地区停下来，开展游击战争。

我们先后在查湾、流口、鸦桥、黎痕等地进行了几次战斗，打退了追击和堵截之敌，消灭一部分敌军，缴获一批武器。皖赣苏区给我们补充了500名新战士。在经历了浙西一段困难之后，这时部队又开始出现了好的转机。

在此期间，军团领导曾向党中央和中革军委建议在皖赣地区开展游击战争，与当地党和游击队密切配合，争取在休宁、婺源、祁门一带消灭尾追之敌，以扩大皖赣苏区，寻找有利时机再入浙行动。还根据战斗连队很不充实的状况，建议将部队整编为4个营，精简机关，充实连队，以便机动作战。还向中央和中革军委建议，在敌人严重进攻的情况下，允许我们机动、自主地解决许多问题。军团的这些建议是符合当时实际情况，但未获批准。

10月15日，中革军委来电，令七军团转移到闽浙赣苏区整顿补充。军团研究之后，认为皖赣边有发展条件，而进出闽浙赣苏区要通过几道敌封锁线，因此，17日向中革军委去电请示，如我们今后仍须去皖南，则不如不去闽浙赣苏区，以主力向皖南游击区（石埭、太平、祁门、休宁等县之间，中心区在雷湖、柯村）行动。18日中革军委复电同意。但21日又接中革军委电令，七军团仍要去闽浙赣苏区。我们遵命立即向闽浙赣苏区转移，经浮梁、德兴之间，通过两道敌封锁线，进入闽浙赣苏区之重溪地区。

七军团自瑞金出发到进入闽浙赣苏区，转战闽、浙、赣、皖四省的几十个县镇，历时近4个月，行程3200多里。尽管受到王明"左"倾的错误指导和曾洪易、乐少华的直接干扰，但是，全军团广大指战员以坚忍不拔的革命意志和勇敢顽强的战斗精神，排除了一个又一个艰难险阻，连续行军作战，深入敌人腹心，击退了敌人无数次的截击、追击和"围剿"，打了一些胜仗，粉碎了敌人消灭我军的企图。我们沿途还尽可能地开展群众工作，宣传党的抗日救亡主张，扩大了党和红军的影响。部队虽然战斗和非战斗减员较大，但沿途陆续给各游击区留下了1000多名军事骨干力量，到达闽浙赣苏区时还保持了约3000多人。七军团孤军转战敌人后方是起到了它的积极作用的。广大指战员用血汗写下的这一段战斗历程，是不容抹杀的。

当时"左"倾错误的领导者，按照主观主义、冒险主义的战略意图来衡量七军团的北上行动，要求通过这支仅有几千人的部队的作战行动，"促敌人进行战略与作战上部署的变更"，由于未能实现这些根本不可能实现的目的，就指责部队没有完成任务。他们还把曾洪易个人的退却动摇，同寻淮洲同志和广大指战员的光辉战斗业绩混淆起来，给这支部队扣上"染上了机会主义""执行了退却逃跑路线"等等荒诞的大帽子。这些显然不符合历史真实情况，是完全错误的。

到达闽浙赣和组成红十军团

闽浙赣苏区是方志敏同志领导创建的著名的老苏区，胜利地粉碎过敌人的多次"围剿"，红旗一直在这里高高地飘扬着。我们到达苏区时，方志敏同志亲自到驻地看望我们，他是那样的亲切恳挚，平易近人，第一次会见，就给了我们深刻的印象。苏区的革命群众都以极大的热情迎接我们，用尽可能筹集到的物资来慰劳我们。群众称我们这支历经风霜的子弟兵为"老十军"（1933年1月，闽浙赣苏区的红十军调到中央苏区，成为红七军团的主要组成部分。闽浙赣苏区随后又成立了新的红十军）。在党和人民的亲切慰问下，4个月来的艰辛劳累，顿时一扫而光，部队情绪迅速振奋起来。

接着，部队就进行整编。根据中革军委 11 月 4 日的命令，红七军团同闽浙赣苏区的红十军及新升级的地方武装合编，成立红军第十军团，七军团改编为第 19 师，红十军和新升级的地方武装，分编为第 20 师和第 21 师。领导干部也作了调整，任命原闽浙赣军区司令员刘畴西为军团长，乐少华为军团政委，寻淮洲任 19 师师长，刘英任政治部主任。同时，闽浙赣军区的领导干部也作了调整，省苏维埃主席方志敏兼军区司令员，曾洪易任省委书记兼军区政治委员，我被调任军区参谋长。当时中央和中革军委已率中央红军主力转移，中央苏区成立了以项英同志为首的中央分局和中央军区，所以军委在电令中还指出，红十军团和闽浙赣军区今后接受中央军区的指挥。

军团整编以后的任务是：第 19 师仍出动到浙皖赣边，打击"追剿"之敌，发展新苏区；第 20、21 师仍留闽浙赣苏区，打击"围剿"之敌，保卫老苏区。

11 月 18 日，第 19 师在寻淮洲同志率领下，从怀玉山和德兴东北通过敌封锁线，向浙皖赣边出发。19 师的突然出动，出乎敌人意料之外。敌浙江保安纵队副指挥蒋志英率两个团尾追，受到我军坚决回击，蒋志英负伤败退常山，我缴获颇多。接着，19 师经上方镇，渡新安江，向分水县（今武盛）前进，并逼近昌化、于潜（今潜阳）和临安，震动了杭州。随后又转向皖南行动，经歙县、绩溪附近，一举攻克旌德县城，接着由泾县、宣城之间北上，威胁芜湖。这一时期，寻淮洲同志率领 19 师独立行动，摆脱了曾、乐的干扰，从当前实际情况出发，在广大地区内机动作战，主动灵活地打击敌人，表现出了他的卓越的军事才能。

就在 19 师活动很有成效的时候，中央军区发来指示：根据敌人对闽浙赣苏区的"围剿"日趋严重的形势，命令十军团部立即率 20、21 师转到外线，同 19 师会合，在开化、遂安、衢县、常山之间集结兵力，争取以运动战消灭敌人，创造浙皖赣边新苏区。为了统一领导十军团与创造新苏区的行动，中央军区决定以方志敏、刘畴西、乐少华、聂洪钧和刘英等五人组成军政委员会，以方志敏为主席，随十军团行动。又调我任军团参谋长。刘英任军团政治部主任。

在当时形势下，组成红十军团，并把长于打游击的红十军和地方武装集中起来，进行大兵团活动，企图打大仗，这是战略指导上的又一个重大失误，为后来的挫折和失败埋下了祸根。

谭家桥战斗

11 月下旬，在方志敏、刘畴西同志率领下，红十军团部和第 20、21 两师，经婺源、开化之间和休宁以南，北上皖南。12 月 10 日，与 19 师会合于黄山东南之汤口地区。此时，敌人调集重兵分成多路对我实施尾追堵击，企图围歼我军，为粉碎敌之阴谋，我军必须选其一路给予打击。13 日，我们沿屯溪至青阳的公路向北转移，经乌泥关进到黄山东麓谭家桥地区。这时获悉，其他敌军距离尚远，唯尾随我军之敌补充第 1 旅已抵达汤口，正继续向我追击前进中，显得孤立突出。该敌是蒋介石的嫡系部队，共 3 个团，装备比较好。我十军团 3 个师，兵力和敌人差不多，装备不如敌军，但地形对我十分有利，乌泥关是一个山隘口，东侧有一个制高点，向北一路小山坡。军团首长决心利用乌泥关至谭家桥段公路两侧有利地形，以伏击手段，争取歼灭该敌大部。

军团的作战部署是：由乌泥关起，沿公路两侧自南而北。按 19、20、21 师的顺序设伏。19 师是军团战斗力较强的一个师，配置在上峰，除以一个连兵力控制乌泥关制高点外，该师主要兵力部署在乌泥关以北，与 20、21 师阵地依次衔接，21 师以一个营构筑工事坚守谭家桥正面。待敌补充第 1 旅通过乌泥关，进入我设伏地域以后，即行封锁乌泥关口，断敌退路，阻击敌可能之增援；同时，20、21 师会同 19 师部分兵力对敌拦腰出击，并排打下去，将其大部歼灭于乌泥关至谭家桥公路上。

12 月 14 日上午 9 点多钟，敌补充第 1 旅进入设伏地区后，我突然发起攻击，敌顿时惊慌失措，陷入一片混乱，担任前卫之敌第 2 团，在我军猛力冲击下呈现动摇，敌团长被我打伤。开始时，战场形势是很好的。但我 19 师除以一个连控制乌泥关制高点外，未能将主力配置于乌泥关以北，而是摆到乌泥关以南去了。乌泥关以南是悬崖陡壁，兵力展不开。敌人调整部署后，集中力量进攻我战斗力较弱之 20、21 师，两师指战员奋勇反击，但因不长于正规作战，而 19 师又增援不及，以致阵地被敌人冲垮。接着，乌泥关制高点也被敌人夺去了。寻淮洲同志亲自带队夺取制高点，一个猛攻，制高点是夺回来了，可是，他却负了重伤，抢救下来，在转移途中牺牲了，时年仅 22 岁。寻淮洲同志不幸牺牲，是我们的一个重大损失。此时，整个战斗败局已定，于是决定撤出战斗。接着，在组织掩护的战斗中，刘英、乐少华同志又先后负伤。我们把队伍撤了下来，到黄昏时候向北转移。此时，敌军也打得精疲力竭，伤亡很大，无力对我们追击了。

谭家桥之战是十军团全部转向外线作战后的第一个战斗，初战失利，我军愈加陷入被动。

怀玉山失败

谭家桥战斗之后，敌人第49师、补充第1旅、第21旅及一些地方部队，一共约近20个团的兵力，蜂拥而来追赶我们。为了摆脱敌人的围追堵截，从1934年12月下旬到1935年1月上旬，我们在皖南和皖浙赣边的泾县、太平(今仙源)、青阳、石埭（今广阳）、黟县、休宁、祁门、屯溪、歙县、绩溪、婺源、开化等10余县地区往返转移，进行了大小十余次战斗，大都是消耗战，虽然给予敌人以相当的杀伤，但因敌我力量悬殊，我军处境日趋险恶。从当时的形势看，采取正规军打运动战的办法，已越来越不利，要坚持长期斗争，关键是将正规军转变为游击队，从正规战转变为游击战。同时，为了较顺利地实现这一转变，又必须打一两个好仗，以扭转谭家桥战斗失利带来的严重被动局面。但是当时领导上还没有向游击战转变的认识，又缺乏积极寻机打歼灭战的思想，因而未能摆脱被动局面。

鉴于实际的教训，一部分同志前已提出过适当分兵问题，谭家桥战斗以后，又建议分兵活动，以适应当时斗争的需要。但是，军团领导对分兵顾虑很大，决定全军团继续南下，经化（开化）婺（源）德（兴）苏区返回闽浙赣大苏区去。

化婺德苏区，是闽浙赣大苏区北面的一个外围小苏区，直径约30里，周围约100里。1月12日晨，军团到达化婺德苏区东北边缘的杨林（属浙江开化县）。这时方志敏同志和我正随先头部队行动。所谓先头部队主要是军团机关人员、伤病员（包括乐少华、刘英同志在内）、后勤人员，以及缺乏弹药的迫击炮连和重机枪连等，共800余人。我们在经过杨林时没有停留，翻过一个山头，就到达了化婺德苏区，并前进到靠近闽浙赣大苏区的港头才停下来休息。刘畴西同志率领的军团主力到达杨林之后，顾虑部队疲劳，就在当地宿营，第二天（13日）下午才继续前进。这时，敌浙江保安第2纵队第5团从星口连夜急进70里，超越我主力部队赶到化婺德苏区东部边缘的王坂、徐家村，占领了堵截我军前进的阵地。我军团主力进到徐家村受阻，与敌发生激战，只好以一部兵力掩护，大部队折经南华山、王山村，进入化婺德苏区，掩护战斗一直持续到14日下午。15日，主力部队才大部进入化婺德苏区。

16日，方志敏同志和我商定，因敌情紧急，部队应立即行动，先头部队先走，同时通知刘畴西同志率领军团主力迅速跟上，在当日夜晚全部通过敌陇首地段封锁线，进入闽浙赣苏区。下午6时，我们正要整队出发，刘畴西同志派人来通知，部队虽已到齐，但人员疲劳当晚不能再走。这时我建议，情况这样紧，决不能迟延了，今天晚上必须一律通过敌封锁线。方志敏同志完全同意我的意见，他担心刘畴西同志犹豫迟疑，便决定留下来同主力部队一起行动，要我率先头部队立即前进。

这时，敌人虽已加强了化婺德苏区与闽浙赣苏区之间的封锁线，但兵力不足。当我先头部队通过时，山上碉堡里的敌人打枪，我们派出两个战斗班去佯攻，吸引敌之火力，敌人没有敢从碉堡里出来。这样，我们就加快步伐。上半夜全部通过了敌人的封锁线，安全到达了闽浙赣苏区的大小坪、黄石田（均属德兴县）地区。到达之后，我们一面同省委、军区进行联系，一面等待主力部队。可是，等到下半夜没有见大部队到来。第二天还没有来，第三天、第四天也还没有来。我们到达闽浙赣苏区以后，随即派出大批干部组织便衣队前去联络和接应，均未能联系上，心情十分焦急。开始隐隐听到那边有炮声，以后就沉寂了。大约经过一个星期，闽浙赣省委告诉我们，从截获敌人无线电通讯中得知：先是搜山的敌军报告"清剿"已基本结束，要求撤出休整；以后蒋介石下令，说方志敏、刘畴西等仍在山上，在没有搜到以前，凡要求撤出休整的"杀勿赦"。不久，方志敏、刘畴西同志即被捕了。

在这期间，有少数同志陆续从怀玉山突围到了闽浙赣苏区。从他们的谈话中了解到我军被合围后坚持战斗和遭到失败的一些情况。16日晚，刘畴西同志因顾虑部队疲劳，坚持就地休息，军团主力没有过来。以后在通过封锁线时，因为敌人打枪拦阻，就折回去改换方向。这样接连改换了几次方向，延误了几天时间，追击的敌军都赶上来了，我军遂陷于重重包围之中。我军经过长途行军作战，本已十分疲劳，陷入重围之后，弹尽粮绝，伤亡不断增加，又遇到天气骤变，雨雪交加，许多指战员几天粒米未尝，以草根树皮充饥。在如此极端困难的情况下，他们仍顽强战斗，不断杀伤敌人。我 19、20 两师在怀玉山东南的山地和北部的冷水坑、玉峰、马山等地，21 师在王龙山北部，同敌军反复进行血战。敌军向怀玉山围攻时，我军占据山顶制高点，继续坚决抗击敌人。在敌军不停顿地"搜剿"和围攻下，我军被分割，被冲散，但仍然坚持各自为战，表现了革命战士无比坚定、无限忠诚和誓死与敌血战到底的大无畏精神。敌人极端野蛮残忍，见人就杀，见房子就烧，把能搜出来的粮食全部彻底烧掉。因为山高林密，不便搜索，敌人就放火烧山，走不动的伤病员，有些就被烧死了。只有少数同志跑回闽浙赣苏区来，另有一小部分同志向北突围到皖南去了。军团主要领导人刘畴西、方志敏同志隐蔽在陇首封锁线附近的山里，至 1 月 27 日，先后不幸被敌军搜捕。此后，方志敏等同志在狱中坚贞不屈，同敌人作了坚决的斗争。1935年七八月间，伟大的共产主义战士方志敏同志和其他几位同志在南昌英勇就义。

历史的教训

在民族危机空前严重的历史关头，我红军北上抗日先遣队这支劲旅，在蒋介石反动派以数倍于我之兵力的疯狂追堵和围攻下，不幸失败了。这次失败的原因，在客观上，是敌人力量的暂时强大，主观上的也是主要的原因则是由于王明"左"倾冒险主义的错误领导，它给我们以极其深刻而沉痛的教训，值得认真加以研究和记取。我个人认为最主要的教训有下列几点：

一、派出抗日先遣队的战略意图，赋予抗日先遣队的战略任务，是要以它的北上行动"促敌人进行战略与作战部署上的变更"。这个要求过高了，没有实现的客观基础，因而是主观主义的，它导致了在作战指导上的盲目冒险。

红军北上抗日先遣队自 1934 年 7 月初从瑞金出发，到 1935 年 1 月在怀玉山失败，全部过程处于王明"左"倾冒险主义的统治时期。1979 年年底，我曾问叶剑英同志：抗日先遣队是否是在王明"左"倾错误指导下派出的？剑英同志说："五次反'围剿'初期，毛主席主张过把红军主力挺进到苏浙皖赣地区，以打破蒋介石的'围剿'，当时毛主席不在位，中央没有采纳。后来派出先遣队，红军主力已经要作战略转移，那时毛主席处于无权地位。"那么，当时的战略意图是什么呢？1973年12月，朱德同志在回答军事科学院的请问时，曾指出："是准备退却，派先遣队去做个引子，不是要北上，而是要南下（指中央红军主力从中央苏区西南部转移）。"朱德、叶剑英两位领导同志的谈话，向我们指明了北上抗日先遣队派出的历史背景和实际意图，这对于我们研究这一段历史至关重要。

为着全局的需要，当时派出一支部队到敌人深远后方去活动，争取在中央红军主力战略转移时对敌人起一定的牵制作用，这从战略指导上说是可以的。然而，中央赋予抗日先遣队的任务却远远超出了上述要求。据我后来看到的中央下达的作战任务的训令和政治训令，赋予抗日先遣队的任务是：深入到敌人深远后方闽浙赣皖诸省，最高度地发展游击战争，创造游击区域，一直到建立新的苏维埃根据地；最高度地开展反日运动，把群众的反日斗争发展到武装民众的民族战争的高点；通过在敌人深远后方的反日民族解放运动及土地革命的发展，促使敌人进行战略与作战部署上的变更。上述任务的确定，显然是一厢情愿。在中央苏区第五次反"围剿"败局已定的时候，蒋介石绝对不会由于我党北上抗日号召的提出和一支较小部队的出动，就抽调走大量兵力，放松对我中央苏区主力红军的"围剿"。再者，在当时整个红军作战严重失利的情况下，中央苏区老根据地8万红军主力都待不住了，却要求七军团这支6000人的部队（其中还有一半新战士，仅仅1000多条枪），深入到蒋介石国民党的闽浙赣皖腹心地区去"最高度地发展游击战争"，"建立新的苏维埃根据地"，更是完全脱离实际的臆想。

在蒋介石发动第五次"围剿"的初期，毛泽东同志曾经主张趁着福建事变的时机，将中央红军主力突进到苏、浙、皖、赣国民党统治的腹心地区去，向广大无堡垒地带寻求作战，迫使敌人回援，以粉碎敌人对中央苏区的围攻。可惜中央拒不采用此计。7个月以后，形势已经大变。这时候派出这样一支先遣部队，不论从背景、从意图、从规模上看，和毛泽东同志原先提出的向北突进的主张，显然是根本不相同的。

从政治上看，在当时日本帝国主义加紧侵略我国华北，民族矛盾急剧上升，全国人民要求抗日救亡的历史背景下，提出红军北上抗日的口号，举起红军北上抗日的旗子是正确的，对于揭露蒋介石的卖国、内战政策，宣传我党抗日主张和推动抗日运动的发展，是有积极作用的。但是，当时闽浙赣皖地区尚无直接对日作战的形势，推动抗日运动的关键，是要实行政策和策略上的调整和转变，而这一点恰恰又是"左"倾冒险主义统治的中央所未能解决的。抗日先遣队进军途中，在土地政策、工商业政策等方面仍然执行着"左"倾的一套，不利于争取团结社会各阶层，对于我们宣传抗日、发动群众损害很大。

二、当形势已经发生了根本变化，未能及时实行由正规战向游击战、由正规军向游击队的军事战略转变，这是使抗日先遣队遭受挫折和失败的主要原因。

抗日先遣队派出时，第五次反"围剿"斗争已接近尾声，革命形势逐渐转入暂时低潮。红军主力离开中央苏区以后，南方数省敌我力量对比悬殊，我军更是面临极端不利的态势。因此，抗日先遣队亟须实行由正规战向游击战、由正规军向游击队的战略转变。但是，王明"左"倾冒险主义统治下的中央，未能领导实行这一战略转变。中央虽然原则上向我们提出过开展游击战争的任务，但在实际作战指导上仍然是要求搞大兵团作战。这从前面的叙述中可以看得很清楚。

在七军团阶段，军团的有些领导同志，尽管当时对军事战略转变问题也缺乏认识，但是，在经过一段行军作战实践以后，结合过去在毛泽东同志领导下参加井冈山斗争和中央苏区军事斗争的体验，已经逐步感觉到，部队孤军深入白区，远离后方，面对优势敌军的堵追，必须在军事行动的指导方针上有所改变。例如：在北上进军途中，应当尽可能地利用原有的游击根据地或游击区作为依托，同当地党和游击武装密切配合，一方面支援和发展那里的游击战争，一方面休整补充部队，安置伤病员，减少无后方作战带来的困难，尔后相机继续作跳跃式前进；在强大敌军"追剿"下，应适当分散兵力，形成几个目标，同敌人盘旋兜圈子，多打游击战，以吸引、迷惑和打击敌人；在适当时机，集中兵力，打游击性的运动战，歼敌一部，以改变不利态势，争取战场主动权；既要积极打击敌人，又不盲目地打硬仗，拼消耗，等等。但是，由于军团领导权掌握在曾洪易、乐少华手中，同志们的这些正确意见得不到重视和采纳。七军团整编为19师后，摆脱了曾洪易、乐少华的干扰，在寻淮洲同志领导下出动浙皖赣边，那一段仗就打得比较活，形势出现了转机，这有力地说明了在敌人深远后方活动，必须相应地改变作战指导方针。当然，在红七军团阶段，我们也还没有预见到要实行由正规军向游击队的转变，中央没有给我们这样的任务，我们也不敢设想把一个大的军团改为游击队。

抗日先遣队后期的整编，更是一个严重的教训。当时既然估计到在中央红军主力转移后，敌人会加紧对闽浙赣苏区的"围剿"，形势将会日益严重，但仍不采取分散游击的方针，却把长于打击游击的红十军和地方武装同长于运动战的红七军团合编，组成新的大兵团，集中在一起打运动战。1973年12月，朱德同志在关于战史问题的谈话中评价这次合编时就曾指出："编成一个军团，不编不垮，一编正规战打不成，游击战也打不成。经验还是要把正规军变成游击队。"朱德同志的谈话，指明了"左"倾冒险主义在这个问题上所犯错误的要害。

三、在作战指导上实行绝对集中的指挥，必然容易脱离实际，使部队作战行动陷于被动，危害极大。

当时，抗日先遣队的全部战略行动甚至战术行动，都由中央和中革军委直接指挥。本来，派出这样一个军团，深入敌人后方去独立执行任务，敌情那样复杂多变，环境那样困难险恶，中央和中革军委除了规定它的战略行动方向和基本任务外，理当给予较大的机动权。然而当时的中央和中革军委却使抗日先遣队的一切行动都严格受其控制，实行绝对集中的指挥，使军团陷于极其被动的境地，给军团制造了严重的困难。

说到这里，我很自然地想起毛泽东同志作为军事统帅的优良作风，他总是既通观和掌握战争全局，又处处从战场实际情况出发。他十分重视战场指挥员的意见，给予应有的机动权和自主权，充分发挥战场指挥员的能动作用。解放战争时期，以毛泽东同志为首的中央和中央军委，对于许多重要战役的指导，就是这样做的。打豫东战役时，中央来电中特别交代"情况紧张时独立处置不要请示"。打济南战役时，主要是明确规定了"攻济打援"的方针和假设了三种可能出现的情况，使下面心中有数，力争好的情况，同时预计到并有办法对付可能出现的僵局。总之，主要是对作战方针和战役中的关键性问题进行及时明确的指导，至于其他具体作战部署和战场处置，就由战役指挥员依据战场上千变万化着的实际情况去作出决定。这种英明的统帅方法和作风，同"左"倾错误统治时期的那一套形成了鲜明的对照。

抗日先遣队北上行动过程中，在七军团阶段上有"左"倾错误指导，军事指挥实行绝对的集中主义，军团内部又有曾洪易、乐少华这样的干部只知机械地执行上级指示，事情就更加不好办了。其实，你越是机械地执行，就越是被动，越被动就越打不好仗，也就越挨批评。不结合实际情况具体灵活地执行上级指示，即使是在正确路线的领导下也是应当加以反对的。毛泽东同志早在 1930 年所写《反对本本主义》一文中，就尖锐批评过这种对待上级指示的错误态度，更何况当时是在远离中央、深入白区的环境中进行孤军活动呢？至于红十军团组建以后，则主要由于战场指挥方面的失误，谭家桥等几个关键性的仗都没有打好，从而加速了先遣队失败的到来。当然，如果尔后不实行军事战略转变，这支部队的失败仍将是难以避免的。但是，如果几个关键的仗打好了，赢得了时间，夺得哪怕是暂时的战场主动权，就有可能通过以后的作战实践，逐步认识到实行军事战略转变的必要性并付诸行动，而不至于遭受那么大的损失，付出那么大的代价。这些又都说明了战役指挥员，为争取战争的胜利，必须从实际情况出发正确地发挥主观能动性，这在战局不利的情况下尤其重要。

四、"左"倾宗派主义的干部政策，严重地损害了军团的领导，这是导致抗日先遣队失败的组织上的原因。

七军团的领导核心，是按照宗派主义干部政策配备起来的。少数"左"倾政策的坚决执行者，掌握着领导权，包括军事指挥最后决定权。他们的无知与专横给七军团带来的灾难，我在前面已经略作叙述，教训确实太深刻了。

组成红十军团时，领导干部的配备，仍然受着"左"倾宗派主义的影响。保留了乐少华的军团政委职务，反而把军团长寻淮洲降职为师长，并把他排除在军政委员会之外，这不仅是对寻淮洲个人实行宗派主义的打击，同时也是无视七军团从瑞金出动后转战数省以流血牺牲换取来的宝贵经验。新任军团长刘畴西是一位较老的军事指挥员，在南昌起义时就担任营长，经历了革命战争的锻炼，但是后来的事实表明，他在作战指挥上表现优柔寡断，也缺乏在白区同敌人机动作战的经验。"左"倾错误的干部政策，同抗日先遣队的失败是密切关联的。在战争中间，主要军事指挥员的配备是一个非常重要的问题。

历史是已经过去了的事情，我们讴歌它也好，批判它也好，最重要的是从中吸取经验教训。红军北上抗日先遣队的斗争历史，首先是一部惊天动地的无产阶级革命战争的英雄史；同时也突出地反映了土地革命战争时期王明"左"倾错误严重危害的一个侧面，留下了十分深刻的历史教训，这些血的教训有力地证明：违背了毛泽东思想，革命事业就要遭受挫折。

红军北上抗日先遣队的进军虽然失败了，然而由方志敏等同志领导的、广大指战员和烈士们的可歌可泣的战斗业绩，已成为红军斗争史中英勇悲壮的一页，将永垂青史！

蒋介石国民党的反革命"围剿"，并没有也绝不可能扼杀掉先烈们为之舍身奋斗的革命大业。红军北上抗日先遣队保存下来的力量，随即高举革命火把，又继续战斗了。

1935年1月，党中央在遵义召开了政治局扩大会议，结束了王明"左"倾冒险主义在中央的统治，确立了毛泽东同志在红军和党中央的领导地位。历史再次有力地表明，用马克思列宁主义武装起来的，在暴风雨般斗争实践中锻炼成长的我们的党，能够依靠自己的力量最终克服和纠正各种错误思潮及倾向。道路是曲折的，前途是光明的。遵照中央的电示，我们随即以胜利突围的部队为基础，组成了中国工农红军挺进师，我被任命为师长，刘英同志为政治委员，率部向浙江南部进军。我们根据形势的重大变化，吸取过去斗争失败的教训，结合当前实际情况，在实践中探索和采取新的斗争策略和斗争方法，终于实现了从正规战向游击战的战略转变。经过同蒋介石几十个团的反革命"围剿"的反复斗争，我们在浙西南和闽浙边迅速打开了新的局面，创建了新的游击根据地，高举抗日、反蒋的革命旗帜，战斗在敌人的腹心地区。我们同南方其他各兄弟红色区域一道，在异常艰难困苦的情况下，胜利地坚持了三年游击战争。1937年抗日战争爆发后，南方八省红军游击队统一整编为新四军时，我们这支部队编入了新四军第二支队，重新北上，转战于大江南北，肩负起当年先烈们的未竟事业，投入了整个抗日斗争的洪流。

12. 红六军团的西征

萧 克

北　上

1933 年 9 月，蒋介石不顾日本帝国主义的疯狂侵略，调动了 100 万军队，200 架飞机，对我各革命根据地发动了空前规模的反革命"围剿"。其中以 50 万兵力，分四路进攻我中央苏区。我们湘赣根据地在这次反"围剿"中，是中央根据地的侧翼，是辅助作战方向。11 月，位于东路的驻福建的国民党第十九路军，在陈铭枢、李济深、蒋光鼐、蔡廷锴等人的策动下，建立了福建人民政府，公开提出"反蒋抗日"的口号，宣布与蒋介石决裂，并与红军秘密签订了反蒋抗日协定。这就打乱了蒋介石从四面"围剿"中央红军的作战部署，迫使蒋介石由北线抽出 7 至 10 个师的兵力开往福建，企图压垮十九路军后，转而再进攻我中央苏区。

1934 年 1 月，正当蒋介石主力围攻延平、古田十九路军的时候，中革军委电示湘赣省委及 17 师，要 17 师速向宜春分宜地段渡过袁水。北出会合正在湘鄂赣坚持游击战争的红 16 师，向南浔路永修一带行动。南浔路，位于蒋介石北路军侧后，是由南昌至九江的交通大动脉。16、17 师北上破坏南浔路，目的在于牵制蒋介石进攻十九路军，以及配合中央红军向北发展（中央红军虽然同十九路军签订了反蒋抗日协定，但由于"左"倾路线政策上的错误，实际上没有积极有力的行动），以减轻敌人对中央苏区的压力，利于中央红军的反"围剿"。

红十七师的前身是湘赣苏区的红八军

1932 年 10 月，中革军委派蔡会文和我到了湘赣苏区的红 8 军工作。这支队伍是朱毛红军离开湘赣边区后，由各县留下的地方武装经过 1 年多的斗争发展起来的。红军第二次打长沙时期，湘东南特委集中部分地方武装，成立了湘东独立师。后又将湘鄂赣边部分游击队编入，改名为湘东南独立师。不久，湘赣临时省委又将其改为独立第 1 师，同时把独立 7 团和湘南游击队组成独立第 3 师。1932年 2 月，湘赣省委根据中革军委的指示，将独立 1、3 两师编为红 8 军，以独立1 师师长李天柱、政委王震同志兼代军长、政委。红 8 军的领导机关是由独立 1师兼任。蔡会文同志和我到湘赣苏区后，正式组成了红 8 军军部，辖 3 个师，原独立 1 师改为 22 师、新独立师改为 23 师、原独立 3 师改为 24 师。我为军长，蔡会文同志是军区总指挥兼 8 军政委，袁任远同志为政治部主任。1933 年 5 月，中央为了加强湘赣苏区的领导，派中央政治局委员、中央苏区中央局委员兼组织部部长任弼时同志任湘赣省委书记兼军区政治委员。6 月间在永新，我们按军委命令，将红 8 军改编为红六军团 17 师，我为师长，蔡会文任政委，李达任参谋长，李朴任政治部主任（不久，王震同志为主任），下属 49、50、51 三个团。但这时，红六军团没有设立领导机关，也没有使用过红六军团的番号。

我 17 师于 1934 年 1 月 26 日开始北上。这天的拂晓，在分宜县以东的肖公渡，我们一举突破了敌人沿河设置的防线，涉渡了袁水。我军渡袁水的行动使蒋介石大为震惊，急令朱耀华等部进行堵截。当我部进至宜丰、修水间的黄沙地区时，敌朱耀华也率其 18 师及 62 师各 1 旅赶到了黄沙，拦阻我军。我当即发起攻击，经 6 小时激战，突破了敌人 184 旅阵地，敌仓皇溃退。这次战斗，敌五六架飞机三次由南昌飞来临空助战，使我军战斗行动受到很大的阻碍，伤亡不小。当战斗正在紧张时，我巧妙地利用缴来的敌陆空联络信号，诱使敌机对开始溃退之敌狂轰滥炸，我全线乘胜攻击，敌全部溃退到潭山市。这一胜利打出了威风，冲开了前进的道路。在黄沙战斗结束的当夜，我们与红 16 师会合了。

我们乘胜继续向南浔路迂回前进。当蒋介石发现我们的意图后，妄图利用我们远离根据地的机会，要把我们消灭在修水、富水之间。他急令三个三团制的独立旅沿瑞昌、岷山、德安、永修铁路线加强戒备，防我破路；令两个旅沿修水南岸布防，堵我南下；又令8个旅跟踪，寻我决战。我17师在红16师的掩护下，于17日黄昏抵达中央军委指定的德安县的马回岭车站附近，准备破路。但发现敌速增调重兵，守备严密，我军地形不熟，加之雨夜泥泞昏暗，缺乏破路经验和工具，破路未果，随即撤至德安县的九渡源和上、下陶庄一带山区，准备寻机再去破路。这时，敌8个旅的追兵都围了上来，我们与敌激战于陶庄，因敌众我寡，又和红16师失去了联络，处境极为不利，就决定迅速摆脱敌人，于20日乘雨夜从间道突围，秘密向南转移，第二天急行百里，在永修柘林市附近巧渡修水。国民党一个军官在他的日记中曾这样写道："伪17师（指我们）仅有枪支千余支，窜入袁、锦、修水等地区，任其纵横驰骋，到处骚扰，国军以5师兵力，分任堵击无效，结果使该匪毫无损失，安然南窜。不知任追击之部队将何以卸其责？"过修水后，除朱耀华部外，敌又增加了6个团的追兵，想阻止我们返回湘赣根据地。26日，我们转移到修水县的石溪，作了短暂休整。3月1日，敌两路追兵已到，我们甩开敌人继续向西转移，于2日晚在修水县的来苏击破敌人的防堵，又于漫江击溃敌50师一个旅的袭击，胜利地通过了武宁、修水、铜鼓封锁线，5日到达革命根据地，找到了湘鄂赣省委。蒋介石鉴于消灭我军的计划一再落空，气急败坏地训斥敌西路军第2纵队司令刘膺古"督剿"不力，敌师长朱耀华、彭位仁、岳森、郭汝栋等一律降级记过。由此就可以看出17师这次行动的作用和指战员的英勇顽强了。但是，最后因湘鄂赣边根据地分割20多块，粮食极为困难，敌人太多，干部伤亡很大（我和李达同志也挂了花），为保存有生力量，我们决定回湘赣苏区。大家不顾疲劳，奋勇前进，于1934年3月中旬末从宣凤、泸溪之间强渡袁水，回到了湘赣苏区，这个回师是必须的，也是正确的。

我17师在这次近两个月的行动中，敌人共动员46个正规军的团，还有许多地主武装，堵截追击包围我们，我们这个小游击兵团，击溃朱耀华、岳森、陶广等部6个团，破坏了敌人数百座碉堡，消灭了不少地主武装，捣毁国民党区公所、食盐公卖处等数十所；通过了2500里白区，500里赤区，渡过了好些江河，越过了崇山峻岭，冲破了敌人5次大的包围，打退敌人5次大堵击。军行所至，宣传群众，打土豪，给群众分东西，给地方武装发枪。打仗时瓦解敌军，争取俘虏，等等。17师的声威真有朱毛红军下井冈山的布告上讲的："红军宗旨，民权革命，赣西一军，声威远震"那种气概。

对这次 17 师北上行动怎么看？我认为，中革军委要 17 师北上的决定是不实际的。这是因为，"福建事变"后，蒋介石对中央苏区的"围剿"由攻势转为守势，并由北路军调部分兵力去福建进攻十九路军。在这种情况下，如毛泽东同志在《中国革命战争的战略问题》一文中指出的，红军应以主力突进到以浙江为中心的苏浙皖赣地区，由战略防御转入战略进攻，这样就能够迫使敌人回援，以粉碎对中央苏区的"围剿"，并能援助福建政府，起一箭双雕的作用。如果这样，那么 17 师的北上也就是对的了。而王明路线没有这样做，却把红军主力调去进攻永丰地区敌人的堡垒地带，指令 17 师在十九路军将要失败时北上，会合红 16 师，出南浔路牵制敌人。17 师这样远离根据地，孤军深入，使自己暴露于敌人重兵把守的地域，不仅不能完成破坏南浔路和威逼南昌的任务，反而因与 18 师分兵，使根据地中心区受到损失，而且也使 17 师本身受到削弱，但是，17 师北上的行动是积极的，起到了牵制、调动敌人的作用，在一定程度上配合了中央苏区的反"围剿"斗争，也取得了一定的战果，同时锻炼了部队，为回师湘赣、保卫苏区树立了更大的信心。我们在与十倍以上之敌的作战中，采取了主动的运动战、游击战，灵活机动地打击敌人，并在敌人大包围中，善于摆脱优势的敌人。在连续行军作战中，广大指战员紧紧团结在党的周围，不怕牺牲，英勇善战，表现出了大无畏的革命精神。

西　征

17 师北上以后，敌人乘机进攻我湘赣苏区，根据地的中心——永新城被敌占领了。我 17 师回师湘赣苏区，同留在那里的 18 师会合（实际上只有 52 及 53 两个团）。这时，敌人调集重兵、妄图乘我 17 师长途行军的疲劳和严重减员，进行大举围攻。我们在任弼时同志的统一领导下，在地方武装和苏区人民配合下，两个师协同作战，连续打了两个胜仗。一次是 4 月上旬在永新附近的沙市打了个漂亮的伏击战，消灭了敌第 15 师王东原部一个旅，活捉了旅长侯鹏飞、团长徐本桢及旅参谋长赵楚卿，这是河西（赣江以西）战场上五次反"围剿"以来最大的一次胜利。另一次是 4 月中旬，在安福、莲花间之利田，打垮了敌 62 师的一个旅。这样，湘赣苏区的局势就开始稳定下来了。但是，由于王明"左"倾机会主义单纯防御路线错误的干扰，搞短促突击，以堡垒对堡垒，五、六两个月部队消耗很多，加之敌人对苏区层层包围。严密封锁，又占领苏区中心的永新城、钱市街等地，分割苏区，我军的机动范围更狭小了。6月底7月初，主力不得不退出苏区的中心地区，撤到永新南面的遂、万、泰三县之交，也就是井冈山的东南面——牛田碧江洲一带。

这时，中央红军第五次反"围剿"屡战不利，被优势之敌压迫到闽赣边境。打破第五次"围剿"的希望断绝了。在这严重情况下，党中央、中革军委开始作退出中央根据地的准备，同时于1934年7月23日，给湘赣省委来电指示："中央书记处及军委决定六军团离开现在的湘赣苏区，转移到湖南中部去发展广大游击战争及创立新的苏区。"电报还明确地讲了撤出湘赣的理由：在粉碎敌人五次"围剿"中，敌人正在加紧对湘赣苏区封锁与包围，特别是加强其西边的封锁，企图阻止我们的力量向西发展。"在这种情况下，六军团继续留在现地区，将有被敌人层层封锁和紧缩包围之危险，而且粮食及物质的供给将成为尖锐的困难，红军及苏区之扩大受到很大的限制。这就使保全红军有生力量及捍卫苏区的基本任务都发生困难。"来电还阐述了军委这一决定的目的，指出：红六军团在湘中的积极行动，将迫使湘敌不得不进行战场上和战略上的重新部署，破坏其逐渐紧缩中央苏区的计划，以补助中央苏区之作战；这一行动还能最大限度地保存红六军团的有生力量，并在创建新的苏区的斗争中，"确立与二军团（作者注：1931年3月，原红二军团已改为红三军。电报中的二军团是习惯称法）的可靠的联系，以造成江西、四川两苏区联结的前提"。电报并对红六军团向湖南发展的路线、地域和行动作了具体规定："六军团由黄坳、上下七地域的敌人工事守备的薄弱部或其以南，转移到现独立4团行动的桂东地域。在转移中要迅速脱离敌人，以便到桂东的游击地域，高度的迅速的发展游击战争和推广游击区域"，"六军团在桂东不应久停，第二步应转移到新田、祁阳、零陵地域去发展游击战争和创立苏区的根据地"；"以后则向新化、溆浦两县间的山地发展，并由该地域向北与红二军团取得联系"。电报还就这次行动的组织领导作出了安排："弼时同志及部分的党政干部应准备随军行动，弼时即为中央代表，并与萧克、王震三人组织六军团的军政委员会，弼时为主席。"在这个电报中，中革军委对中央红军的意图没有说明，后来我们从行动中体会到，中央红军也要向西撤，中央电令我们转移，是要我们起先遣队的作用。

接到中革军委电报以后，我们积极进行了转移的准备工作。在任弼时同志亲自主持下，召开了全军政工会议。他亲自作了"争取新的决战胜利，消灭湖南敌人，创造新的根据地"的重要报告，分析了目前形势，传达了任务，指出了有利条件和困难条件。军政委员会对这次转移部署作了缜密的研究，决定了突围方向和牵制方向，对留下的地方武装作了坚持根据地的妥善安排。西征部队积极打草鞋，做干粮，并实施了行军、侦察、警戒的教育。地方行政机关也进行精兵简政，充实部队。

经过充分准备，8月7日下午3时，我军约9000人，在独立4团的引导下，由遂川的横石山出发，踏上了西进的征途。经日夜兼程行军，通过藻林、左安、高坪等地。连续突破敌人四道封锁线，于11月中午到达了湖南桂东县的寨前圩。12日，在寨前圩召开了连以上干部的誓师大会，庆祝突围胜利。根据中革军委指示，由任弼时正式宣布成立红六军团领导机关，萧克为军团长兼17师师长，王震为军团政委兼17师政委，李达为军团参谋长，张子意为军团政治部主任。龙云为18师师长，甘泗淇为18师政委，谭家述为18师参谋长，方礼明为政治部主任。

这次向西行动，中革军委指示我们一切都要带走。由于我们主要领导人不大了解西征意图，也没有接受红17师北上的经验。结果，把省保卫局的犯人、医院、兵工厂、石印机、甚至连个老虎钳子都带了。有个电台发动机很重，也带上走，你走10里路，它就掉队一二里。后续部队也跟着掉队。这种搬家式的行动，使部队的机动能力被这些家当缠住了，行军不灵便，打仗顾虑多，客观上降低了领导者寻找机会打仗的雄心。特别是到了贵州，山高路窄，崎岖曲折。我们从湘桂黔边进入贵州，带的东西就扔得差不多了，就把情况报告了中央，可是中央不吸取经验教训。不久，中央红军从中央苏区向西转移，他们搬的比我们还厉害，打仗是打被动的掩护战，因而吃亏也就更大。这种搬家式的转移是第五次反"围剿"后期军事保守主义的继续。完全违反了大踏步前进、大踏步后退的运动战原则。历史是一面镜子，回顾这段往事更加发人深思。当中央红军沿着我六军团的行进路线前进时，国民党报纸说我们是："前头乌龟扒开路，后头乌龟跟上来"。

此语虽近乎笑话，但对我们自己来说，如果前头的"乌龟"走错了路，后头的"乌龟"就应警惕了，即所谓"前车之覆，后车之鉴"。如果后头来的不知所"鉴"，就必然造成更大的损失。中央红军搬家搬到贵州吃尽苦头，使我军遭后车重覆之祸。在严峻的事实检验下，"左"倾军事路线即宣告了破产。军事上如此，政治上也是如此。一个革命者如果不接受前人的教训，不接受自己的教训，只能沿着前车之覆而再覆。我党近 60 年的历史中，无数类似事件是大可汲取的。

红六军团胜利突围的消息，震撼了湘桂两省军阀。湖南军阀何键一面急调刘建绪派两个师兵力追击我们，一面令一个旅和 4 个保安团防堵拦击我们。广西军阀也令第 7 军两个师向北部边境调动。由于敌情发生了变化，我们改变了在湘南地区停留的计划。8 月 12 日晚，从寨前圩出发，越过了郴宜公路，绕桂阳，于 20 日占领了新田县城，休息了一天，23 日，到达了湘江右岸的蔡家埠一带，准备抢渡湘江，向新化、溆浦地区前进。敌刘建绪发现我军抢渡湘江意图后，急忙调重兵堵防湘江，督令敌军尾击我军。与此同时，桂军第 7 军廖磊部分两路向道县、零陵运动，堵我西进。这时，湘江西岸有利地形已被敌人占领，布防严密，渡江已不可能。在这种严重情况下，我们决定放弃由零陵地区强渡湘江的计划，东行到阳明山地区，打算暂时立足，酌情建立根据地。但到达阳明山方知那里的地形、民情等不利于建立和发展根据地，我们就放弃了这个计划，进入白果市，从四倍于我的敌军包围中摆脱了出来。绕过敌 15 师的侧翼部队，立即急转南下，日夜兼程，到达了嘉禾县城附近。敌军继续追来，我军当即折而向西，迅速进至江华、道县之间，渡过了湘江上游支流的潇水，顺利地进行了湘桂交界之永安关的战斗，破坏了尾追我军之湘桂军 3 个师的截堵计划，进入了广西的全县、灌阳东北地区的文市。敌人又集结兵力妄图阻我军在此西渡湘江。我军一举击溃敌 8 个多团，于 9 月 4 日上午在全县以南的界首顺利地渡过了湘江，进占了西延县城。

9 月 8 日，我们在西延车田接到中革军委的一个训令，要我们在城步、绥宁、武岗山地区打击敌人，最少保持到 9 月 20 日，然后沿湘桂边境行动，与红 3 军联系，在凤凰、乾城、永绥地域建立巩固的根据地。训令的主要意图是要红六军团牵制敌人，直接与即将长征的红一方面军配合行动。当日我们由车田出发西进，准备取城步、绥宁、武岗地区，但未成功，后来准备在绥宁以西打击西进的湘敌，不料在小水遭敌 55 旅的突然袭击。这时，湘、桂、黔三省敌军也先后集结在靖绥以北地区，防我北进。我们又迅速改变了计划，夺路南下，占领通道县城。渡渠水，西入贵州。我军这样迂回转移，忽东忽西，运用灵活战术，使敌人难于琢磨。反动军阀何键曾无可奈何地说，红军"时而声东击西，行踪飘忽，作圈子策略"，"我15、6师跟踪追逐数千里"，"军队疲于奔命"，他还破口大骂其部下无能。

我们进入贵州，那里群众没有受过我党和大革命的多少影响，对我们不大了解，有时碰到很多笑话。由于国民党反动派一再宣传什么"共匪、共匪"，有些年轻人不知道"共"是什么，"匪"是什么，他们看我们纪律好，就不怕我们，但也叫我们"共匪"。我们问他们："我们怎么样?"他们说："你们好，你们共匪好!"我们就跟他们讲一通大道理，他们才明白过来。贵州除了群众不了解我们和山路难走外，地形也不熟。那时我们只有中学生用的地图。我们打到黄平，在法国教堂里找到一张近一平方米大的法文贵州地图，但看不懂。好在那里有个牧师能讲点中国话，不能写，发音也不准，但还能够听得懂，我们就指着地图，他讲我写，迅速译成中文。有了这张地图，才稍微详细的看清楚贵州的山川城乡的大略，行动才开始方便了一些。

从湘西到贵州，作战也非常困难。这时候笨重行李虽然丢得差不多了，但强敌跟踪尾追，我们走到通道以西40里之新厂，杀了个回马枪，把何键的补充第1纵队何平部两个团全部击溃，缴获甚多。从此，敌人就不敢轻易尾追我们了。我们继续向西，通过锦屏、黎平，进入了苗、侗两族聚居的清水江流域。在准备渡江北进时，苗、侗两族人民积极为我们寻找渡口，收集船只，绑结木筏，架设浮桥。在人民群众的协助下，顺利地渡过了清水河，又突破湘、桂、黔三省敌军共18个团的包围，强渡大沙河，攻占地主武装盘据的黄平县城，继续向石阡前进。

但是，我们在甘溪与桂敌遭遇，战斗失利，我军被截为三段，陷入了湘、桂、黔三省敌军24个团的包围之中，形势对我非常不利。为了摆脱这种严重被动局面，17师的49、51两团之一部，由49团特派员谭善和、51团樊营长负责组织部队，在军团参谋长李达同志率领下继续前进，首先在黔东根据地之沿河地区，与红三军的一部会合了。而17师的50团与49团之一部和18师、军直则转战于石阡、镇远、余庆、施秉一带，遇到了严重困难。这一地区，山势险峻，人烟稀少,物资奇缺。部队常常是在悬崖峭壁上攀行,马匹、行李不得不丢掉。一些部队有时一天一顿稀饭,饿着肚子走路打仗。指战员没有鞋子穿,赤着脚在深山密林中行军,历尽艰辛。当时,中央代表任弼时得了很重的疟疾,在医药奇缺的情况下,他凭着坚强的革命意志,手拄木棍,领导着全军行动。当我军从朱家坝向南转移时,我后卫52团又遭敌截击包围,全团同志浴血奋战了三昼夜,终因敌众我寡,弹尽粮绝,受到了惨重损失。师长龙云同志被捕,被军阀何键杀害。经过10多天的艰苦奋战,在一天的下午,进至石阡至镇远敌之封锁线上,击溃了敌之巡逻警戒部队后,占领了东去的路口,并向南面之镇远及北面之石阡派出了强有力的警戒。而主力由当地老猎户引导,鱼贯向东,深夜从一条人迹罕至的谷涧水沟(贵州称为夹沟)通过。这时,南面的湖南补充第2纵队陈铁侠部,北面的桂系军队都发现了我军主力。将近黄昏,敌人从南面进攻我们。我军团教导队特务连利用夜暗坚决抵抗,直至午夜,部队全部通过,天亮出了夹沟,我们才松了口气。这是一个极端紧张而又关系到六军团大局的战斗行动,直到现在,一经忆起,心胆为之震惊,精神为之振奋。从此,六军团战胜了贵州和广西、湖南军队的围追堵截,同贺龙、关向应、夏曦同志领导的红三军相距日近了。

这次行动历时80多天,跨越敌境5000多里,历尽千辛万苦,冲破了敌人的围追堵截。我们探明了沿途敌人兵力的虚实,查明了道路、民情,实施了大规模的战略转移,沿途播下了革命火种,实际上起到了为中央红军长征进行侦察、探路的先遣队的作用。

会　师

1934年10月24日,红六军团抵达贵州印江县木黄。在这里,我和任弼时、王震等同志与二军团首长(此时为红三军)贺龙、关向应、夏曦等同志欢聚一堂,并立即对当时整个战争形势和自己的任务以及行动方针进行了审慎的研究,认为:刚刚退出江西根据地的中央红军,正与优势敌军在湘粤桂边境苦战,夺路向西转移,二、六军团就应积极行动,密切配合。我们两个军团会师的时候,二军团有4000多人,六军团有3000多人。当时人家说我们有万把人。其实只有8000子弟。虽然子弹不多,但士气旺盛,武器齐全。

这里还要提到的是，红二军团在同六军团会师之前，在贺龙、周逸群、邓中夏、段德昌、夏曦的领导下，在湘鄂西苏区建立工农政权和游击队、赤卫队，由于强大敌人的残酷而长期地进攻，加上党内"左"倾路线的干扰，特别是肃反扩大化，不得不退出洪湖根据地。后来，在湘鄂西分局的领导下，在湘、鄂、川、黔边主要在黔东等地，进行了艰苦卓绝的游击战争，创立了黔东革命根据地。根据地内建立了苏维埃政权和各种群众组织；没收和分配了土地；同时在黔东各县建立了地方武装。红军有了这块不算大的根据地，在战略上、精神上有了依托，得以争取某种程度的主动。同时由于红军工作的恢复和加强，就保存了有生力量，在四川、湖北、贵州广大地区保持了红军的强大政治影响。

尽管是这样，但黔东根据地纵横才 200 里，人口只 10 万以上，人少粮缺，这对二、六军团会师之后作更大发展的前程来说，是不理想的。怎样找到更好的发展前程呢？我们把四周的地形，民情、经济条件及敌情统一研究一下，认为湘西澧水流域上游，最适宜于开辟新的革命根据地。于是，我们决定向湘西进军。

湘西经济虽然落后，但我党的影响比较大。那里过去是贺老总领导的部队活动的地区，有比较好的群众关系。贺老总在这些地区人熟地熟，有利于我们发展。而且湘西的敌人力量薄弱，只有陈渠珍部 3 个旅和 3 个保安团，约万余人，加上杂牌军杨其昌、车鸣骥、雷明仇、廖怀中等部的 4000 人，总兵力不大，战斗力也不强，有利于我们向这个地区开展战略攻势。只有向湘西进军，才能达到牵制、调动湘鄂两省敌人，策应中央红军的转移；才能在游击战、运动战中建立根据地，不断发展、壮大自己，练出好队伍。

10 月 25 日，任弼时、贺龙等即向中革军委提出了两点建议：第一，"以目前敌情及二、六军团力量，两个军团应集中行动"，并具体说明两军团的行动由二军团统一指挥；第二，在加强黔东根据地的党和地方武装的领导，开展游击战争，巩固和发展原有根据地的同时，"主力由松桃、秀山间伸出乾、松、凤地区活动，建立新的根据地"。

但是，当时的中革军委没有采纳这一建议。在 26 日的复电中军委指出："二、六军团会成一个单位及一起行动是绝对错误的。二、六军团应单独的依中央及军委指示的活动地域发展，各直属中央及军委直接指挥"；"六军团应速以军委累次电令向规定地域行动，勿在（再）延误"；等等。

对于中央的复电，我们两军团领导人经过反复研究认为，军委可能对我们的实际情况不够了解。为此，10 月 28 日，我们又以夏、贺、关、任、萧、王的名义再次电告军委："建议二、六军团暂集中行动，以便消灭敌 1、2 个支队，开展新的更有利于两军团将来分开行动的局面。目前分开，敌必取各个击破之策。以一个军团的力量对敌一个支队无必胜把握，集中是可打敌任何一个支队的。且两军在军事政治上十分迫切要求互相帮助。"

我们的建议还没有得到批复，但当时的军事形势逼着我们还是集中行动了。因此，当时既没有统一的番号，各自仍称为二军团和六军团，也没有统一的领导机构，只是在统一行动中形成了以贺、任、关为核心的领导。组织机构和人员作了一些调整，红三军番号改为二军团，贺龙为军团长。中央指定任弼时为军团政委，关向应为副政委；我们还确定李达任参谋长。甘泗淇任政治部主任。六军团仍由我和王震同志继任军团长和军团政委，另决定，谭家述任参谋长，张子意任政治部主任。为进一步加强二军团的政治机关，将原六军团政治部、保卫部改为二军团政治部、保卫部，六军团新成立政治部，还先后从六军团抽调 100 多名政工干部到二军团担任师和团的政委及其他工作。两军团会师，指战员无不欢欣鼓舞。会师后，二、六军团在任弼时、贺龙、关向应的领导指挥下，"八千健儿，挥戈东向"，发动了创建湘鄂川黔革命根据地的湘西攻势。

13. 告别老家——中央革命根据地

童小鹏

1985 年 10 月，是党中央率领红军第一方面军经过二万五千里长征，胜利到达陕北根据地吴起镇，与陕北红军十五军团会师的 50 周年。1986 年 10 月，是红二、四方面军完成长征，到达陕甘根据地会宁城，与红一方面军胜利会师的 50 周年。

半个世纪过去了，在历史的长河中，50 年不过是一瞬间，但在人的一生中，这是人半辈子的事情。在 50 年的风风雨雨中，许多事情已经忘怀，或者已经淡漠记不清楚，可是有不少感人至深的事，是终生也难忘，而且是记忆犹新的。在祖国社会主义建设取得伟大胜利的大好形势下，来纪念红军长征胜利 50 周年的时候，不能不使我心潮澎湃，翻腾出许多深深印在脑海里的事情。50 多年前红一方面军在中央革命根据地和人民一起粉碎蒋介石的四次"围剿"，特别是第五次反"围剿"的失败，第一军团在江西于都地区开始走上漫长的二万五千里征途的情景，像历史电影片一样，又重现在我的眼前。

我是福建长汀人，自从 1930 年 6 月参加毛泽东、朱德领导的红军第一军团以后，一直到 1934 年 10 月开始长征，4 年多的战斗岁月，主要是在江西这块美丽富饶的土地上，和勤劳勇敢的江西"老表"（对当地人民的亲切称呼）战斗、生活在一起，从而建立了深厚的阶级感情，和亲密的兄弟姐妹关系。我和许多福建出身的红军指战员一直把江西当成我们的第二故乡。

第一至四次反"围剿"斗争的胜利，巩固扩大了以瑞金为中心的中央革命根据地，也使军民关系更加亲密无间了。

国民党反动派蒋介石是不甘心失败的。四次"围剿"惨痛收场后，又立即准备第五次"围剿"，集中了50万大军，于1933年9月又开始对中央革命根据地大举进攻。蒋介石总结了过去四次失败的教训，改变了过去"长驱直入、分进合击"的战术，采取了"步步为营、堡垒主义"的战术，即他的部队分路稳步前进，占领一处阵地即建筑堡垒，我们一进攻，他就像乌龟一样缩进堡垒。所以红军指战员都说堡垒是"乌龟壳"。同时修通公路（我们说它是"乌龟尾巴"）保障后方粮食、弹药的输送，企图逐渐把包围圈缩小，然后集中兵力同我红军主力决战。这个战术是蒋介石的德国顾问塞克特给他出的，看起来很厉害，实际上并不高明。如果接受毛泽东同志的建议，把红军主力转到敌人的堡垒封锁线后面去活动，就可以达到调动敌人、在运动中消灭敌人、保卫和扩大根据地的目的。可是这个正确意见没有被采纳，以致造成反五次"围剿"的失败，丧失了中央革命根据地，不得不走上二万五千里长征的艰苦道路！

以博古为首的临时中央，从1933年春由上海迁到中央根据地以后，在军事、政治、组织各方面都贯彻王明的"左"倾路线，除军事上进攻中的冒险主义，防御中的保守主义、撤退中的逃跑主义使革命受到巨大损失外，在统一战线中的关门主义，也是反五次"围剿"失败的一个重要原因。

1933年11月，爱国将领李济深、陈铭枢、蒋光鼐，蔡廷锴等，在党的反蒋抗日政策影响下，率领曾在上海同日军进行过英勇战斗的十九路军在福州发动事变成立人民政府，号召反蒋抗日，并在事前事后派代表同我党联络，签订了协定。这正是联合对蒋作战的大好时机，如果同他们密切配合，完全可以把蒋介石的进攻打垮的，可是，"左"倾路线的当权者，不仅不积极团结这些朋友，共同对蒋作战，而且说他们这些中间力量是"最危险的敌人"。当蒋介石从江西前线调动部队到福建镇压十九路军时，又不利用敌人运动的机会消灭敌人，以致福建人民政府被摧毁，蒋介石又得以集中力量进攻我中央根据地。

1934年4月，敌人集中一个主力师，在飞机大炮的掩护下，集中向江西、广昌城进攻，我军虽然英勇抵抗，打了18天，结果损失很大，广昌还是失守了。接着，又实行"六路分兵""全面抵抗"。我们一军团4月"保卫广昌"后，5月又跑到福建去"保卫建宁"，7月又去"保卫长汀"，9月又回到江西"保卫兴国"，结果都没保住，而且损失很大。我当时在一军团保卫局工作，过去每打一次胜仗后，同政治部一道要处理俘虏官兵，工作忙得很，但自从反五次"围剿"以来，因俘虏少，就不忙了，为了处处防守，所有机关人员都要去修堡垒，筑工事。由于我们没有飞机大炮，子弹也很少，敌人的堡垒又较坚固，他们一缩进"乌龟壳"就没办法，而我们的堡垒工事又很不坚固，敌人先用飞机炸，再用大炮轰，很快就垮了，伤亡很大，还得撤退。

当时，我们一般干部根本不知道中央内部有路线斗争，但从第四次反"围剿"以来，没有看到毛泽东同志上前线，只在后方搞农村调查，特别是第五次反"围剿"以来，听说是一外国高鼻子（指李德）在指挥，打法同过去不一样，部队打得紧张疲劳，不仅没有获得大的胜仗，反而兵力消耗很大，根据地日益缩小，物质供给越来越困难，不免发生怀疑，可是由于组织纪律约束，又不能随便谈论。红军指战员历来对革命的前途是乐观的，相信党中央是有办法克服困难和战胜敌人的。

到了1934年10月初，感到形势更紧张了，一军团固守兴国附近的阵地不断遭到敌人飞机大炮的轰击，6日晚，得到上级命令，把阵地交给友军防守后即往南面于都方向撤退，9日到达于都东北宽田一带集中，军团司令部及直属队住在铜锣湾。

一到铜锣湾后，司令部通知在此休整，这是第五次反"围剿"一年来很少的好机会，大家以为这一下子可以好好休息休息，以消除几个月来东奔西跑的疲劳。可是接着又通知要打到敌人堡垒封锁线外面去，准备反攻。大家听了当然很高兴，脱离敌人"乌龟壳"的包围圈，在运动战中消灭敌人，也可以到白区打土豪改善伙食多分点伙食尾子了。这是红军指战员早就希望获得的机会，于是疲劳很快消除了，把身上的泥垢和脏衣服洗净了，赶快抓时间打草鞋、补衣服。这时供给部又送来一些衣服被单和群众慰劳的布草鞋，自然首先发给困难的同志；同时给战斗部队补充了新兵和子弹。紧接着党支部召开支部大会进行动员，说明这次反攻的意义，要大家发扬艰苦奋斗不怕牺牲的精神，准备走夜路，爬大山，打大仗，党团员要起模范作用……党员们都表示为了保守军事秘密，不去打听这次转移到哪些地方，从哪里开始反攻，就连我们的局长罗瑞卿也是不知道的。但我们估计，可能是广东方向，因为东面和北面敌大军已压境，西有赣江阻隔无法渡过，只有广东方面的防线比较薄弱，广东军阀同蒋介石有矛盾，不愿替蒋同红军拼消耗，而且同我党还有些统战关系，只要我们不打到广东，他们是不积极反共的。可是打出去以后又怎么样，什么时候能打回来，恐怕中央领导同志也还要看形势的发展再定吧！

在铜锣湾休整了六天，一切准备就绪，大家的米袋子灌得满满的，精神抖擞地准备迎接新的战斗任务了。

15日晚，司令部的命令下来了，明天下午出发，上午作好一切准备工作，各部队要严格按照"三大纪律八项注意"的要求进行检查，出发前要向地方干部和群众告别。

16日上午，一切准备工作都作完了，把住地群众的家里和门院打扫得干干净净，水缸也挑满了水，有些同志还专门割了一捆草送到牛棚里"慰劳"黄牛哩！群众则一再感谢红军，妇女们一再检查红军的衣服哪里还有一些破绽，想给他们缝上几针，青少年们则围着"红军哥哥"一起唱革命歌曲，希望打了胜仗就回来同他们一起开庆祝大会。

为了避免敌机的侦察，到下午5时才出发。部队整齐地前进，群众热烈地欢送，和往常出发打仗时一样，并没有异常的感觉。

第一天只走30里，到山王坝宿营。第二天还是晚饭后出发，到于都河（贡水）边已经黄昏，因工兵早已架好浮桥，很快就渡过了，经沄头到下油宿营，共走了70里。第三天照例晚饭后出发，走了45里，到达龙屋宿营。

行军3天了，原以为只是作战部队的行动，所以没有特别的注意。可是今天情况大不相同了，听说不仅是一、三、五、八、九5个战斗军团一齐出动，而且中央、军委包括所有后方机关也一齐出动了，除了大批骡马、公文、银元担子外，还有大批民夫抬着担架、机器……实行大搬家了。一、三军团分左右两路为军委纵队开道，五、八、九军团在后面打掩护。现在才知道，这次行动不像过去的战斗行动，打了胜仗就回到老根据地休整，而是要离别经过几年流血牺牲建立起来的中央根据地，离别同红军血肉相连的闽西、赣南的父老兄弟姐妹们！为什么要这样做？这样做对吗？这样8万多人的队伍和机关在一个方向行动怎样走得通？碰到敌人怎样打仗？怎样能避免敌人的飞机轰炸？是否毛主席也同意这样做的？一系列的问题在同志们的脑子里打上问号无法解决，但是大家都坚决服从上级命令，不怕困难地前进，坚决相信革命总是要胜利的，中央根据地的革命人民总是要坚持斗争，要争取最后胜利的！

10月19日，白天照样地休息、睡觉，下午5时半吃饭后出发。可是同志们心情就同前几天很不一样，因为从今天起，就要离开我们的老家，离开这块用流血牺牲换来的自由乐土，离开我们熟悉的山山水水，离开数百万共同奋斗的兄弟姐妹。开始经过游击区进入敌占区了。当地群众的表情也不一样，他们想到红军离开后，国民党反动派和地主武装就要来屠杀他们，他们所得的土地革命果实就要丢失，他们是多么期望红军能早点回来啊！

晚饭后，预备号和集合号从各连队、机关陆续吹起，各自集合自己的部队，荷着枪的战斗员、挑着担子的运输员、炊事员，都迅速地排列着整齐的队列，精神抖擞整装待发。当地的群众也陆续聚集在道旁，露出惜别的表情，用希望的目光注视着他们自己的队伍。

保卫连的政治指导员开始进行政治鼓动了，他用浓重的江西口音高声地讲着：

"同志们，今天我们继续出发，因为要避免敌机轰炸，所以今后一般都要夜行军。今天要走山路，又没有月亮，所以大家要一个一个地跟上，不能掉队……今天到的是游击区，有'铲共团'活动，所以更不能掉队。我们要反对个别的动摇分子逃跑。有人以为我们暂时离开根据地，就是放弃根据地，这是错误的。我们这次行动，是暂时离开根据地，不是放弃根据地，相反的，是为了保卫我们的根据地。为了保卫我们的民主政权，保卫姐妹不被敌人残杀，我们要坚决勇敢地打到敌人堡垒的后方去，把侵占我们根据地的敌人调出去，消灭他们，就可以收复我们的根据地。要反对任何的动摇和逃跑。"

话讲完了，他就指挥大家唱《直到最后一个人》，整齐嘹亮的歌声就在百多名战士中唱起来了：

"神圣的土地自由谁人敢侵？

红色政权哪个敢蹂躏？啊！

铁拳等着法西斯蒂国民党。

我们是红色的战士，拼！

直到最后一个人！"

歌声结束了，战士们斗志昂扬地列队前进。

在进行中，同志们不时依依不舍地回顾老家的山林、村庄、兄弟姐妹及一切的一切……

越走越远了，天也慢慢地黑了。前面的部队不久就把"剿共团"消灭了，进入了敌占区。两天后，又从赣州、南康、安远之间突破了广东军队设防的第一道封锁线，接着就走上了漫长的艰苦的征途。

有谁想到，这一次转移就走了二万五千里，从福建、江西转到了遥远的陕北？

有谁想到，中央根据地从此就遭到了国民党反动派烧光、杀光、抢光的残酷摧残，经过极度艰苦的 15 年岁月，他们的子弟（有很多已成为有名的战将）经过了 8 年抗战后，又被迫进行了 3 年解放战争，才率领强大的人民解放军打回老家来？

历史的现实，完全证明当年红军指战员的坚强信念是正确的：毛主席的正确路线一定会胜利，革命一定会成功，人民一定要解放！

14. 突破敌人第一、二、三道封锁线

聂荣臻

1934 年 10 月，历史上著名的长征开始了。

长征之前，一军团打完了温坊战斗，奉命回到瑞金待命。我和林彪提前一天赶到瑞金。周恩来同志找我们单独谈话，说明中央决定红军要作战略转移，要我们秘密做好准备，但目前又不能向下透露，也没有说明转移方向。转移之前，要一军团先到兴国抗击和迟滞周浑元纵队的进攻，以便掩护各路红军到预定地域集结。当时保密纪律很严，所以我们也没有多问。听说毛泽东同志这时候也从外地回到瑞金了，我提议去看看他，就和林彪一起去了。毛泽东同志见到我们很高兴，说："你们为什么到这里来呀！"我说："我们回来了，接受新任务来了。"毛泽东同志故意反问："什么任务？"我回答说："要转移。"当时称长征不叫长征，叫转移。因为并非预定了要走二万五千里，只是要先转移到湘西去，和二、六军团会师，以后再作计议。

当时，先遣队已提早出发了。7 月份，寻淮洲、乐少华、粟裕等同志领导的红七军团组成了红军北上抗日先遣队，早已首途北上。随后在赣东北与方志敏同志领导的红十军会合，组成红十军团，转战皖南地区。8 月份，六军团从湘赣根据地出发，由任弼时和萧克、王震等同志率领，到湘西一带找二军团去了。

毛泽东同志听我们说到转移，就说："你们知道了？"我说："我们接受任务了。"

我们这次去见毛泽东同志，本想打听一下转移去哪个方向，可是他就谈到这里，不往下谈了，却提议一同去看看瞿秋白同志办的一个图书馆。

毛泽东同志历来是很守纪律的。同时，那个时候他也在避嫌疑。因为一军团长期是由他直接领导和指挥的部队，他要防止教条宗派主义者怀疑他在暗中搞什么宗派活动。因此，没有达到我们想探问转移方向的目的。毛泽东同志这样注意守纪律，李德仍不断散布谣言，诬蔑攻击毛泽东同志搞宗派活动，一直到1976年他写的名为《中国纪事》的回忆录里面，仍然充满了这类无耻谰言。我所经历的事实，是对这类谰言的最好的回答。

辞别毛泽东同志以后，第二天我们就同部队一起离开瑞金，9月中旬末到达兴国以北的高兴圩，与原在那里的五军团一起阻击周浑元纵队三个师的进攻。敌人在这次进攻中火力特别猛烈，飞机、火炮轮番轰击，我军进行了英勇顽强的阻击，直到9月底他们才占领了高兴圩。以后敌人停止进攻，进行筑堡。10月上旬我们与五军团换防，奉命到兴国东南的社富、岭背、宽田、梓山一线集中，10月12日以前我全军团到达了预定的集中地域。

长征之前，洛甫同志在《红色中华》第二百三十九期上发表了《一切为了苏维埃》的文章，提出了准备反攻的任务，这是我们进行公开动员公开准备总的根据。1934年10月11日由军委主席朱德、副主席周恩来署名，发布中革军委长征行动的命令。在此前后，总政治部由李富春代主任署名（因王稼祥同志第四次反"围剿"后负伤了），也先后发布了几个政治动员令。我们根据这些命令，逐步将动员工作、准备工作具体化。出发前，军委又拨给我们两个补训团，一军团总兵力达一万九千八百多人。

一军团的部队是10月16日以后先后离开瑞金以西的宽田、岭背等地，告别了根据地群众，跨过于都河走向了长征之途。过于都河，正当夕阳西下，我像许多红军指战员一样，心情非常激动，不断地回头，凝望中央根据地的山山水水，告别在河边送别的战友和乡亲们。这是我战斗了两年十个月的地方，亲眼看到中央根据地人民为中国革命作出了重大的牺牲和贡献，他们向红军输送了大批优秀儿女，红军战士大多来自江西和福建，根据地人民给了红军最大限度的物质上和精神上的鼓励和支持。想到这些，我不胜留恋。主力红军离开了，根据地人民和留下来的同志一定会遭受敌人残酷的镇压和蹂躏，我又为他们的前途担忧。依依惜别，使我放慢了脚步，但"紧跟上！紧跟上！"由前面传来的这些低声呼唤，又使我迅速地走上新的征程。

行军时，三军团在右翼，其后有八军团；一军团在左翼，后面有九军团；从两翼掩护着中央纵队（第二纵队）和军委纵队（第一纵队）——当时为了保密，用红星纵队等代号，作甬道式的开进。第一纵队由叶剑英任司令员，第二纵队由罗迈（即李维汉同志）任司令员、邓发任政委。五军团担任殿后。

开始出发时，红星纵队真像大搬家的样子，把印刷票子和宣传品的机器，以及印就的宣传品、纸张和兵工机器等"坛坛罐罐"都带上了。这就形成了一个很庞大很累赘的队伍。以后进入五岭山区小道，拥挤不堪，就更走不动了。有时每天才走十几里或二三十里。

突破敌人第一道封锁线时，一军团由二师担任前卫。这时，粤敌的第一师主力在安西，第二师在信丰，第四师在赣州、南康，独二旅在安远。我们突围第一仗首先在江西安远和信丰间的版石圩一线碉堡群间打响。10月21日，我一师一团袭占新田，二师六团袭占金鸡，旗开得胜。这一线守敌是国民党广东部队的一个旅。敌人发觉我们突围的红军大部队以后，边打边撤。10月22日我军进攻版石圩，守敌是第一师的第三团和教导团，敌凭堡垒进行了顽抗，经两个半小时激战，才将敌人击溃。敌人向安西逃跑，我们在追击途中，又与敌激战数小时，共歼敌约一个团，除打死打伤的以外，俘敌三百多人，缴获了部分军用物资。粤敌第一师经这一打击，退到古陂，三军团早从右翼插到了古陂，随后也追歼逃敌到安西。敌退守安西后不敢再出，我一、三军团派出一部兵力，监视信丰、安远这三点敌人，掩护后续部队从这三点间安全通过以后，我们才先后撤出战斗。敌人吹嘘的第一道"钢铁封锁线"，就这样被我们冲垮了。

夜以继日，我们赶到了第二道封锁线。第二道封锁线设在湖南桂东、汝城至广东城口一线山上。碉堡和碉堡之间沟壕相通，火力相连。这一线的守军，保安队居多，有的还没有见过正式红军，有的也没有想到红军来得这样快。国民党正规军则深处内线。我二师六团在团长朱水秋、代政委王集成同志率领下，以奔袭、奇袭方式夺取了城口。

城口临河，河边有一道木桥，公路从上边通过。敌人在桥上设有岗哨。负责主攻的六团一营非要从木桥上经过不可。11月2日晚，一营到达距桥头数百米处，敌人就发觉了。敌喝令一营停止前进，一营佯称是"自己人"，一面上前夺哨兵的枪，一面派部队涉河包抄。这时，二营也迂回过去了，歼灭了城口这股敌人，生俘了一百多人。军团部移驻城口。与此同时，三军团因湘敌六十二师先我占领汝城，所以对汝城采取派一部监视，其余部队绕道通过的办法突了过去。第二道封锁线就这样又被我们突破了。

敌人的第三道封锁线设在粤汉铁路沿湘粤边湖南境内良田到宜章之间。这时韶关这一线的铁路虽然还没有全线修通，但是有些地方火车短距离是通车的，公路上汽车往来也频繁，对敌人调兵非常方便。敌人几年以前就利用修铁路的水泥器材，在这一线山上修了不少碉堡。而且这时敌人已判明我们在突围，国民党蒋介石的嫡系部队有的已经从江西、福建追上来了。粤敌利用他们有铁路公路之便，正赶往我们前面堵击。

在这样危急的情势下，我和林彪之间，为了部署突破敌人第三道封锁线发生了长征路上的第一次争吵。我平时总认为林彪不是不能打仗之人，有时他也能打。他善于组织大部队伏击和突然袭击。可是由于他政治上存在很大弱点——个人主义严重，对党不是很忠诚，有时就使他在军事指挥上产生了极端不负责任的行为。这次在突破敌人第三道封锁线时就表现得很明显。当时一军团受领的任务本来是要派一支部队控制粤汉铁路东北约十公里的制高点——九峰山，防备广东军阀先期占领粤汉线上的乐昌以后，向我发动袭击和堵截，以掩护中央纵队从九峰山以北到五指峰之间安全通过。因为我们早就知道广东军阀的部队正在开赴乐昌。可是林彪不执行中革军委命令，不占领九峰山，一直拣平原走，企图一下子冲过乐昌。他持的理由是敌人还没有到达乐昌。我说，那可不行！我也估计敌人可能还没有到达乐昌，可是我们离乐昌还有一段路程，我们的两只脚怎么能跟敌人的车轮比呢？就算敌人现在还没有到乐昌，等我们用两只脚走到乐昌，也可能和敌人在乐昌碰上了。因为敌人是乘车。同时，我们也不能只管自己在平原上跑过乐昌就算完，还有中央和军委纵队在后面，我们担任的是掩护任务。如果我们不占领九峰山，敌人把后面的部队截断怎么办？我认为这是个原则问题，作为政治委员，对军委命令的执行，是负有责任的。因此，我坚决主张按军委命令行事。当时我们争吵得很激烈。左权参谋长为了缓和这场争吵，他建议派陈光带一个连到乐昌去侦察一下。我说，侦察也可以，不侦察也可以，你去侦察时，敌人可能还没有到，等你侦察回来，敌人可能就到了。担任如此重大的掩护任务，我们可不能干这些没有把握的事。我说，我同意派人去侦察，但部队继续前进，一定要遵照军委的命令行事，一定要派部队控制九峰山。以后陈光侦察回来说，在乐昌大道上已经看到敌人，正在向北开进。林彪这才不再坚持了。

幸亏我们没有图侥幸。11月6日下午3点，军团部到了麻坑圩。林彪亲自利用敌人的电话线，装作敌人的口气，和乐昌道上赖田民团团长通了一次电话。该民团团长告诉他，红军到了何处，他不知道，乐昌前日到了粤军邓龙光部的三个团，一团今日开往九峰去了。这时，他才着了急，赶紧派二师四团昼夜直奔九峰山，抢先占领阵地，随后派出得力部队，攻击九峰山南侧的茶岭，监视了九峰圩的敌人，保证了左翼的安全。再加上三军团在右翼先后占领了宜章、良田等城镇，这就更增加了有利条件，从南北两个方向掩护中央和军委纵队等后续部队，从九峰以北安全地通过了第三道封锁线。

15. 中央红军血战湘江

张 震

1934年10月17日，我们从于都河畔出发，通过浮桥，离开了战斗多年的革命根据地，踏上了漫漫长征之路。苏区的父老兄弟姐妹含着眼泪，热情相送，嘱咐我们打了胜仗再回来。场面十分感人，至今历历在目。

当时，我在红三军团第四师第十团当作战参谋。我们第十团同兄弟部队共同奋战，攻占了新田、古陂，西渡桃江，突破了敌军的第一道封锁线。接着，我师以第十一团为前卫，向白石圩前进。洪超师长带一个排越过我们，准备到第十一团去，但刚离开我团不久，就遭到溃散之敌的偷袭。我们听到枪声，急忙上去支援，洪超师长却已经中弹牺牲了。大家怀着满腔悲愤，全歼了这股残敌。他牺牲后，第四师师长由张宗逊接任。

突破敌军的第一道封锁线后，我因患疟疾，加上长征出发前在战斗中右臂中弹，伤口未痊愈，每天高烧，不能走路，一连坐了几天担架。之后，伤口稍有好转，就下来步行，终于跟着部队通过了国民党的第二、第三道封锁线。

这时，蒋介石已判明红军突围的战略意图，便调集各路"追剿"军共25个师近30万人，前堵后追，并利用湘江作屏障，在江边修筑碉堡，构筑第四道封锁线，企图围歼红军于湘江以东、潇水以西地区。中央红军如能轻装快速前进，还有希望抢在敌军之前全部渡过湘江，不幸的是，红军仍带着沉重的"坛坛罐罐"，在崎岖的五岭山间小道上缓缓行进，有时一天只走二十多里。这就使敌主力薛岳、吴奇伟的部队赢得了追击的时间，而我们则错过了时机，进入数十万敌军预设的伏击圈。其时桂系军阀正为防止我军逼近桂林或深入其腹地，使蒋介石以此为由派兵进入广西，便下令将兴安、全州的堵截部队主力撤到龙虎关、恭城一线，加强桂林方面的防御。这样，敌在湘江的防线就露出了一段空隙，为我所乘。

11月25日，我师奉命向敌湘江防线界首段前进，抢占这一要点，第十团是前卫团，第三营是前卫营。这时，我回到第三营任营长。27日，我营到达湘江岸边。次日渡江进至界首，驱逐了反动民团，并掩护工兵于当日架设了浮桥。沈述清团长渡江后，命令我将部队部署在光华铺一带，向兴安方向警戒，从南面坚决阻住敌人，保证后续部队安全渡江。

光华铺地势比较开阔，一面临江，在桂（林）全（州）公路旁，距界首只有几里路，地理位置十分重要，因中央机关、军委纵队和兄弟部队都要从界首渡江，所以，我营必须不惜一切代价，坚决扼守光华铺阵地，否则后果不堪设想。我将第七连部署在公路东侧的一座小山上；第九连配置在公路西侧的小树林中，各配了两挺机枪，以封锁公路及其两侧；第八连为预备队，准备随时增援。营部在大路旁的一座破庙内。

29日深夜，发现我营对面有密集的手电灯光，有部队沿湘江边运动。我即令加强前沿警戒，同时将情况报告了团长。沈团长认为，湘江边是一个空隙，遂令一营进至江边防御。果然，敌军利用我防御结合部正在逐步渗入。双方在黑暗中接火，展开混战。我们从俘虏口中查明，敌军是桂军第七军独立团和第十五军第四十五师一部。我当即派第八连出击，但敌人越来越多，双方激战后形成对峙。

一般来说，国民党杂牌军与蒋介石有矛盾，往往采取保存实力、保守地盘的做法。但这时的红军已处于危难关头，国民党桂系部队见我军行动迟缓，行军长径达200余里，再加上北边的"追剿"军先头部队已到达全州，并于29日向我坚守光华铺的红一军团第二师发起猛烈进攻，为在蒋介石面前表现出积极"剿共"的姿态，他们便由桂林迅速北上，配合中央军封闭湘江，企图围歼红军于湘江两岸。

30日凌晨，国民党桂系第七、第十五军各一部又向我光华铺阵地发起猛烈攻击。能否坚守住光华铺，关系着党中央、中革军委和后续部队能否顺利地渡过湘江。在党中央和中央红军生死存亡的危急关头，我们自30日凌晨到12月1日，不惜一切代价，在光华铺与敌展开殊死搏斗。团长沈述清英勇战死在湘江畔，上级决定由师参谋长杜中美代理第十团团长。他赶到指挥所不久，也在下午的一次阵前反冲击中饮弹牺牲。团政委杨勇闻讯马上接替指挥。他打仗从来奋勇当先，几度危急之时，都是他带领全团坚决实施反击，守住了阵地。我营也打得非常艰苦，第七连连长谢兴福在上午的战斗中负了伤，一直坚持指挥，中午又不幸身中数弹，英勇捐躯。全营指战员前仆后继，视死如归，因伤亡过大，一度被转为团的第二梯队，稍事休整后又投入战斗。敌我双方都没有工事作依托，在江边来回"拉锯"，反复拼杀。晚上，红五师赶到，但桂系的增援部队也陆续到达。面对优势的敌军，红五师也打得非常英勇，付出了沉重的代价。就这样，我们和兄弟部队一起，完成了掩护中央机关和军委纵队在界首渡江的任务。

湘江一战，我们团共伤亡400多人，接近全团人数的一半，两任团长牺牲在这里。整个湘江战役，中央红军苦战5昼夜，终于突破了敌军的第四道封锁线，但也付出了极其惨重的代价，部队已由江西出发时的8.6万余人，锐减到3万余人。这是"左"倾冒险主义者实行逃跑主义路线造成的严重恶果。

16. 浴血湘江

莫文骅

　　湘江战役是中国工农红军长征途中我军历史上最为惨烈的一次战役。我虽经历数十次战斗，但湘江战役是我亲身经历的最为壮烈的一次战斗。时光荏苒，虽然年轮转换了 60 个春秋，但每当回想起那英勇无比的场面，红军勇士们与敌人激烈拼杀的情景，想起那些牺牲了的战友，那浴血的湘江，我的心仍隐隐作痛。

　　1934 年 10 月中旬，由于第五次反"围剿"战争的失利，中央红军和中共中央机关 86000 人，被迫离开中央苏区，实行战略大转移，踏上向南随即向西突围的艰难征程。面对敌军的围追堵截，红军指战员经过艰苦转战，连续突破敌人三道封锁线，于 11 月下旬来到湘桂边境。敌人利用波涛滚滚的湘江，构筑了第四道封锁线，严密防堵包围我军。这是敌人经过精密部署的最后一道封锁线。后有紧紧追击红军的周浑元部，右翼有何键、薛岳、吴奇伟部，左翼有李宗仁、白崇禧的军阀部队，还有贵州的王家烈等敌军，形成一个钳形攻势。蒋介石在湘江这道天然屏障面前，调集了 40 万大军，沿江一侧共修筑了 100 多个碉堡。他认为中央红军"流徙千里，四面受制，下山猛虎，不难就擒"，手谕前线各部队"力求全歼，毋容匪寇再度生根"。那时，我中央纵队行动迟缓，妨碍了战斗部队的机动，减弱了战斗力，又不听毛主席集中兵力歼敌一部的建议，因而红军处境十分险恶。

　　在强敌面前，中共中央、中革军委寻找战机，决定从兴安、全州间抢渡湘江，突破敌人第四道封锁线。11 月 25 日，中革军委下达了强渡湘江的作战命令，并将方面军主力分为四个纵队。同时，中共中央、红军总政治部发布《关于我野战军进行突破敌人第四道封锁线战役渡过湘江的政治命令》)。指出这是"生死存亡的战斗!"

我是在中央红军突围前就任第八军团政治部宣传部部长的。八军团是当年9月在兴国集贤圩由扩大来的新兵编成的。下辖二十一、二十三两个师，共7000余人。军团长周昆，政委黄甦，参谋长唐浚，政治部主任罗荣桓。为加强领导，中央还派刘少奇担任军团党代表。当时红军的团以上干部都配有牲口，而我的马因为病倒留在苏区了。这样，我只得每天跟着队伍徒步行军，翻山越岭，有时天下雨，道路泥泞，一不小心滑步跌倒，弄得满身泥浆。我还要在队伍中跑前跑后做宣传鼓动工作。不几天，脚就开始肿了，只得拄根棍子，一瘸一拐地赶路。一天早上，部队正集合，我刚到集合地，就听见有人喊："莫部长!"我转过头，见是罗主任。他高兴地对我说："党代表刘少奇同志送给你一匹马!"说着，引我去见少奇同志。我见到他，敬了一个军礼，他和蔼可亲地对我说："你不是没有马吗? 你的脚肿了，工作又忙，你就把这匹马牵去吧!""那你呢?"我十分感激地问。他笑微微地答："昨晚，部队打土豪，搞来一匹大骡子，送给了我，这匹马就给你吧!"末了他又说："这匹马是我从瑞金骑来的，虽老一点，但还健壮，老实，记性又好，有不少优点呢!"我正迟疑，罗主任催促道："党代表给你，你就要了吧!"我只好收下了。这真是雪中送炭啊!

我军团从古龙岗突围开始，便在左翼跟随红三军团与在右翼的一军团、九军团担任掩护中央纵队和军委纵队行军的任务。

一天，敌机投掷炸弹之后，散下了一些传单，传单上叫嚣："共匪们，我们奉总司令的命令等你们好久了，请你们快来! 来! 来! 来! 来进我们安排好的天罗地网!"

我知道这又是一场恶战。

11月27日，红一军团一部在界首方向先机渡过湘江，随后红三军团亦在界首方向抢渡湘江，主力第一、第三军团与敌英勇拼杀，五军团殿后，掩护中央纵队过江。

11月28日，军委突然电令我红八军团从湖南道县附近插入广西灌阳县水车地区，与红三军团六师取得联系。由于周浑元部紧跟在后面追击，故绕道返转去，再从道县前进。情况十分紧急，部队已来不及深入动员，便出发了。连侦察员也没有派，只派一个尖兵排在前面边搜索边前进。我们日夜兼程走了两天两夜，没有吃，也没有休息。那时，追我红军主力之敌与我红八军团只隔30里，正同时平行前进。因我们有战斗任务必须迅速摆脱敌人，故不管三七二十一，冒着敌机的轰炸和地面敌人的袭击，拼命前进。

30日午夜，我军团到达水车宿营，三军团六师已奉命赶往湘江，而与我军团不期而遇的是担负全军后卫的五军团第三十四师。在中央苏区第四次反"围剿"时，我曾在这个师任过政治部主任，我找到师长陈树湘、政委程翠林，他们正在吃饭，请我吃，并告快快通过，我急忙吃了一茶盅，赶紧赶路。于是，我军团无形之中也成为全军后卫之一。对于我们这支新部队来说，是一副过分沉重的担子。

拂晓，银霜遍地，秋风萧瑟。我们迎着晨曦，尾随红九军团从左翼往湘江岸边前进。五军团三十四师留在水车掩护。

当我红八军团在奋力前进时，听到右翼剧烈的枪声，空中飞弹如雨，知道右翼的主力兵团正在突破敌人的封锁线。接着，从水车方向又传来了枪声，三十四师抗击追敌的掩护战斗也开始了。

我军团跟在红九军团后面行军，相隔只有一个小时路程，起初听到前面有一些零碎枪声，不知究竟。罗荣桓主任对我说："你是广西人，对广西情况较熟悉，到前面去了解情况。"我接到任务后，便骑着马随尖兵排走在前面，走着，走着，突然，只听"啪！啪！"几声枪声，继而"哒！哒！哒！"响成一片，步枪和机枪从前方百米山腰丛林中打来，在我后边的尖兵排梁排长负伤了，我的马鞍也中了一弹。我立即跳下马，协助指挥队伍就地散开，攻击前进。过一会，前卫团长很快赶了上来，侦察敌情，指挥部队占领阵地。这时我才搞清了情况。

原来，红九军团走过一个多钟头后，一支广西敌军从灌阳方向插过来，开始听到的零碎枪声，就是他们打九军团掉队同志的。

我们必须击退前面之敌，扫清障碍，才能继续前进，不然，后头的追敌，将三十四师压下来，我们就前后受敌了。于是，军团首长下令强攻。但敌人已先占领了主要阵地，其后援部队又纷纷赶到，人数有多少，不很清楚。看来，我们难于短时间内消灭敌人，那时，九军团已走远了，右翼枪声亦已稀疏，而且越打越远，估计冲破敌人的封锁线了吧，若我们不尽快扫清道路，其处境是很危险的。

下午3时，敌机飞来了，低飞离地面只有300米，俯冲时用机枪往下扫射。我军除战斗部队外，行李、伙食担子、马匹、担架等四散在山上，到处寻隐蔽的位置。敌机更逞威风，其机关枪不断往下扫射。

此时，后面三十四师的枪声大作，这是我们最后一次听到这个师的声音。

我军团且战且走，有时敌我几乎搅在一起，敌人的追兵曾离军团指挥机关几十米。

暮色降临了，看情况，我军团已不能从正面通过，但如何追赶主力呢？从前方渐远的枪声和飞机在较远上空盘旋的情况判断，主力与我军团相隔已有好几十里，我们必须迅速从侧方去会合，不然，天黑了更难于动作。于是，军团决定在飞机去后，把机关的行李、伙食担、马匹等集中起来先出发，战斗部队与敌人对峙一阵后撤回，急忙沿着先出发的后勤部队方向拐个弯尾随主力前进。

在朦胧月色中，筋疲力尽的战士们跌跌撞撞地走着，边走边打盹，好在道路较为平坦。肚子饿了，只能靠身上带的一点干粮充饥。远处不断传来枪声，部队不敢停下休息，战士们越走越心急，步伐却越走越慢，队伍越走越稀，掉队的越来越多，就是那些鼓动别人前进的宣传员，自己也走不动了。我随战斗部队徒步行军，也已经疲劳至极，两脚又开始肿起来。我只得拄起棍子，咬着牙赶路，再累也不敢停歇一步，生怕跟不上队伍，且一休息，就难再站起来。就在这样极度紧张、极度疲劳的情况下我们走了近100里路，至拂晓时，来到一条马路边的平坝子，四面火光，好似有许多部队在宿营。我们分析，可能是先出发的后勤部队，但未见哨兵，又觉得奇怪。再走，听见一匹马在路旁向我嘶鸣几声。我转眼一看，啊！原来是少奇同志送给我的那匹老黄马，正向我招呼呢！少奇同志曾说它记性好，看来的确不虚。我高兴极了，赶忙过去，又看见饲养员老张正在路旁睡觉，我立即叫他起来，询问有关情况：

"你们先出发的同志都在这里吗？"

"不，伙食担休息一会又走了！"他睡眼蒙眬地回答。

"你呢？"

"我在这里等你！还有军团首长的饲养员也一起在这里等你们！"

"附近有什么部队？为什么四周有这么多火光？"

"没有，都是掉队的！"

"马吃了吗?"

"已吃过草料,也饮过水了!"

"赶快走吧!"

我督促周围掉队的同志上路后,便立即骑上马往前奔去。耽搁在这里是很危险的,敌人会很快追到这里来。

老黄马很有精神,"得、得、得"地在大路上有节奏地走着。早已疲劳万分的我,坐在马上,摇摇晃晃,边打盹边想,真要感谢少奇同志给我这匹马,如果没有它,我脚肿走不动,可能要掉队;如果不是饲养员老张忠诚待我,他哪能把马放在路边等我;如果不是这样一匹记性好的马,又可能失之交臂,过而不知,那也就很可能脱离不了危险的处境!在延安时,有一次在王家坪的晚会上,我曾向少奇同志再一次表示谢意,他说:"这没什么嘛!我听罗主任说你没有马,脚肿了,所以给你的。"可惜这匹老黄马过了金沙江,由于劳累再也走不动了,为红军长征尽了最后一点力。

大约又走了20多里路,来到离湘江边40华里的一个小镇,天已放亮了。狗叫鸡鸣似催着熟睡的人们早起,可我们连续走了100多里路尚没有合过眼呢!

小镇的街道很平直,也较干净,有些同志都想躺下睡一觉再走,但此镇不是久留之地。据了解,主力已渡过了湘江,我们必须迅速赶到凤凰嘴渡口渡河。

一出街口,在初出的微红的太阳映照之下,看到马路旁边的书籍文件狼藉满地,里面有《列宁主义概论》《马克思主义政治经济学》《土地问题》《中国革命基本问题》《步兵操典》,还有许多地图、书夹、外文书籍等。有的书原封未动,有的扯烂了,有的一页一页地撒落满地,溅满了泥浆,这是红军的运输人员从瑞金艰难搬运来的图书馆的书籍,也是我们思想上的武器及战争中所必需的材料,现在不得不扔掉了,烧了,真是可惜呀!我自己从中央苏区带来的两捆书籍、文件仍挂马背上,还是舍不得把它丢掉。

马路上行军,本来是好走的,但是,战士们太疲劳、太饥饿了,且走惯山路的人走平路反而吃力,觉得40里路太远了,膝盖疼痛难熬。每前进一步,都要使出全身的力气。有的战士走着走着,一头倒在路旁便呼呼睡着了。我们叫醒这一个,那一个又躺下了。各连队的政工人员,沿途利用可能利用的时间,向战士们宣传、解释、鼓动,说明我们的处境,抢渡湘江的重要性和我们担负的任务,指出我们仍处在敌人重围之中，必须尽快赶到渡河点，抢渡湘江，否则就会被敌人截断去路。据了解，原担任殿后的三十四师已另走别路，不在我们后面，殿后的便是我们八军团了。

我们忍着饥饿和疲劳，走到离凤凰嘴渡口约 10 华里的广西境内时，头上出现了敌机，敌机沿着公路向我们队伍投弹、扫射。而公路两旁没有隐蔽地，也没有时间允许我们停下隐蔽，为了抢时间，我们只能冒着敌机的扫射和轰炸前进，再没有比在这种险境下行军更困难、更危险的了。大家都抱着最大牺牲的决心，生死存亡，全不顾及。沿途有不少同志牺牲在敌机的轰炸、扫射之下，有的负伤了，仍爬行着追赶部队，身后留下的是鲜血和磨破的衣服碎片。有些重伤员不愿拖累部队，也怕落入敌人的虎口，吃力地呻吟着央求战友：打死我吧，我走不动了。我们只能噙泪离别。死伤的同志太多了，根本照顾不过来。敌机只能夺去我们一些人的生命，但并不能最后解决战斗。

在公路两旁附近，还有其他零星部队不断向凤凰嘴渡口急进，这表明渡江尚未完毕。担任掩护的我红八军团至此再不能前进了，遂急急忙忙地布置了警戒，准备迎击追来的敌人，以掩护尚未渡过江的部队。

布置好警戒后便安排煮饭吃。不知伙食担子到哪里去了，各单位只好派人煮。没有菜，没有盐，也没有碗，大家用帽子装来吃。

饭还没吃完，敌人就从旁边插过来了。我们把帽子里未吃完的饭包起来，立即拿起武器登山抵抗。这时，前面的部队均已渡过湘江，我们的掩护任务已经完成，便边打边撤退，向渡口前进。

12 月 1 日这一天的战斗最为激烈，北上的桂军和"追剿"军主力向中央红军各部队发起全线进攻，企图夺回渡口，围歼红军于湘江两岸。方圆几十里，硝烟弥漫，杀声震天，经过红军指战员的激烈拼搏，浴血奋战，打垮了敌人的气焰，迟滞了敌军的行动。

中午，我们军团终于赶到湘江边的凤凰嘴渡口。大家看到了波光粼粼的湘江水，心里稍松了口气，因我们到底抢在敌人的前头赶到湘江。

凤凰嘴渡口是湘江的上游，江面有百多米宽，江水不深，可冰冷砭骨。我们刚到江边渡口，后面传来追敌的枪声。敌机又在渡口上空轮番轰炸、扫射，江面激起了一股股水柱，我们从渡口临时搭起的浮桥上飞跑过去，一会儿，浮桥被炸断。在抢渡中，不少同志中弹倒在江里，被湍急的江水卷走，很快消失在血染的湘江里。

刚到对岸时，敌机又俯冲过来，我们在沙滩的洼地卧倒，待敌机投弹、扫射过后，疾步冲进岸边的一片茂盛的树林里。我从中央苏区带来的书籍、文件在这次渡江时全部丢失了。

江东岸的枪声越来越激烈，我们在树林里继续向前奔跑。此时，敌人已追到江边，我军团未过江的部队与敌人进行几次激烈拼杀，损失很大，建制也被打乱，相当多的同志过不了江。

入夜，我们在山凹树木处停下露营。看看周围的同志，许多熟悉的面孔不见了，我心里感到非常沉重，虽然精神疲惫不堪，但总是睡不着，眼前浮现着那些倒在江里、曾同甘共苦的战友。

第二天早上整理队伍，我军团的二十一师几乎全部损失，二十三师也严重减员，全军团剩下不足 2000 人。整个红军部队在这次战役中伤亡也十分惨重，元气大伤，还有相当多的同志身体不支掉队了。此时红军和中央机关人员已从 8 万多人锐减至 3 万多人。三十四师和三军团的十八团为掩护我军渡湘江而被敌截断，垮掉了。三十四师原是地方独立师，是后编入五军团的。师长陈杵湘、政委程翠林是我非常敬重的战友。他俩都曾在毛泽东、朱德领导下参加过创建井冈山革命根据地的斗争，政治信念坚定，军事指挥艺术高超，是我军中不可多得的人才。可惜啊，都牺牲了。程翠林在湘江战役中牺牲，陈杵湘率部突围至湖南江永左子江时，遭敌伏击，腹部受重伤，旋于道县驷马桥落入敌手。敌保安司令为邀功请赏，欲将其押往长沙，押解途中，陈师长乘敌不备，用手从腹部伤口处绞断肠子，壮烈牺牲，年仅 29 岁，实现了他"为苏维埃新中国流尽最后一滴血"的誓言。敌人残忍地割下陈师长的头，悬在他的原籍老家长沙小吴门的城墙上示众。其部下也终因弹尽粮绝，大部分壮烈牺牲。

湘江战役是长征途中战斗最激烈、最残酷、损失最为惨重的一次战役。但是，我英勇的红军指战员，在敌我力量悬殊的情况下，以压倒一切敌人的英雄气概，浴血奋战一个星期，终于克敌制胜，以弱制强，渡过了湘江，突破了敌人的第四道封锁线。蒋介石消灭红军于湘江东岸的企图终成为泡影。事后，何键曾哀叹："真是一件多么抱愧的事！"

湘江之战后，中央红军克服千难万险，在毛主席的英明领导下，于1936年10月实现了与二、四方面军的胜利大会师，开创了中国革命胜利的新局面。

由于"左"倾冒险主义领导者军事指挥上的错误，湘江战役付出了惨重代价，红军蒙受了重大损失，但红军勇士们所表现出的那种无畏的精神和英雄的气概，将永远镌刻在万里长征这座不朽的丰碑上。

17. 冲破天险乌江

杨得志

过罢新年，1935年1月2日，我们红一团奉命从余庆赶到乌江渡口——龙溪，准备强渡乌江。那天天气不好，雨雪交加，寒风凛冽，但部队情绪很好。从侦察得来的情报知道，江对岸有当地军阀侯之担的一个团防守。他们企图凭借天险——乌江堵住我们，以便等待追赶我们的中央军到来，形成合围的局面。就我们红军来说，突破乌江不仅可以直取贵州的第二大城市遵义，还可以把追敌甩得更远一些。侯之担的部队战斗力不强，但地形对他们十分有利，加上他们又是以逸待劳，我们要想突破敌人这条防线，确非轻而易举的事。

乌江江面并不太宽，但水深流急。滔滔江水翻着白浪，呼呼的吼叫声回响在两岸刀切般的悬崖峭壁间，震耳欲聋。别说渡过去，就是站在岸边也会给人一种颠簸不宁的感觉。

为了加强火力，渡江前军团配给了我们几门"三七"小炮。可是我们团的前卫营一踏进浅滩，敌人就开了火。我们不得不立即组织火力，压制敌人。与此同时，对敌人的火器和兵力配备情况进行火力侦察。不一会儿，我们的"三七"小炮就对着敌人山顶的制高点开火了。我们清楚地看到连轰几炮后，敌人掉头就跑，纷纷钻到山后去了，敌人的战斗力确实不强。但我们的目的不是击溃他们，而是要渡过江去。怎样才能达到这一目的呢?

我和黎林同志一起来到附近村庄，本来想看看能不能找点渡河器材，顺便再了解一下乌江的情况，结果一调查，发现敌人早就有准备，他们逃跑前对村庄进行了严重破坏。村子里别说没有船，就连一支木桨，甚至一块像样的木板也难找到。船渡显然是不可能的了。架桥呢？不要说没有材料，就是有，水流急，敌人居高临下，也是不行的。凫水吗？湍急、汹涌的波涛将毫不费力地把你吞没……

作为先遣团长，突破乌江的重要意义我十分清楚。当时，被我们甩掉的敌主力部队数十万人已经紧追上来了。中央红军的领导机关和所有的部队，都集结在乌江西岸。而担任突破乌江任务的，只有红四团和我们红一团。中央领导同志和全军的战友们都在等待着我们胜利的消息。时间就是生命，时间就是胜利。我和黎林同志商量后，立即命令部队组织力量，分别到沿江附近的村庄，一面继续设法收购船只、木料，一面走访老乡，向他们请教渡河的办法。

哪知，一问老乡，反而增加了我们的顾虑。那些老乡都说，渡乌江一定要有三个条件：大木船，大晴天，加上熟悉水性、了解乌江特点的好船夫。可是眼下，我们一个条件也不具备不说，对岸还有守敌在阻击。

"怎么办？"当派往附近村庄的同志空着双手回来的时候，我望着旁边正在发愁的黎林同志，心里万分焦急。

风和浪还在呼呼地号叫着，简直分不清哪是风声哪是浪响；雨雪还是一股劲地下着，好像越下越大。冷呀！风雨中我和黎林同志在浅滩凹处踱着步子，观察着翻腾的江水，注视着对岸的敌人，眺望着滚动的浓云，苦苦地思索着。不时地交换着各自的想法。可想法一个一个端出来，又不得不一个一个被否定了。

已经是下午了，还是没有想出什么妥善的办法。敌人呢，看到我们炮击后再也没有动静，他们又重新返回到原来的阵地上，向我们射击、打炮。我正想拿望远镜看看对岸山顶上敌人的情况，忽然发现江中漂着一样东西，仔细一看，原来是一节很粗的竹竿。它漂在江心，随着风浪的冲击起伏着，旋转着。尽管一个一个浪头淹没了它，浪头一过，它却又顽强地浮出了水面。看着这一起一落的竹竿，我兴奋地拉了拉身旁的黎林同志，指着江面说："你看！"

黎林同志顺着我指的方向一看，飞快地瞥了我一眼，说："扎竹排！"

我点点头，抹了一把脸上的雨珠，拉着他向部队集结的村子跑去。

我们同大家一商量，大家都说这个办法好。因为乌江边的竹子很多，材料是绰绰有余的。于是，同志们一齐动手，不一会儿便找来了许多干的，湿的，粗的，细的，长的，短的竹竿。然后七手八脚地你捆我扎，没有麻绳用草绳，没有草绳剥竹皮，最后连绑腿带也解下来用上了。大约三个小时左右，便扎成了一个一丈多宽，两丈多长的竹排。这一来，大家的情绪更高了。战士们纷纷争着报名，要划第一只竹排冲过乌江去。

竹排是扎成了，但是能否渡过江去并没有把握。于是我们从前卫营挑选了八名熟悉水性的战士，由他们先行试渡。八位战士，每人都配足了武器弹药，没有木桨，就用经过挑选的竹竿和木棍代替。傍晚时分，十几位同志在风雨中将竹排推到浅滩的水里。

对岸，敌人的阵地上一片漆黑，但稀疏的枪声一直不停，蓝色的幽光鬼火似的闪动着。这时，我们的八位战士跳上了竹排。黎林同志和我又一再嘱咐他们，要沉着，要团结一致，到达对岸后，马上鸣枪两响，作为联络信号。

竹排缓缓地离开了浅滩。江边所有的人的眼睛紧紧盯着他们。竹排和八位战士带走了全团同志的心。

十米，十五米，竹排艰难地冲过一个险浪又一个险浪。又前进了几米。突然，竹排像被抛出了水面，一个小山似的浪头向竹排猛扑过去，竹排被江水吞没了。我感到身上在出汗。还好，竹排又从水中冒出来了。好险呀！我从望远镜里模模糊糊地看到，上面还是八位同志，他们仍在奋力地向前划着。

我为有这样勇敢的战士而感到骄傲。可是，竹排突然停住了，像是碰到礁石，又好像被卡进了什么地方。我们又紧张起来，耳旁、身边的风雨声似乎也听不到了。然而，静下心来仔细一看，竹排并没有停住，只不过是比开始时稳定得多了。尽管激浪此起彼伏，旋涡一个接着一个，我们的竹排，系着全团指战员心愿的竹排依然在继续前进着。二十米，三十米，又是十米。真难啊！

竹排同激浪搏斗着。我们岸上的人同竹排上的八位勇士一样紧张，每一个浪头，每一次颠簸，都像冲击在我们的心上。

我心中暗暗地为竹排上的同志加油，恨不得飞过去助他们一臂之力。我多么希望能尽早听到对岸山脚下响起自己同志的枪声啊！但是，我们的勇士还在江中搏斗着，搏斗着……

时间过得好像特别慢。

大约又过了两三分钟，岸上的同志突然有人"啊呀"地大叫了一声。我急忙举起望远镜，隐隐约约地看到，竹排在江心中好像斜立起来了，它披着白色的浪条，上面却不见一个人影。我们的八位勇士呢？汹涌的江水，刹那间把竹排推倒，迅速地冲向了下游。几个黑点在浪涛中时闪时现，不一会儿，完全埋进了漩涡。我目不转睛地望着江面，望着刚才还闪现出来的那些黑点。我知道那就是八位勇士，我是多么希望再看到他们啊！但是，他们再也没有漂浮出水面，我再也没有看到那八位勇士的身影……

岸上的喧嚷声一下子停了下来。江水的吼叫代替了同志们对战友们的呼唤……

风还在刮，雨雪还在下。黎林同志和我并肩凝视着恶浪翻滚的江心，一句话也没说。此时此刻又能说什么呢？我们两个人痛苦地度过了几秒钟，但总觉得这时间很长，很长。

"一定要渡过去！"我们把继续渡江的任务交给了一营营长孙继先同志。

战士们并没有被刚才的不幸吓倒，都争先恐后地向营长请求任务。平静的江滩又开始活跃起来。孙营长好不容易才说服了大家，然后挑选了十几名战士。他们的装备和渡江工具与方才一样，不同的是渡江的起点换到下游几十米处水流较缓的地方了，竹排上又增加了几个扶手。

渡江又开始了。十几位战士跳上竹排。孙营长激动地说出了大家的心里话："同志们，一定要渡过去，就是一个人，也要渡过去！全团的希望就在你们身上！"

江边一阵沉寂。

"放心，我们会过去，我们一定能过去！"一个战士大声地回答说。

"前进！"孙营长低声而有力地命令道。

天黑得像锅底，连近在眼前的东西也看不清。竹排离开浅滩，起先还能听到竹片打在水面上发出的"噼噼啪啪"声，随后这声音越来越小，渐渐地连这响声也听不清楚了，只有呼号的寒风从耳边掠过。虽然伸手不见五指，同志们却依然瞪着大眼，默默地注视着东岸。

大约过了半个小时，前面仍然没有一点动静。我感到肩上像压着千斤重担似的，内心十分焦急。时间呀，时间不等人。如果这只竹排再出了问题，天亮了，一切都暴露在敌人的眼下，那……

"乓！"一声枪响，把我从沉思中惊醒。抬头望去，只见火光是从对岸山顶上飞出来的。很明显，这是敌人放的冷枪，而不是我盼望的联络信号。我摇着头，深深地吸了一口气。

"乓！乓！"

是两枪。

黎林同志疾步走到了我的身边，但是没有讲话。

"乓！乓！"又是两枪！

"老杨，两枪，是山下响的！"黎林同志立刻惊叫起来，他是很少这样激动的。

"啊！是我们的！"我简直无法控制内心的喜悦。"是的，是我们的。开'船'！"我兴奋地一面继续望着对岸的山头，一面向孙营长下达命令。早已整装待发的另一只竹排，弦上飞箭似的出动了。几乎同时，我们的机枪、步枪、"三七"小炮一齐开火。竹排在密集的炮火掩护下破浪启程了！

不多久，只见对面山顶上红光闪闪，红光中夹杂着"通通"的音响，听声音我知道那是手榴弹在敌堡中爆炸了。也就是说，我们的勇士已经登上了敌人的山顶。接着，我们又听到，步枪、机枪吼叫起来，爆炸声，喊杀声混成一片。

"老黎，成功了！"我兴奋地拍着政委的肩膀。手掌拍在黎林同志的棉衣上，溅起了点点水花。"噢，你身上全湿了。"我说。

"你不是也一样吗！"

黑暗中我听到黎林同志在笑。我抓住他的手，激动地说："走，坐排子过去！"

我们借着江两岸闪动的红光，顶着风，冒着雨，披着雪粒和浪花，行进在烈马般的乌江江面上！

天险乌江终究被我们突破了。

乌江虽然被我们突破了，可是眼下如果不彻底消灭岸边山上的敌人，一旦被他们反扑下来，那我们就将处于背水作战的危险境地。我和黎林同志过江之后，清楚地意识到了这一点，便立即组织部队攻山。当我们以猛烈的火力、快速地动作占领了全部阵地的时候，我才感到自己那颗悬着的心终于落到了实处。

1月3日，我们获得全胜后，黎林同志和我曾要一营派专人，沿江而下，寻找第一只竹排上的八位同志，可是一天、两天、三天……过去了，却毫无结果，这使我的心久久不能平静。每当我想起乌江，眼前便现出那八位勇士的英姿。是啊，他们同奔腾咆哮，力劈山崖的乌江一样，将永存于世。乌江的浪涛声是人民怀念自己的英雄儿女所发出的呼唤，也是英雄们希望和激励后人所发出的嘱托！

18. 从第五次反"围剿"到遵义会议[①]

陈伯钧

第四次反"围剿"战役后，红军有很大的发展。1933 年 3 月四次战役以后，5 月来了一个猛烈的"扩红"运动，红军增加了四、五万人。把部队整编了一下，将老部队改编成大师，又成立了一些新的师团。敌人失败后，也得到一个深刻的教训，知道这样"长驱直进，分进合击"还是奈何我们不得。所以敌人改变战略，训练部队，加强侦察活动，训练登峰队，搞了一些山地作战的东西，成立了庐山军官训练团，总的战略叫作"堡垒政策"。第五次总"围剿"，包括政治"围剿"、经济"围剿"、心理"围剿"、文化"围剿"。不但这样对付我们，而且还这样对付他自己区域里反对他的人。

在第四次反"围剿"战役胜利后，第五次反"围剿"战役开始前，我们还有一些行动：一方面在北线继续坚持斗争；另一方面又组织了东方军，打了连城附近十九路军的老虎师长区寿年这个师，接着打洋口、延平，一直打到福建水口附近，威逼福州。那时十九路军感到威胁很大，于是陈铭枢就写信给蔡廷锴说：与红军作战，若战而胜，牺牲必大；若战而不胜更不堪设想。因此他主张与我停战，联合我们反蒋，和我们讲条件。以后就搞什么生产人民党，成立福建人民政府。这时候北线敌主力蒋介石的部队正向苏区边境集结，待机进攻，于是三军团就从福建撤回来了。五军团去接应，开到顺昌后也撤回来了。这样的有利条件我

---

① 本文系陈伯钧同志所作的关于第二次国内革命战争历史情况报告的一部分。报告时间是 1955 年春天。本文标题是编者加的。

们没有利用。

第五次反"围剿"可以分为五个阶段。

从洵口一战到团村，这是第一段。第五次反"围剿"开始时，我们由福建转回来，在洵口打了一个遭遇战，把敌人第六师十八旅消灭了，黎川敌三十六师增援以后，没有打出什么名堂。本来这一仗打胜了，照老规矩就应该把部队集结在附近，看敌人下一步怎么办，我们再行动。因为我们是采取内线作战的办法，集中兵力打它一路，各个歼敌。但是没有那样办，而是想要把黎川搞过来，到白区去打硝石，想借此叫敌人撤出黎川。这时敌人战法就变了，打到一个地方就到处筑工事。十三师到资溪桥袭击了一下，敌人根本不理。总想到外线去求战，求战不得还要回来。这就是毛主席说的：开脚一步就走错了。后来敌人从黎川向前推进，本来那时敌人并不是"堡垒主义，向前推进"，因为黎川到团村还有40里路远，他们是要"逐段跃进"的。这一仗本来很好打，但是没有打好。因为只有三军团的四师、五师，五军团的十三师以及九军团的第三师和第三十四师，共五个师，兵力不足。刘伯承同志曾与李德两个人争论，刘建议一军团是否可东调，但是话未说完，李德就大发脾气。很明显，当时东边是三军团的四师和五师担任突击，十三师除一部分参加突击外，主力担任掩护，西边只有第三师担任突击，力量不雄厚。结果东面虽把敌人突垮了，西边却突击不上去。敌人在山上，我们就去攻山，战术上也有缺点，猬集一处，队伍未展开，敌人一扔手榴弹，我们伤亡很大，最后只好撤退。这一仗不但没有打好，而且还牺牲了四师师长张锡龙、三师师长吴高群。如果当时东西两面一、三军团集中，组成两个有力的拳头，东西夹击，就可以把敌人进攻的一部约三个多师消灭。以后敌人又进攻德胜关，因我军的英勇作战，终于把敌人阻止住了。

第二阶段，1933年11月，十九路军发动福建事变，蒋介石非常恐慌，在北线加紧构筑碉堡，令其主力向闽北前进。先向福建进军，把苏区的北边暂时守起来。其主力沿光泽、邵武、顺昌前进，每师距离40里。这是我们歼敌的好机会。可是我们没有出击，这是很失策的。这时教条主义者有些歪道理，他们说什么：福建的敌人比蒋介石还危险……我们在山上望了两个月，蒋（光鼐）、蔡（廷锴）和我们联络，我们也不帮他们的忙，以后他们那里就发生了问题，十九路军没有几个月就完全垮了。

所以，这一点在政治上是很大的错误，就是军事上也很不应该。就是不帮助十九路军，能把蒋介石的主力打垮也好。结果蹲在那里，非常机械，非常被动。本来十九路军和我们讲联合，我们日用百货、盐巴也还不困难，还有一点办法。十九路军一垮，蒋鼎文就到福建当总司令，我们就四面被围了，一点办法也没有。这完全是机会主义，完全不懂得辩证法的关系。

自五次战役开始到福建事变这一阶段，不但没有搞出什么名堂，反而将主力分散使用，两个拳头打人，甚至往堡垒地域里钻。福建事变发生时，把一军团拉到神岗、党口去进攻堡垒地域，最后敌人形成四面围攻，又把一军团拉到福建，打了一个温坊战斗，聊以解嘲自慰。一个月就行了二十八天的军，真是劳累已极，使主力疲于奔命。

第三阶段，就是广昌战役阶段。这一阶段的特点就是拼命主义，是拼命主义的典型例子。因为苏区北线的敌人是以占领广昌来号召其他地区的敌人向我们实行总的进攻，因此教条主义者也就以广昌作为苏区的大门来拼命，提出"御敌于国门之外"。当敌人战略上的合围形成以后，就开始向广昌进攻，而这些外行的军事家——教条主义者，也就在这个地方搞拼命主义，以主力对主力。敌人有十一个师，由罗卓英指挥，正面十华里，沿着盱江两岸的丘陵地带构筑碉堡，步步向前推进。我们则集中一、三、五、九军团的九个师，预先也在这一带地区筑了很多碉堡，以堡垒对堡垒，准备拼命决战。敌人在狭小的正面上以重兵搞我们，我们则对敌实行短促突击。敌人在盱江左岸前进，碰到我们短促突击时，马上停止，以一个纵队在原地作工事，另两个纵队则沿河上已架之桥梁，转移到右岸前进；等到在右岸又遇我短促突击时，又转到左岸前进。如此反复辗转前进。所以刘伯承同志给它起了一个名字，不叫打仗，叫作"滚仗"。这样由甘竹到广昌40华里，整整"滚"了18天，敌人有时每天前进4华里，我们没有搞到什么东西。那时李德、博古都来了，批评这个，批评那个，指手画脚，搞了18天，最后还是把广昌失掉了。

这就是说，这些教条主义者们认为：你们说我不行，我就是要搞一下给你们看看。9个师对敌人11个师，敌人有高武器——飞机和远武器——炮兵，我们这样的同敌人拼命，敌人是最欢迎的。结果我们只有撤退，最后还是失掉了苏区的大门——广昌。

第四阶段，就是广昌战役之后的分兵把口和高度的阵地抗击战。自广昌撤退后就是分兵把口，一路是三军团第六师和红十二一师抗击周（浑元）纵队，守老营盘、高兴圩之线；一路是八军团，抗击薛（岳）纵队，守古龙岗；一路是五军团，抗击霍守义部，守头陂以南地区；还有一路是三军团，守广昌通驿前大道，抗击汤恩伯、樊崧甫两纵队。而一军团则转移到东线（福建）去了。分兵把口，也是阵地战的最高峰，其中以高虎脑、万年亭战斗为代表。广昌战役后，敌人深入了苏区腹地，就一步一步推进，开始用飞机轰炸，以后打炮，以后是机关枪掩护步兵冲锋，完全是正规的一套。我们也是做工事、筑碉堡、安鹿寨、埋地雷，再就是等敌人进到近距离时以手榴弹、步枪、机关枪一齐开火，以及用小部队从翼侧突击。敌人欺侮我们没有重兵器，就是远距离冲锋时，也采用营方队的密集队形；而我们的手榴弹，各种枪炮只能在一定的距离上开火，这就完全要靠干部战士的英勇善战。敌人的汤纵队在高虎脑一仗伤亡四千多，我们自己也损失不小，班以上的老战士也所剩不多了。第五次反"围剿"，我军连续作战一年之久，就是在阵地上过日子，在房子里睡觉的时间很少，毫无休整。连以下的干部差不多三个月要全部换一次，以后完全靠干部打，补充上来的新兵连训练都来不及。所以，虽然对敌人有很大的杀伤，但我军自己的元气也受到相当损伤。第五次反"围剿"的战法在战略上说是很盲目的，而又毫无自信地自欺欺人地要与敌人拼消耗，想从此来转变敌我形势。正如毛主席所说："这是叫花子和龙王比宝。"我们那几个制造枪弹的简陋工厂，哪里能抵得上敌人的汉阳兵工厂、金陵兵工厂呢？何况敌人还有国际帝国主义的帮助。

高虎脑、万年亭战斗之后，退到了驿前。三军团四、五师加上五军团三十四师在一起作战。过去敌人总是先来飞机，以后打炮，搞七、八个钟头后，步兵才正式攻击。在驿前作战，我们自己就上了敌人的当。我们三个师，右边是四师，中间五师，左边三十四师，都是以一个团占领阵地，两个团在后面。我们的阵地构筑得很好，一道、二道、三道，也算是一个防御地带，有的工事做得很不错，文化学习、休息、隐蔽、进出道路等都有，还有隐蔽的火力点。那时候就是鼻子对鼻子，敌人和我们的距离很近，而且工事以外还有侦察部队，所以我们经常和他们打交道，我们的人抓他们的人，他们的人也抓我们的人。敌人的炮兵阵地只离我们有千把米，完全暴露，每天进行试射，我们对之毫无办法，但我们坚守，敌人也没有办法。结果敌人改变了高虎脑、万年亭的打法。清晨，飞机先从广昌起飞，飞机一响，就是信号，炮兵就打。炮兵一打，于上半夜就运动到我们的鹿寨前面的部队，在飞机和炮兵的掩护下，立即投入冲锋。这样一来，我们的短促突击根本就用不上，部队还没出得去，就被敌人火力封锁住了；第二梯队还没上来，阵地就被敌人突破了。敌人突破哪个地方，就占领哪里，构筑碉堡进行巩固，口子不大，叫作钻隙进攻。这时我们第一线被突破了，第二线来不及组织防御，接着第二线也被突破了，第三线也跟着被突破了，这一天敌人就前进了十几里。这样一来，我们左右两翼的部队就都向左右转成了侧面阵地，敌人又以另一支部队向我侧面进攻，我们就无法坚持了。驿前战斗证明：我们没有总的预备队是很大的缺点，在敌人突破后就没法应付，结果一下子把三道阵地都丢失了。总之，这种办法都是消极的、呆板的，违背了正确的战略方针，结果不论部队怎样英勇，终于失败。

第五阶段就是西线掩护战。驿前战斗失利后，就变成了西线掩护战。因为北线、东线都被敌人突破了，当时更威胁我们的就是西线。西线就是兴国，那时只有陈毅司令带着地方部队和第六师阻止着周浑元纵队，力量比较单薄。驿前战斗后，五军团十三师就到西线增援第六师。以后一军团在高兴圩想以第二师实行夜间突击，没有成功，就调走了，只剩下五军团在那里与敌人对峙。敌人每打一个地方，就在前面做工事，后面修马路，就象前面一个乌龟壳、后面一条尾巴似的。我们在这里和敌人共对峙了几个月。以后，就退到兴国以南，准备长征。本来在西线掩护战时，就应提出准备长征，但那时没有搞，仍只是提出击破敌人等老一套的办法。

总而言之，第五次反"围剿"，一直打到底也没有痛痛快快打好一仗，所以很失策，完全处于被动。教条主义者的理论就是："由战斗的胜利开展战役的胜利，由战役的胜利开展战略的胜利。"这完全是"本末倒置"。我们说：主要是搞好战略指导，在正确的战略指导下，以一定的战役战斗的胜利来完成战略上的任务。即使某一个战役打不好，也无关大局。但是教条主义者根本是外行，根本不是真正的军事家，最多是懂些班排长的战术技术动作。李德这个人狂妄自大到什么程度？他在瑞金和林老等中央同志讲班进攻，讲短促突击，他就是搞图上作业比较熟悉，其实完全是外行、空洞的家伙。

所以，第五次反"围剿"不管在哪里，原来都是可以粉碎敌人的进攻的。第一阶段本来可以粉碎敌人。第二阶段本来也可以打击敌人，消灭敌人主力，粉碎第五次"围剿"。实在不行，就是当敌人四面合围形成后，我们不和他鼻子顶鼻子，退一步让他，区域还大，也还有回旋余地，可以消灭一路、二路。就是苏区都不行了，没有办法，也还可以跳出去，到杭州、苏州、南京、芜湖、南昌之间的地方打他们。再不行也可以向西边跑，到赣西、湘南、迂回到敌人的侧后，也一样可以打破"围剿"取得胜利的。总之，这些大的战略眼光，教条主义者都没有，只是在那里毫无办法地挨时间，被动挨打，毫无前途地进行战争。因此，教条主义者在战略战役指导上是傻到极点。敌人反而还聪明些，懂得"竭泽而渔"。第五次反"围剿"，从战术技术来说，过去我们没有打过阵地战，没有搞过对空防御，这次学了一点；但从整个战略指导上来说，是错误的，开始是冒险，以后是拼命。对部队来说，我们部队发挥了高度的战斗能力，发挥了高度的勇敢精神，我们自己也经过了一些锻炼。如果有正确的战略指导，有正确的军事路线，加上英勇顽强，我们相信是可以搞得有声有色、轰轰烈烈的。第五次战役是不会失败的。但由于领导上的错误，我们虽然有那样好的基础，有那样好的部队，有那样英勇顽强的战斗精神，却没有取得第五次反"围剿"的胜利。结果是被迫进行了史无前例的二万五千里长征。

……

严格地说，长征是没有什么准备的。按照教条主义者的想法认为是有一点准备的，如长征以前8月7日派六军团（弼时同志带着）从湘赣苏区遂川县横石地区出发，到湖南、贵州与贺龙同志会合，建立湘鄂川根据地。事实上这就是一个先遣部队，利用在与贺龙同志会合的过程中勘察一些路线，搜集些情况，供给些资料，以便中央主力红军长征。此外，长征前也补充了一些新兵，动员了一些人等。长征开始准备由中央苏区撤出，与二、六军团会合，但是结果没有做到，因为有几项最基本的工作没有搞。

首先，在政治上没有准备。在准备工作中没有政治动员，行动完全是秘密的，可以说是军事上的被迫。党内党外都没有深入动员，行动计划只传达到师一级的干部。那时五军团是由陈云同志（五军团的中央代表）受中央的委托给我们传达的。那样大的行动，没有政治动员就是最大的错误，就没有了精神准备，官兵的积极性就没有办法发挥到最高度，一遇到困难就不但不能克服，反而会产生各种各样的倾向。如果早就作了政治动员，各种倾向就会防止和容易纠正。

其次，在军事上准备也极端不够，必要的训练、休息、补充等工作都没有好好地搞。第五次反"围剿"时，我们就是光搞阵地战，不搞运动战。也不打遭遇战。没有运动、进攻、遭遇、抢隘口、抢河川、突破等必要的训练准备。主力也没有得到好好的休息。1934 年 10 月 10 日退出兴国，10 月 17 日就走了。在补充工作上，本应该补充主力，但相反的却成立了新的兵团。主力师是四、五千人，而教导师也是五千多人，还有几个新兵团。八军团、九军团都是新的番号，除了第三师以外，其他的二十一、二十二、二十三师都是新成立的，不是老部队扩大起来的，干部大都是红军学校的学生，因而战斗力比较软弱。如果一个老的团扩大成为两个团，那就不同了。为什么新的部队战斗力弱呢？就是因为新的部队还没有经过很好锻炼和没有一个历史的传统作风，因而他们走路、吃饭都成问题，更不要说别的了。在大庾北稳下村时，广东敌人出来一个营，就把我们教导师的一个团打散了，跑得两面山上都是。后来八军团在贵州整编时，只剩下一千二百人，编了一个团给我们。所以，虽然组织了很多新的兵团，但作用并不很大，只有一个作用就是搭起了一个架子。走起路来，一、三军团为左右先锋，八、九军团打接应，后面由五军团担任掩护，中央军委直属队在中间，"坐的'五个人'抬的'轿子'"，搭的架子很大，但没有发挥主力的最大作用，新的部队也没有起到作用。

长征时不仅是基本准备工作没有做，而且对敌人的估计也是十分错误的。当时领导上为什么敢于采取这样的方法？就是因为误认西南（广西、贵州、湖南）的敌人装备差，而没有估计到西南敌人的战斗力是很强的。教条主义者在中央苏区作战时，由于遭受到严重的失败，把当面敌人的战斗力夸大了，害怕蒋介石，却轻视西南的部队。这种估计完全是错误的。长征的实践证明：蒋介石的部队倒还好打，红军和他们是老对手了，只要被我一包围，他们就集合缴枪；而西南的部队却不好打，有时费了很大的力气也搞不到他们的人和枪。他们也采取游击、袭击的办法搞我们。

由于以上的原因，所以长征开始是搬家式的，以后是退却逃跑式的，不是积极的战略转移。那时不但不把各主力部队扩大，反而把直属队扩大，每一个军团成立后方部，有的有一千副担子，有的有八百副担子，我们的军团就有一千副担子，什么东西都挑上。军委纵队更吓人，约三万人的庞大机关，还要部队掩护。供给部、卫生部人很多，连一个石印机都要带上。野战医院还以为就在附近苏区打仗，所以就连屎盆、尿盆都带上了。

当时整个部队连新兵、老兵、民夫、担架队加在一起，有七、八万人，其中战斗部队加上直属队还不到一半。这样就没有办法打仗，结果所有的战斗部队都成了掩护部队。一碰到敌人，也不想办法去积极进攻，只是打掩护，只是跑。跑也应该跑得快，在战术上必须脱离敌人，跑到有利的地方，占领阵地，抵御敌人，但没有做到。战略上也要走得痛快，但也没有做到。那时候，如果平均一天走50里路就可以抢到敌人前面了。因为我们从古陂圩突围的时候，敌人有一个错觉，以为我们会从赣江左岸打吉安，所以周、薛纵队赶快从苏区撤出来，在吉安、永新一直到井冈山一线布了防，并且等了一个礼拜。以后他们发现我们到了湖南，知道不是打吉安，才又把队伍集合起来追我们。如果我们那时一天走50里路，就能走在敌人前面了。照例说，战役应该选择道路，控制要点，压迫敌人在不利的道路上，我们在有利的道路上。可是恰恰相反，我们在长征中走的是山路小道，敌人走的是大马路。我们沿着五岭山脉在大庾岭、骑田岭、越城岭上转来转去，走得很不痛快，而且是夜行军，一下雨路就相当滑，加上好多重的行李，就更困难。曾经有这样的事：一个夜晚从小山这边翻到小山那边，总共不到10里路，坐一下，走两步，行动就是这样迟缓。敌人走大路，我们走小路；敌人走得快，我们走得慢，所以丧失了很多机会，结果敌人就跑到了我们的前面。长征开始是摆起架子搬家，但碰到敌人一打就拼命退却逃跑。口头上天天喊"备战"，实际上天天在"避战"，敌人来了打一下，赶快转移，而不想办法消灭敌人。这样的方式，毛主席形容为"叫花子打狗，一边打一边走"。叫花子一边走，一边打狗，狗咬不着就行了，也不准备把狗打死。

长征的时候，前面先锋部队虽然打得好，但是后面走不动，前面打到一个地方就要守起来等，等后面部队到了再走。因为走不动，所以丧失了很多有利的机会，完全处于被动、处于消极逃跑的情况，而不是积极的战斗的战略转移。如果是积极的战斗的战略转移，首先就可以在湘南停下来。湘南过去搞过暴动，以后二十九团的人又回去过一些。在湘南过路时，有一个黄茅山，山上还有游击队。

如果我们在那里停下来，把伤病员和拿不动的东西给他们，打一下周、薛纵队可不可以？完全可以。但是没有采取这个办法。在湘南不停，继续走。一过湘江、漓水，那时就很恼火了：广西的敌人来了，湘南的敌人也来了，周、薛纵队又追来了。这时一军团在全州，打了一个礼拜，三军团在灌阳、兴安打了一个礼拜，完全是掩护战斗，消耗很大。过湘江的时候很危险，几个军团的队伍都搞乱了，有的在全州附近打得很苦，有的没有赶上，中间的赶上了又走不动，后面的敌人又打来了。五军团十三师在没有到湘江的时候，在灌阳以北的隔壁山就被敌人切断了。后面文市的敌人又追上来，我们在夹击中打了一天，才掩护八军团渡过江来，但是五军团的三十四师被丢掉了。我们转移的时候，军团部参谋长刘伯承同志派了一个科长来找我们，带来陈云同志写的信，说这是紧急关头，关系中国革命的命运，希望你们下最大的决心，赶快拉过湘江。那时拉过多少就是多少，拉不过去就丢掉了。过了湘江以后，有一个命令：各军团自己收容部队，不管哪个部队的，都收容起来编在自己的军团里。当时就搞得那么紧张、狼狈。这也是教条主义者军事上指挥错误、路线错误的总暴露。

在长征这一阶段，过了几个要害的地方，一个是过湘南，一个是过湘江。由于没有远大的战略眼光，没有高明的战役指导，结果部队减员很多。夜行军搞多了，味道也不好受。那时弄得疲惫不堪，部队有很大的削弱。

过了湘江以后，本来还想向北转到二、六军团那里去，结果城步、武冈都有敌人赶到，把去路给堵住了。没有办法向北，只好向西。又由越城岭向西过苗岭，完全在山里转。这时广西的敌人侧击、袭击我们，还搞了一些特务，在我们刚到宿营地的时候烧房子，使得我们没有房子住，同时把我们和老百姓的关系搞坏。这样一搞几个月，弄得很疲惫。夜间行军行得久了，消耗很大，特别是快天亮的时候，最容易打瞌睡、掉队，发生问题。以后形成了一个规律，就是晚上行军，天亮后宿营，中午敌人追上就打几个钟头，等到黄昏就走，第二天又是这样。这样一搞，体力消耗很大，部队有很大的削弱。新兵、民夫不习惯这样的生活，很容易掉队。所以有很多人不是打死的，而是拖死的、累死的。我们军团走在后面，就更伤脑筋，前面走的还可以弄到些东西吃，我们走在后面的就没有了。有的同志疲劳到这样的程度：在山路上他靠着休息一下，一坐下来就再也起不来了。又饿、又累、又疲劳，在这样的情况下，军队的战斗力大大削弱了。在数量上，不到三个月的时间，差不多去掉了一半以上，而且战略目的没有达到。所以陈毅同志说：走死、饿死和战死的味道完全不一样，与其走死、拖死，不如战死。如果真正以这样大的牺牲来进行战斗，那要打多少漂亮的仗，要消灭多少敌人！

……

到黎平休息两天以后，改编了军委纵队，其他的军团整顿了一下，这样才过乌江。到1935年1月进入遵义，接着就开遵义会议。

遵义会议是一个很大的关键。这次会议是政治局扩大会议。毛主席事先作了很多的工作，他在中央苏区就看到不对头，在行军过程中又看到这些情况，所以写了一个东西，预备了一下，在长征过程中就和一些同志商量，事先酝酿。在下面，大家也对领导上有一些意见，因为客观事实就是中央苏区丢掉了，长征中红军削弱了，仗没有打好，大家都不满意。到遵义休息了12天，就把这事情清算了一下。基本上是清算军事路线，从五次反"围剿"失败搞起一直到长征，把冒险主义、拼命主义、保守主义、退却逃跑等问题都好好地清算了一下。这是惨痛的血的教训。最后才取得了遵义会议的胜利。

从这里可以看出毛主席的领导是很艺术的，他对政治路线根本不提，只谈军事路线。因为当时如果谈政治路线，牵连的面就更大了，所以抓住了最主要、最突出的矛盾——军事路线。那时主要的问题是武装斗争问题，如果这个问题不解决，别的问题就都没有办法解决。因此，集中力量抓这一点，就可以争取很多的人。毛主席说：遵义会议是借了别人的码头打仗的。就是说，那时的中央完全是教条主义统治的，他是被排挤的，能够对教条主义的中央把事情说通，说得心服，就说明他是很艺术的，他也作了很多的工作。当然，以后的历史给那些教条主义者已作了结论。

遵义会议后，改变了领导，形势就完全改变了，各方面工作也活跃了。

为什么在遵义能休息这么久？因为我们过了乌江打遵义的时候，二、六军团打了很多胜仗，牵制了湖南的敌人，在战略上起到掩护我们的作用。二、六军团一出桃源，就消灭了敌人两个师，把张振汉捉到了，直接威胁常德。同时，我们到遵义后，敌人估计我们可能回头与二、六军团会合，因为他们看到六军团是这样走的。周、薛纵队就在芷江、洪江严阵以待，准备打我们。因此，我们就在遵义休息了这么久。后来敌人看到我们没回头，他才进贵州。这时我们和二、六军团会合不了，只有想办法与四方面军会合。本来这也是好机会。四方面军在中央苏区五次反"围剿"时是打了胜仗的，把刘湘的六路进攻都粉碎了，是一个胜利之师，有很大的发展。那时中央要他们第一步控制嘉陵江，来接应我们。我们亦开始准备北进，打算在宜宾、泸州之间过长江，而后再过嘉陵江，和四方面军会合。可是我们从遵义出来到桐梓，发现敌人有准备，潘文华指挥了十四个旅四十三个团在沿江两岸布了防、筑了工事，并从松坎出来一支兵（刘湘的模范师郭勋祺）追我们，一直追到土城，打了一仗。这一仗我们没有打得很好。北进不可能，后来追兵又来了，仗又没有打好，怎么办？所以就向西走到了威信，这是川、滇、黔交界之处。这时战略指导很困难，北进不成，只有在贵州附近打圈子，建立川滇黔苏维埃根据地。

以后从威信又回到桐梓，从娄山关打到遵义，把王家烈的部队打垮，夺取了遵义城。以后守遵义城。有两座山，一个叫老鸦山，敌人攻山，把山给占领了。那时张宗逊同志被打伤了，邓萍同志被打死，干部团也用上去冲了。后来一军团赶上来了，最后领导上下了决心，不能攻山，就沿着遵义通乌江的马路一直打下去，打到乌江边。这样一打，击溃了吴奇伟的两个师。后来敌人占领山上的部队也撤退了。

从娄山关一直打到乌江边，确是一个很漂亮的仗，是遵义会议后的第一个胜利。王家烈的部队不是被我们"个个击破"，而是"个个碰破"的。这次击溃、消灭敌人两个师又八个团。那时我们开会，洛甫同志讲话说：我们现在不是逃命了，有希望了，有办法了。

薛岳指挥的吴纵队被我们打退了，还有一个周纵队。我们刚到遵义，他们就在遵义西南的长干山，我们一打就撤退到鲁班场守起来。那时他的兵也拖得和我们差不多了，但是他守在那里，因为天下雨，行动不方便，我们攻不上去，所以我们就从右侧仁怀附近过了茅台河。那时战略指导很困难，因为要建设根据地就必须打仗。我们的老规矩是：打一仗，消灭敌人后，就分兵发动群众，补充自己，创造战场，敌人再来就再打。所以，要打两仗、三仗才能打出个名堂来，才能站住脚，建立起根据地。而那时建立根据地是很不容易的，虽然打了敌人两个师又八个团，也不解决问题，吴纵队还有两个师，周纵队又来了；而就红军本身来说，有很大的削弱，到贵州后才扩军，但新扩的部队也不容易巩固。真正打起来，还是靠红军的老骨头，把老骨头消耗了就划不来。那时很多干部问：我们到底怎么行动，方向如何？他们不知道当时战略指导上的困难。

从仁怀过茅台河向西北走，敌人以为我们要向四川去，薛岳指挥的部队赶快沿着通四川的长江边堵我们、追我们，结果我们沿着茅台北面到了太平渡，又过赤水河转了回来，从鸭溪、枫香坝插过来，到乌江渡河，直插贵阳附近。那时蒋介石自己在贵阳，一看我们来了，很恐慌，赶快调滇军守贵阳。那时毛主席说：如果他把云南敌人调出来，调到贵阳，甚至出来一点，我们就胜利了。结果正合我们计算，滇军一直进到贵阳东的龙里县。我们就乘机从霓儿关插下去，把滇军甩到贵阳一带。迈开大步，顺着贵阳的大道走路，一天一百多里，直到昆明附近。中间只是在黄泥河附近碰到了滇军一些部队，打了一仗，其他没有打什么仗。龙云把民团集中起来守城，我们没有费什么事就把地主武装都搞掉了，把昆明东北将近十几个县城都打开了。这样一来，对龙云的威胁很大，他就赶快把孙度纵队调回来追我们，等追到的时候，我们差不多已经到了昆明的北面。这一仗完全是走出来的，一直走到金沙江边。从这里也可以看出，打不成就不要再打下去。那时没有办法建立根据地，即使在贵州一带建立根据地，也离进入抗日前线的中心过远。所以就走出一个"战役"来，把四川薛岳的部队甩到后面，把云南的敌人引出来，过河以后又甩掉了。这个"战役"是很伟大的，既达到了战役的目的，也完成了战略的任务。这就是遵义会议后的第二个胜利。

19. 再占遵义城痛歼中央军

张爱萍

1935 年 1 月，中央政治局在遵义召开的扩大会议，是党的历史上极其重要的转折点。它胜利地结束了王明"左"倾路线在党中央的统治，确立了以毛主席为代表的新的中央的领导，"在最危险的关头挽救了党"。从而在军事上结束了自第五次反"围剿"以来的单纯防御和退却、逃跑路线。红军重新采用并展开了高度机动灵活和集中优势兵力于运动中歼灭敌人的大规模游击性运动战；把红军从最危险的局面中挽救过来了。半年之中，中央红军在党中央和毛主席的亲自指挥下，冲过了敌机的扫射与轰炸，打败了数十万优势敌军的堵截、包围和追击，忍饥耐寒，战胜了无数的天险，越过崇山峻岭，渡过了金沙江、大渡河，在川西北与红四方面军胜利会师。

回师东进，大战娄山关

遵义会议后毛主席、党中央决定，红军继续北上，准备渡过长江与红四方面军会合。蒋介石为堵截我北渡长江，急调四川军阀刘湘等部沿江设防，日夜赶修工事；又令湖南军阀何键在湘黔之间布置封锁线，以隔断我与红二、六军团的联系，防止我军与二、六军团会合；而蒋介石的中央军主力吴奇伟、周浑元部则从湖南经贵阳兼程北上，沿乌江一线设防，构筑碉堡，并令其主力北渡乌江，与川湘之敌共同对我形成包围态势，妄图将我军聚歼于长江以南的黔北地区。

当我中央红军撤离遵义，经桐梓、松坎、习水等地北进至赤水河以东土城地区时，川军刘湘主力郭勋祺师已南渡长江，抢占了土城周围山地阻击我军前进。土城大战前，朱德总司令来到我们师亲自进行动员，我军士气高昂。我三军团从正面协同一军团对土城之敌发起进攻，我红四师担任正面主攻，五师从左翼迂回，六师为二梯队。经一天一夜的激战，我军打败了阻敌，胜利地西渡赤水河。然后，部队又经川黔边西行，于阴历正月初三，到达云南的扎西（威信），休整待命。

为了有利于进行大规模的运动战，我们红三军团在从遵义北进途中，就按照军委的决定开始整编部队。我们到达扎西后，虽时值严冬，夜间降雪，仍继续紧张地完成了整编工作。军团机关及直属队彻底实行了精简，全军团部队由第四、第五、第六共 3 个师整编为 4 个充实的团——第十、十一、十二和十三团。各师师部撤销，从师长、政治委员到连、排、班长层层下放。整编的结果，精简了机关，加强了战斗部队，加强了各级指挥，大大增强了部队的机动灵活性。同时遵义会议后由于军事行动的方向明确，政治工作的加强，全军士气高涨，斗志奋发，充满了"不怕打，不怕走，不怕饿，不怕累"的战斗精神。

我军在川、滇、黔边区，先后占了扎西等县城，扩军、筹款、开展群众工作，声威大震。这时，蒋介石已作好堵截我军北渡长江的设防。很显然，在强敌面前我军继续北进是不利的。于是乃乘贵州境内空虚之际，出敌不意，突然回戈东进，把敌人甩在长江两岸。

红三军团以整编后的十二团为前卫，东进到赤水河附近时，贵州军阀王家烈闻讯急调侯之担一部向赤水河急进，企图堵击我军东渡。我十二团先敌赶到赤水河，从二郎滩击溃东岸守敌，胜利地东渡赤水河。先头营背水迎战，将行进中的敌人一个团打得落花流水。敌人跳崖跌死的很多，满山遍野都是遗弃的衣物、枪弹和伤兵。

渡过赤水河后，红三军团以十三团为前卫，浩浩荡荡，直扑桐梓。我们十一团为军团后卫，一路晓行夜宿，如入无人之境。整编后的部队，如生龙活虎一般。宣传队沿途布设了红绿标语、图画，在行军道旁的鼓动棚里又唱歌又喊口号。群众拥塞路旁满面笑容迎接红军。人们争相为红军带路、挑担子、抬担架。村村都有端茶、捧烟和送鸡蛋的。我军前次北进留下的伤病员，在群众掩护下医治好了，此时也纷纷归队。群众参军的热情很高，有的连队一天就扩大了几十名新战士。

我军占领桐梓城后，得悉王家烈的一部分部队正由遵义向桐梓急进中，彭德怀军团长即令十三团星夜兼程，力求先敌进占自桐梓通向遵义的要隘——娄山关。

第二天中午，我们十一团到达桐梓城外，刚要布置宿营，突然接到彭军团长急令："娄山关战斗激烈，全团火速前进！……"

当时，我正担任十一团的政治委员，遂和邓国清团长等几个团的负责同志策马加鞭，沿着桐梓到娄山关的大路奔驰。在距离娄山关不远的路旁树林边，见到了彭军团长和邓萍参谋长，这时才知道：昨夜敌人一个师（4个团）自遵义赶来先我占领了娄山关，其两个团扼守关口，师部率一个团守关南约30里处的板桥镇，另一个团正企图出娄山关增援桐梓，于娄山关半山腰与我军遭遇。十三团经过反复冲杀，占领关口后，遭受了敌人猛烈反击，现在正和敌人对峙在关口下。

彭军团长确定的战斗部署：不仅要夺下娄山关，打通去遵义的道路，而且要把守关的敌人歼灭，为乘胜占领遵义创造条件。随即命令：十二团接替十三团从正面进攻；十三团、十团从敌人左右两侧包围娄山关之敌；我们十一团从娄山关左翼远出迂回板桥敌人，并切断其退路。

夕阳映着群山巨峰，娄山关显得更加巍峨峻险。我们取道点金山下，沿着一条蜿蜒小路，向板桥急进。由于迂回道路很远，又是山地夜行军，一分一秒的时间都是特别珍贵。部队一面前进，一面层层下达任务，进行政治动员。战士们听说去兜敌人的屁股，无不欢快，鼓动口号一路不绝：

"歼灭娄山关的敌人，再占遵义城！"

"不怕跑，不怕累，坚决兜住敌人！"

娄山关那边密集的枪声震破了夜空。我们加快脚步飞速前进。战士们一个紧跟着一个，虽然正是阴历正月的夜晚，寒风刺骨，但每人的军帽里都冒着热气，汗水顺着脸庞流下来。

走到半夜，星月突然躲进浓云里去了。接着落下了阵阵细雨，陡险的山路像擦了油似的溜滑难走。跌跤的人越来越多，开始有的见别人滑倒了还笑着喊："再来一个！"话刚出口自己也滑倒了，引起大家一阵哄笑。雨越下越大，山路也越来越陡……但这些都挡不住铁打的红军飞快前进的脚步。

一路急行军，经杨柳湾一线，翻过层层大山，穿过丛林，拂晓赶到了板桥附近。板桥外围的敌人如遇"飞将军从天而降"，仓皇应战。我们抢占了板桥镇外的一个山头，趁势向镇里冲击，敌主力不支向南溃去。

就在我们向板桥迂回的同时，十二团从娄山关正面展开了猛攻。敌人自知娄山关是遵义的大门，当然是不肯轻易退让的。他们凭借着"一夫当关，万夫莫开"的险要关口，与我军反复争夺每一个山头。但是，王家烈的部队是有名的"双枪兵"，每人除了一支钢枪还有一支大烟枪。他们过足了烟瘾，依仗着险要的地势，虽然能打一气，但等烟瘾一发，娄山关虽称天险却也不能挽救他们的命运了。特别是我军这次突然转回，早把他们弄得晕头转向，胆战心惊。在我军正面猛攻和两翼包围、迂回的进攻之下，守敌便土崩瓦解，狼狈溃退。我军在板桥周围山区展开了一场大规模的追歼残敌战。

整整一天一夜的行军、作战，行程150余里，同志们都粒米未尝，但是胜利的喜悦，已使大家忘却了饥饿和疲劳。傍晚休息下来，都情不自禁地欢谈着：

"明天，就到遵义吃晚饭了！"

"不对，是到遵义去吃中饭！"

再占遵义城，痛歼中央军

第二天黎明前，启明星眨着眼，部队便顺着公路快步奔向遵义。我们十一团为军团的前卫，走得早，跑得快。每个人都恨不得生出翅膀，一下飞上遵义的城墙。跑！追！沿路到处是敌人的散兵，三五成群奔跑。一些跑不动的烟鬼兵，躺在路旁，流着鼻涕眼泪；有的烟枪还没丢，竟倒在路旁，摆开烟灯过起烟瘾来。问他们为什么不跑了，他们说红军"飞"得太快，他们跑不动了。

上午9点多钟，一座横断公路像马鞍的山坡上突然枪声大作。战士们高兴地叫着："追上了，又追上了！"

此处是石字铺，距遵义约30来里路，是娄山关通遵义城的一个小隘口。敌人从城里派出一个营，凭山阻击我军。经一阵激战，我军占领了山头。敌人除被歼的外，残部狼狈向遵义逃窜。我们脚跟脚一直追到城下。

遵义分为新老两城。当我先头部队追过新城，快到老城东门时，一条小河把路切断了。老城守敌即将城门紧闭,从石字铺溃下的五六十个敌人被关在城外的大桥上,作了我军的俘虏。

遵义城面积较大,老城与新城之间有一条河流做为分界。下午,我军一鼓作气抢占了新城及城边村落。为了迅速拿下老城,我们冒着敌人的枪弹匍匐前进,迫进到城下河滩边,隐蔽在一个小土墩的草丛中,正用望远镜观察地形及敌人守城部署时,军团参谋长邓萍也来到前沿和我一起观察敌情,并对我说:"你们先钳制住守城之敌,待军团主力到达后,今夜发起总攻,一定要在明天拂晓前拿下遵义,情况紧急,明天增援遵义的敌人薛岳部就可能赶到……"突然,他的头栽到我的右臂上,我还没弄清怎么一回事,殷红的热血已染满我的衣襟。邓萍不幸中弹,没有来得及说完要说的话就悲壮地牺牲了。邓萍是黄埔军校的早期学生,曾参加过平江起义,作战指挥英勇顽强、沉着、果断,是彭军团长的得力助手,是我党优秀的干部和指挥员,他的牺牲使我异常悲痛,长期间地怀念他。在艰苦的革命战争中,有多少生死与共的战友,在我身边倒下,他们往往来不及说完一句话,来不及投出一个手榴弹,就和我们永别了!中国革命的历史就是用无数烈士的生命和鲜血谱写成的……当晚,我军团主力怀着为邓萍复仇的满腔怒火,向遵义老城发起猛攻,胜利地再次占领了遵义城。

遵义城里,人民喜气洋洋,张灯结彩,欢迎红军又回到遵义来了。

就在我军再占遵义的同时,蒋介石急调他的中央军吴奇伟纵队两个师从乌江南岸远途驰援遵义。为痛歼来敌,我军攻占遵义的第二天拂晓后,军委即命令一、三军团各派出一个团,分两路向懒板凳和鸭溪方向迎击。命令规定:中途遇敌后,即采取宽正面的运动防御战术,节节抗击,消耗、疲劳敌人。待把敌人引到遵义城外时,两个团即并肩构筑工事,依山固守,坚决把敌人抓住,以利我一、三军团从左右两翼突击歼灭敌人。出击迎敌的两个团:一是一军团的第三团向懒板凳方向,二是我们十一团向鸭溪方向。我们接到命令后,立刻紧急集合,全团成四路纵队,雄赳赳地涌出城去。出征的歌声、口号声震动了全城。街头巷尾挤满着人群,向我们招手欢呼。自然,人们还不知道这是大战前的布阵。

一军团第三团出发比我们早,我们刚走到遵义城外去鸭溪和懒板凳分路的桥上,他们已经迎上了敌人,并且展开了战斗。

第三团的一个骑兵通信员,飞也似地向红一军团首长去送报告。他在我们队前下了马，气喘吁吁地说："来了，中央军增援来了，大概有两师人。"说着翻身上马，飞驰而去。

"吴奇伟这小子真积极呀！"

"哼，他已经来晚了！"

全团来到老鸦山左侧一带山地，刚集合好正进行战前政治动员，敌人约一个多团从正面向我扑来，企图占领我们前面的山头。我们随即命令二营跑步，抢先占领了那个山头。这时左前方一军团的部队和敌人的战斗逐渐激烈起来，其他的兄弟部队也纷纷投入了战斗。

敌人向我二营多次进攻均被击退，暂时形成了一个对峙局面。敌人的后续部队赶到后，又向我二营左侧包围。我一营从山后冲杀出去，把包围的敌人打垮，又对峙起来。敌人的后续部队，逐渐增加到了两个团。我们一方面感到压力很大，同时又因吸住了敌人而高兴。大家抱定与阵地共存亡的决心沉着应战，决不后退一步，并依山构成了野战防御阵地，把敌人钉在面前。十团也控制了老鸦山的主峰。

敌人的进攻越来越凶，猛烈的炮火打得山石横飞，树木断折，枯草燃烧。从遵义到贵阳公路两侧方圆20里的山区，一片战火。我军阵地仍屹立不动，与蒋贼中央军展开了浴血大战。

下午，敌人把主攻方向转向坚守老鸦山的第十团，攻势一次比一次猛。一次攻不上，又来第二次；侧面攻不动，又转到正面攻。敌人死伤累累，我们也付出了较大的代价。十团参谋长钟维剑亲自在老鸦山主峰向进攻的敌人投手榴弹，壮烈牺牲了。战斗越打越激烈，敌人出动了飞机狂轰滥炸。激战到下午3点多钟，敌人凭借优势火力、兵力占了老鸦山主峰。这样，不但居高临下威胁着我们，更严重的是直接威胁了遵义城的安全。彭军团长发出命令要我团一面固守阵地，一面组织兵力坚决夺回老鸦山。我们当即组织三营猛攻两次，均因地形险恶，未能成功。三营黄营长负了伤，连长、指导员、排长也伤亡不少。最后我们又增调第一营一个连，正准备组织第三次猛攻，电话中传来彭军团长的声音，为迅速夺回老鸦山主峰，军委命令：干部团从北向南进攻，十一团配合干部团从左侧仰攻。

经过一场激烈的争夺战，干部团首先登上了老鸦山主峰。山顶上又飘扬起我军的红旗。就在这时，十三团、十二团和迫击炮营也从遵义通贵阳的公路以西在我十一团左侧，向正面之敌实施猛烈突击。一军团的方向也远远传来炮声、枪声。

黄昏之前，我军全线展开了反击。仅激战一个多小时，敌人就全面崩溃，主力被我军歼于老鸦山，残部分路向乌江溃退。我一军团向懒板凳方向，三军团向鸭溪方向，乘胜在夜间展开了猛追。我们紧跟着溃敌的脚后跟，一直追到鸭溪镇。

吴奇伟的两个师大部被歼灭了。吴奇伟仅带两个团的残兵败将，惶惶如丧家之犬，经懒板凳向乌江方向逃去。当我一军团追到乌江时，他不待败兵过得江去，便下令斩断了乌江上的浮桥保险索，把1000多人甩在江北岸做了我军的俘虏。

吴奇伟两个师的覆灭，是红军长征以来获得的首次大胜利，轰动了全国，影响很大，特别是震慑了云贵川的敌人。我军斗志更加奋发。部队换了好枪，补充了弹药、物资，战士们喜气洋洋地说：

"还是打中央军过瘾，送来的都是好枪！"

"还是毛主席的运动战灵验啊！"

在鸭溪，我们三军团举行了隆重的大会，庆祝娄山关与遵义两次大捷。各连出墙报，编快板，赋诗作歌，颂扬长征以来获得的最大胜利，颂扬毛主席战略方针的胜利。

这时候，我们都不由得回想起遵义会议以前的情况：在第五次反"围剿"中，由于"左"倾机会主义路线的领导者采取了什么"全线出击""两个拳头打人"，或"六路分兵""全线抵御"的单纯防御，使这次反"围剿"遭到了失败。而在退出中央革命根据地后，又实行退却逃跑。在前堵后追的敌人面前，不是积极地寻求战机歼灭敌人，而是"叫花子打狗——边打边走。"我军不管走或驻，处处受制于敌，每天都被"狗"咬着。加之"大搬家"，机关臃肿，辎重笨重，拖拖拉拉，走也走不动，打也打不好。再看一下回师遵义以来的情形，真是走得利索，打得痛快。两下对比，更加深刻地体会到毛主席的军事路线是我军克敌制胜的法宝。

20. 王稼祥谈遵义会议

王稼祥

    中央苏区第五次反"围剿"失败后，1934 年 10 月，党中央和中央红军被迫撤离江西革命根据地，开始了史无前例的艰难的长征。由于博古同志坚持"左"倾机会主义路线，加之战略指导上的错误，使红军长期处于极为不利的被动境地。蒋介石调集重兵沿湘粤桂边设置几道封锁线，企图阻止我军与二、六军团会合，达到聚歼我军的目的。红军经过浴血奋战，突破了敌人四道封锁线，在突破敌湘江第四道封锁线时，部队损失惨重，由江西出发时的 8 万余人减至不足 4 万人。红军前有堵截之敌，后有围追之兵，形势严峻，处境十分艰险。

    我在第四次反"围剿"胜利结束时，腹部受重伤，长征开始时伤口尚未痊愈，只得坐担架随军委纵队行进。一路上我有充裕的时间来思考问题。五次反"围剿"时，我曾为作战指挥上的问题和李德发生过多次争论，我认为"御敌于国门之外""短促突击"是打不破敌人"围剿"的，还是要采取诱敌深入、隐蔽部队、突然袭击、先打弱敌、后打强敌、各个击破等战法。但是，李德不听我的意见，结果是使苏区和红军遭受重大损失，不得不进行战略转移。当前情况又万分危急，我对局势非常焦虑，想来想去只有向毛泽东同志表白自己的看法。毛泽东同志自 1932 年 10 月宁都会议上被第三次"左"倾错误领导剥夺了红军的指挥权，五次反"围剿"中他们又拒绝采纳他的正确主张，长征前他正在养病，长征时也乘担架同行，我们在休息和宿营时经常一起交谈对当前局势的看法。我向毛泽东同志表示：目前形势已非常危急，如果再让李德这样瞎指挥下去，红军就不行了！要挽救这种局面，必须纠正军事指挥上的错误，采取果断措施，把博古和李德"轰"下台。毛泽东同志听后十分赞同。他考虑了当时情况，又担心地说："你看能行吗？支持我们看法的人有多少？"

我说："必须在最近时间召开一次中央会议，讨论和总结当前军事路线问题，把李德等人'轰'下台去。"毛泽东同志高兴地说："好啊，我很赞成。"并要我多找几位同志商量商量。

我先找张闻天同志，向他谈了自己对博古、李德军事路线的看法以及召开中央会议的意见，张闻天同志正巧也在考虑这个问题，他对李德在军事指挥上的错误也有同感，表示同意我的看法。接着，一向支持毛泽东同志正确意见的周恩来同志也赞成这一建议。随后，我还找了几位军队的负责同志，谈了我的看法。正好一军团政委聂荣臻同志因腿伤感染化脓也坐担架随军委纵队行动，我们有机会在一起交谈，我把上述看法和聂荣臻同志谈了，得到他的支持和赞同。

1935年1月上旬，红军攻占了遵义城，具有深远历史意义的党中央政治局扩大会议就在此处召开了。由于白天要集中精力指挥部队作战，所以会议都是晚上召开。会址是一个地方军阀的公馆。参加会议的政治局委员有张闻天（洛甫）、毛泽东、周恩来、秦邦宪（博古）、朱德、陈云，政治局候补委员有：王稼祥、邓发、刘少奇、何克全（凯丰），以及红军指挥机关和军团的主要领导同志。共产国际派来的军事顾问李德（华夫）也列席参加了会议，伍修权同志担任翻译。

会议由博古同志主持，他首先作了报告，主要内容是强调未能粉碎第五次"围剿"的原因，完全是客观上的不利因素，党的军事路线没有错误。博古同志作完报告之后，周恩来同志作了补充报告。

会上，毛泽东同志对博古、李德等人在中央根据地提出的"御敌于国门之外""不放弃苏区一寸土地""短促突击"等口号，和军事上造成的绝大错误，进行了针锋相对的有力批判。

毛泽东同志鲜明的态度使会上顿时出现了两种不同的观点，形成了两条军事路线的斗争。

我是带着伤发着烧参加会议的。毛泽东同志发言完后，我紧接着发言。我首先表示拥护毛泽东同志的观点，并指出了博古、李德等在军事指挥上的一系列严重错误，尖锐地批判了他们的单纯防御的指导思想，为了扭转当前不利局势，提议请毛泽东同志出来指挥红军部队。

张闻天同志随即表了态，支持毛泽东同志和我的意见，对博古、李德等人的错误进行了批判。

周恩来同志紧接着表示赞成，态度诚恳，一面自己承担了责任，一面请毛泽东同志重新指挥红军。

其他几位主要领导同志也都表了态，会场上的意见就基本统一了。但是也有个别同志不仅仍坚持错误意见，而且情绪对立，不愿将印把子交出来。

会上，李德独自坐在会场的门旁，一言不发，一个劲地吸烟，情绪十分低落。

会议开了三天，委托张闻天同志执笔写出会议的决议案。

最后一天，会议讨论了中央领导机关的改组，增选毛泽东同志为政治局常委，补选我为政治局委员。撤销了博古、李德的军事指挥权，仍由朱德、周恩来同志继续指挥军事。会后，常委分工，决定张闻天同志代替博古负总的责任。随后，又成立了毛泽东、周恩来和我三人组成的军事指挥小组，实际上是当时最高军事领导小组指挥部。这次会议，确立了毛泽东同志在党内的领导地位，从而在中国革命的危急关头挽救了红军，挽救了党。它的巨大意义已经在斗争实践中得到了证实。

21. 生死攸关的历史转折

——回忆遵义会议的前前后后

伍修权

遵义会议的酝酿和准备

长征开始以后，部队不断受到损失，士气十分低沉。首先在领导层中，对当时的军事指挥错误就有议论，早已酝酿着不满。湘江战役进一步暴露了军事指挥上的逃跑主义错误。李德等人的所作所为以及由此造成的严重后果，迫使人们苦苦思索面临的问题：为什么在临时中央和李德来到根据地以前，中央红军在毛泽东同志指挥下，能够以三四万人的兵力，粉碎了敌人一、二、三次"围剿"，还扩大了根据地，发展了红军。周恩来等同志指挥的第四次反"围剿"，继续按照毛泽东同志的军事思想作战，也取得了胜利。到第五次反"围剿"时，中央红军已发展到10万人以上，中央根据地更加扩大和巩固了。但是，在李德等人的指挥下，红军苦战一年，结果反而是"兵日少地日蹙"，最后来了个大搬家，丧失了整个中央根据地不算，八九万大军只剩了3万来人，使党和红军面临绝境。惨重的失败，险恶的环境，使人们对李德那一套由怀疑到愤怒，许多指战员愤愤地说，过去几次反"围剿"，打了许多恶仗，不但没有这么大的消耗，还壮大了许多倍，现在光挨打，真气人！他们痛心地问：这样打下去，结果会怎么样呢？长征开始后，彭德怀曾经气愤地说："这样抬着棺材走路，哪像个打仗的样子？"他批评李德等人："把革命当儿戏，真是胡闹！"事实教育了人们，王明等人自称"百分之百"的正确却打了败仗，被他们批判排斥了的毛泽东同志的主张却越来越被事实证明是正确的。人们在胜利时认识了毛泽东同志，在失败中又进一步地认识了毛泽东同志。

中央的领导同志，包括曾经犯过"左"倾错误的同志，也陆续有了觉悟。早在第五次反"围剿"开始后不久，在一次军委会议休息时，当时任中央政治局委员、苏维埃人民委员会主席的张闻天同志跟我说："这样打下去。我们能有胜利的前途吗?"这表明，他当时已经对李德的军事路线产生了怀疑。到广昌战役后的一次讨论会上，他就提出"不该同敌人死拼"，结果同博古同志闹翻了。李德对这件事表现很"关切"。他要博古向张闻天同志转达他的意见："这里的事情还是依靠莫斯科回来的同志。"意思是说，博古和张闻天这些从莫斯科回来的同志内部不应该闹摩擦。张闻天同志根本没理会李德这个"劝告"，也不怕他们排斥打击，仍然坚持自己的观点。这次大搬家后，他对李德等人的错误看得更清楚了。

王稼祥同志也早就觉察到李德等人的军事错误。他那时是军委副主席、红军总政治部主任。在第四次反"围剿"时，他负了重伤，长征开始后就坐担架随队行动。当时毛泽东同志也因病坐担架，经常同王稼祥同志同行。他们在行军休息时就商谈了许多有关党和军队前途的问题。王稼祥同志向毛泽东同志坦率地表示了自己对当时形势的忧虑，认为这样下去不行，应该把李德等人"轰"下台。毛泽东同志赞赏他的想法，并针对现实情况，谈了马列主义的普遍真理必须与中国革命实践相结合的道理。这给了王稼祥同志很大的启示，也更加坚定了他支持毛泽东同志的决心。这时，他们就商谈了准备在适当时机召开中央政治局会议，解决面临的严重问题。

周恩来同志当时也是军委副主席，在第五次反"围剿"中同李德接触较多，曾经与李德进行过多次争论，表示不同意李德的某些军事主张和作战方案。特别在如何使用兵力的问题上，李德强调所谓"正规军"打"阵地战"，用红军的"多路分兵"对付敌人的"多路进击"。周恩来同志主张集中兵力于一个方向，其他方向则部署牵制力量，使红军保持相对优势和机动兵力，以粉碎敌人的进攻。但是，李德拒不接受周恩来同志的正确建议，使分兵把口的红军被敌人的强大兵力各个击破。进行这些争论时，我经常在场，有时由我从中翻译，有时周恩来同志直接用英语对李德讲。他对李德的错误最了解，只是由于当时中央的主要领导坚持"左"倾错误，尤其是支持李德的独断专行，周恩来同志只能在自己的工作范围内采取某些具体措施进行适当的补救，尽量减少红军的损失。周恩来对毛泽东同志的主张本来就是了解和赞佩的，所以他当然是支持毛泽东同志的。

毛泽东同志在长征途中也利用一切可能的机会，向有关干部和红军指战员进行说服教育工作，用事实启发同志们的觉悟，使大家分清什么是正确的，什么是错误的。这一切都为遵义会议的召开创造了必要的条件，打下了思想基础。此外客观形势也促成了遵义会议的召开。

部队前进到湘西通道地区时，得到情报说，蒋介石已知道我们的意图是与二、六军团会合，正在我们前进方向布置了五倍于我们的强大兵力，形成了一个大口袋等我们去钻。面对这一严重情况，李德竟然坚持与二、六军团会合的原定计划，把已经遭到惨重伤亡的3万红军，朝十几万强敌的虎口里送。如果按照这个意见办，中央红军可能会全军覆没。在这危急关头，毛泽东同志向中央政治局提出，部队应该放弃原定计划，改变战略方向，立即转向西到敌人力量薄弱的贵州去，不能再往北走了。毛泽东同志的这一主张，很快得到多数同志的赞同，中央迫于形势，只得接受了这一正确建议。12月18日，在贵州黎平，中央召开了政治局会议，毛泽东同志的意见被通过了。于是，在毛泽东同志的思想指导和周恩来同志的具体指挥下。红军挥戈西指，改向贵州进军，这就一下打乱了敌人的原来部署。从这时开始，红军突破乌江，攻下遵义，战局出现了转机，红军恢复了活力。

在进遵义以前，王稼祥同志早提出了召开中央政治局扩大会议（即遵义会议）的倡议。他首先找张闻天同志，谈了毛泽东同志的主张和自己的看法。他认为，应该撤换博古和李德，改由毛泽东同志来领导。张闻天同志也在考虑这些问题，当即支持了他的意见。接着，王稼祥同志又利用各种机会，找了其他一些负责同志，一一交换了意见，并取得了这些同志的支持。聂荣臻同志因脚伤坐担架，在行军途中听取并赞同王稼祥同志的意见。周恩来和朱德等同志历来就尊重毛泽东同志，在临时中央打击排斥毛泽东同志时，他们也未改变对他的态度，这次也毫不犹豫地支持了王稼祥同志的意见。正是在此大势所趋、人心所向的形势下，再加上毛泽东、王稼祥同志做了大量的工作，召开遵义会议的条件已经成熟。这时王稼祥，张闻天同志就通知博古同志，要他准备在会议上作关于第五次反"围剿"

的总结报告，通知周恩来同志准备一个关于军事问题的副报告。至此，遵义会议的准备工作基本就绪。

决定党和红军命运的遵义会议

1935 年 1 月上旬，红军胜利攻占黔北的重镇遵义。中共中央在遵义旧城一个军阀柏辉章的公馆二层楼上召开了中央政治局扩大会议，这就是具有伟大历史意义的遵义会议。参加这次会议的有中央政治局委员博古、周恩来、毛泽东、朱德、张闻天和陈云，政治局候补委员王稼祥、刘少奇、邓发和凯丰（即何克全），总参谋长刘伯承，总政治部代主任李富春。会议扩大到军团一级干部。有一军团长林彪、政委聂荣臻；三军团长彭德怀、政委杨尚昆；五军团的政委李卓然因为战事迟到，在会议开始后才赶到；邓小平同志先以《红星报》主编身份列席会议，会议中被选为党中央秘书长，正式参加会议。李德只是列席了会议，我作为翻译，也列席了会议。会议中途彭德怀和李卓然同志因为部队又发生了战斗，提前离开了。

会议一般都是晚饭后开始开会，一直开到深夜。因为中央政治局和军委白天要处理战事和日常事务。会场设在公馆楼上一个不大的房间里，靠里面有一个带镜子的橱柜，朝外是两扇嵌着当时很时兴的彩色花玻璃的窗户，天花板中央吊着一盏旧式煤油灯，房间中间放着一张长条桌子，四周围着一些木椅、藤椅和长凳子，因为天冷夜寒，还生了炭火盆。会场是很简陋狭小的，然而正是在这里决定了党和红军的命运。

会议开始还是由博古主持。他坐在长条桌子中间的位置上，别的参加者也不像现在开会，有个名单座次，那时随便找个凳子坐下就是了。会议开了多次，各人的位置也就经常变动。开会以后，首先由博古作了总结第五次反"围剿"的主要报告。他也看出了当时的形势，对军事错误作了一定的检讨，但是也强调了许多客观原因，为临时中央和自己的错误作了辩护和解释。接着，由周恩来作了关于第五次反"围剿"军事问题的副报告。

毛泽东同志在会上作了重要发言。他讲了大约有一个多小时，同别人的发言比起来，算是长篇大论了。他发言的主要内容是说当前首先要解决军事问题，批判了"左"倾冒险主义的"消极防御"方针和它在各个方面的表现，如防御时的保守主义，进攻时的冒险主义和转移时的逃跑主义。他还尖锐地批评了李德的错误军事指挥，只知道纸上谈兵，不考虑战士要走路、要吃饭、还要睡觉，也不问走的是山地、平原还是河道，只知道在地图上一画，限定时间打，当然打不好。又用一、二、三、四次反"围剿"胜利的事实，批驳了用敌强我弱的客观原因为第五次反"围剿"失败作辩护的观点。他指出，正是在军事上执行了"左"倾冒险主义的错误主张，才导致了第五次反"围剿"的失败，造成了红军在长征中的重大牺牲。毛泽东同志的发言反映了大家的共同想法和正确意见，受到与会绝大多数同志的热烈拥护。

紧接着发言的是王稼祥同志。他旗帜鲜明地支持毛泽东同志的意见。严厉地批判了李德和博古在军事上的错误，拥护由毛泽东同志来指挥红军。张闻天和朱德同志接着也表示了明确态度，支持毛泽东同志的意见。朱德同志历来谦逊稳重，这次发言时却声色俱厉地追究临时中央领导的错误，谴责他们排斥了毛泽东同志，依靠外国人李德弄得丢掉根据地，牺牲了多少人命！他说："如果继续这样的领导，我们就不能再跟着走下去！"周恩来同志在发言中也支持毛泽东同志对"左"倾军事错误的批判，全力推举毛泽东同志为我党我军的领袖。他指出，只有改变错误的领导，红军才有希望，革命才能成功。他的发言和倡议得到了与会绝大多数同志的积极支持。

会上的其他发言，我印象中比较深的是李富春和聂荣臻同志。他们对李德那一套很不满，对"左"倾军事错误的批判很严厉。彭德怀同志的发言也很激烈，他们都是支持毛泽东同志的正确意见的。其余同志在当时形势下，也支持毛泽东同志的意见。

会上被直接批判的是博古，批判博古实际上就是批判李德。因此，会议一开始，李德的处境就很狼狈。当时，别人基本上都是围着长桌子坐，他却坐在会议室的门口，我也坐在他旁边，他完全是处在被告的地位上。别人发言时，我一边听一边翻译给李德听，他一边听一边不断地抽烟，垂头丧气，神情十分沮丧。由于每天会议的时间都很长，前半段会我精神还好，发言的内容就翻译得详细些，后半段会议时精力不济了，时间也紧迫，翻译就简单些。会议过程中，李德也曾为自己及王明在军事上的"左"倾教条主义错误辩护，不承认自己的错误，把责任推到客观原因和临时中央身上。不过这时他已经理不直、气不壮了。事后有人说他在会上发脾气，把烤火盆都踢翻了，把桌子也推翻了。这我没见到。当时会议的气氛虽然很严肃，斗争很激烈，但是发言还是说理的。李德本人也意识到已是"无可奈何花落去"，失势无权了，只得硬着头皮听取大家对他的批判发言。

会议共开了三次，即由 1 月 15 日到 17 日。遵义会议决议上印的日期是 1 月 8 日，我看不准确，可能是 1 月 18 日之误。因为 1 月 8 日部队刚进遵义，1 月 9 日中央机关才进遵义，还没来得及召开会议，决议不会那么早就作出来。

会议的后期。委托张闻天同志根据毛泽东同志的发言精神，起草了《中央关于反对敌人五次"围剿"的总结决议》（遵义会议决议），决议指出，博古和李德（用华夫代名）等人。在反对五次"围剿"战争中，却以单纯防御路线（或专守防御）代替了决战防御，以阵地战堡垒战代替了运动战，并以所谓"短促突击"的战术原则来支持这种单纯防御的战略路线。这就使敌人持久战与堡垒主义的战略战术，达到了他的目的。使我们的主力红军受到一部分损失，并离开了中央苏区根据地。应该指出，这一路线，同我们红军取得胜利的战略战术的基本原则，是完全相反的。《决议》还就博古、李德等在组织路线、领导作风上及利用敌人内部冲突等问题，一一作了结论，这个决议在会议上被通过了。

遵义会议集中全力解决当时具有决定意义的军事问题和组织问题，改组了党和军队的领导，解除了博古同志的总负责人职务和李德的军事顾问职务，选举毛泽东同志为政治局常委。在退出遵义途中，在云、贵、川交界处一个叫鸡鸣三省的地方，中央分工时，选举张闻天同志为中央总负责人，接着，又成立了以毛泽东同志为首，有周恩来、王稼祥同志参加的三人军事指挥小组，作为最高统帅部，负责指挥全军行动。全党信服毛泽东同志，把当时最有决定意义的、关系到我党我军生死存亡的军事指挥大权托付给他，从而确立了毛泽东同志在红军和党中央的领导地位。这是遵义会议的最大成就，是中共党内最有历史意义的伟大转折。

"群龙得首自腾翔"

遵义会议的成功，表现出了毛泽东同志杰出的领导才能与智慧。他在会议上只批判临时中央在军事问题上的错误，没有提政治问题上的错误，相反还在决议中对这个时期的政治路线说了几句肯定的话。这是毛泽东同志的一个英明决策。在会议上，曾经有人提出批判和纠正六届四中全会以来的政治错误，毛泽东同志机智地制止了这种做法。正是这样，才团结了更多的同志，全力以赴地解决了当时最为紧迫的军事问题。会后，曾有同志问毛泽东同志，你早就看到王明那一套是错误的，也早在反对他，为什么当时不竖起旗帜同他们干，反而让王明的"左"倾错误统治了四年之久呢？毛泽东同志说，那时王明的危害尚未充分暴露，又打着共产国际的旗号，使人一时不易识破他们，在这种情况下，过早地发动斗争，就会造成党和军队的分裂，反而不利于对敌斗争。只有等到瓜熟蒂落，水到渠成时，才能提出和解决这个问题。毛泽东同志还注意把推行"左"倾错误的头头，同仅仅执行过这一错误的人严格区别对待。在遵义会议上，他只集中批判博古和李德，对别的同志，则采取耐心的说服帮助，争取他们转变立场。毛泽东同志这种对党内斗争的正确态度和处理方法，也是促成遵义会议成功的重要原因。

正由于这样，原来曾经支持过王明"左"倾错误的王稼祥、张闻天等同志，在遵义会议这一历史转折关头，都转而支持了毛泽东同志。这里特别值得一提的是王稼祥同志，毛泽东同志曾说，在遵义会议上，王稼祥同志投的是"关键的一票"。又说，他是第一个从王明的教条小宗派中脱离出来的。周恩来同志也说，王稼祥同志在遵义会议上是有功的。张闻天同志也起了很好的作用。博古同志虽然是会上主要批判对象之一，但是，他的态度也是比较端正的。他主持会议，却不利用职权压制不同意见，表现了一定的民主作风和磊落态度。会后，他又坚决服从和执行中央的决定，并严正地拒绝了别人的挑拨性意见。直到10年以后党的第七次全国代表大会上，他还作了认真的自我批评。这些都体现了一个共产党人的应有品质。

遵义会议以后，毛泽东同志亲自指挥了四渡赤水战役，巧妙地甩开了敌人，跳出了重围，赢得了战略转移中具有决定意义的胜利，写下了长征史上最为光彩神奇的篇章。我们许多参加过这个战役的同志，至今谈起来还眉飞色舞，赞叹不绝。

朱德同志有首纪念遵义会议的诗写道："群龙得首自腾翔，路线精通走一行。左右高低能纠正，天空无限任飞扬。"确确实实如此。遵义会议后，正是由于党中央和毛泽东同志的英明领导，我们在长征极端艰难的条件下，保存并锻炼了党和红军的基本骨干，并且克服了张国焘的退却逃跑和分裂党的阴谋，胜利地到达陕北，结束了长征，促成了抗日民族统一战线，推动了抗日高潮的到来。这一切随着时间的推移，使人越来越深刻地认识到遵义会议的深远意义。

遵义会议已经过去近半个世纪了，党的十一届六中全会通过的《关于建国以来党的若干历史问题的决议》中指出，遵义会议是我党历史上"一个生死攸关的转折点"。作为亲身经历这一转折的老战士，每当回忆起这次会议，总是自然地深深怀念毛泽东同志。遵义会议以前，王明等人脱离群众、脱离实际，只会搬用书本和外国的经验，甚至倚仗外人来领导中国革命。李德根本不懂中国的国情和斗争特点，却以"太上皇"自居，凭着洋本本、死框框瞎指挥，推行王明的"左"倾教条主义，结果把我国的革命几乎引入绝境。正是毛泽东同志把马列主义普遍原理与本国革命实践相结合，才使我国革命走上了胜利的道路。因此，直到今天，我们还在享受着遵义会议的成果。我们回忆遵义会议，正是要铭记毛泽东同志根据我党血的经验教训告诉我们的这一伟大真理。尽管毛泽东同志晚年有过错误，但他的光辉革命实践，和他在中国革命危难时的伟大历史功勋，是永垂史册的。

22. 扎西整编与四渡赤水

谢振华

1936 年 10 月，中国工农红军（一、二、四方面军）三大主力在甘肃会宁和将台堡（今属宁夏西吉县）实现胜利会师，从而结束了具有伟大历史意义的长征，为中国革命战争的胜利发展奠定了坚实的基础。红军长征是一段史无前例的非常残酷、非常艰难的战斗历程。探讨红军如何克服那些艰难险阻而取得胜利，那是一篇很难写完的文章。我现就红一方面军在长征途中为适应当时对敌斗争的需要，在云贵边区的扎西整编与四渡赤水的情况回忆如下。

一

1935 年 1 月 15 日至 17 日，党中央在贵州遵义召开了具有伟大历史意义的政治局扩大会议，结束了王明"左"倾冒险主义在党中央和红军的统治，确立了以毛泽东为代表的新的党中央的正确领导，从而挽救了党，挽救了红军，挽救了中国革命。

遵义会议后，红一方面军在党中央、中革军委和毛泽东的指挥下，为摆脱数十万敌军的围追堵截，实施了较大的机动转移，巧妙地调动敌人。于 1 月 19 日兵分三路向赤水河方向前进。三军团经仁怀向北，中央纵队和其他军团（除一军团外）随后开进，于 1 月 27 日先后到达土城。第二天，三、五军团和干部团向企图堵截我军而占据土城东北的青杠坡几个制高点之黔敌尤国才部和敌川军郭勋祺部发起进攻，战斗进行两天，打得很激烈。原估计青杠坡守敌只有 3 个旅 5 个团约 6000 人，实际上有 5 个旅 10 个团约 12000 多人。由于敌人火力较强，占据有利地形，加之敌川军廖泽、达凤岗、潘佐 3 个旅已前来增援，虽然红军奋力攻击，歼敌千余人，但自己伤亡也大，在未能迅速歼敌，又要避敌合围的紧急情况下，再战则不利，中革军委当机立断，随即下令迅速退出战斗。第三天，一、三、五军团和中央纵队分别从土城、猿猴场等几个渡口实施了有名的一渡赤水河，并分兵多路西进，准备到云南扎西地区集结。红三军团同中央纵队经四川的古蔺、叙永等地向扎西前进。2 月 7 日，党中央在大河滩召开会议，总结了土城战斗的经验教训，决定了新的行动方针。2 月 9 日，中央纵队同一、三、五、九军团分别进驻扎西及其附近地域，党中央在扎西镇召开了重要会议。10 日，根据军委的命令，各军团开始了扎西整编，这就是红军长征中为夺取新胜利而进行的一次具有重要历史意义的组织编制改革。

扎西整编前，各军团首先传达了遵义会议的精神，并在指导思想上认真贯彻落实遵义会议的决定，使红军各级干部明确认识到五次反"围剿"后的形势和任务及其主要经验教训，以克服军事上"单纯防御"的错误指导思想；恢复红军战略转移中积极防御的战略原则，纠正"短促突击"和"逃跑主义"等错误做法，重新采用了高度机动和集中优势兵力于运动中大量歼敌的战略战术，同时加强了政治工作，增强了红军战胜各种艰难险阻，继续进行长征，开创中国革命新局面的决心和勇气。

由于王明"左"倾冒险主义的危害，导致了第五次反"围剿"的失败，红军损失惨重。长征开始时的八九万大军到贵州时只剩下 3 万来人，平时一个连队100 多人，这时才几十个人，各军团和师、团、营、连尽管番号依然存在，事实上是空架子。有的军团的实际兵力不足以前一个师，一个师的实际兵力不足以前的一个团。面对 10 倍于我装备优良之敌的围追堵截，许多同志深感单位多、层次多，机关臃肿，战斗部队人员缺乏，严重影响了部队机动，不适应作战需要。

为了提高红军部队的机动作战能力，实施战略转移，胜利地完成长征的任务，中革军委决定在组织上对红军部队进行缩编，精简机关，充实战斗部队，以提高红军战斗力。根据中革军委主席朱德、副主席周恩来、王稼祥 1935 年 2 月10 日于扎西签署下达的《关于各军团缩编的命令》规定，在新的编制中取消了师级的指挥机构，一、三军团各缩编为 4 个团，五军团现有的 3 个团编为两个团，九军团以 3／5 的人数编为一个团，其余 2／5 的人数编入三军团。在执行军委命令中，因种种原因有的军团当时没有按命令及时完成整编。红三军团按照军委命令，当即取消了师一级的组织，改编后的三军团只下辖 4 个战斗团（为第十团至十三团）。部队整编中有许多师长、师政委都下任为团长、团政委，许多团长、团政委则到营里任营长、教导员，许多营连长干部则下到连队任连长、指导员和排长。在层层下放中，各级领导干部都能识大体、顾大局，服从命令，听从指挥，充分表现了坚强的党性，能上能下，能官能兵。当时，在三军团整编中，原四师师长张宗逊下到第十团任团长，五师师长彭雪枫下到十三团任团长，四师政委黄克诚下到第十团任政委。张爱萍任十一团政委，原五师政委钟赤兵任十二团政委。我是五师原十四团政委，也下到十二团二营任教导员。整编后一个团约两千多人，相当于整编前一个师。连队人员充实了，部队战斗力确有明显地提高。

二

扎西改编后，红军部队斗志昂扬，生龙活虎，灵活机动地与敌人周旋。为调动敌人，实现战略转移，在周恩来、毛泽东、王稼祥三人军事领导小组的指挥下，于 2 月 11 日，红军兵分两路，回戈东进。于 2 月 18 日至 21 日在太平渡、二郎滩等渡口实施了二渡赤水。

为主动避开堵截我北渡长江的敌重兵集团，向敌力量空虚的黔北急进。三军团由扎西地区的双河场、石坝子进入川南叙永境内，然后经古蔺迅速东进。当时贵州军阀王家烈的部队也向赤水河开进，企图堵击红军东渡。由于扎西整编后部队机动性强，行军速度快，红三军团先头部队先敌赶到赤水河。2 月 18 日，用几只小船从二郎滩渡河，并击溃了东岸的守敌，阻击了敌援军，架起了浮桥，掩护大部队渡过赤水河。一军团也同时抢占了太平渡渡口，分批渡过赤水河，首先占领桐梓。五、九军团和中央纵队也分别从太平渡、二郎滩过河，五、九军团进入桐梓接替一军团阻击川军南下。三军团主力 25 日急速赶到娄山关以北的红花园集结。第二天拂晓，三军团以十三团首先向娄山关发起猛攻，占领了点金山、大尖山，紧接着彭德怀军团长、杨尚昆政委又令十二团接替十三团从正面进攻，十团、十三团从两侧包围，十一团从左翼迂回板桥断敌后路，在各路部队的有力配合下，我军很快攻克了娄山关。27 日，三军团乘胜南追，当晚攻占了遵义新老两城。攻占遵义城后，红军指战员不顾疲劳，连续作战，乘胜南追，以扩大战果，紧接着三军团进占遵义红花岗、老鸦山，一军团进占碧云峰。28日，一、三军团分别在忠庄铺、老鸦山与敌吴奇伟的中央军九十三师和五十九师及王家烈部展开了激烈战斗，粉碎了敌人的多次进攻。这次作战，红一、三军团遵照军委指示，在彭老总和杨尚昆政委的统一指挥下，共歼灭和击溃敌人两个师8个团，缴获枪支2000余件，俘敌3000余人。这是遵义会议和扎西整编后取得的红军长征中的第一个大胜利。

三

由于确立了毛泽东在党中央和红军的正确领导，成功地进行了扎西整编，红军的政治方向明确了，战斗力提高了，打得痛快，走得利索，开创了红军长征的新局面。再占遵义城后，军委成立了前敌司令部，毛泽东任政委，朱德任司令员。为了调动迷惑敌人，中央红军于3月16日至17日，由茅台渡口实施了三渡赤水河，再次入川南。在渡河之前，中央红军在仁怀县西南的鲁班场与敌中央军周浑元的3个师打了一场恶战，歼灭了部分敌人，因未能速战速决，为保存有生力量而退出了战斗。当敌人调动重兵，在川滇黔三省边界修筑大量碉堡，堵截我军北渡长江时，中央红军突然又由川南折回贵州，于3月21日从太平渡、二郎滩等渡口实施了四渡赤水河乘势南渡乌江，直逼贵阳。当时蒋介石正住在贵阳城内，极为惊慌，随即下令把滇军孙渡的部队调出云南来保卫贵阳，中革军委指挥红军急转西进，直插云南，威逼昆明，并巧渡金沙江，围攻会理城，从而完全摆脱了四、五十万敌军的围追堵截，粉碎了敌人阻止红军北上的阴谋，为长征的胜利奠定了基础。红军"四渡赤水"的胜利，既是毛泽东在军事指挥艺术上的独创，又是整编后的红军作战能力明显提高的生动体现。

四

扎西整编后的另一个重要成果，就是在中央红军北渡长江的计划不能实现的情况下，党中央和军委制定了在川滇黔边区建立新的革命根据地的战略决策。在云贵川三省播下了革命火种，开展游击战争，发展和壮大了地方革命武装斗争的力量。

根据扎西会议关于创建川滇黔边区新根据地的决定，军委在红军整编中抽调了部分有经验的干部成立中共云贵川边区特委，调三军团第六师政委徐策任特委书记，并抽调了部分红军基层干部战士建立云贵川边区游击队。2月16日，党中央和军委又发布了《告全（体）红色指战员书》，明确指示："我们现在是在云贵川三省扩大地区中，就要在这里创造新的根据地"，"号召当地人民起来加入红军，扩大红军，发展游击战争，建立工农兵的苏维埃政权，这是全体军民的神圣任务"。针对一部分红军干部不愿意离开红军主力下到地方去开展游击战争的情况，周恩来还在扎西亲自进行了动员，要求他们服从中央的决定。扎西整编后所建立的川南游击队，经过两年多的努力奋斗，由三四百人逐步发展到1000多人，扩大为川滇黔游击纵队，并转战于云贵川三省边区的20多个县区，开辟了近1000平方公里的游击区。1936年，红二、六军团长征经过贵州时，又在该省大定（大方县）成立了川滇黔边省苏维埃革命委员会。红一方面军和二方面军经过川滇黔边区播下了革命火种，发展了游击武装。川滇黔边区游击纵队开展的武装战争，不仅牵制和打击敌人，配合红军主力作战，掩护了红军主力的战略转移，而且还传播了革命真理，发动了各族群众，壮大了红军队伍，培养和造就了边区大批干部，坚持了游击战争，沉重打击了川滇黔边区的反动统治。当时，在红军和川滇黔边区流行着一首歌谣："二月里来到扎西，部队改编好整齐，发展川滇黔游击队，扩大红军三千几。"

扎西整编中抽调红军干部战士下地方建立的游击纵队一直坚持在边区开展游击战争，并逐步扩大到云贵川三省。尽管中央红军和二、六军团先后北上抗日，与游击队失去联系，在川滇黔三省反动势力的"围剿"和"清剿"中，部队内部也曾出现了个别叛徒，使革命遭受了挫折，川滇黔特委和游击纵队的领导干部多数相继壮烈牺牲，但是"星星之火，可以燎原"，留下的革命火种历经风风雨雨，一直燃烧到西南解放。当中国人民解放军刘邓大军挺进云贵川时，处于地下活动状态的川滇黔边区纵队又燃起了熊熊烈火，有力地支援和配合解放军作战，解放了大西南。在迎来解放的边纵部队中，就有扎西整编时抽调下地方开展游击战争的红军干部战士和当年川滇黔边区纵队中的幸存下来的老游击队员。

23. 娄山关前后

彭雪枫

二郎滩的背水战

在回师遵义的途中。

这一次是赤水河的再渡，一路来浩浩荡荡，然而当前横了一道河，名叫做二郎滩。遇水造桥的任务就摆在先锋两个团（十二团、十三团）的面前了。

环境并不那样的太平，倘若敌人在对岸凭河堵击，事情可就麻烦了，而且事前又得到一个情报，说敌人有以其主力阻我渡河之模样。

"争取先机呀！"一面集合红色工兵搭浮桥，波浪作了他们斗争的对象；一面使用红色水手们乘船渡河，首先是占领阵地，其次是远出游击，船仅三只，每次只能装 30 人，一来一往，大费力气。战士们急如星火，然而只有"等"。

一个营过去了，机关枪过去了，游击队派出了，阵地占领了，忽然远方传来了零碎的枪声，接着送来了轻重机关枪声，最后渡河部队的报告说，我游击队与敌接触，敌番号、兵力不详，但估计约在一团以上。每一个人的思想："增援！增援！"然而浮桥才架起了 1/5，船仍然是三只，每只还是只渡 30 人。

"赶快呀！""赶快呀！"

终于渡过了两个营，劈面是个高山，三步缩作两步拥上去。部队展开了，敌人的子弹从耳旁飞过，炮弹一颗一颗地落在前面或者脑后。

这是一个背水阵。

敌人是那样的不行，我们的冲锋部队还隔着几个山头，他们就溜，而且像流水样地溜了；追过去，追下了悬崖，敌人从悬崖边跳下去，跌死或者跌伤，一个窝里就跌了三四十。胜利者不能像那样地跌下去的，所以只得弯了路。敌人就乘这个机会跑得无影无踪了。满山遍野的背包、衣服、手榴弹、军用品，以及敌人死者、伤者身上的枪支、子弹，在今天统统换了主人。据俘虏说，他们是侯之担的两个团，而且是个什么副师长率领的。

娄 山 关

从川南到黔北的遵义，桐梓县是大门，娄山关是二门，主要的还是娄山关。倘若占领了娄山关，无险可守的遵义县就是囊中物。所以娄山关便成为兵家必争之地了。

娄山关雄踞娄山山脉的最高峰。关上茅屋两间，石碑上书"娄山关"三个大字，周围山峰，峰峰如剑，万丈矗立，插入云霄。中间是十步一弯、八步一拐的汽车路。这种地势，真所谓"一夫当关，万夫莫开"。

守关，王家烈是懂得的。在我们占了桐梓之后，抢夺娄山关这一光荣而严重的任务便交给十三团了。娄山关上的一攻一守，十三团单独担当。浴血大战的英勇气概仍然不减当年。

离娄山关十里路的地方，在山上，远远地送来一声既清又脆的子弹声，接着又是一声……不期的遭遇战斗，是要夺取先机的。一向以敏捷迅速出名的第三营飞奔左翼的高山，并不费事就抢了敌人企图占领的制高点。红色战士们在轻重机关枪火网之下钻到敌人的侧翼，光亮耀眼的刺刀，在敌人阵前像几千支箭飞过去了。

山脚下是团的主力，在不顾一切地沿着马路跑步前进。指挥阵地的前进号音，冲锋号音，催动着战士们努力抢关。

途中由俘虏口里知道敌人的主力昨夜赶到板桥宿营，两个团伸出娄山关，其中的一个团又由娄山关向桐梓前进，一个团巩固了娄山关的阵地。正是午后3点钟的时候。

从地形上说，我们是不利的，娄山关给敌人抢到手了，而且有一个团在固守着。另一个与我们接触的团虽然向后转了，然而每一个山头都成了它顽固的阵地。为要抢关，就不得不"仰攻"了，更何况我们主力还在桐梓未来呢。

"无论如何要夺取娄山关！"这是自高级首长以至普通的战斗员全体一致的意志。

第一梯队进入冲锋出发地，第二梯队在不远的隐蔽地集结，火力队位置于指挥阵地中对着敌人猛烈射击。冲锋信号发出了，喊声如雷，向着敌人的阵地扑过去，一阵猛烈的手榴弹，在烟尘蔽天一片杀声中夺得了点金山。

登临点金山顶，可以四望群山，娄山关口，也清楚地摆在眼前，敌人一堆一堆地在关的附近各要点加修工事。娄山关虽然不远，然而仍须翻过两个山头，而这两个山头都被敌人占据着。机关枪连续地向着我们射击，这是敌人最后挣扎的地方了。将近黄昏，加以微雨，点金山的英雄们并未歇气就冲下去。疲乏、饥饿控制着每一个人，然而并未减少他们的勇气，在团的首长直接领导之下，组织了冲锋，配备了火力。一阵猛烈射击，一个跑步，敌人后退。但不等你稳固地占领这一阵地，他们又呐喊着反攻回来了，阵地又被敌人所恢复。第二次、第三次、第四次，终究不能奏效。大家看得清楚，有一军官，在后头督队（以后俘虏说是个旅长）。他的士兵坍下了，又被他督上来。他异常坚决，马鞭子赶，马刀砍，士兵们只得垂头丧气地跑回来。娄山关占领了！娄山关是我们的了。

长　追

这时主力在桐梓，一部在桐梓与娄山关之间。由于电话不通，午夜，他们才得到占领娄山关的消息。

因为关上没有房子而且落雨，所以留了一个营，对通遵义大道40里的板桥警戒，主力在娄山关下的八九里处，靠着桐梓方向宿了营。

次日拂晓，大雾，对面不见人。睡梦中听到娄山关上密密的枪声。传令起来，刚要吃饭，娄山关警戒部队报告，敌人以密集部队沿大马路向我反攻，军士哨被敌占领，小哨在危急中，饭后集合将毕，又是一个报告，小哨失了，敌人逼上了娄山关口，那里只有我们两个连。

那是板桥来的敌人，企图恢复娄山关。以其最精锐的第四团集团冲锋，火力之强，扑打之猛，使你不相信那是王家烈的部队。

第一营——他们辛苦一夜了，看到第三营——生力军赶来了，更加沉着应战。第三营汗透了衣裳，紧张了面皮，在第一营的举手狂呼声中，居高临下投入冲锋了。大雾弥漫，枪刀并举，便是所谓精锐的第四团吧，怎样能拦得住呢？没有流血的，只有向后跑。第一营架了机关枪，对着背后一阵扫射。似乎并不麻烦，一齐倒地下。鲜血流入马路两旁的沟里头。

然而这并不足以警戒敌人的官长，敌人组织了第六次冲锋，轻重机关枪是抬着前进，手榴弹是由大个子投，红色战士向他们摆手："来哟，欢迎你们上来哟！"等敌人刚刚接近于手榴弹投掷距离以内，并列的手榴弹一齐抛下去，侧翼飞出了出击部队。震天动地的杀声中，死尸堆高了，小河沟里变成了红流。

同一个早晨，敌人的主力三个团，由板桥出发，企图迂回侧击娄山关的左侧背，倘若奏效，娄山关必然不保。正是娄山关正面我们的第一营与敌人的第四团来回打得火热的时候，左侧翼发觉枪声了，听去约有十里远，浓雾未开，只听响声，不见队伍，正因如此，所以更着急。

军团首长的决心：以十二团接替十三团第一、三两营的任务，配合左侧主力消灭板桥之敌。军团主力——十三团、十团，出左翼，迎击板桥来敌，十一团从中央冲出去。

第十团、十二团、十一团他们昨未赶到，胜利只给友军获得，早已摩拳擦掌了。真是所谓"黄河之水天上来"，隐约发现敌人向山上爬来，战士们如万马奔腾，英勇地冲下去。你想，敌人来势虽猛，如何挡得住这一下？于是像池中的鸭子，乱竿打下，只有拖泥带水，边飞边跑，"仍从旧路归"了。那走投无路的，索性坐下，缴枪是最好的办法。战士们立即分出追击队、截击队、缴枪队、安慰俘虏的宣传队。黄昏以前到了板桥。俘虏们恭恭敬敬地排在马路边的坪上。稍息之后战士们实行长追。

夜间没有秩序的队伍，摆在马路上，活像发了大水的河，前呼后流，向遵义行进。虽然打了一天的仗，翻了一天的山，而且又要走夜路，可是并没有谁觉得疲劳，胜利的欢喜挂在人们的面上。马路两边的山谷里，歌声、吼声、笑声，前后左右，绞在一起，成了一窝蜂。人们简直疯了。

遵义终于拿下了

探报，敌人薛岳所部的周浑元、吴奇伟两纵队已渡乌江，明天或者后天，有到达遵义的可能。在他们到达遵义之先，占领遵义是目前迫切的任务。高级首长面带焦急而又坚毅之色，决定夜间攻城。

那天下午，在十一团担任的一面，战士们接近城墙了，城里无动静，隔几分钟放一冷枪。大家好奇心切，来一个"冒险的尝试"。架起人梯一个挨一个爬进城去。在城外的万目睽睽提心吊胆地看着他们。不久，又一个挨一个地爬出来了。原来里面还有一道更高的城墙。攻城部队决定为十三团、十二团。天气黑得很，对面看不见人。两团各派出两个连为爬城队，后头的接着前头的衣襟，一条蛇似的蜿蜒着，依照白天指北针对正的方向摸向城边来。

突然间一阵猛烈的枪声，夹杂着吼声，既没看见预先约定的信号枪弹，又没有看见放火，究竟进去了没有？大家在黑暗中望着。

原来首先进去了一个排，敌人于黑夜之间，不晓得来了多少人马，何况又都是惊弓之鸟呢？于是措手不及，有的找了暗处换了便衣，有的沿着走熟了的出城门的街道挤出去了。偌大一座城，继续进去两个连，简直不中用，而后续部队又联络不到。大家只得摆一个"麻雀阵"，东俩西仨，一堆一堆地对着敌人退却部队黑暗中射击。天将拂晓，红军的大队进城了，白军的尾巴还没有完全离开城门口哩！

遵义终于拿下了，那是 1935 年 2 月 28 日的事。

24. 夺取天险娄山关

耿　飚

1935 年 1 月，红一军团二师四团胜利完成了强渡乌江天险的艰巨任务之后，跟随六团向遵义前进。天公偏不作美，竟下起倾盆大雨，战士们全身都被淋湿了。上面雨浇，下面路滑，前面部队走不动，后面就一个跟着一个地拥挤在泥泞的路上。严寒的冬天虽然还没下雪，但寒风吹来，冷彻肌骨。加上乌江战斗三天三夜来未曾入睡，战士们这时已显得极为疲倦。正在这艰难困苦的时候，传来了胜利的消息：六团已经占领了遵义城！大家用特别洪亮的声音互相传告着。疲倦消失了，到处都响起胜利的笑声和歌声。

在泥泞的路上继续了三个钟头的行军，才进了遵义城。只见城内街上插满了红旗，居民家家户户都燃放着鞭炮敲着锣鼓，大街两旁人山人海，夹道欢呼："欢迎为人民谋利益的红军！""红军队伍真好！秋毫无犯！"

遵义是红军长征以来所占领的第一个大城市，也是贵州省第一流的大城市，市面繁荣，街道整齐，居民也很稠密。有一条横贯新、旧城间的小河，在那碧绿色的流水上面映显出雅致的石桥和桥边垂柳的倒影，这与整齐的红军队伍和飘扬在空中的红旗，合成为一幅美丽的图画。特别是手执红旗在街头向群众宣传红军的男女学生，更使我们感到亲切，也给了我们无限的温暖和鼓舞。在这热情而美丽的城市，谁不想多逗留几天。

可是我们的希望并没能如愿以偿。当我们刚刚到北城停下来休息的时候，总参谋长刘伯承同志突然来到我们的团部，我和杨成武政委赶紧迎上去，刘总参谋长好像是几天未睡的样子，面容消瘦，但丝毫也找不出疲倦的迹象，他对我们说："你们四团立即出发，追击北逃之敌。"我和杨政委不约而同地互相望了一眼，总参谋长面带笑容亲切地说："想休息一天是吗？不行！现在还不行，必须趁敌人在桐梓和娄山关还没有站稳脚跟的时候，给他一个穷追猛打，扩大我军的前进基地。你们的任务是：坚决夺取娄山关，相机向西北发展占领桐梓县城，粉碎敌人的反扑，巩固遵义。"接着，他向我们介绍了娄山关的敌情，指示了在进攻中应注意的事项后，又说："要告诉指战员同志们再忍受些疲劳。你们强渡乌江打得很好，相信你们能够继续完成这一新任务。"我们同声回答："好！立即出发，坚决完成任务！"他最后又特地嘱咐了一句："记住，要利用公路旁边的第一根电话线和你们师部联系。"

刘总参谋长亲自到前面指挥部队，交代任务，加上他指示的详细，要求的严格，和对敌情的了如指掌，这一切都给了我们信心和勇气。

我们立即对连以上军政干部传达了总参谋长给的任务，并进行了讨论。有一个副连长说："从强渡乌江到现在，战士们都还没有休息过，现在确实疲劳得很。许多人在路边上倒下去就睡着了，可不可以让部队在这里休息一夜明早再走？"杨政委耐心地向大家进行解释，说明任务的重大意义，杨成武同志年轻活泼，朝气勃勃，待人诚恳而亲切，说话风趣而有煽动力，他做动员工作真有办法，不到十分钟，也不过几句话，说得大家点头称是，纷纷回到部队进行战斗动员去了。

出发的号角响遍了北城，队伍立即向着娄山关前进了。战士们荷着他们各自的武器，背着一个小小的包袱和子弹，身上挂着利刀和手榴弹，精神抖擞，斗志昂扬。我回头看看，见战士们还是一个紧跟着一个用矫健的步伐迈进着，不禁对杨政委说："你看战士们还是很精神，真不简单！"

"当然！没有这两下子还能够消灭敌人吗？"杨政委幽默地回答。

从遵义往娄山关有120里，一条弯曲而又崎岖的公路，经过娄山关通向桐梓县城。我们的队伍，按照预期遭遇的部署，各级指挥员的行军位置皆提前一级，顺着公路疾步前进。走了大约80里，到达板桥镇附近，前卫连派人来报告说："前方约500米处发现敌人约一个排，我们已向敌人攻击前进。"于是我们就督率部队跑步前进，以迅雷不及掩耳的速度投入战斗。只用了大约20分钟，就结束了这场战斗，并俘虏了十几个敌人。

原来敌人早已就集中在板桥镇子的西北面准备逃跑，一发现我们到来，马上就向娄山关溜走了。时间已经黄昏，娄山关又有敌人把守，追击无益，上级决定要我们在板桥休息一夜，准备明天向娄山关进攻。

板桥是一个不大的市镇，大约有数百户人家。市镇的边缘有无数高耸的圆叶大树，一条清澈见底的小溪，环绕半个镇子。晚霞，照耀着每个红色英雄的战士，显得分外雄壮和可爱。进入驻地，天快要黑了，按照红军传统的老规矩，撑旗兵把团的红旗插在大门口。居民看到旗子上写有"四团团部"字样，于是就渐渐聚集起来，不一会，就有百余人把杨政委围在当中。只听见几个穷人在说："红军官长先生，你们太辛苦了，我们这些都是干人儿。"杨政委也兴致勃勃地和群众谈着话，总支书记林钦材带着一队宣传员也来到人群中向群众开始宣传党的主张和政策以及红军的任务，说明人民的贫穷和痛苦是由何而来，听过这些道理的群众，都争先恐后地说："官长先生，你说得对，我们这里的人都被那些财主弄光了。最近还在要兵，什么三丁抽一，五丁抽二，到处都在抓人。村里的女人被任意奸淫，不依的全家都要遭殃。王家烈的军队坏得很！刚才还在这里抢东西。"有的非常悲切地说："你看我们多穷呀！"站着说着，许多人都已经掉下泪来。

忽然一阵寒风吹过，我打了一个寒噤。下雪了，雪花夹杂着小雨。再看看这些可怜的贫苦人民，都光着脚，除了几个上年纪的人穿有叠叠补丁的夹衣之外，那些青壮年都只是穿着一些不遮体的单衣。他们向杨政委诉说着苦情，愈说愈愤慨，最后一致要求红军为他们申冤报仇。政委答应了，并要政治处的同志记下群众的诉说，马上进行调查。根据群众的要求，我们当即逮捕了一些恶霸地主，没收了他们的粮食和财物，立即分发给群众。贫苦的人们扬眉吐气了，每人拿着一大包分得的东西，有说有笑地回家了。

打过土豪，分完财物，许多青壮年要求参加红军。几个老年人亲自把他们的子弟送来了，并再三嘱咐要听官长的命令。长征以来使人感动的事太多了，这些使人感动的事情，教育鼓励了我们，我呆呆地望着他们，不知什么时候，脸颊上布满了泪水。

午夜12点了，几个老年人还在向我详细讲述娄山关和桐梓县城的地形。他们说娄山关东面有一条小道，可以绕道桐梓县城，但这条路要远十多里，而且很不好走，都是乱石头，自从有了公路以后就多年没有人走了。这是一个重大的收获，这一收获使我紧张而疲劳的身体，立刻变得愉快轻松起来。

早晨天气晴朗，正要去镇外走走，忽然得到师部要我们原地休息一天的命令，真是喜出望外。当即决定让部队补过新年，并做些洗衣服、擦拭武器、调整弹药和了解敌情、地形等战前战斗准备工作。幸好在分地主恶霸财物的时候，还剩下些猪肉、腊肉、鸡、鸭等，这就有了丰富的年货。士兵委员会按照老习惯派团的副官邓光汉为代表，拿着一副猪肝和两包点心、一瓶茅台酒，来向我们祝贺新春。我们留他一块过年，大家亲自动手做起饭菜来。我和邓光汉都是当时上好的厨师，自己做的菜吃起来真香！只是因夺起娄山关的任务还没完成，到底比不上以往年节的尽情和轻松。

放下了酒杯，时已过午，我们率领侦察部队前往娄山关进行实地侦察。刚要出发，听到背后有人在喊："红军先生，请等一等。"回头一看，原来是一个跛脚的人。他提着一个包裹，脚步蹒跚地走到我们跟前。指着包裹说："这是有名的化风丹，是我们板桥镇出产的，能医治百病，昨天王家军抢来后遗落在这里的。我是一个残废，不能为红军出什么力，把这点小小的东西送给你们罢。"东西虽然不多，话也只有几句，但那么的亲切和动人啊！我和杨政委赶紧过去握着他的手，衷心感谢他的这番好意。

行不上 3 个钟头，便到了娄山关。娄山关位于娄山山脉的最高峰，四周山峰环立，陡峻非常，两座山峰之间，形成一道狭窄的隘口，这就是被称为"一夫当关，万夫莫过"的娄山关。从遵义通往桐梓的公路，沿着这座山峰蜿蜒而上；从山上仰望这条公路，像一条云端飞舞的长龙。此时西南方向的天空正弥漫着一抹红霞，把娄山关左右林立的山峰映成紫红的颜色。

娄山关的左面是悬崖绝壁，右面是险峻高山。要夺取这座天险的娄山关势必从正面沿着这条公路进行仰攻。守关之敌是我们的手下败将侯之担部的三个团，乌江之战已使他们丧魄失魂，似惊弓之鸟，而且他们没有手榴弹，也没有好的武器，对付这样的敌军并不困难，但地形对我们太不利了。我和杨政委商量后，认为在作战部署上要十分精密，既要从正面强攻，又要设法从侧面抄袭才能奏效。左面的悬崖绝壁是无法过去的，但右面的险峻高山或者可能攀登，如能从这里找到一条可行的小道，迂回到敌人侧背后是最为理想的。为了达到"夺关快、伤亡少"的目的，我们把这些情况告诉了连队干部，当晚研究一下，看如何才能完成任务。为保证战斗的顺利进行，我们又确定了各级指挥员的代理人，以备万一在战斗中遭到伤亡不致中断指挥。

侦察完了，回到板桥，晚上又找来十几个居民，我和参谋长李英华同志共同再一次地询问了通往桐梓的小道情形。在调查清楚之后，立即命令侦察队和工程排星夜搜集竹竿、绳索和勾连镰等，以备爬山使用。

1月6日拂晓，部队由板桥镇出发，向娄山关前进。8时许逼近山脚。一营为前队，担任正面主攻，营长季光顺率领全营沿公路向娄山关以梯队形展开前进。二营为第二梯队，集结在山脚下待命。侦察队长潘梓年（潘峰）带领侦察队和工兵排隐蔽地向右侧山峰运动，觅路攀登娄山关右面的高山向敌后前进。

山上敌人恐慌地向我下面进攻部队射击。有个参谋同志说："活见鬼，还隔两千多米他们就开枪了，真是吓破胆了。"通信班已架好公路旁边通向遵义的第一根电话线，我正要向师部报告战斗开始情况，拿起听筒，不料已经有人先我在讲话。我感到非常奇怪，连忙紧握着送话筒的一端向杨政委招手，一同贴耳细听，听到一方以急促而又十分恐慌的声调说："红军来了，有好几个团，正向我猛攻，我们快吃不住了，要马上派兵来增援，要快！"接着另一方用命令的口吻说："军座交代，已派有一个师向松坎前进。你们无论如何要坚守，不准后撤一步。要注意警戒东边的小道，提防赤匪通过你们的侧后袭击桐梓城。"这明明是侯之担师部在与王家烈通话。我们已经将通向敌方电话线的一端剪断了，为什么敌人通话我们还能听见呢？这是一个谜，使人不解。仔细检查了一下才找出其中的奥妙，原来是这样的：我们通往遵义的师部的电话线，是利用了敌人原来由遵义通向娄山关的电线，虽然将通向娄山关敌人方向的电话线剪断了，但是由于被剪的那一端落在地面上，经过地面雨后的积水和地线，因此敌人讲的话就传到我们的电话机上来了。这真是一个意外的收获，想不到娄山关旁真有一条小路，而又是敌人最担心、最空虚的缺口，有这条小路我们的侧翼迂回部队旧能迂回到敌后，就会使我主攻部队减少伤亡，我们当然不能放过这一良好的机会。于是我立即将这一情况告诉了潘梓年同志，并命令其虚张声势地向桐梓方向前进，截断娄山关敌人的后路，并袭扰桐梓城。又指派专人继续窃听敌人的电话，因为它是很好的情报来源。又令正在仰攻的部队暂缓攻击，布置好左侧优势的强大火力，待命总攻。

一个钟头后，一切总攻的布置都已经安排妥当。正在这时，敌人的电话铃又响了，专听人员用兴奋的神色在向我们打着手势，我大步走拢去接过听筒，杨政委也走了过来。我们听到的还是方才敌军部的那家伙的声音，但已经不是先前那种漫不经心的泰然声调，而是用一种紧张得几乎发抖的声音在喊："喂！是侯师长吗？在你们的后侧发现大量赤匪在向桐梓运动，军座让你们立即撤退，要快！不然会被截断后路。我们先走了。听到没有？"另一方则以恐慌的颤声说："听到了，我……我马上撤，你们得掩护一下。"这几句话后，再也听不到敌人通话的声音了。

我们已经知道敌人要跑！快！快快总攻击！于是十多支军号向娄山关一齐吹起雄壮而威严的冲锋号，所有的轻重机关枪随着号音也一起向山上敌人开火了。无数的红色勇士们，个个都是雄赳赳气昂昂，生龙活虎一样向山顶上飞奔过去。

敌人在做垂死挣扎，一堆一堆的躲在石头掩体后面，坚守着狭窄的关口，并以机关枪、手榴弹、石头向我们射击和投掷。我主攻部队不断向敌人进行猛烈攻击，敌人也顽强抵抗。只听得枪炮声喊杀声连成一片震动着山谷，子弹在身边、头上"嗤""嗤"地啸叫着飞个不停。这样战斗了一个钟头以后，忽然，随着接连不断的手榴弹爆炸声，笼罩着山顶的浓雾霎时散开了。只见战士们挺着手中的刺刀，在枪林弹雨中向敌人猛冲过去，以白刃扑搏，进占了娄山关的关口。枪声已渐渐停了下来，关口上的敌人受到了极大的杀伤，全部溃退下去。部队在跟踪着溃敌进行穷追。我们上到关口，只见公路两旁被打死的敌人尸体满地，血迹斑斑，伤病哀声嚎叫。再行几步，见有茅屋数间，石碑矗立，上面刻着"娄山关"三个大字。俯视白云数朵，红日已然升空，确有"举头红日近，回首白云低"之感。

枪声渐渐稀疏，看来敌人是在我们侧翼部队还没有来得及截断他们的后路之前，就开始狼狈地逃跑了。在沿公路向桐梓跑步追击前进当中，到处都是敌人抛弃的东西：有步枪、子弹、烟枪、军服、撕下来的臂章、棉被、雨伞、包袱、背篓甚至文件。除武器弹药之外，谁也顾不上去捡那些东西。

一口气追了约20里，已到桐梓城边。接到季营长的报告说："已经占领桐梓城，潘梓年所部已出桐梓西北向牛栏关方面警戒，是役俘敌数百名。"进得城来时已正午，布置警戒后休息待命，并向师部报告胜利的战果。

4点钟的时候，师部赶到了桐梓。师政委刘亚楼同志面带笑容，精神十足，用带着掩饰不住的愉快向我们说道："这一仗打得很好，不过你们又得马上出发，六团的一个营归你们指挥，向牛栏关松坎前进。"

我们立刻又整队出发了。次日指晓前，在新站与敌人两个团进行了一场激烈的战斗，从八时许开始一直打到黄昏。8日黎明占领了松坎。

正是在松坎，我们听到党中央在遵义召开了有历史意义的遵义会议，确立了以毛泽东同志为中央新的领导的消息。这时我们才理解到刘伯承总参谋长在进入遵义时之所以要我们急促北进的道理。到这时为止，红四团胜利地完成了上级所给予的任务。

25. 通过大凉山

萧　华

　　1935年春天，中央红军强渡天险金沙江之后，以风驰电掣之势继续北上，一路上攻占了西昌、越嶲、冕宁。企图对红军进行阻拦的四川军阀部队，一触即溃，望风披靡。

　　然而，摆在红军面前的任务还是十分艰巨的。当时尾追红军的国民党军队，已进至金沙江一线，而前头截击的国民党军队，则正向大渡河急进，红军如果不能迅速抢占大渡河，势必被迫向西转入更为艰苦困难的川康交界地区。因此，当时红军必须排除一切困难，迅速抢渡天险大渡河。为了执行这个艰巨的任务，左权同志率2师5团一部和军团的侦察连，经越嶲向大树堡挺进，担任佯动，牵制和吸引富林的敌人；红1师1团和工兵连为先遣队，由刘伯承、聂荣臻同志率领，迅速抢占大渡河边的安顺场渡口，以便掩护中央红军的主力渡河。当时我也奉军团首长命令，带一个工作团，随先遣部队进行部队政治工作和沿途的群众工作。

　　从冕宁到大渡河，中间隔着大凉山地区。这里聚居着中国西南部一个少数民族——彝族。当时，那是一个还处在奴隶社会的落后的民族。彝族人民性情强悍，部落之间时常因奴隶主互相争夺土地、奴隶、牲畜而引起械斗。汉族商人经常利用彝族人民的朴实诚恳，对他们进行欺诈和剥削，国民党军阀则经常对他们进行"剿讨"和抢掠。这一切，都引起了彝族人民对汉人的猜忌和敌视，种下了极深的成见。他们特别反对汉人的"官兵"入境。显然，在当时要他们能够很快地从本质上理解红军是什么样的军队是很困难的。

　　在这种情况下，要顺利地通过这个地区不是一件容易的事情。可是，为了争取时间，我们又必须经过大凉山借道彝民区。我们赖以克服这个困难的唯一武器，就是党的民族政策。我们只能对彝民采取说服的办法，争取和平通过。

先遣队调查了彝民的风俗习惯，在部队中普遍进行了党的民族政策的教育。又请到一位通司（翻译），准备和彝民的首领谈判。

一切准备妥当之后，我们的先遣队于5月22日早晨开始进入彝民区。一路上只见山峰入云，道路崎岖，山谷中林木葱茏，野草丛生，地面上淤积着腐烂的叶子，厚达数寸。山涧之上往往只有一根独木桥，走起来十分不易。这儿天气多变，时而浓云低垂，时而细雨霏霏，使人有一种瘴疠弥漫的感觉。境内有"孔明寨"，相传三国时候西蜀诸葛亮"七擒孟获"的战场就在这里。"孔明寨"便是蜀军兵营的故址。

进入彝民区不远，就看到山上山下，彝民们千百成群地挥舞着土枪、长矛、棍棒，呐喊着，出没于山林之中，企图阻止红军前进。我们不得不缩短行军距离，以防突然袭击。部队戒备着继续前进。

进到彝民境内30多里路的谷麻子附近时，前面集聚的人群拦住了去路，我们不能再继续前进了。彝民们喧嚷着，很难听出他们说的是什么。不过从他们的手势和面部激动的表情上，却能够看出，再要强行通过，势必引起冲突了。这时，后卫又传来一个使局面更加紧张的消息：跟在主力后面的工兵连，因为没有武器，刚掉到主力后面100多米远，就被彝民把他们携带的架桥器材和其他用具一搜而光，可是彝民并不伤害红军。工兵连的同志只得循原路退回出发地。

先遣队停止前进以后，彝民们便密密麻麻地围了上来。我们要通司大声地向彝民们说明红军同国民党的中央军不同，红军不是来抢劫、杀害彝民的，只是借道北上，并且不在此住宿。可是彝民仍然摆手挥刀，高声喊着"不许走！"正在混乱得不可开交的时候，前面山谷入口的地方，扬起一阵烟尘，几匹骡马直驰而来。为首的一匹黑骡子上，是一个高大的彝人，年约50多岁，脸色微褐，身披麻布。他的到来，使喧闹的人群稍微安静了一些。通司认出这人是此地彝民首领小叶丹的四叔。

有了头人，便好说话，看来是解决问题的时机了。我便要通司找小叶丹的四叔前来答话。当通司告诉小叶丹的四叔说红军部队的首长要找他谈话的时候，他欣然地同意了，并随即下马，挥退了集聚的人群。

我们首先对他表明了红军是替受压迫的人打天下的，此来并不打扰彝族同胞，只是借路北上。根据彝族人十分重视"义气"的特点，又告诉他，红军刘司令亲率大批人马北征，路过此地，愿与彝民的首领结为兄弟。

　　听了我们的解释以后，小叶丹的四叔还是半信半疑。可是，当他环顾四周，看到红军的纪律严明，并不像国民党"官兵"那样抢掠烧杀的时候，便对我们的话深信不疑了。特别是听说率领大军的刘司令愿与彝民首领结为兄弟，更加高兴，因而对我们的提议也便欣然答应了。其实，当时红军前进路上的两个彝族部落——"沽基"和"罗洪"，正在不断械斗，小叶丹便是"沽基"家的领袖。他之所以欣然答应与红军结盟，是想借红军的力量打败"罗洪"部落。红军与小叶丹结盟，则是为了减少北上途中的阻力。当时为了表示信用，我们把一支手枪和几支步枪赠送给他，他也把骑的那匹黑骡子送给了我们。

　　谈判就这样顺利地成功了。当我把这个情况向刘伯承、聂荣臻同志报告的时候，他俩正在为继续前进可能引起冲突而焦虑。因为如果先遣队不能顺利地解决借路问题，便要影响后面主力的通过。大家正在苦思良策。获悉谈判如此顺利、迅速，同志们都喜出望外。刘伯承同志当即毫不踌躇地上了马，为了团结少数民族的同胞，为了红军主力的顺利通过，他准备去担任这拜盟的主角。

　　刘伯承同志骑马来到了部队的前头。小叶丹和另外几位彝族首领立刻趋前迎接。我把刘伯承同志介绍给他们，小叶丹便跪下致敬。刘伯承同志下马亲切地扶起小叶丹，以诚恳的态度重申红军的来意，并愿与小叶丹拜盟，表示将来红军打败反动派以后，一定帮助彝族人民解除一切外来的欺压，建设自己美好的生活。

　　结盟仪式的准备工作十分简单：两碗清清的湖水，1只雄赳赳的大公鸡。把公鸡的嘴破开，鲜血分洒在两只碗里，碗里的清水立刻变成了殷红色。这便是结盟仪式的全部准备工作。

　　结盟仪式决定在横断山脉的一个小山谷间麻子附近的海子边上举行。海子里的水，清澈如镜，倒映着浓密的树林。春风吹起微波，激荡着岸边的岩石，像是在为这个可纪念的盟誓唱着赞歌。

　　我们把结盟的仪式安排妥当之后，刘伯承同志和小叶丹叔侄来到海子边上，他们面前摆着滴过鸡血的水碗。

　　不用香，不用烛，面对着蔚蓝的天和清明的水：主宰这个盟誓的是兄弟民族团结的赤诚。

刘伯承同志高高地端起了大碗，大声地发出誓言："上有天，下有地……刘伯承愿与小叶丹结为兄弟……"当他念完最后一句，便把鸡血水一饮而尽。小叶丹叔侄也立即把"盟酒"饮完，结盟的仪式便告结束。

夕阳的余晖映红了海子里的水，海子边上呈现出的是友爱、团结的气氛。虽然暮春傍晚的大凉山还是凉风习习。然而人们的心中却是温暖的。

继续前进，当天也走不出彝民区，先遣司令部决定返回 30 里，在汉族地区的大桥宿营。小叶丹叔侄也被热烈地欢迎到红军的宿营地来。彝族人善于喝酒，先遣司令部把驻村所有的酒全部买来，这些酒量如海的客人也只不过微有醉意。

第二天，小叶丹于清晨先行返回，他的四叔向导红军入境。结盟的消息早已传开，凭着头一天亲身的经历，彝族人民已经相信红军司令与他们的首领结盟是真诚的，红军是不会侵害他们的。他们已不像昨天那样地猜忌和拦阻了，只有成群结队地站在路旁，好奇地、仔细地看着红军的队伍，浩浩荡荡，向北而去。红军纪律严明，秋毫无犯，踏着轻快的步伐前进。经过近百里的强行军之后，便走出了彝族地区。这时天色已晚。

刚刚进入汉族地区的岔罗街，便遇上了当地的民团。在暮色苍茫中，他们把红军当成了"中央军"，因为他们这批专门在汉彝边境上祸害人民的家伙，不仅认不得红军，连他们的"中央军"也从未见过。蓄着八字小胡、吸鸦片吸得脸色蜡黄的岔罗区区长亲率几名喽啰前来欢迎。

我们也便将计就计，略微装扮一下就进了村子。

这个昏头昏脑的家伙，摆了酒席为我们"洗尘"。就在酒席桌上，我们把前面路上的情况和安顺场的敌情都一一了解清楚。特别是了解到安顺场渡口只有一只小船，夜间在这岸，白天就划到对岸。如果不能出敌不意神速地把这条小船抓住，要过大渡河就非插翅不可了。情况弄清楚以后，我们就把这帮残民以逞的坏蛋缴了械，捆了起来。

虽然经过一天的强行军，并且只吃过一顿饭，已经十分疲劳，但是为了争取时间，争取胜利，在夜色茫茫中部队又向着大渡河继续前进了。

26. 强渡大渡河

李延东

1929 年 11 月底，我 16 岁那年参加了红军，在江西苏区参加了五次反"围剿"斗争，1934 年 10 月随中央红军参加长征。

1935 年 5 月 23 日，红军一军团一团经过连续七八天的夜行军来到四川中部的冕宁县，这时接到强渡大渡河的命令。大渡河是长江的上游，金沙江的一段，这里是太平天国著名将领石达开和他率领的数万名太平军全军覆灭的地方。蒋介石也叫嚷要红军成为"第二个石达开"。当时几十万敌军围追堵截，形势十分危急。但在红军面前，没有突不破的天险。24 日晨，红军冒雨从冕宁出发，直插大渡河的一个重要渡口安顺场。一天一夜行军 160 里，到安顺场已是 25 日凌晨。敌人正在睡大觉，做梦也没想到红军会从天而降，于是都乖乖地当了俘虏。红军缴获了一条摆渡用的小木船。一团团长杨得志、政委黎林决定渡河，突击队由我们二连组成，当时我任连指导员。

在传达上级命令和进行一系列的战斗动员后，战士们争先恐后报名争取登渡第一船，打过大渡河去。我们二连挑选了 16 名突击队员，其中有党员，也有非党员。这时连长的通讯员冲出来要求参加突击队。他是贵州人，只有 15 岁，全家被地主逼死，剩下一人到处流浪，是红军收留了他。当时我和连长觉得他年龄太小，没同意。他就去找孙继先营长，孙营长也不同意。他又找杨得志团长，并一个劲儿地请求，杨团长被感动了，批准了他。18 人的突击队组成了。他们是连长熊尚林，排长罗会明，班长刘长发、张表克、郭世苍、张成球，战士张桂成、萧汉尧、王华停、廖洪山、赖秋发、曾先吉、萧桂兰、朱祥云、谢良明、丁流民、陈万清以及通讯员李立正。

河岸上，指战员们隐蔽在战壕里，几十挺机枪一字儿排列在沟沿上。那门迫击炮旁边，蹲着一位40岁左右的大个子，汗水顺着满脸的胡茬往下滴，浓眉下一双威严的大眼睛，紧紧地盯视着对岸，监视着敌人的动静。这个人就是全军闻名的神炮手赵成章。他摸摸躺在身边的三发炮弹，深深地吸了口气，耳边响起了团长的深沉话语："这三炮，关系着强渡的成败，要在关键时刻打出去！"于是，他再一次测算着距离，精确地瞄准着对岸的敌指挥所。"强渡开始！"杨得志团长发出了命令。对着滚滚的激流，突击队长领着全副武装的勇士们登上渡船。系在岸上的绳索解开了，小船一颠一簸地向河心驶去。

力量是这样的悬殊，一只小船，18个勇士，既要对付恶浪滔滔的大渡河，还要对付对岸蒋介石早已调来的四川军阀刘文辉的一个军。敌人修筑了工事，扼守了渡口，阴森的碉堡正窥视着这只船，隐藏在工事里的敌人竖起削尖的耳朵，瞪着血红的眼睛，枪口正集中在这只船上。色厉内荏的敌人抢先向渡船开火了！

"打！"团长杨得志果断地下了反击敌人的命令。

神炮手利索地抱起炮弹，填进炮膛。轰！炮弹带着烟，不偏不斜地落在敌指挥所的碉堡上，一声巨响，碉堡飞上了半空。这时，我们的机枪发挥了威力，子弹像暴风雨一样袭向敌人的交通沟。渡船在浪涛中穿行，狂风卷着巨浪接连不断地向渡船扑来，一次次被锋利的船头劈得粉碎，化作漫天碧玉银珠，从船头纷纷扬扬撒向船尾。船头上，昂立着虎彪彪的突击队长，他那目光与炮火相映，怒气横生，身上染着血迹的军装，随风飘动，他挥动大手，从容不迫地发出战斗号令。敌人的机枪又向渡船开火了，子弹在小船周围激起一团团的浪花。一发子弹打中了小通讯员的手臂，顿时鲜血浸湿了衣服，滴在渡船上。但是小通讯员并没有倒下，他咬紧牙关，紧紧地握住手中的钢枪，起伏的胸膛喷射出仇恨的怒火。在岸上的团长向神炮手下达命令后，第二发炮弹打出去，把敌人的机枪打哑了，突然间一阵排浪赶来，经过紧张的搏斗，渡船绕过了沙洲，继续前进了。渐渐地，离北岸只有五六米了，勇士们不顾一切地站了起来，准备跳上岸去。忽然从半山腰的工事里，冲出了一股敌人，张牙舞爪，涌向渡口。南岸我方又射出第三发炮弹，在敌群中开了花。在南岸轻重机枪猛烈炮火掩护下，勇士们跳出船舱，渡船终于靠岸了。突击队长冲上去了，小通讯员冲上去了，其他16个勇士们都像箭一样地冲上去了。一排手榴弹，一阵冲锋枪，敌人一个接一个地倒下。18勇士齐声怒吼，像猛虎扑向敌群，18把大刀在敌群里闪着寒光，忽起忽落，左劈右砍。敌人被全部打垮了，勇士们胜利地控制了渡口。老船工带着欣慰的笑容划船南返，我带了一个排于第二船渡过去，随后一船一船红军部队源源不断地到达彼岸。

这时，一颗颗红色信号弹飞向天空，向人们宣告着胜利的消息。红军以强渡大渡河的英雄壮举，宣告了蒋介石在大渡河边"围歼"红军计划的彻底破产。

27. 夜渡金沙

黄新廷

滔滔的金沙江水沿着哈巴雪山和云岭山脉之间的峡谷由北向南直泻而下，流经此地被迎面屹立的玉龙雪山所阻。江水就像一条被激怒的蛟龙昂首摆尾来了个一百二十度的大转变，由西向东奔腾咆哮而去，在玉龙雪山和哈巴雪山的挟持下逶迤东流，形成了有名的长江第一弯。大自然所创造的宏伟奇景使人叹为观止。这就是当年我二、六军团夜渡金沙，巧妙突破天险之地。

巍峨的雪山，陡峭的峡谷，奔腾的急流，绝无仅有的石鼓山口，加上神秘高寒的康藏高原历来是兵家禁地。历史上虽有诸葛亮"五月渡泸"、忽必烈"革囊渡江"的成功先例，但都是政权在手、强兵对弱敌的情况下取得的。一支转战万里，一无政权可依，二无援军可盼，强敌追截独立作战的红军在此突破天险，确实是前无古人。它需要领导者多么大的胆略和指战员们多么艰苦卓绝的革命精神啊！

1936 年 3 月，当红二、六军团长征进至贵州盘县地区时，接红军总部来电，要求红二、六军团伺机渡过金沙江与四方面军汇合北上抗日。我红二、六军团原准备在滇北元谋、龙街一带渡江，但我军先头部队刚跨过普渡河就被敌军所阻，敌人集结了川、湘、滇、黔各军五支队伍五十几万人企图与我在功山以南普渡河以东决战，我如果坚持在此渡江势必造成十分不利局面。为此，二、六军团总指挥部果断决定部队掉头南下，直奔昆明，一举攻占了富民县，前锋进逼昆明近郊的沙朗，突如其来的回伐捣巢，使敌人惊恐万状，急忙调兵遣将保卫昆明，我又乘敌慌乱调兵南下之际，挥师西进甩开了敌人。

敌人发现我渡江北上与红四方面军会师意图后，蒋介石急不可耐地飞抵昆明，坐镇指挥，还带上龙云乘飞机在楚雄、大理、邓川、鹤庆一带沿江上空巡视。命令滇军孙渡、湘军李觉两个纵队沿滇西大道跟踪追击；命令川军郭汝栋、中央军樊松甫两个纵队渡过金沙江，向华坪、永胜急进，抢先控制金沙江北岸。同时，调敌航空第五队（飞机12架）协同滇军空军（飞机10架）进行轰炸侦察；并调川军杨森、李家钰30个团在川南一带布防。

敌人以10数倍于我之兵力前堵后追，上有敌机轰炸侦察，下有民团骚扰，我能否甩开敌人主力争取数日时间成了渡江的一个关键。我军直逼昆明的策略行动，使我们摆脱了十几万敌人的追堵，赢得了时间，争取了主动，然后兵分两路加快行军速度向滇西挺进。右路六军团连克牟定、姚安、盐丰，左路二军团连克楚雄、镇南、祥云到达宾川，经过一夜激战夺取了宾川城。4月20日与右路军在宾川汇合。宾川远离滇西大道，既非兵家必争的战略要地，又非红军西进必经之处。我军攻打宾川的坚决行动和左右两路汇合宾川的军事态势，使敌人错误地判断我将取得宾川立足尔后夺取金江渡口，此渡口地势平坦便于大部队行动，是与四方面军会师之捷径。敌指挥部匆忙调兵遣将，在永胜、华坪地域布下口袋待我就范，企图逼我在金江渡口背水一战，蒋介石怀着将一举吃掉红军主力的自喜心情，乘机飞临宾川上空，亲自视察阵势。就在他未捷自贺之时，我军却挥师北上直插鹤庆，我当时在红二军团四师十二团任团长，一路上我们都担任前卫任务，师里还将骑兵侦察连配属我团。

4月23日我部先抵鹤庆。24日后续部队陆续达到。先后驻留了3天之久，这是我们挺进滇西以来部队第一次在一地停留这么长的时间。当时敌人认为金沙江水流湍急，没有渡江工具难以渡江，判定我集结鹤庆是要通过东北面的梓里铁索桥过江。因此，敌军统帅部命令远在数百里之外的敌军两个纵队加快西进追赶，还通知距我较近的永胜、华坪两个纵队在江东布防，企图堵我过江。敌人还在永生沿江修筑100多座碉堡，强征壮丁2000名，编成十六江防大队。增调地主武装四五千人，并成立永华独立营，集结200余众控制梓里铁索桥。总指挥部深知敌人的如意算盘，采取了真真假假、声东击西的韬略，一方面部队前前后后在鹤庆驻留，貌似休整迷惑敌人；一方面立即派我们前卫团向丽江前进。4月23日，由师侦察连和我团侦察排组织的侦察分队到达鹤庆后即马不停蹄先头出发北上。团的主力稍事休息后，进行伪装，也立即前进。独占空中侦察优势的敌人把注意力全部集中在鹤庆停留的大部队，我们前卫部队却神不知鬼不觉地于次日上午出现在丽江坝子上。

丽江位于玉龙雪山脚下，是一个风景秀丽的山城，为纳西族人民的聚居区。地处偏僻，交通极为不便，反动统治力量薄弱。纳西族民风淳朴，汉文化传播较久，不少人会讲汉语，久有礼仪之邦的美称。红二、六军团进入滇西以来，一路上严惩贪官污吏、打击土豪劣绅、争取开明士绅、救济贫苦百姓、尊重少数民族习俗、宣传抗日救国主张，纳西族群众早有所闻。我侦察分队进驻丽江时，按照纳西族人民逢年过节用红色表示喜庆吉日的习俗每人做一朵大红花，当我们骑着高头大马，口衔红花，手持钢枪，队列整齐地开进丽江时，纳西族人民看到我军纪律严明，对人民和蔼可亲，敌人那种"红军红眉毛、绿眼睛、杀人不眨眼"的反动宣传就不攻自破了。当我们前卫部队到达丽江时，丽江人民就推举出数百名群众代表在城南东元桥"接官亭"欢迎红军。他们手持彩旗，路边摆着香案，打着"欢迎文军"的横幅，以表示对文明之师的敬意。这是部队离开湘鄂川黔根据地之后，在新区第一次见到这样的军民鱼水交融的场面。这天丽江坝子天气晴朗，春意盎然，坝坡上山花烂漫。战士们一个个精神抖擞，一扫连续行军作战的疲劳，自动整戎装、齐步伐高唱战歌向丽江城走去。我也有一种如释重负之感，见景生情，不由得想到了根据地人民对革命的炽热感情和我们肩负的革命重担，顿时稍稍放松的情绪又被如何完成渡江大任的紧张思索所代替。当即命令骑兵分队马上出发到石鼓江边侦察敌情，查找船只，了解渡口水文、江情。石鼓距丽江约 100 华里为丽江所辖，丽江实际上是我军此次渡江的前进基地。我们利用在丽江短暂停留时间紧张地完成渡江前的各项准备工作，一方面对部队进行渡江动员，一方面广泛接触群众，开狱释放 48 名群众，宣传抗日救国政策，争取群众支援渡江。同时了解敌情、地形选择进军路线，为军团指挥部和后续部队到达创造有利条件，一直忙到深夜。次日凌晨 3 时，部队就已整装出发，天空闪耀着稀疏的晨星，山风吹来带着几分寒意。寂静的山林，崎岖蜿蜒的山间小路，被行军行列的火把照亮，横卧在丽江石鼓之间黑沉沉的铁架山被这条火炬红光拦腰切开。看着战士们矫健的步伐，望着他们手里高举的火炬，我的心里感到一阵激动：我们这个团有一千多人，在红军中算是一个大团了。在洪湖苏区能攻善战，在人民中享有盛誉。长征以来，在湖南瓦屋堂战斗中打湘军开通路，保证了军团的行动。在贵州佯攻贵阳，解放石阡，转战乌蒙山区。入滇后攻宣威夺宾川打了不少好仗，红军处在逆境，战士依然士气高昂，虽然老区来的不少战士已长眠地下，但是不少热血青年的加入使这支部队始终保持着优良的战斗作风。

从宾川到丽江连续行军作战5天，部队没有睡过一个囫囵觉，每到一地，干部、战士自觉地宣传群众、组织群众，争着抢着担负艰巨任务，令行禁止，团结战斗。战士们手中的火把照亮了滇西大地，给人民带来了希望，也给我自己增添了完成任务的勇气。有这样好的战士，有这样好的部队，还有什么不可克服的困难呢！部队不觉已经爬上了铁架山的山顶，从山顶向下是数千米的陡坡，坎坷不平的小路越涧穿林崎岖而下。这时天已蒙蒙亮，东方露出了鱼肚白，行军速度显著加快，经雄古、沙坝到下午一两点钟即到达石鼓镇。石鼓是一个小山镇，坐落在玉龙雪山西麓的山坡上，依山顺势层叠着一些土木结构的建筑群，众多的草屋之中，间或有几幢砖房、木楼突起。听说镇内有明代嘉靖年间建立的一个记功碑，厚而圆呈鼓形故而得名，只是渡江任务火急未敢偷暇观赏。镇子的脚下200多米便是有名的长江第一弯。向下俯视，金沙江的雄姿尽收眼底，镇子左右两侧是绵延数百米的玉龙雪山与云岭山脉，山高涧深，石鼓就成了北进藏区、南出滇西的唯一通道。我勒住满身湿漉漉的战马，仰首远眺，大江两岸高峰相望，江面宽阔，江漩频迭，水流湍急，向西望去，大江在两山之间穿行，江岸忽而坦阔，忽而窄陡，如卡住几处关隘，纵有重兵也难轻易通过；向北观看大江陡转，南岸高山屹立，岸边有五六米的峭壁向前延伸逐渐形成峡谷，部队无法行动。从石鼓以上渡江，是少兵胜强敌的理想渡江之处。面对大江我对总指挥部首长的崇敬心情油然而生。为完成渡江北上的任务，贺龙、任弼时首长胸怀大略，审时度势，洞察地理民情，率领我们这支奔波万里在十几万敌军的围追堵截之中的17000名红军，决定性地走了佯动昆明、强攻宾川、集结鹤庆三着好棋，把十几万追兵甩在百里之外，疲命于筑碉守桥挖壕据守之中。

当我们前锋部队饮马金沙江畔时，敌人正忙着在梓里桥边陈兵布袋，做着一举吃掉红军主力的黄粱美梦。我松开缰绳驰马江边，听取了侦察分队的敌情报告和找船情况；敌民团头领汪家鼎已在我到达之前将渡船全部撤到北岸，民团散布在江北一带山上，仅在石鼓渡口的海洛塘一处找到一只未来得及撤走的木船。根据获得的情报及总指挥部赋予前卫团的任务，我一方面向师首长汇报，一方面决定先利用这只小船在水势比较平缓的就近渡口先行渡江，占领东岸滩头，寻找船只，勘察渡口，为大部队过江创造条件。待部队在江南岸柳林、麻子沟一带隐蔽集结待命渡江时，天已近黄昏，红日西沉，在夕阳余晖铺衬下，哈巴雪山更显得庄严雄伟，不一会儿，整个江面就被雪山的巨大身影所覆盖，时间在提醒我要加快渡江速度。我注视着眼前这一只能容下一二十人的小木船沉思，如从江面宽约500米的石鼓摆渡，往返一次需一小时，势必延缓过江时间。我随即与身边刚来的五名船工交谈，根据他们提供的情况和侦察部队现地侦察报告，我决定由船工掌舵组织部队拉纤，将木船拖到上游木瓜寨渡口过江。战士们经过岸边大休息，看见了渡船后情绪高昂。大多在洪湖长江边长大的小伙子争相拉纤，不知哪位战士唱起了川江号子，引起众人响应，号子声震撼了峡谷，余声回荡在山峰江水之间，久久不能消失。5华里的路程很快就到了，我目测木瓜寨渡口江面宽约200多米，约计往返一次需半小时，且对面松林密布，便于部队隐蔽，是个理想的渡江之处。部署了渡江掩护部队后，我与政委朱辉照、参谋长高利国简短地交换了意见，决定由我先过江，组织部队占领滩头阵地，控制各制高点，在江东岸沿江侦察。政委、参谋长在西岸组织部队过江。当即我和通讯员乘上了第一只船，由部队早选派好的一个加强班随我一同登船，3位船工掌舵摇橹，我在船头观察对岸四处动静，思索着过江后的行动。从船工们紧张严肃的表情上看得出他们也感到了手中舵橹的分量不比以往，他们熟练地驾着这不寻常的一叶小舟，忽而奋力疾驶，忽而轻松击水，很快地穿过激流到达彼岸。当我一脚踩到铺满卵石的江东岸时，心里感到一阵兴奋，关向应副政委"过江就是活路"的话语一下子变成了一条北上的坦途。时间不容我在江边遐想，当第一支部队渡过江时，晚霞早已消失，天空由蓝变灰，夜色很快笼罩了大地。我在东岸几个要点派出了警戒，并派部队迅速沿江北上，侦察敌情、地形，寻找船只和渡口。由于敌情威胁不大，为加快渡江速度，命令部队点起松明火把，在两岸登陆点堆起篝火。不少热心的当地群众也打着火把来到江边帮助部队渡江，有些胆子大的孩童也好奇地来到江边目睹这载入中国革命史册的壮举。

按照预定计划，我带领已过江的先头营沿江北上，队伍举着火把，行进在高低不平的坎坷江岸，大江奔腾南下，火龙雄壮北上。途中我们在松坪子得到了另一条木船，5名船工经过动员愿助我军渡江。这样，我们又分出一部分队伍在距木瓜寨仅6华里的木取独渡口过江，控制在手的滩头，两条木船的运力，众多船工支援，南方籍战士牵马泅渡成功的喜讯，大大加快了渡江的速度。经一夜奋战，我团于25日已全部渡江完毕，无一伤亡。红六师在江西岸也沿江北上，与我们隔岸并进。这样，石鼓以上百余里滩头四处渡口均在我控制之下。军团部和五师部队在丽江进一步发动群众，动员数十名木匠铁工扎木排，制简易渡江工具。贺龙还亲自给开明士绅写信，晓以救国大义，动员他们献出藏匿船只支援红军北上抗日，并于26日到达石鼓。在木瓜寨、木取独、士可、格子四渡口，我军征得木船6只、木筏若干同时渡江。26日，军团部、五、六师一部已顺利过江，六军团也离开鹤庆，经九河、白汉场到达石鼓宿营。27日，又扩大了巨甸余化达渡口，集中7条木船、28名船工，在石鼓以上120华里地段全线渡江。我军通宵达旦，夜以继日，梯次展开，形成渡江高潮，这天两军团主力大部均已渡江，总指挥部决定梯次收缩，最后留下上游余化达一个渡口由后卫部队通过。

过江后，我们刚到吾竹地区，上级即指示我们迅速占领巨甸以北的格鲁弯。此处由民团头目、土官汪家鼎率众据守，既对我渡江造成威胁，又是我翻越哈巴雪山唯一通道上的一个钉子。我们受领任务后，马不卸鞍、士不解甲，急速前进。直到这时蒋介石才发现我军正在石鼓渡江，如梦惊醒，气急败坏，急令孙渡纵队3个旅循红军踪迹向丽江追击，原打算向鹤庆绕截红军的刘正富旅奉命从邓川以东调头向北赶赴石鼓，李觉纵队沿滇西大道向大理、邓川急进，并派飞机到石鼓沿江轰炸，妄图迟滞红军渡江。所有这一切都是徒劳的。当敌人刘正富旅疲惫不堪、气喘吁吁地到达石鼓镇时，未见到红军一个人影，只留给他两条醒目标语："来时接到宣威地，走时送到石鼓镇，费心！费心！请回！请回！"刘正富哭笑不得的表情和士兵们奔命日久，松一口气的情绪，总算回报了蒋介石"御驾亲征"的一番苦心。

我前卫团27日经过一天的急行军，来到立马河口，占领格鲁弯。次日凌晨沿一条深涧从海拔1800米的河谷向上攀登，两边是原始森林覆盖的峭壁，山上山下气温差别很大。行至半腰处大崖屋附近，敌汪家鼎凭借雪山之险要隘口居高临下，投放垒石，开枪阻击我军前进。我当即命令行至就近的连队从左侧攀登迂回至东山岩头向敌人开火，干净利落地打了一仗，汪敌落荒而逃。至此，我军顺利地完成了抢渡金沙江的重任，并打通了二、六军团进军中甸、会师甘孜，与四方面军共同北上抗日的道路。

28. 中央红军长征战斗在四川的回忆

邓 飞

1935 年 4 月 23 日，我红一军团二师六团进入云南之后，奉令携带电台单独行动十天，受中央军委直接指挥，完成了威胁昆明和阻击滇军的战斗任务，5 月 7 日凌晨 3 时，接军委万万火急电令，限我团于 9 日 12 时以前务必赶到绞车渡口渡过金沙江，否则就有留在金沙江以南打游击的危险。接令后，我团昼夜兼程，在两天多的时间内行程 400 华里，按时渡过了金沙江，是最后过江的一个团。过江后进入四川境内，奉刘伯承总参谋长面示，让我团开到会理去休整。

一、会理休整

我团于 5 月 10 日进驻会理县城附近的大湾村。会理是一个比较大的平坝子，人口较多，农产品比较丰富，粮食也比较充足，我团在这里休整了五天时间。这次休整是红军长征以来的第二次大休整。第一次是在一月中旬即遵义会议期间，从那时到现在已经四个月了。由于部队担负着繁重的战斗任务，而且又经常急行军，因此，争取在条件具备时进行大的休整，使指战员得到体力上的恢复，使部队得到物质上的补充，以便继续前进，去完成新的战斗任务，是十分必要的。

根据上级的指示，团长朱水秋和我商定了部队进行休整的几项具体要求：一要睡好觉，恢复体力；二要吃好饭，搞好伙食，并要带好三至五天的粮食；三要购买红麻等材料，每人打一两双草鞋；四要扩充红军，宣传共产党和红军的主张，动员群众踊跃参军。商定后，我们便通知到了所属各个连队。

此后,我下到一些连队去检查。当时已是初夏时节,天气炎热,令人汗流浃背。我看到房子内外,竹堆、大树下面,到处都躺着正在酣睡的战士们。他们睡得格外香甜,鼾声不断,似乎要把几个月来少睡的觉都补回来。是啊,四个月来的连续行军、连续作战,战士们付出了多少血汗的代价,疲劳到了怎样的程度啊!后来,我团九连政治指导员黄华龙(当时叫黄栋背)回忆说:"赶渡金沙江时,昼夜兼程两天半,行程四百华里,体力消耗很大,部队特别疲劳,站着都能睡着。但我们保证了任务的完成,巩固部队的工作也做得好,非战斗减员只有一人。"会理休整的时候,一军团政治部副主任罗荣桓到我连检查工作时,表扬了我们连"巩固部队工作做得好"。我团在休整期间,经过各连队的宣传动员,有20多名当地青年光荣地参加了红军。

我团经过会理城外时,红三军团正围攻会理县城。当时,城里有川康伪边防军刘元瑭的一个师,死守不出,经过攻城和挖坑道爆破都没有结果。后来我军把该城团团围住,保证了我军主力部队的休整和中央政治局扩大会议的顺利进行。

在此期间,党中央在会理城郊铁厂召开了政治局扩大会议。会议总结了中央红军自遵义会议以来的作战经验,认为遵义会议后,毛泽东同志指挥红军四渡赤水、重占遵义、南渡乌江、兵临贵阳、调出滇军、直插云南、威胁昆明、巧渡金沙江,完全跳出了蒋介石几十万大军围追堵截的圈子,赢得了战略转移中具有决定意义的胜利,是十分正确的。同时,会议进一步统一了思想认识,明确了中央红军向川西北进军与红四方面军会合的战略部署。

1964年9月7日,我们中央有关部和四川省有关单位的几十名同志,由程子华同志率领,到攀枝花即渡口市去筹建"大三线"钢铁基地。我们从成都乘一架小飞机抵达西昌,当天下午又到了会理。我们到会理未曾休息,便直接坐汽车去视察当年的会理城郊铁厂。只见当年召开政治局会议的房子都已经破烂不堪了。

我野战军主力部队在会理休整了七至十天,中央红军又达到三万人,中央政治局扩大会议也圆满结束。这时,国民党中央军薛岳兵团正在赶渡金沙江,企图继续追击我军。川敌刘文辉等部也正在大渡河北岸加紧调兵,加强沿江布防,企图堵击我军。因此,中央军委决定首先消灭德昌、西昌之敌,然后继续北上,强渡大渡河,最后与红四方面军在川西会合。为此,到泸沽之后,军委决定组织中央先遣队，以总参谋长刘伯承为司令员，以一军团政委聂荣臻为政委，率红一团抢渡大渡河。我们六团紧随一团前进，四团在我六团之后跟进。

二、向大渡河下坝挺进

5月16日，我红一军团作为前卫部队，从会理出发，取道德昌、西昌、冕宁，向大渡河的安顺场前进。前卫一团17日攻占德昌之后，部队继续前进。到达西昌时，西昌城内的国民党驻川康边防军司令刘元璋的部队固守不出。我军没有攻城，而是绕道西昌城外进入冕宁境内，并于21日占领冕宁县城。

冕宁是少数民族彝族所在地区。长期以来，那里的人民饱受着国民党反动统治者严重的民族歧视、政治压迫和经济剥削。22日，我军进至大凉山。那里彝族部落很多，与我们的风俗习惯很不一样，语言也不通。由于他们不了解红军，因此，作为红一军团前卫连的工兵连受到了阻击而未能通过。后来，刘伯承司令员与彝族沽基家的首领小叶丹一起斩雄鸡喝血酒，结为"金兰之盟"。最后，他们终于同意我们从这里通过了。

当时，为了执行党的民族政策，以使彝族人民能够对红军有所了解，我们的部队不进民房、不扰村民，克服了诸多困难，在道路两旁的树林里露营。有一天晚上，下着大雨，我们在森林中根本无法睡觉，而是坐在冰冷的石头上，背靠背地休息。寒风瑟瑟，冷雨凄凄，同志们哪能睡得着呀，只能半睡半醒地坐着，用手挠着头皮，熬过了漫长的夜晚。

部队路过大凉山的时候，我看到在路两边的山坡上有许多彝族居民村，在道路的两侧，站满了男男女女，老老少少的人们。他们带着惊异的神情，微笑地看着我们前进的队伍，有个高个子男人，对着我"哇啦哇啦"地说了一些什么，我听不懂他的话，但知道他的意思是向我要钱。因为有所准备，于是我就给了他一块小银元（伍角）。他接到钱后非常高兴，并欣喜地向他的同胞诉说着、夸耀着。由于我们坚决执行了党的民族政策，从而消除了彝族群众的误解，顺利地通过了冕宁彝族居住区。

30年后，即1965年6月中旬，我从成都乘汽车去渡口市，经过冕宁县政府时，有一位彝族副县长（姓名忘记了）招待我吃午饭。我问他：

"我们红军长征路过这里时，有很多树林，林子里有许多高大的树木，现在怎么都看不到了？怎么只剩下一些不高的小树了呢？"他说:"那些大树在抗战时期都被砍光了，现在这些小树都是解放后才栽的。"

我又问:"你今年多大岁数?"

他说:"40岁。红军长征路过这里时才10岁。那时我已经懂得一些事情了，知道红军纪律很严格，对老百姓秋毫无犯，是为工农群众谋利益的;知道红军对彝族人民平等相待，与国民党大不一样。"

我说:"红军有三大纪律八项注意，对少数民族一律平等，共产党有着正确的民族政策。"

他连连点头，说道:"自从红军长征路过这里之后，彝族群众对共产党对红军有了一定的认识，受到了不小的教育。"

我军通过大凉山彝区之后，向安顺场方向急进。前卫一团担任着夺取安顺场的任务。他们经过石棉县（原名光明街，又名农场）的新场、马鞍山，于5月24日晚上抵达安顺场。我们六团在一团之后跟进。于25日早晨进驻安顺场右翼的下坝、小水。四团在我六团之后跟进，也是在25日这一天到达了安顺场左翼的老街。

当时，敌军为了阻击红军北上，在大渡河北岸的布防形势是:敌刘文辉二十四军所属的五旅第七团驻在苏家坪，安顺场渡口北岸的安靖坝有一个营的兵力，距苏家坪八里，上游挖空坝有一个团，下游的乐山、峨迎等地还有六个混成旅。此外，国民党中央薛岳追击兵团之吴奇伟、周浑元两个纵队则追击红军进到西昌、泸沽一带，距大渡河只有几天的路程，眼看就有形成一个前后夹攻的包围圈的危险。

为了尽快甩掉敌人，实现我军的战略意图，红一团（团长杨得志）抓紧进行渡河的准备。5月25日，他们在安顺场找到一只船，在安靖坝搞到一只破船找木工修复，30日我团一营在小水又找到一只船。这样，他们就利用仅有的这三只船，在当地船工的大力帮助下，打响了强渡大渡河的战斗。我部队集中火力掩护渡河，军团炮兵营长、神炮手赵章成连发了三颗迫击炮弹。我们站在河坝的沙滩上，看着炮弹不偏不斜正好在敌群中开了花。敌人溃不成军，拼命逃窜。

就在同时，我听说一军团参谋长左权和二师政委刘亚楼率领五团以及军团侦察科长刘忠率领的侦察连占领了大树堡渡口。大造在大树堡渡河的声势，并且备料造船迷惑敌人。蒋介石、刘湘急忙向那里调集部队。从而忽略了在安顺场、泸定桥等其他渡口加强防备。当我佯动部队得悉红一团已于 25 日在安顺场开始强渡之后，即火速返回安顺场并归还了建制。

当时，我们六团正在安顺场下游的下坝、小水。下坝位于大渡河一个大沙滩的边沿，有几十户人家，仅有一条小街，路面全是石头铺成的。附近的山脚下还有着零散的住户。小水又在下坝的下游，距下坝约四里路，有十多户人家，当时我们六团一营正驻在那里。上级给我们团的任务：一是要接替红一团二营，担任向石棉方向的警戒（安顺场距石棉 24 里）；二是用重机枪等火力扫射对岸安靖坝之敌以及被击溃之敌，掩护红一团强渡；三是接受一军团首长临时下达的任务。

我们团部指挥所设在下坝的沙滩上，用电话与上级联络。26 日上午，当时的军团长林彪打来电话，要我们询问已经渡过河去的一团二营正在什么位置以及对岸的情况。可是这一带河面宽达 200 多米，水深 12 米多，流急浪大，波涛澎湃，用吹号的方法与对岸联系根本听不到。我们只能用望远镜看着河的对岸，只见一团政委黎林同志正在河对面的小路上走着。我把这个情况报告了军团首长。

首长用电话问："你看到黎林没有？"

我答："我看到他了。"

首长问："你问他们部队已到什么地方？"

我答："我们现在正在吹号联系，他们听不见。"

首长指示说："你们写大字标语摆在沙滩上问他。"

我说："这个办法好。"

于是，我与朱水秋团长商定，让宣传队的同志写好了大字标语摆在沙滩上，并发了信号弹，与对岸的黎林同志联系。黎林听到信号弹后，用望远镜看到了我们的问话标语，于是当即用大字标语回答说：

"二营前卫连进至苏家坪，该敌已向汉源方向逃窜。"

我即刻将黎政委的回答用电话向军团首长做了汇报。

我们到达大渡河的时候，有的老年人对我们说："七十多年前，石达开在这里打了败仗，全军都覆没了。你们可要千万注意哟！"

我回答说："我们与石达开不同。我们是中国共产党领导的工农红军，是为工农群众服务的队伍。我们有毛主席正确指挥，一定能够渡过大渡河。"

1863 年 5 月，太平天国翼王石达开率兵两万西进，在这里苦战一个多月，终于陷入绝境，以至于全军覆灭。石达开本人也惨遭清政府的杀害。72 年后的 1935 年，同样是 5 月间，同样是河流洪水暴发的时节，中央红军也来到了安顺场。当时蒋介石狂妄地叫嚣："大渡河乃太平天国石达开覆灭之地，现在共军入此彝汉杂处。……必步石达开的覆辙。"他叫嚣"要让共产党做石达开第二！"他令其部队"封锁朱毛于金沙江以北、大渡河以南、雅砻江以东地区，根本消灭。"然而，我中央红军却在中央军委的直接指挥下，彻底粉碎了蒋介石的妄想。我先遣部队红一团已经在强渡大渡河，我后续部队也同样要胜利地渡过大渡河。这正如有位诗人所写的那样："翼王悲剧地，红军胜利场。"

但是，由于安顺场南北两岸悬崖陡峭，地势险峻，而且河流水急浪高，河面宽达 200 多米，再者又仅有三只小船，每往返一次就需要一个小时，因此，如果整个野战军部队都从这里过河，前后就得需要一个月左右的时间。显然，这是当时的敌情所根本不能允许的。5 月 26 日下午，我和朱水秋团长站在下坝的沙滩上，望着往返于大渡河两岸正在进行紧张强渡的三只小船，又喜又忧。喜的是我红一团即将突破了面前的这座天然屏障，正在抓紧时间渡河，忧的是眼下船只太少，如果渡江时间拖得太长，弄不好就有被分割于大渡河两岸，遭到敌人各个击破的危险。正在这时，电话铃声响了起来，电话员谢金福说："三零一（二师师长陈光代号）要三零九（六团团长代号）讲话。"

朱团长接过电话，认真地听着陈师长说："要据当前的敌情，我野战军要全部在这里渡河是不可能的，时间拖得太长将对我军不利。因此，中央军委决定：除一师三个团和干部团在安顺场渡河外，我野战军主办部队沿大渡河西岸上行抢夺泸定桥。现在以四团为前卫，担负夺桥任务，于 26 日下午出发，于 29 日夺取泸定桥。你团在四团后跟进，于 27 日拂晓前出发。师直和五团随你团后跟进……"

我当时就站在朱团长的旁边。他放下电话筒，对我说："四零零（我的代号），你听到了吗？"

我说："听到了。"

于是，我俩让通讯员立即把团参谋长刘瑞龙和团的党总支书记张国华找来，把师长的命令及时地转告给了他们。随后，我们通知各营连尽快做好出发前的一切准备工作和思想政治工作。

据了解，从安顺场到泸定桥有340里行程，道路崎岖，要翻好几座山，途中还有着盘踞的敌人。但当时我军对泸定桥的敌情还不太了解，只知道川康之敌刘文辉的二十四军正向泸定桥方向调遣兵力，企图固守该桥。

5月27日凌晨，我六团全体指战员沿着四团走过的道路向泸定桥方向挺进。当时天空乌云密布，冷雨潇潇，河水、浪花喧腾，哗哗作响。我全团指战员在坎坷不平的羊肠小道上冒雨行进。我们走了三天，先后经过了安顺场、菩萨岗、猛虎岗、磨西、德威、杵泥、田坝、沙坝等地，一直向泸定桥方向前进。第三天一天就走了180里的路程。

29日下午，红四团夺得了泸定桥。当天晚上，我六团供给处主任胡弼亮也率领各营连的设营人员过了桥，并做好了部队吃饭和休息的各项准备工作。

30日凌晨，天刚蒙蒙亮，我团便开始过桥了。泸定桥长101米，宽2米多，整座桥用13根铁索连结于大渡河的东西两岸，其中9根铁索作桥面，左右各有两根作扶手。桥面离水面几十米高，桥下激流翻滚，恶浪滔滔。人走到桥上桥身摆动，令人毛骨悚然，心惊胆战。我们过桥时，桥面上铺的板子各式各样：有敌人未烧尽的桥板，有门板，还有店铺用的窗板等等，拼成了整个桥面。我平生是第一次过这样的铁索桥，桥身摇摇晃晃，真有点害怕。由于桥身晃悠，所以过桥时人员之间的距离要拉得大一些，需两三米左右。我骑的那匹骡子试探着走几步就不敢走了。饲养员刘海生对它说："你不要害怕，跟着我慢慢走。"骡子很听饲养员的话，跟着饲养员一步一步地挪到了对岸。过桥之后，我们进到泸定县城的老街休息、吃饭。在那个时候，能够吃上一顿饱饭，又能够歇上几个小时，已经是相当不错的事情了。

到达休息地之后，我和朱水秋团长即去四团团部与团长朱开湘、政委杨成武见了一面。他俩向我们简要地介绍了敌军在大渡河下游的布防情况。

三、攻克龙巴铺，占领化林坪

我团刚刚进到泸定城休息，就收到了团侦察员送来的情报。情报说：敌军在冷碛、龙巴铺（今兴隆）、化林坪等地有两个团的兵力驻守。为了阻击红军北上，敌军在泸定桥一带布防一个旅三个团，是新五师第四旅，旅长袁国瑞，旅部驻在龙巴铺。三十八团驻泸定、咱里、岔道一带，团长李金山，该团已被我红四团夺取泸定桥后击溃。十一团驻冷碛、海子山、得妥一带，团长杨开诚。十团驻龙巴铺、化林坪、飞越岭一带，团长谢洪康。以上敌人均属于二十四军刘文辉部。这就是敌人在泸定向大渡河下游至飞越岭沿途一带的布防情况。

由于四团已经完成了夺取泸定桥的重要任务，所以我们意识到我团即将担负前卫团的任务。我和团长朱水秋商定，要各营连抓紧时间吃饭、休息，并且要带一顿饭，等待命令，准备出发。果然，早晨8时，我们就接到了骑兵通讯员送来的师长陈光、政委刘亚楼的手令：

"朱、邓：你团进至泸定桥后迅速吃饭，稍加休息，于上午10时出发，经冷碛、龙巴铺、化林坪、飞越岭向天全前进。中途遇敌应坚决消灭或击溃之。我师指挥所和五团随你团后跟进，我野战军主力随后也从泸定桥通过。"

5月30日，遵照师首长的命令，我团按预定时间出发了。我们采取了战备行军的队列——非战斗人员由供给处主任胡弼亮率领，在全团的后面跟进。战斗人员的行军次序是：一营、团部、三营、二营。政工人员分别下到各营，团的党总支书记张国华和一营长曾保堂同前卫一连前进，时刻做好打仗的准备。那一天是阴天，我团沿大渡河而下，在小路上紧张地行进。路的左边是险峻的高山，侧立千仞；右边是澎湃的大渡河水，浪花翻卷。天空浓云滚滚，给人以重压之感。我团全体指战员步履匆匆，先后经过了大坝、仔牛岗、瓦窑岗、挖脚、甘露寺、幸福坝、向阳坡等地，于下午3点多钟接近了冷碛。这时天空下起小雨来了。

还未到达冷碛，我们便从侦察员处得知，该地有敌人杨开诚的驻军。刚到冷碛，我们的前卫连一营一连便投入了战斗。由于山地地形狭窄，所以我们没有投入很多的兵力。这时我下到了一营。除了一连正面攻击敌人外，我们又用一个连的兵力迂回敌人，结果敌人如鸟兽散。由于在这之前不几天的时间里，我军便在安顺场强渡大渡河，紧接着又飞夺泸定桥，整个部队顺利过河，粉碎了蒋介石要让红军成为"石达开第二"的罪恶企图，作战之英勇、进展之神速，大大出乎敌人的意料之外，因此，敌人已如惊弓之鸟，与我军作战且战且退。而我前卫营在击败敌人之后则不失时机地乘胜追击。

敌人撤至龙巴铺之后，又一次地进行了抵抗。这一次我们把第一营的兵力全部用上了。我们从龙巴铺两侧的小山上迂回包抄敌人（大渡河从冷碛向南流去，而龙巴铺在冷碛以东），我也同战士们一起奔上了左侧的小山。山上有成片的小树林，都是尚未成材的小树，间或还有一片片的竹子，疏密相间，参差不齐。山上的小路都是用石条或石板铺成的，又窄又陡，部队穿插比较费力。我们向敌人的四旅十团并旅部的一支部队发起了进攻，战斗打得比较艰苦，前后打了大约两个多小时。黄昏时分，敌人便向化林坪方向逃窜。

化林坪当时属于汉源县，是个不大的场镇，有几十户人家，四周有土围子。我们继续向化林坪挺进，并向退至化林坪的敌人展开了攻击。这时天已经黑了，我们冒着雨向镇子里摸索着打，并且把第二营的兵力也用上了。敌人搞不清我们有多少兵力，一边打一边向飞越岭败退。川军杨开诚团退守到镇北飞越岭半山腰的瓦窑坪一带，构筑工事，妄图凭险顽抗。到了半夜，我们便占领了化林坪，控制了从化林坪到飞越岭的交通要道，因为当时已是深夜，雨越下越大，战士们浑身上下都湿透了，又很疲劳，而且敌人已经败退，所以我们便在化林坪驻了下来。

5 月 31 日拂晓，我们把因夜战而打散的战士们集合在一起，后勤人员及时跟了上来并做好了早饭，战士们便在化林坪的山沟里吃饭、休息。这时，我看到红五团经过化林坪正向飞越岭方向前进，我知道，从现在起，红五团开始担负前卫团的任务了。

红五团团长张金山，是从红五军团调来的。红军长征到达陕北之后，他曾在保安红军大学第二科第一队任队长。在 1936 年秋天敌机轰炸时不幸遭难。红五团政委谢有勋是江西兴国县小水人，离我老家的村庄只有 10 多里路，原来是一名裁缝工人。1932 年 11 月至 1933 年 3 月，他曾在瑞金红军学校上级干部队第四期政治班学习，和我是同学。红军长征到黑水县的芦花时，在筹集粮食的过程中被藏族土司士兵开枪击中，不幸牺牲。

那天早上，二师师长陈光、政委刘亚楼随五团一道前进，我和朱水秋团长见到了他们，两位首长简要地询问了头一天的战斗情况后，便说：

"你们昨天从下午一直打到半夜，把敌人击溃了，很好。战士们辛苦了！现在稍微休息一会，等五团打下飞越岭山垭口后，你们团再跟进。"

飞越岭位于泸定县、汉源县的西北，是两县的交界。山岭海拔两千八百多米。山顶上有一个垭口，叫作飞越关。从山脚到山垭口是一条用石板砌成的台阶路，约一米宽，弯弯曲曲盘山而上。从龙巴铺上飞越岭约 25 里路，化林坪到飞越岭不到 10 里。当天中午 12 时左右，我们得知敌人被击溃，五团已经夺取了飞越岭山口，于是我团便向飞越岭开进。

至此，我野战军已经全部渡过了大渡河，彻底粉碎了蒋介石企图在大渡河堵击我军的罪恶阴谋，夺得了大渡河会战的重要胜利。

四、翻越梦笔山，占领卓克基

蒋介石得悉红军于 5 月 25 日开始强渡大渡河之后，知道其妄想利用大渡河天险使红军成为"石达开第二"的梦想已经破灭，红一、四方面军必将胜利会师。于是，他于 25 日即飞抵成都，召集四川各路军阀，在成都北较场研究制定新的反革命策略。他们集中了川军 20 余万人，加上薛岳追击兵团和胡宗南部 14 万人，共计 34 万余人的兵力，决定采取"南追北堵，集中兵力，分区封锁"，"统一川军、困死共军"的反革命策略。同时，他们还威胁利诱藏族土司头人阻击红军，挑拨民族关系，煽动民族仇恨。蒋介石令其部下用飞机散发传单，对共产党极尽攻击谩骂之能事，以挑起藏民对红军的仇恨。有时一天飞行多达九架次，平均每天散发传单 2 万余张，而且用藏文汉文对照。这就是当时蒋介石搞的所谓"七分政治，三分军事"，妄图通过制造民族纠纷，把红军困死、饿死、冻死，把红军消灭于川西北的罪恶阴谋，这也就是红军在路过四川阿坝地区境内时，之所以会遇到那么多的艰难险阻、付出那么沉重代价的根本原因。

为了实现红一方面军与红四方面军会合，并继而实现红军北上抗日的总的战略意图，中央军委决定红一军团仍然做前卫部队。但是要继续前进，首先必须要翻过面前横着的海拔 4100 多米的大雪山——夹金山。夹金山属于邛崃山脉，横亘于宝兴与懋功交界处，是宝兴与懋功、达维的唯一通道，山岭逶迤，连绵不断，主峰高耸，终年积雪。山上空气稀薄，气压很低，行人至此，呼吸十分困难。我们要实现自己的战略意图，就必须要战胜这些困难，越过夹金山。

6月12日，一军团二师师长陈光带着一部电台，率先头团红四团向夹金山进发。我六团在四团之后跟进。部队到山脚之后，暂时集合休息。那天上午天气还好，团长朱水秋和我举起望远镜仰面观察，只见山上白雪皑皑，前卫团在雪地上踏出的小路弯弯曲曲，盘山而上，不见山顶。根据上级的指示和当地向导的意见，我们进行了动员，同时向大家说明：从山脚开始爬山时要走得慢一些，距山顶大约一百多米时要稍微休息一下，快到山顶时就要跑步通过。因为山顶空气稀薄，如果不注意就有可能倒在山顶再也起不来了。我们部队大都是从南方来的战士，从没有爬过这样的雪山，我把团部的政工人员和宣传队员全部派到各营连去做动员工作。在翻山的过程中，同志们沿着崎岖的山路，顶着呼啸的山风，克服了呼吸急促、身体不适的困难，互相搀扶着、鼓励着，与大自然顽强地拼搏着，最后终于顺利地越过了终年积雪的夹金山，全团没有一个人掉队。

下午4时，部队快到山脚下时，我团走在前面的侦察员十分兴奋地跑了过来，上气不接下气地说："报告首长，前面四团已经和红四方面军的先头部队第九军二十五师七十四团在夹金山脚下的两岔河处会师了！"我和朱团长问："是真的吗？""是真的！是真的！"侦察员激动得有些不能自持。这一消息很快就在全团传开了，全团指战员无比兴奋。大家举起了臂膀，举起了枪，热烈地跳着，笑着，欢呼着。"我们与红四方面军会师了！会师了！"欢呼声、笑声、口号声，响彻整个山麓。是啊，从2月份到现在，四个多月来，我们经历了那么多的枪林弹雨，越过了那么多的高山大川，牺牲了那么多的亲密战友，不就是盼着与我们的四方面军会师嘛！现在，这两支同生死、共患难的部队终于会师了，大家怎能不泪如泉涌、欣喜若狂啊！当我团指挥战员与四方面红军的指战员相见时，大家紧紧地握手，久久地拥抱，热泪盈眶，激动不已……

会师之后，红四方面军第九军二十五师七十四团的领导同志请我们一军团二师陈光师长、刘亚楼政委和四团、六团的团级干部在达维吃了一顿饭。那一顿吃的是大米饭和腊肉、牛肉。在经历了无数艰难险阻之后，在闯过了饥渴劳顿的磨难之后，在与兄弟部队会师的激动人心的时刻，吃着这样可口的饭菜，真香啊！

红军两大主力的胜利会师，粉碎了蒋介石企图分割、围歼红军的阴谋，使川西北地区的红军力量空前集中了。全体指战员士气高涨，斗志旺盛，更加坚定了夺取新的胜利的战斗决心。

我红一军团进至懋功（小金）后，举中央军委命令向卓克基前进。6月17日，我六团担任前卫团，从懋功城北面的凉水井出发了，我们溯河抚边逆流而上，经过了双柏、八角、抚边和两河口（今小金县两河乡）。两河口是懋功北部的重镇，当时被称之为绥（靖）、抚（边）、卓（克基）、松（岗）各地之"中枢"，有居民百余户，北越梦笔山至卓克基约100里。过了两河口，便进入大石板沟，即到达缓平渡的山脚，并由此开始上山坡，一直到达木城。6月24日，我团开始翻越第二座大雪山——梦笔山。

梦笔山海拔4,564米，山顶常年积雪。人走的小路最高处叫垭口，高度为3,600米，从水城至垭口约12华里，由垭口到卓克基约60里。山上气候恶劣，昼夜温差很大，经常是雨雪交加，兼有冰雹。但由于刚刚翻过了夹金山，所以大家对雪山已经不那么畏惧了。为了抵御山上的寒冷，同志们穿上了羊皮背心或其他稍厚一些的衣服。在爬山的过程中，体强的同志帮助体弱的同志扛枪、背背包，互相鼓励着、关照着。梦笔山不是一个山坡直到山顶，而是在山梁上有上有下，同一座山上的气候也不一样。于是，在气候稍好而且山势也比较平缓的地方，我们就注意让战士们休息一下；在气候恶劣、山势陡峭的地方则快速前进。一路上，宣传队的同志们时时呼喊着，"同志们，这块地方需要快点走""同志们，加油啊！"。由于大家的同心协力，我们顺利地翻过了第二座大雪山——梦笔山。

我们团穿过梦笔山脚下的大森林，从东南面进入山下的纳足沟。在通往卓克基的路上，我们遭到了卓克基土司索观瀛率领的大约100名土兵的阻击。按照我们团部的意见，三营长杨尚儒给土司写了一封信，讲明了我们的民族政策，尔后将信交给了先头连七连，走在七连前面的藏族向导手里拿着一根树条，树条上挂着这封信，并用藏语向土兵喊话："卓克基的同胞们，你们不要怕，红军是咱们穷人的军队，穷人不打穷人，让红军过去吧。"可是士兵根本不听而且首先向我开枪射击，向导同志不幸中弹牺牲（后根据我军有关规定给予抚恤）。我前卫连战士在喊话无效后被迫还击，土兵武器虽差，但枪法较准，并依仗有利地形，与我前卫部队成相持局面。是夜天降大雨，土兵火枪失效，我七连趁机进攻，土兵退守到卓克基官寨。

卓克基位于川西高原的南部、梦笔山的北麓，地处纳足沟与梭磨河的交汇处。由于这里是狭窄的冲积台地，地形似矮脚台桌，所以当地嘉戎藏族称之为卓克基，意思是地形象桌子。卓克基是嘉戎藏区东去汶川、灌县进入川西内地的必经之地，北面经草地可达甘肃、青海两省，南经懋功可通雅安、西昌、西经金川、丹巴可到北（今甘孜地区）、康西藏。它是扼控川西北高原山地交通的咽喉要地。在卓克基，有一座建于清代乾隆年间的颇具规模的嘉戎藏族的古建筑——土司官寨。这座官寨由前后左右四幢楼房组成，中间为庭院。楼房室内雕金镂玉，富丽堂皇。它的主体建筑后楼有6层，高20米左右，外面筑有碉楼，雄伟、坚固。当时卓克基包括纳足、西索、查米3个村，约200户人家，近1000人。住房都是石、木、泥结构，也有一些木板和瓦盖的房屋。沙尔乡、大藏乡，龙尔甲乡都属于卓克基土司索观瀛的势力范围。土司没有正规武装，他们聚集了一些藏民，拼凑起了土兵队伍，横行乡里，鱼肉人民。

6月25日，藏族土司的士兵凭借着土司官寨对我接近卓克基的部队进行阻击，使我军一时难以进寨。为了保护藏民、专打土兵，我们没有急于猛攻，双方一直相持到夜晚。晚上，朱水秋团长和我商量，让通讯员连发数颗照明弹。土兵误以为红军在施放"法术"，要放"神火"烧毁官寨，吓得魂不附体，弃寨而逃。我六团随即进入卓克基。但是藏族同胞由于受土司头目的欺骗，大部分也跑光了，只剩下很少的老年人和孩子，而且说话也听不懂。我团进寨之后，在我六团之后跟进的红四团也相继进入了卓克基。7月上旬，毛泽东、朱德、周恩来等中央领导同志也由这条路到达卓克基，并在此处停留一周。此后，便暂时以卓克基为我军的总后方。

我团占领卓克基之后，即派出团民运工作股（股长饯子光）和宣传队到藏民中去广泛地开展了关于红军北上抗日和党的民族政策的宣传工作。同时，为了了解藏族、团结藏族同胞，他们还调查了当地的风土人情、婚姻制度、喇嘛教义和土司制度等。工作队员们向藏族同胞反复说明：共产党的政策是民族平等。红军是人民的子弟兵，我们都是一样的阶级兄弟；共产党和红军不仅不征"乌拉"（即拉夫），不要任何特权，而且全力扶助人民发展生产，希望跑到外边去的人消除顾虑，尽快回来与家人团聚。

五、龙日坝与敌骑兵遭遇战

龙日坝在现在红原县的龙日种畜场与拉木隆中间。红军长征时，红原县尚未建立，该地属松潘县管辖。1960年经国务院批准始建红原县，意为红军长征经过的草原，故名"红原"。

6月27日，我团继续为先头部队。我们从卓克基出发，沿着梭磨河而上到梭磨，经马塘、康猫寺，进到刷经寺停止待令。现在这里是红原县一个区政府所在地。

当时老康猫寺有130个和尚、十几个活佛。但是由于国民党的反动宣传，当我们来到这里的时候，他们都已跑光了。当地没有居民，仅有讨饭途经此地的五六户人家。据说四五天前，也就是6月23日，红四方面军三十军八十九师二百六十七团经过这里。刷经寺则有几十户人家，房子都是木板搭的。长征时，红一方面军的一、三军团和中央军委纵队，就是从这里翻过了第三座大雪山——高达四千八百多米的长板山，进入黑水境内芦花的。

6月30日，在刷经寺的寺院内，红一军团政治部主任朱瑞和二师师长陈光，召集朱水秋团长和五团三营营长梁兴初开了一个会，传达了中央两河口会议精神和中央军委关于红军进至懋功以北之后的作战部署。朱瑞主任说："红军一、四方面军胜利会师后，6月26日，中央政治局在两河口召开了扩大会议。会议分析了当前形势，决定集中主力向北进攻，在运动战中大量歼灭敌人，首先取得甘肃南部作为根据地，进而在川、陕、甘三省建立新的苏维埃政权。根据中央政治局决定的这个战略方针，中央军委制定并颁布了《松潘战役计划》，指出我们首先要迅速、机动、坚决地消灭松潘地区的胡宗南主力。为达此目的，我军分左、中、右三路军。中路军由红一方面军之一、三、五、九军团共由红一方面军16个团组成，司令员林彪、副司令员彭德怀，政治委员聂荣臻、杨尚昆。左、右路军由红四方面军组成，其中左路军16个团，徐向前任司令员兼政治委员；右路军一个团，陈昌浩任司令员兼政治委员。现已得知松潘附近的胡宗南部队共有16个团的兵力。我左、右两路军应迅速地分别由阿坝，壤口穿越草地，之后从松潘以北之两河口、黄胜关迂回攻击松潘地区之敌，并坚决消灭之；右路军则由芦花经毛尔盖向松潘城前进。我一军团是中路军的前卫，二师又是一军团的前卫，而六团又是二师中担任探路前进任务的前卫团。因此，六团要经过壤口进入草地，第一步是向龙日坝前进。我和陈光师长组织前进指挥所，跟随六团一起前进，还有五团三营……"

接着，陈师长补充说："这个战略部署很重要。这是一、四方面军会合之后打的第一个战役，一定要打好。打好这个战役意义很大，是给我们建立新的苏区创造条件。当然困难很多，比如缺少粮食、要过草地、是藏民地区、路上的敌情还不够了解，等等，但要动员全体指战员克服这些困难。"

当时我得悉，指挥所将携带一部电台。这是军团部所属第的二十一分队，电台负责人是王台长，政委肖文玖。我军进入云南时，这部电台曾跟随我六团执行单独作战任务十天时间。

朱、陈讲话之后，我说："现在部队最大的问题是没有粮食。卓克基有，但只许我们带两天的口粮，要我们把粮食留给后面部队。"

陈师长说："粮食问题在前进的途中解决。"

这时，我的心情忧喜交集：喜是两个方面军的主力红军已经胜利会师，红军的力量大大加强了，必将会建立新的革命根据地，实现北上抗日的战略方针；忧的是摆在面前的征途是茫茫草地，气候恶劣、居民稀少，又是藏民区域或藏汉杂居，战士们衣服单薄，特别是粮食缺乏，困难很大。但是作为一个革命军人，只有服从命令，听从指挥。

我们回到团部后，召集连以上干部传达了上级指示，要各连进行政治动员，保证这次战斗任务的完成，并确定以二营为前卫营。与此同时，我们特别指定供给处主任胡弼亮和群工股长饶子光负责筹集粮食的问题。

7月1日，我团由刷经寺出发了，一军团巡视员谭冠三和二师巡视团主任翁祥初也随我团一起行动。五团三营随朱、陈指挥所跟进，与我团约距3华里。我们经过壤口（甲尔卡）、龙日沟，夜晚露宿在龙日格玛，已经进入草地。这一天行程100余里，只吃了一点野菜、青稞和炒麦子。我的肚子饿得咕噜咕噜叫。沿途上没有居民，粮食筹集不到，野菜能吃的也不多。经卫生队检查认定：只有苦苦菜、灰灰菜、野菠菜、野葱、野蒜苗、人参果、野芹菜、野红萝卜缨、洛尔韭等，但数量很少。那天晚上，部队在草地露营。大家遍地寻找野菜充饥，以班为单位用洗脸盆来煮。没有柴火就把小河沟边的一些小柳树砍下，对付着当柴烧。

在大约一里长一里宽的高低不平的草地上，燃起了一堆堆的烟火。我的警员李炳贵（18岁）找到了十多棵野菜，用茶缸煮好后递给我吃。我吃了一半，又递给了他，他坚决不肯吃。我再三劝他说："口动三分劲嘛"，他才勉强吃了一点。这一天是我们第一次进入草地，没有发现敌情。入夜，寒气袭人。战士们三三两两地挤在一起，背靠背坐着休息，互助吸收着一点点发自体内的热量。这时，我们更深深地感到粮食确实是"宝中之宝"啊！

7月2日，我团继续向龙日坝前进。这一天，我们采取了战备行军的队列。由于没有粮食，肚子饥饿，沿途还要采摘野菜，所以行军速度很慢。中午部队休息时，仍是煮了一点野菜充饥。这时，侦察员跑来报告说：前面发现敌人的少数骑兵，可能是土司兵。他们没有阻击我们。后来才知道这是敌人骑兵的侦察兵。

下午4时，侦察员气喘吁吁地跑来报告说：在龙日坝方向发现了敌人骑兵，有2000多人。我和团长朱水秋立刻赶到前卫营的前面，用望远镜向对面瞭望。只见龙日坝西面的长满青草的山坡上，敌人骑兵正在休息。士兵有的坐着，有的躺着。战马有白色的、黄色的、红色的，正分散在草地上，低着头贪婪地吃着青草。在阳光的照耀下，这一切都看得清清楚楚。

龙日坝这块地方，有一片开阔的草地，南北长6里，东西宽约4里，名为吉榭尔。开阔地的东侧有一些小山坡，小山坡后面紧连着陡峭的悬崖峭壁。西侧也是一些山岗，但要平缓一些。这个地形对敌人骑兵十分有利，而对我们却十分不利。我团要继续前进就得经过这片开阔地，但敌人现就在开阔地旁边的山坡上歇着。后来我们才知道，这是麦桑（即阿坝）土官杨俊扎西率领的骑兵。当时他受国民党及青海军阀马步芳之命，任西北"剿匪"第一路军第五纵队麦桑支队司令，积极参与了阻击红军的罪恶活动。

在这种情况下，朱团长与我商量，准备向西侧的山岗靠拢，计划占领西边山地后再相机行事。但正在这时，在我们后面行进的指挥所用军号向我们发出了命令，要我们向东边前进，去占领前面的那座小山坡。于是，按照上级命令，我团立即分散去占领东边的地形。这时，敌人的骑兵也早已发现了我们，并集合了队伍。他们见我们仅有一个团的兵力，没有后续部队，又无炮兵，于是在我部队尚未完全展开之际，便开始疯狂地向我团出击。

敌人的骑兵既有步枪，又有长马刀，而且枪法很准。从战斗实力来看，是受过一定训练的。我和朱团长趴在一座叫作铁令塘沱的小山坡后面观察敌情。敌人在距我们有 200 米的山坡上向我们射击,他们与李生茂率领的前卫二营早已接上了火。这时,我一、三营的部队还没有完全进入阵地,敌人方面已经打响。我们的战士一面还击一面迅速抢占地形。敌人的骑兵由于受地形限制,是陆续投入战斗的。双方打得十分激烈。枪声、喊杀声响成一片。我团战士拼杀得十分英勇,打死了不少敌人,但同时也付出了沉重的代价。

正当我向敌人瞭望的时候,一颗开花子弹忽然射中了我的右肩,顿时血流如注,把衬衣都染红了。看护员连忙过来给我包扎。不一会儿,敌人的骑兵挥舞着马刀呼喊着冲了上来,我顾不上浑身鲜血,急忙与身边的警卫员、看护员一起滚下了山坡。这时一部分敌人骑兵已经迂回到我们团指挥所的后面,我全团指挥员迅速地退出了阵地。这时已接近黄昏,天空下起雨来了。

战斗进行了一个多小时,我方失利了。一营营长曾保堂率领部队阻击敌人,掩护全团撤退。我和被打散的同志们退到山脚下,冒雨走了五六里路,找到一间破牛屎棚歇息。牛屎棚是用柳条编起来的。在柳条外面糊上一层牛屎算是墙壁。棚顶也是柳条搭的,糊着牛屎。棚子没有窗户,外表黑乎乎的,是藏族同胞在游牧过程中的栖身之所。晚上,雨更大了。我在牛屎棚里躺着,衬衣被血凝住了。指挥所的朱瑞和陈光同志在后面的另一间牛屎棚里用电台向军委报告了我们战斗失利的情况,并请示我们下一步的行动方案。第二天早晨,雨停了。大约七八点钟,我们接到了中央军委发来的指示,要我们折回并向东南方向的黑水、芦花靠拢。朱团长集合了队伍。我看着战士们满身满脸的泥污、血污,心情十分沉重。朱团长带领战士们向南行进,我则由警卫员搀扶着跟跄而行。

要折回黑水、芦花,首先要过一条 10 多米宽的小河溪——壤口尔曲。平时,这条河溪没有水,现在因为下了大雨,加之山洪暴发,河水陡涨,流急浪大。指战员们用裹腿带挽成了绳子,固定在河的两岸。过河的同志一手拄着棍子,一手拽着这根绳子,努力支撑着、攀扶着,费尽极大气力,越过湍急的河流。但由于水流过猛,有好几名同志不幸被洪水冲走了。有一名团特派员,叫肖俊祥,与我是同乡,也是江西兴国人。过河时,他一个人抢着过,没去拽绳子,而是自己拄着一根木棍下到了河里。走到河的中间时,洪水冲来,脚下一滑,就被汹涌无情的浪头卷走了,当时年仅 20 岁。看到这种情景,我心里十分难过。我向战士们再三地强调说:"不要着急!不要着急!要听从指挥,拉着绳子过。"

我们过了壤口尔曲,经过壤口,到达洽日哥山垭口。这时,二师派宣传科长舒同带几位同志用箩担挑来了几担青稞麦饼子。按16两的小秤计算,也就2两一个。朱瑞主任亲自给我们分发饼子,每人一个。因为我负了重伤,给了我一个半。后来,在继续行军的途中,由于4天没有粮食吃,饥渴劳顿,不少同志疲惫不堪,十分虚弱,最后都不幸倒下去了。

龙日坝与敌人骑兵的遭遇战,我团伤亡4百余人。之所以如此,看来有这么几个方面的原因和教训。

一、没有粮食。因为事先未做好粮食准备,也未做好这次战役的准备,作战任务突然而降,致使难以应付战斗。而草地荒无人烟,不仅自然条件恶劣,而且根本无法筹粮。肚子饥饿,莫说打仗,连路都走不动了。

二、敌强我弱。我们的兵力薄弱,当时我团只有1200余人(渡金沙江时有1500人,战斗和非战斗减员300余人),作战人员只有1000来人。而且是孤军深入,无后续部队,又无炮兵。如有炮兵,可以轰炸敌人。敌人在数量上超过了我们。正因为这样,他们才敢于向我们冲击。8月中旬,左路军三十一军九十三师的先头部队在龙日坝档格哈里玛山西南也遇到杨俊扎西2000余骑兵的阻击。红军初战不利被迫后撤。旋因后续部队赶到,才将土兵击退。

三、地形不利。这场遭遇战,敌骑兵占据了有利地形。他们有四条腿,而且是以逸待劳,早有准备。而我们却是在草地的平坝子里行进,完全暴露敌人的俯视之下。同时,我们又经过草坪地去抢占前面右侧的草山坡,这就正好让敌人的骑兵发挥了优势,而使我们自己处于被动的地位。我们本应向西侧(左侧)山岗靠拢,占领对我有利之地形,而不应该继续前进。这样,到晚上我们就可以向后撤退或撤到更为有利的地形,使敌人摸不清我们的情况和意图,不敢贸然向我出击。事实上,在当时的情况之下,我们一个团的兵力是不可能突破敌人的阻击而继续前进的。

四、部队总体行动方案不明确。原计划中路军部队从此路北上,但因认识不一致,结果只用一个团去探路。而且此任务原来是派给别的团,该团未接受,于是又派我六团临时"补缺",仓促上阵。与此同时,我一军团主力则翻越了长板山,进入黑水境内的芦花,向毛儿盖前进,与右路军走在一起了。后来还得悉,由于张国焘与中央意见不一致，左路军也未按原计划行动。这样，就使我团孤军深入，最终导致失利。

今天重忆这段往事，不禁使我心绪潮涌，感慨万端。拟步毛泽东同志《长征》诗之韵，凑上几句，以聊表对在这次战斗中牺牲的战友们的深切怀念：

长征万里不辞难，弹雨枪林亦等闲。

遇寇搏杀拼血刃，无炊野果做汤丸。

潇潇苦雨心头暖，滚滚狂涛肌骨寒。

烽火映旗旗愈丽，誓教华夏改新颜。

29. 红四方面军的英勇长征

徐向前

1936 年 10 月，红一、二、四方面军在甘肃会宁大会师的日子，已载入我国民主革命的光荣史册。它是举世闻名的红军二万五千里长征胜利结束的标志，同时，又是中国革命的战略重心从南方移到北方，从国内革命战争向民族革命战争过渡的重要里程碑。

从那时到现在，过去了整整半个世纪。我们今天纪念长征，仍具有伟大意义。中国共产党及其领导的红军，在长征中显示的革命英雄主义气概，自力更生、团结战斗的精神，百折不挠的毅力，共产主义必胜的坚定信念，不论过去、现在或将来，都是推动我们事业前进的巨大动力。

红四方面军的长征，是整个红军长征的重要组成部分。这支部队从撤离川陕革命根据地起，先后转战于川西平原、川西北、川西南、西康东部及甘南地区。广大指战员英勇奋战，流血牺牲，不畏艰难险阻，数翻雪山，三过草地，打破数十万敌军的围追堵截，有力策应了红一、二方面军的北上，为革命武装向大西北的战略转移作出了积极贡献。但是，由于张国焘的分裂主义和南下方针，也一度使这支英勇的红军队伍遭受过不应有的挫折和损失。红四方面军的长征历程，艰难、曲折、复杂，有丰富的经验教训可资借鉴。

一

具有历史意义的长征，以主力红军在敌人重兵压迫下脱离原有根据地，流动转战，寻机建立新的革命根据地为主要特征。毫无疑义，这是党和红军在土地革命战争后期进行的一个战略大转移，或者叫战略总退却。"这种战略的目的就是要赢得时间，瓦解敌人，养精蓄锐，以便后来转为反攻。"继红二方面军、一方面军和红二十五军之后开始的红四方面军的长征，当然也不会例外。

红四方面军源自鄂豫皖革命根据地。1932 年 10 月，未能粉碎蒋介石的第四次"围剿"，被迫西征转战三千里，年底进军川北，开创了以通（江）南（江）巴（中）为中心的川陕根据地。这块根据地的鼎盛时期，面积达四万二千平方公里，人口逾五百万，形成二十二个县（市）的革命政权，红军发展到 5 个军 8 万余人，严重危及四川军阀的反动统治，有力配合了各根据地红军的反"围剿"斗争。毛泽东同志高度评价川陕根据地的战略意义和作用，认为它是"中华苏维埃共和国的第二大区域"，"是扬子江南北两岸和中国南北两部间苏维埃革命发展的桥梁。"中共驻共产国际代表团也曾要求党中央速派一批得力干部，加强对陕南和陕北游击运动的领导，以便使川陕根据地有巩固的战略后方，直至与新疆打通联系，进而发展西南、西北的革命形势。可见，巩固和发展川陕根据地，乃是土地革命战争进程中党的重要战略目标之一。

那末，至 1935 年上半年，川陕根据地才形成两年多时间，红四方面军为什么会撤出那里，实行战略转移呢？

回答这个问题，必须从当时的形势和条件说起。因为一定历史时期、历史环境的形势和条件，是规定红军战略行动方针、任务的基本出发点。

红四方面军进军川北，立脚生根，基本原因之一，就是利用了敌人营垒的矛盾和缺口。那时，四川军阀各领"防地"，混战不已，并且反对蒋介石的势力入川"剿赤"，从而给了红军以可乘之隙。但是，从 1933 年秋末起，这个条件便逐步发生了变化。四川军阀混战结束，形成以刘湘为头子的相对统一局面；红军经过反"三路围攻"和三次进攻战役，迅猛发展，直接危及各路军阀的生存。于是，他们联合起来，集中二十多万兵力，向我根据地发起"六路围攻"，持续时间达十个月之久。1934 年 8 月，敌"六路围攻"被彻底粉碎后，四川军阀更是惶惶不可终日，只得向蒋介石告急求援，请其派兵入川，统一指挥"剿赤"事宜。早就觊觎"天府之国"的蒋介石，立即制定"川陕会剿"计划，令胡宗南部入川，上官云相等部向川陕边逼近，准备纠合川陕两省的军阀势力，东西堵截，南北夹击，一举消灭我军于大巴山下。短时间内，敌在我根据地周围集结的兵力，达两百个团以上。一旦"会剿"开始，我军势必处于腹背受敌的危险境地。因而，如何对付优势敌人的"川陕会剿"，是摆在我们面前的紧迫任务。

蒋介石"围剿"红军的新战略是：并进合围，步步为营，全面封锁，持久作战。我军要固守根据地，打破敌人的新"围剿"战略，就必须拥有足够支持持久战争的人力、物力、财力。然而，川陕根据地经过连年不断的战争消耗，已元气大损，疮痍满目；张国焘推行王明那一套"左"的东西，更加剧了自己的困难。要粮没粮，要款没款，要兵员没兵员，叫民穷财尽。根据地到了这般地步，要再去支持一场类似反"六路围攻"那样的持久战，已是不可能了。

在这种情况下，方面军总部召开清江渡军事会议，讨论战略方针和任务。会议制定了依托老区、收缩战线、发展新区的"川陕甘计划"，拟集中主力，打击胡宗南部，夺取甘南的碧口及文（县）、武（都）、成（县）、康（县）地区，补充自己，冲破敌人的"川陕会剿"。接着，我军即发起广（元）昭（化）战役但仗打得不理想，未能消灭胡宗南伸进四川的力量，只好另寻战机。那时，党中央率红一方面军已转移到川黔边，急需四方面军策应。1935 年 1 月 22 日，中央电令我军全力西渡嘉陵江，在广大无堡垒地带机动作战，策应红一方面军从泸州上游渡江入川。据此，我们重新调整部署，一面令部队迅速造船，一面以一部兵力出击陕南，调动沿江敌人，为强渡嘉陵江创造条件。东线那边，逐步收缩，尽力迟滞敌人。

陕南战役，达到了调动沿江敌人的目的。但红一方面军土城一战受阻，决定改向川黔滇边转移。我军因受中央 1 月 22 日作战方针的牵动，在东线、南线敌人压迫下，已陆续放弃万源、通江、仪陇等县城，主力集中在嘉陵江东岸的苍溪、旺苍、南江、巴中间，如箭在弦上，非进不可。方面军总部决定，发起强渡嘉陵江战役。一是为了策应红一方面军北上；二是为了创造战机，进取甘南，实现"川陕甘计划"。

嘉陵江西岸北起广元、南至南部沿江防线，由川敌邓锡侯、田颂尧两军扼守。据侦察，阆中、苍溪附近的沿江地段，敌守备力量薄弱，江面宽阔，水流较缓，便于我军偷渡、强渡。我们决定，采取偷渡与强渡相结合，多路突击，重点突破的战法渡江；尔后北卷西扫，摧毁敌人江防支撑点，乘胜进击甘南。

3月28日夜，方面军总部下达了渡江命令。位于苍溪以南塔子山附近的中纵队三十军，首先强渡成功，席卷沿岸守敌。阆中以北的左纵队九军及苍溪以北的右纵队三十一军，亦相继突破敌江防，向纵深发展。次日，第二梯队四军渡江，投入战斗。我各路部队如猛虎扑羊，横扫沿江敌人，取南部，克剑阁，4月2日一举拿下天险剑门关，进而攻占昭化，包围广元，沿江四百里的江防地段均落入我手。战役第一阶段至此结束。

第二阶段是向西进击，摧毁敌人的纵深防御，解除我进取甘南的后顾之忧。我以一部兵力居右，遏阻胡宗南部南下；一部兵力居左，监视田颂尧部北进；而以主力径取梓潼、江油、中坝，打击邓锡侯部。邓锡侯为解江油之围，亲率十八个团从绵阳北进，被我在江油附近打援，歼灭四个团，余敌溃逃而去。我军乘胜进占中坝、彰明、北川。这时，我们想集中兵力，北进迂回碧口，进取文、武、成、康地区。我给张国焘发报，左催右催，但他就是不表态。那时，他已决定放弃川陕根据地，正和陈昌浩忙于指挥大搬家，部队只好就地发动群众，待命行动。强渡嘉陵江战役遂于4月21日结束。

是役历时二十四天。我军跨江而进，横扫直荡，先后攻克阆中、南部、剑阁、昭化、梓潼、青川、平武、彰明、北川等九座城镇，歼敌十二个多团，共一万余人。因张国焘迟疑不决，致使北进甘南的战机丧失，"川陕甘"计划未能实现。这是战略上的失策。红军撤出川陕根据地，仅留下千把人枪打游击，力量太小，后被敌人瓦解和消灭。如果把红三十三军（原川东游击军）留下，情形会好些。

总之，红四方面军撤出川陕根据地，有多方面的原因。优势敌人的联合压迫，根据地民穷财尽，策应中央红军的战略需要等因素，决定我军主力强渡嘉陵江，另寻出路，图存发展。这与整个红军的战略大转移密切相关，不是孤立的、偶然的。

二

1935年5月初，党中央率红一方面军渡过金沙江，继续北上，准备在川西北建立根据地。西进川西北，接应中央红军，遂成为红四方面军的主要行动方针。

蒋介石为防止我一、四方面军"合股川西"，以便各个击破，调动刘湘、邓锡侯、孙震、胡宗南等部，四面围堵，企图将我军主力聚歼于江油、中坝地区。5月上旬，我军先后撤出彰明、中坝、青川、平武等地，向岷江地区西进。沿途经激烈战斗，突破邓锡侯在土门、北川河谷设置的数道防线，中旬进占茂县。继以一部沿岷江南下，控制了文镇关、雁门关、威州等要点，进克理县，逼近汶川。另一部沿岷江北上，进据松潘以南的镇江关及平武以南的片口等地。这带为汉、藏、羌、回等民族杂居区域，高山连绵，人口稀少，粮食产量甚低，交通运输不便，决非大军久驻之地。

两军会师指日可待。我们一面指挥前线部队，遏阻川敌和胡宗南部的进攻；一面分兵发动群众，筹集粮食、被服、牛羊、盐巴、茶叶、羊毛等，在全军开展制作和捐献慰问品的活动，准备迎接红一方面军。从军队到地方，从总部到连队，一派紧张而热闹的景象。5月下旬，我们派三十军政委李先念率领该军第八十八师和九军二十五师、二十七师各一部，翻山越岭，西进小金川地区，消灭守敌邓锡侯一部，迎接中央红军。在此以前，我和李先念曾就两军会合后的战略发展方向问题交换过意见，认为还是原来的"川陕甘计划"比较理想。

6月中旬，红一、四方面军先头部队胜利会师在夹金山下。毛泽东同志和党中央领导同志会见李先念，向红四方面军广大指战员表示亲切慰问。消息传来，大家极为振奋。各部队派人将一批批慰问品送往一方面军驻地，以表达对党中央和兄弟红军的怀念、爱戴、崇敬之情。欢庆会合、相互学习、加强团结的气氛，达到了高潮。

两军会合后面临的主要问题，是确定战略行动方针。也就是说，要解决在哪里建立立脚点，创造根据地，休养生息，进图发展的问题。党中央和毛泽东同志听取了李先念介绍的情况，经过认真研究，提出北上川陕甘边建立根据地的方针。但张国焘想南下川康边。为此，6月26日，中央政治局于两河口举行会议，讨论战略行动方针问题。28日，作出了"集中主力向北进攻"，"首先取得甘肃南部以创造川陕甘根据地"的决定。同时，中央军委制定了松潘战役计划，以松潘为突破口，打开北进甘南的通道。具体部署是：以岷江东岸四方面军一部，组成岷江支队，由王树声率领，牵制川军及胡宗南部南向；岷江西岸红一、四方面军主力，分三路北进松潘地区及其东北地带，突击胡敌侧背，攻取松潘。右路由陈昌浩率领，中路由徐向前率领，左路由林彪、聂荣臻、彭德怀、杨尚昆率领；以中、左两路为中心，迂回攻击松潘守敌。

松潘一带，山高谷深，粮缺人稀，大部队运动十分困难。该城城墙坚厚，地势险要，确有"一夫当关，万夫莫开"之势。自明朝以来，就是扼控川西北至甘南的军事重镇。根据那里的地形条件和军委的作战部署，我们决心以黑水、芦花为战略后方，北出迂回松潘，实行多路突击。7月6日，我和陈昌浩分别率中、右纵队，从理县、茂县出发；岷江支队也开始行动。10日，一、四方面军先头部队攻占毛儿盖。中旬，岷江支队进占距松潘十余里的塔子山，与胡敌对峙；右路纵队一部攻克松潘附近的要点牦牛沟；中路纵队沿途拔除一些敌据点后，进至维谷附近，因受黑水河所阻，经先期到达芦花的彭德怀率一个团架桥接应，才顺利渡河，于中旬末抵黑水、芦花地区。

胡敌发现红军企图攻击松潘，北进甘南，及将主力二十七个团集结在松潘、漳腊、南坪一线，凭险遏阻。追击中央红军的薛岳部，亦从川南北进川甘边，配合胡敌截击我军。我一、四方面军主力北进后，懋功、绥靖、北川、茂县、威州等地，均为川军占领。敌前堵后追，企图将红军压入荒无人烟的草地，陷我于不战而毙的绝境。

大敌当前，情势艰险，党和红军的团结具有头等重要的意义，但是，两军会合后不久，这种团结便受到损害，并且发展到日趋明朗化的地步。

察其原因，主要是张国焘怀有野心，想当头头，和中央闹对立。同时，博古、凯丰等同志对四方面军横加指责，乱扣帽子，也起了不好的作用。张国焘与中央闹矛盾，始自战略方针问题。当两军会合时，中央主张北上，他则主张南下，这才召开两河口会议，统一战略思想。他见一方面军损失很大，兵力不多，野心便油然而生。两河口会议后，中央慰问团到杂谷脑慰问四方面军，他竟借口"统一军事指挥"，公然伸手向中央要权。此后，又不断向下面散布"中央政治路线有问题"、"中央红军的损失应由中央负责"、"军事指挥不统一"、"人家瞧不起四方面军这些老土"等，还派人找一方面军的同志了解会理会议、遵义会议的情况，实际上是进行反中央的活动。博古、凯丰等亦不顾两军团结的大局，指责四方面军撤离鄂豫皖和川陕根据地是"逃跑主义"，还有什么"军阀主义""土匪作风""政治落后"等等，甚至公开写文章抨击。这套"左"的做法伤害了四方面军广大指战员的感情，也给了张国焘挑唆的借口。

在芦花，我第一次见到毛泽东、朱德、周恩来、张闻天等领导同志。毛泽东同志亲自将一枚金质五星奖章授予我，以表彰四方面军的英勇斗争。朱德总司令语重心长地同我谈过两军加强团结、取长补短的问题。鉴于一方面军兵员损失很大，我们建议，从四方面军抽几个建制团补给他们；也请他们调些干部来四方面军，以利相互学习。经中央批准，我们调了三个团共三千八百人去一方面军；从一方面军调来李卓然、张宗逊、陈伯钧、李天佑、李聚奎、朱良才等同志，在总部工作或任军参谋长、政治部主任等职。7 月 18 日，军委公布了由朱德任红军总司令、张国焘任红军总政委的命令，20 日，决定调整军队组织系列，组成前敌指挥部，由徐向前任总指挥，陈昌浩任政治委员，叶剑英任参谋长。接着中央政治局召开扩大会议，听取四方面军领导人的汇报。会上，张国焘介绍了撤出鄂豫皖根据地、川陕根据地的原因和经过，我汇报了军事工作情况，陈昌浩汇报了政治工作情况。中央领导同志对四方面军的英勇斗争作了肯定评价，没有出现新的争执，大家都很高兴。

为夺取松潘，我和陈昌浩、叶剑英率前敌指挥部及一部兵力，于 7 月 22 日出发，向毛儿盖进军。在毛儿盖，组织部队多路突击松潘。但因敌人兵力集中，凭险固守，我军装备太差，不论正面进攻或迂回突击，均难奏效。此路不通，只得另辟北进的通道。

三

8 月初，军委在毛儿盖召开军事会议，重新研究敌情，确定行动方针和部署。

会议决定，放弃攻打松潘的作战计划，红军主力改道经阿坝出夏洮流域，进据甘南。会上，我和陈昌浩提议，最大限度地集中兵力，向一个方向突击。张国焘则主张，兵分左右两路北进。会议采纳了张国焘的意见，制定了《夏洮战役计划》。以五军、九军、三十一军、三十二军、三十三军组成左路军，由红军总司令部率领，取阿坝，控墨洼，继出夏河；以一军、四军、三十军组成右路军，由前敌指挥部率领，穿越草地，出巴西、班佑地区北进，万一无路可走，再改道经阿坝前进。彭德怀率三军及四军一部殿后，掩护中央机关前进。

张国焘野心不死，会后又节外生枝，要中央政治局开会，解决"政治路线问题"。于是，中央政治局举行沙窝会议，作出《中央关于一、四方面军会合后的政治形势与任务的决议》，粉碎了张国焘的篡夺党和红军领导权的企图。那时，部队在毛儿盖地区陷于绝粮困境，吃野菜、黄麻，嘴巴都吃肿了。我着急万分，催张国焘出发。中旬，朱德、张国焘、刘伯承率左路军出动。右路军这边则积极进行穿越草地的准备工作。

8 月 20 日，中央政治局在毛儿盖召开扩大会议，再次讨论战略行动方针。出席会议的有张闻天、博古、王稼祥、陈昌浩（沙窝会议上补选为政治局委员）、凯丰、邓发，列席会议的有李富春、徐向前、林彪、聂荣臻、李先念。毛泽东首先发言，强调了北出夏洮流域后向东发展的方针，与会同志均表示同意。最后，毛泽东作了结论，大意是：第一，红军北出后向东还是向西，是全局中的关键。向东，是积极的方针；向西，将陷红军于不利的地区。第二，从洮河左岸或右岸前进，可视情况而定。如有可能，即采取包座至岷州的路线，北出甘南。第三，左路军应向右路军靠拢而不是相反。阿坝可速打一下，但后续部队应不经阿坝而向右路军靠拢。总之，必须以岷州、洮河地区为中心，向东发展，决不应因遇到一些困难转而向西。会议一致决定，以毛泽东同志的发言为基本内容，形成《中央关于目前战略方针之补充决定》。

这次会议，改变了《夏洮战役计划》的部署，变右路军为北出主力；左路军为战略预备队，从阿坝地区东折，向右路军靠拢，共出甘南。会后，党中央及前敌指挥部分别将这一决定电告已占领阿坝的左路军。

根据毛儿盖会议的决定，右路军从 8 月 21 日相继出动，开始了征服草地的艰难进军。茫茫大草原，草深过膝，沼泽遍地，荒无人烟。气候乍暖乍寒，变幻无常，忽而骄阳高照，忽而雨雪交加。有不少绿草覆盖的泥沼，都是陷人坑，人和牲口掉到里面，越陷越深，直至被吞没。没有粮食，靠挖野菜、啃皮带充饥。红军指战员发扬高度的革命英雄主义气概，不为饥饿、疲乏、寒冷、暴风雨、伤病、死亡所屈服，万众一心，前仆后继，奋勇前进。经五昼夜行军，终于穿过草地，到达班佑、巴西地区。这一带系半农半牧区，粮食和牛羊较多，部队安顿下来，清点人数，补充给养，消除疲劳，准备迎接新的战斗任务。

据侦察，离巴西、班佑不远的上下包座地区，有胡宗南部一团多兵力扼守，卡住我军北进的通道。胡宗南发现红军穿过草地，又急派其驻漳腊的伍诚仁第四十九师星夜驰援包座。该地处于群山之间，周围尽是原始森林，地势险要，碉堡密布，易守而难攻。强占包座，是摆在我们面前的紧迫任务。

我们向党中央和毛泽东同志建议，攻打包座的任务，由四方面军的四军、三十军承担。毛泽东同意。具体作战部署是：以三十军八十九师二六四团攻击包座南部的大戒寺；八十八师两个团及八十九师另两个团布于包座西北地区，相机打援；四军一部攻击包座以北的求吉寺；一军作预备队，并负责保护党中央的安全。8月29日战斗打响，经三天激战，我歼灭包座守敌及援敌第四十九师，毙伤俘敌约五千人，缴获大批粮食、马匹、牛羊和军用物资，为全军打开了北进通道。这一仗，红三十军立了大功，发扬了近战夜战威力和"狠、硬、快、猛、活"的战斗作风，攻坚破垒，伏击打援，分割歼敌，都很出色。

为集中兵力，火速北进，党中央和我们连电左路军，催其速离阿坝，横穿草地，向右路军靠拢。我们还令四军抽出一个团，预备粮食、马匹、牦牛，以便前往草地接应他们。可是张国焘变了卦，借口噶曲河涨水，部队缺粮，无向导，竟令已到达草地边沿的左路军停止前进，重返阿坝，准备南下。电报打来打去，毫无结果。北上和南下之争，成为关系党和红军命运、前途的斗争焦点。

张国焘顽固坚持南下方针，拒不执行党中央的北进指示，9月8日电令我和陈昌浩率右路军南下。事态发展到这种地步，我们夹在中间，十分为难。陈昌浩和我商量，决定由他带上电报，如实向党中央汇报。当晚，中央领导同志召集我们在周恩来住地开会，针对张国焘的南下电令，以恩来、洛甫、博古、向前、昌浩、泽东、稼祥七人的名义电告张国焘，陈说南下之弊与北进之利，着其执行北进方针。张国焘9日复电，仍坚持南下。陈昌浩这时改变了态度，同意执行张国焘的南下命令，我不愿把四方面军分成两半，也同意南下。

10日凌晨，党中央率一、三军团单独北上。前面有的干部不明真相，打电话来问：中央红军单独走了，还设警戒哨，我们打不打？陈昌浩拿着电话筒问我怎么办？我说：哪有红军打红军的道理！叫他们听指挥，无论如何不能打！避免了事态的进一步恶化。过后，我们根据张国焘的命令，率四军、三十军及红军大学部分人员再次越草地，开始了南下的进军。

四

南下之初，左右两路军向马塘、松岗、党坝一带集结。在卓木碉（足木脚）、张国焘召开高级干部会议，利用党中央单独率一、三军团北上一事，大肆煽动，公然另立"中央"，打出了分裂主义的旗帜。会上，朱德、刘伯承同志对张国焘的分裂行为进行严肃斗争，反映了一、四方面军广大指战员的共同心声。

南下部队，包括红四方面军的五个军及原一方面军的五、九军团（即五军、三十二军）。蒋介石发现红军少部兵力北上，大部兵力南下，乃令薛岳等嫡系部队和川军向川西南地区集结，准备与我决战。

我军南下的第一个战役，是攻取绥靖、崇化、丹巴、懋功，打通进军川西南的通道。总部决定以五军、九军二十五师、三十一军九十三师组成右纵队，沿大金川右岸前进，抢占绥靖、丹巴；以四军、三十二军及九军二十七师大部组成左纵队，在大金川以东地区进攻，夺取崇化、懋功；三十三军及九军二十七师一个团，驻守马塘、梦笔山地区，屏障红军总司令部；三十一军九十一师师部及二七七团、红军大学，留守阿坝，掩护后方。

10月8日，我左、右两路纵队发起进攻。大小金川地区地势复杂，多高山绝壁、峡谷急流。我军机智英勇，灵活迅速，充分发挥山地战、隘路战、近战、奇袭、夜袭的特长，大胆迂回穿插，斩关夺隘，消灭敌人。十多天内，连克绥靖、丹巴、崇化、懋功及日隆关、巴郎关、火烧坪、邓生等地，共击溃刘文辉部、杨森部六个旅，毙俘敌三千余人。

第二个战役是攻取天全、芦山、名山、雅安、邛崃、大邑，以便进而直下川西平原。具体部署为：以四军、三十二军为右纵队，由丹巴经金汤攻取天全，并以一部向汉源、荥经活动；以三十军全部、三十一军九十三师及九十一师两个团、九军二十五师为中纵队，取宝兴、芦山，得手后向名山、雅安及其东北地区进攻；以九军二十七师为左纵队，除以一部巩固抚边、懋功外，主力向东伸进，威胁理县、灌县、大邑之敌。另以五军为右支队，巩固丹巴地区；三十三军为左支队，留驻马塘、两河口，相继威胁理县，占领威州；以三十一军九十一师师部率二七七团，驻守达维、懋功。

10月24日，我军展开进攻。十余日内，连克宝兴、天全、芦山等县城，进围名山，前锋直逼邛崃县境，共毙俘川敌五千人以上。再打下去，便是人稠粮丰的川西平原，利于我军获得较大补充。刘湘为确保成都、重庆，急调其主力王缵绪、唐式遵、范绍曾等部及李家钰部，向名山东北集结，连同原来的守敌，共八十余团，堵击我军。11月中旬，我军再次发起进攻，集中十五个团的兵力，沿名山、邛崃间的大道破垒前进，连克重镇百丈及黑竹关、治安场、王店子。19日，刘湘挥军反扑，以十几个旅在飞机掩护下向百丈猛攻。敌我双方恶战七天七夜，打得尸横遍野，血流满地，战况惨烈至极。这场决战，我军共毙伤敌一万五千人，自身伤亡万余人，但未能战胜敌人。刘湘的后续部队源源不断，薛岳的大军又压了上来，我们深感兵力不足，遂被迫从战役进攻转入防御。部队撤离百丈、荥经地区，转至九顶山、天品山、莲花山一线，与敌对峙。

这时，川军主力集中于东面名山、邛崃地区，薛岳部六个师向南面的雅安、天全地区集结，李抱冰部则位于西南的康定、泸定地区，层层筑碉，严密封锁，伺机发起大规模进攻。我军东出或南出已不可能，只好蹲在川康边过冬。那里汉藏杂居，人口稀少，粮食、物资极为短缺。当年冬天，气候异常寒冷，部队靠棕榈衣御寒，挖土豆、野菜充饥，伤病员大量增加，缺乏医药治疗，真是到了山穷水尽的地步。事实证明，张国焘的南下方针是毫无出路的。

张国焘的南下方针招致失败的主要原因何在？

第一，脱离了全国尤其是北方日益高涨的抗日救亡形势。他置中日民族矛盾空前激化于不顾，看不到正是这种矛盾，已成为变动国内阶级关系和规定历史进程的支配力量；看不到由于日军的侵略，已在"落后"的北方掀起民族革命的巨浪，造成有利红军生存和发展的条件；看不到党和红军的基本力量只有向北方转移，勇敢担负起民族革命战争的领导重任，才能取得各阶层的同情和支持，粉碎蒋介石的"灭共"阴谋。因此，否认党的战略重心和武装力量从南方向北方转移的必要性、迫切性，致使四方面军的作战与民族矛盾上升的总趋势脱节。这就不能不孤立自己，限制自己，直至走向进退维谷的境地。

第二，无视敌人营垒的重大变化，与蒋介石的"灭共图川"计划碰个正着。红四方面军南下期间，正是蒋介石大力笼络和控制四川军阀，加紧其"灭共图川"

步伐的关键时刻。四十万川军奉蒋介石的命令整编，砍掉三分之一，军官普遍进峨眉军官训练团轮训，各级派政工人员监督，装备物资得到很大补充，战斗力有相当大的增强。蒋介石为把"天府之国"变成他"复兴民族"的战略大本营，还利用嫡系大军入川之机，将"剿匪"指挥中心"武汉行营"迁到四川，改为"重庆行营"，并大力鼓吹"建设四川"，采取取消军阀"防区"制、"刷新"川政、训练和委派各级政权骨干、整理财政金融、兴建五大干线公路、层层筑碉设防等一系列措施。截至当年 8 月，四川境内修筑的碉堡达一万四千八百余座，其决心之大，可见一斑。张国焘无视蒋介石的战略企图和敌情的重大变化，捧着老"黄历"不放，要"大举反攻"，赤化四川，只有碰壁一途。

第三，夸大了在少数民族地区建立革命根据地的可能性。张国焘乍到川西北，就建立所谓"联邦政府"，一直宣扬川康边一带少数民族地区存在着和内地一样的革命形势，可以形成军队和政权去战胜敌人。殊不知革命的不平衡性，乃是中国革命的规律之一。那些地区的少数民族，虽受军阀和本民族上层统治者的双重压迫，具有自发的革命愿望，但他们在历史上与汉族形成的民族隔阂相当深重，短期内绝不易消除，奴隶制盛行，宗教势力极大，盘根错节，牢牢控制着多数处于愚昧状态的群众。加之地广人稀、刀耕火种，粮食和物资极端匮乏。这就说明，少数民族地区同内地有很大差别，不具备列宁所说的"革命形势"。张国焘抹杀这种差别，要在落后的少数民族地区创造革命形势，纯粹是不切实际的幻想。

最后，分裂不得人心。张国焘南下之初，便另立"中央"，从组织上公然分裂党。他的错误战略行动方针，是同分裂主义搅在一起的，必然遭到广大指战员的怀疑、不满和抵制。随着时间的推移，战局的困难，处境的恶化，这种不满和抵制愈来愈扩大，愈来愈增长，波及全军上下，不可遏止，因而南下作战或建立根据地也就丧失了群众基础。军心不稳、士气不振，要战胜强大敌人，实现既定战略目标，当然不可能。

五

红四方面军南下期间，党中央率一方面军到达陕北，会合红二十五军、二十六军，立住了脚跟。共产国际高度评价中央红军的英勇长征，肯定了党的北进路线的正确性。同时，派张浩同志回国，与党中央建立了联系。

1935年12月，中央政治局举行瓦窑堡会议，作出《关于目前政治形势与党的任务的决议》，奠定了抗日民族统一战线的策略路线基础。"决议"要点发来，我们极为兴奋，深有"柳暗花明"之感。朱德同志和大家趁机做张国焘的工作，要他取消这边的"中央"，接受党中央的领导，以便在新的策略路线基础上，团结起来，一致对敌。张国焘被迫"急谋党内统一"，加紧同中央电报来往。经中央同意，这边取消"中央"后可组成西南局，直属共产国际中共代表团领导，暂与陕北党中央发生横的关系。这样，重新恢复党和红军的团结，就有了好的势头。

党的政治路线的重要转变，开阔了大家的视野，更使我们认识到党中央北上方针的深远意义。1936年二月间，蒋介石集中薛岳等部六七个师及川军主力，向我大举进犯。经一周激战，我军被迫撤出天全、芦山。中央来电指出："育英动身时，曾得斯大林同志同意，主力红军可向西北及北方发展，并不反对靠近苏联。"同时，提出三个行动方案，供四方面军选择：一是北上陕甘；二是就地发展，夺取四川；三是南下与二、六军团取得近距离的会合，向云贵边发展。方面军总部讨论的结果，一致同意北上。

二月下旬，我们制定了《康（定）道（孚）炉（霍）战役计划》，分兵三路，向道孚、炉霍、甘孜进军，准备在该地区稍加休整补充，即北上陕甘。我军顶风雪，熬饥寒，翻过大雪山脉中段海拔五千多米的折多山，取道孚、炉霍，继占甘孜。至4月上旬，控制了东起丹巴，西至甘孜，南抵瞻化、泰宁，北接草地的大片地区。总部指定由李先念、何长工、李天焕、曾日三等同志组成粮食委员会，负责筹足全军平均每人半月需用的粮食，以备北上。但因当时二、六军团已转战到川黔滇边，拟与四方面军会合。朱德总司令决定，四方面军暂就地休补，待接应二、六军团后一道北上，我们都同意。

部队一面发动群众，一面整编训练。整编后的四方面军，辖四军、五军（原五军团与三十三军合编而成）、九军、三十军、三十一军、三十二军及骑兵师、抗日救国军、红军大学等。因南下期间部队损失很大，由八万余人降到四万余人，故整编中砍掉了一些师、团的建制，并尽力精简机关人员，充实连队。地方工作在红军帮助下，甘孜、道孚、丹巴等县，均成立了"波巴依得瓦"政府（藏族人民政府）。根据新的策略路线，注意开展藏族上层人士与喇嘛的统一战线工作。我军与藏民的关系处得比较好，扩大了党和红军的影响，基本保证了筹集物资任务的完成。4月中旬，我们派四军、三十二军一部南下，歼敌两个多团，占领东、西俄洛，将李抱冰部阻于雅江以东，以策应二、六军团北上。二、六军团即将与我军会师的消息，鼓舞着全军指战员和藏族同胞，赶制慰问品，捐献粮食、牛羊、衣物，准备文娱节目，气氛十分感人。

在此期间，西北的局势发展很快。我党与张学良建立了统战关系，并积极开展杨虎城的工作。红一方面军东征胜利回师，继而转为西征，向宁夏境内发展。5月下旬，中央来电，要求四、二方面军早日北上，或出青海，或出甘肃，以便三大主力红军并肩战斗，打通苏联，首先造成西北的抗日局面。红军总部和方面军部队一致决定，待二方面军上来后，立即北进。6月中旬，张国焘宣布取消伪中央。这是张国焘分裂主义的破产，也是党的团结方针的伟大胜利。

7月初，二、四方面军在甘孜会师。四方面军先行，二方面军跟进，共同北上。任弼时同志高度评价两军会合后的团结气氛，积极为促进党和红军的团结而努力。他在7月10日致电党中央："四方面军曾以很大动员迎接慰劳二、六军。现在二、四方面军阶级友爱的关系极好，在目前政治形势和党的策略路线决议基础上是团结一致的。"他不顾劳累，在甘孜，在行军途中，分别找红军总部和四方面军领导同志谈话，了解过去党内分歧的经过，实事求是、珍重团结之情溢于言表。弼时同志向中央建议，在三个方面军靠拢时，召集一次中央扩大会议或政治局扩大会议，并请共产国际派代表出席，分清是非，消除以往的分歧与隔阂。中央同意他的意见。7月27日，中央批准组成西北局，张国焘任书记，任弼时任副书记，统一领导二、四方面军的工作。

二、四方面军的广大指战员，团结战斗，排除万难，于8月初胜利通过草地，到达包座地区。三大主力红军会合在望，展现在我们面前的，是一片令人鼓舞、令人振奋的光明前景。

六

蒋介石发现我军北上，急令甘南、青海的王均、毛炳文、鲁大昌、马步芳等部，布防堵截。同时，令解决"两广事件"的胡宗南部，从长沙回师，兼程向陕甘开进。中央指示我们，速出甘南，抢占腊子口，攻占岷州，以打破敌人的堵截计划。

据此，我们制定了《岷（州）洮（州）西（固）战役计划》。决心乘敌尚未部署就绪，先机夺取岷州、洮州、西固地区，以利北进陕甘苏区。8月5日至12日，由四方面军组成的第一、二纵队，二方面军组成的第三纵队，相继出动，向甘南突击。至8月下旬，先后攻占了漳县、洮州、渭源三座县城及岷州、陇西、临夏、武山、西固等县的广大乡镇地区。敌人要想阻止三个方面军的会合，已绝不可能。

但这时，中央为尽快形成西北抗日局面，正在调整战略部署。而且，陕甘苏区人口仅四十万，粮食无继，物资奇缺，境内多深沟秃岭，不利大部队运动和久驻。三个方面军都挤到那里，根本没有出路。因而，中央一面提出红军占领河西地带的计划，与各方协商；一面令二、四方面军暂据甘南，创造根据地，适时担负新的战斗任务。

8月25日，党中央向共产国际中共代表团报告了"河西计划"的依据和内容："为着避免与南京冲突，便利同国民党成立反日（战线），为着靠近苏联反对日本截断中苏关系的企图，为着保全现有根据地，红军主力必须占领甘肃西部、宁夏、绥远一带。""无论如何困难，我们决定乘结冰时节，以主力西渡接近新疆与外蒙。"具体部署为：以一方面军一万五千人攻宁夏，12月渡黄河，其余部队保卫陕甘苏区；以四方面军12月从兰州以南渡河，首先占领青海一部地区为根据地，待明年春暖向甘西前进；以二方面军在甘南地区，与陕南、陕甘苏区互为策应。"以上是基于今冬至明年以占领黄河以西为基本方针之作战计划。"如这一计划暂时无法实现，"则我们只好决心作黄河以东之计划，把三个方面军之发展方向放到甘南、陕南、川北、豫西与鄂西，待明年冬天才执行黄河以西的计划。"接着，中央即将陕甘根据地的困难情形及上述计划的内容，陆续向西北局通报，并询问四方面军有无把握独力进取青海、甘西。我们对河西的敌情、民情作了初步调查了解，认为是有把握的，同意担负这一任务。

对 9 至 11 月份三个方面军的行动，中央作了如下部署：（一）一方面军主力占领海原、固原及其以南地区，余部保卫陕甘苏区及关中苏区。（二）四方面军占领临潭、岷州、漳县、渭源、武山、通渭地区，发展甘南根据地。（三）二方面军东出陕甘交界的凤县、宝鸡、两当、徽县等地，将陕南苏区与甘南苏区连接起来。这是一个临时的、机动的部署。如共产国际同意河西计划，一方面军即可从陕甘宁边西出，夺取宁夏；四方面军则从甘南西进，取青海、甘西；二方面军和其余部队在河东牵制敌人，配合一、四方面军渡河作战。如共产国际不同意河西计划，二方面军东出陕南、甘南交界处，对实现向"甘南、陕南、川北、豫西和鄂西"发展的河东计划，亦是有利的。根据上述要求，二方面军在贺龙、任弼时、关向应、刘伯承率领下，向西和、礼县、徽县、两当一带进击。四方面军一部，进克渭源、通渭，但岷州屡攻未下，与敌成对峙状态。

共产国际批准了河西计划，同意红军占领宁夏、甘西，接通苏联。

时回开西北的胡宗南部先头旅即将抵达咸阳，后续部队正兼程急进。中央决定，红军先取宁夏，后取甘西，以一部主力遏阻胡敌西进。要求一方面军 11 月份攻取金积、灵武，12 月渡河占领宁夏北部；四方面军立即北上，控制西兰通道，阻击胡敌，11 月攻取靖远至中卫一线，12 月渡河进击宁南；二方面军在陕甘边积极活动，陕甘苏区派出游击支队至泾水以南，共同牵制胡敌。这一部署，以四方面军北上控制西兰通道，迎击胡敌，保证先取宁夏为重点。"至于占领甘肃西部，候宁夏占领取得国际帮助后，再分兵略取之。"为接应四方面军北上作战，9 月中旬，中央令聂荣臻率红一、二师南出，向静宁、会宁一带前进。

9 月 18 日，西北局发布《通（渭）庄（浪）静（宁）会（宁）战役纲领》，准备北上迎击胡敌。这是岷州会议的决定。前敌指挥部据此开始调动队伍。但张国焘反对，连夜来漳县，召集我和周纯全、李特、李先念等面谈，说明四方面军独力在西兰通道地区与胡敌决战不利，北上陕甘无法解决就粮问题。提出应以一部吸引胡敌南下，主力先机渡河，抢占兰州以北的永登、红城子一带作立脚点，冬季策应一方面军渡河，共取宁夏。从军事上看，这个方案不无道理。一是避免主力在不利地区与胡敌决战；二是以一部兵力吸敌南进，可减轻对一方面军的压力；三是利于解决部队就粮问题；四是并不违背中央先取宁夏、后取甘西的战略方针。因此，我们同意照此方案行动。张国焘遂一面调动部队，一面电告朱德、陈昌浩来漳县面商。朱总司令和陈昌浩来后，见这边意见一致，部队已向河边开进，便未再坚持岷州会议的方案。

我率先头部队向洮州以西进发，途中调查，得知黄河对岸已进入大雪封山季节，大军难行。于是折回洮州，向朱、张汇报。这时，中央亦电令四方面军停止西进，迅速北上。方面军总部一致决定，执行原定的《通庄静会战役计划》。29日下达了北进命令。

9月30日，我军分为五路纵队，撤离甘南，向通渭、庄浪、静宁、会宁地区疾进。接着，二方面军亦奉令北上。10月上中旬，三个方面军的先头部队在静会地区胜利会师，准备阻击胡敌，跨河夺取宁夏，及早实现西北抗日局面，推动全国抗日民族统一战线的形成。从此中国革命揭开了新篇章。

"长征是历史纪录上的第一次，长征是宣言书，长征是宣传队，长征是播种机。"伟大的长征，以红军的胜利和敌人的失败而告终，证明中国共产党及其缔造的人民军队，具有无比强大的生命力。红四方面军的长征，既要战胜强大敌人的围堵和恶劣自然条件的限制，又要克服张国焘的分裂主义，更有它的特殊艰难性。但是，依靠着党的领导，依靠着人民的支持，依靠着兄弟方面军的策应，依靠着广大指战员百折不挠的英勇奋斗精神，这支英雄部队终于冲过层层暗礁险滩，保存了有生力量四万人，胜利到达目的地。中国工农红军万里长征的光辉业绩，将流传千秋，永放光芒！

30. 经受政治挫折的考验

李德生

遭受迫害

王明、张国焘推行"左"倾路线，给革命造成了巨大损失，连我一个红军战士也深受其害。

部队住在松潘县镇江关时，我作为党支部书记召集本支部各小组组长汇报思想情况。

当时，我们交通队和师机关是一个党支部，有个支委是师叶政委的秘书，他也在场。各小组长汇报后，我作了归纳总结。我说："现在战斗比较频繁，生活也相当艰苦，要加强思想工作，加强党的生活。最近几个月，我们党的组织生活有点松了，汇报不经常了，希望大家要抓紧。"谁料到，那个秘书向叶政委反映时，歪曲我的原意，说我讲的是，现在部队不如过去了。

叶政委是张国焘大批撤换红四军领导干部时从别的单位调到10师的，军阀主义很严重。他一听秘书的汇报就火了。他大声吼叫："现在部队明明比过去强了，你怎么说不如过去了？"当时就叫人把我捆起来。我不服气，说："你们对10师领导干部有看法，为什么要整我？"我和他们辩解，他们就打我。叶政委当场宣布撤销我的支部书记职务，开除我的党籍，把班长职务也撤了。他这类错误做法很多，使得跟叶政委的交通队有三分之一的战士借故掉队跑到别的部队去了，枪没有人扛，只好由牲口驮。

这事发生以后，我反反复复地想了很多很多：

自从鄂豫皖苏区开始，红四方面军中始终存在着"左"的错误倾向和军阀主义的恶劣作风。有的领导干部发现部属的缺点、错误，开口就骂，动手就打，不容申辩，甚至随随便便地杀人，弄得上下级关系紧张，许多人成了屈死之鬼。

我们交通队有个战士，不小心把枪栓里的一个小零件掉了，但并不影响使用。上级说这个班的班长有游击习气，对战士管理不严，要杀一儆百。结果把战士和班长都枪毙了。此事发生之后，干部战士人人自危，谨小慎微，对领导敬而远之，看到问题也不敢吱声，生怕一不小心厄运临头。

尽管处在"左"的环境中，但我始终觉得我们党是正确的，许多党的干部都很好，他们是真正的共产党员；少数人的错误作法，不能代表党。我想，为了革命事业，个人受点挫折算不了什么。我要跟着共产党干革命，这个意志绝不能改变。我当时下定决心，打击再大再重也不消极、不退缩、不后悔，要挺直腰杆，革命到底！

我受处分的包袱一直背了很久。部队到陕北后，由师特务连指导员李明科同志重新介绍我入党。1946年经晋冀鲁豫军区三纵队党委批准，纠正了原来的错误，认为"这是拿行政上的手段处理党内问题"，"是当时在张国焘错误领导的一系列错误表现之一"。纵队党委决定取消原处分，我的党籍恢复到1932年。

一 过 草 地

我就是在没有党籍的情况下跟着党三次过雪山草地，没有停顿过革命的脚步！

1935年8月下旬，我们右路军北穿纵横数百里的草地，向班佑、巴西前进。苍茫草地，千百年来由死神统治的地方，充满着恐怖的色彩和神秘的传说。一踏进它的深处，让人如同漂泊在汪洋大海之中。

草地中间到处是草墩和泥沼，没有道路可寻，只有先头部队留下的标记和时隐时现依稀可辨的足迹。许多地方草深过胯，踩在上面软绵绵，晃悠悠，一不小心就会滑入深可没顶的烂泥潭中。

草地的气候变幻莫测。刚才还碧空万里，烈日当空，强烈的阳光烤得人们汗流浃背，喘不过气来；转眼间，乌云密布，雷声隆隆，狂风大作，暴风雨夹杂着一阵阵冰雹，铺天盖地而来，令人无处躲、无处藏。夜幕降临，气温骤然降至零度以下，寒风刺骨，使人禁不住瑟瑟打战。由于到处是水，找不到干的地方，没法躺、没法坐，大家只得把枪支起来，挂上破布单挡风御寒，你靠我我靠你挤在一块儿取暖。有时，找到一块稍干的斜坡，或者找到一棵大树休息一下，就像到了天堂了。

穿越草地，最大的困难莫过于缺少粮食。进草地之前大家带了炒熟的青稞粒、青稞面，可是，由于草地漫长，尽管省了又省，还是维持不到走出草地。从一进草地，我就勒紧裤带节省干粮，每次吃个几分饱，或者到饿的时候吃一点，这样，到班里几个战友没吃的时候，我还剩了小半袋干粮，匀给他们，和成稀稀的糊糊喝。后来，大家只好四处刨草根，采集灰灰菜、马齿苋、野芹菜、野韭菜、刺儿菜、野蒜等充饥。由于连续几天吃野菜，又缺盐，有时缺少燃料，煮得半生不熟，许多人吃得上吐下泻，全身浮肿。我们走在右路军的后头，最后连野菜也找不到了，只得煮皮带、皮马鞍子吃。这还是很难得的美食呢！

草地行军中，同志们你帮我，我帮你，互相关心，互相鼓励。许多干部、党员，尽管自己也饥饿疲劳不堪，还帮助战友背枪、背子弹带，搀扶着体弱有病的战友前进。领导干部的骡马，都让给有伤病的战士骑，干部和战士们争着抢着抬担架。有的战友牺牲了，大家流着眼泪把他掩埋好，绝不让他曝尸荒野。

在艰苦的情况下，共同的信仰和阶级友爱就像无形的精神纽带，把大家紧紧地联结在一起，斗志更顽强，意志更坚定。有几个四川籍的战士很会摆龙门阵、说笑话，逗得大家忘记了疲劳、饥饿和病痛。有的人一边行军，一边编顺口溜，抒发豪迈的气概：

> "亘古草地魔鬼场，
> 飞禽走兽不见影。
> 红军个个钢铁汉，
> 虎穴龙潭照样闯。"
> "草地昼夜有四季，
> 风雪雷电伴征程。"
> "你帮我，我帮你，
> 战友胜过亲兄弟；

阶级情，共珍惜，

同心协力过草地。"

经过一周艰苦跋涉，我们终于从死神统治的草地挣扎出来，胜利抵达班佑地区。

8月29日黄昏，我们10师进抵包座，这里是通往甘南要地，有胡宗南部队据险扼守，我们在攻取外围几个据点后，乘胜进入包座北侧求吉寺寺院。守敌负隅顽抗，组织敢死队拼命反扑。寺院的院墙既高且厚，敌人在庙后山上筑有坚固工事，控制着制高点，易守难攻。我们英勇冲杀，前仆后继，伤亡甚大。师长王友均不顾我们的劝阻，带头向前冲击，我们交通队一边往前冲杀开道，一边掩护师长的安全。混战之中，敌人的暗枪击中了师长头部，师长当即牺牲。看到师长牺牲，大家杀红了眼，狠命扑向敌人。

包座战役先后打了3天，以红军的全胜而告终，共计毙伤敌师长伍诚仁以下官兵4千余人，俘虏近千人，缴获各种枪支近两千支及大量弹药、粮食和牛、羊、马匹。

包座战斗之后，我们边休整边等待左路军的到来。可是，过了七八天，还不见他们的踪影。究竟是啥原因呢？谁也不敢打听，谁也不敢议论，只是静静地观察，默默地揣度。又过了几天，听说党中央、毛主席率领红一方面军向北走了。对此，我们既感到惊奇，又感到纳闷，不久知道了事情的原委。

两路红军合而又分，是由于张国焘向党伸手争党权军权，达不到目的，就推行分裂主义，拒绝北上。对红四方面军广大干部战士，他耍手段，搞蒙骗，说中央红军北上是右倾逃跑主义，是胆小鬼。迫使红四方面军回师川西南。

二 过 草 地

1935年9月中旬，我们右路军第二次穿越草地，踏上了回师川西南的艰苦征程。9月的草地，秋风肃杀，寒气逼人。回顾几个月来一、四方面军合而又分的情景，展望未来的前途，人们不禁百感交集，感情的波涛汹涌，心中郁结着难以排遣的阴影。同第一次过草地相比，这一次的困难更大、更多。大家穿着薄薄的单衣，咬紧牙关，顶风冒雪，忍饥挨饿，踉踉跄跄地向前跋涉，又有许多体弱多病的战友献出了宝贵的生命。经过七八个痛苦难熬的白天黑夜，再一次穿越草地。

到达毛儿盖后，部队休息了几天，然后沿着崎岖的山间小道一路南行。这一带百姓很少，弄不到粮食，唯有采些核桃、柿子充饥。9月底，在大金川北端的党坝，我们渡过金沙江，同左路军会合。

大约10月上中旬，我们风闻星星点点的消息，说是张国焘在卓木碉召开高干会议，讲了中央和第一方面军的许多坏话，宣布另立中央。我在脑子里暗暗地思忖：有了一个中央，再成立一个中央，这和兄弟分家打架差不多，这有利于革命吗？还能团结一致对敌吗？

在此期间，朱德、徐向前同志等指挥我们打了绥（靖）崇（化）丹（巴）懋（功）战役，而后兵分三路向南进击。10月24日，右纵队沿大渡河、金汤河南下，一举攻克金汤镇，继而翻越海拔4000余米冰雪覆盖的夹金山。我们10师在师长陈锡联、副师长王近山的率领下，徒步蹚过冰冷的青衣江，夺取天全城南的浮桥。没多久，就攻占了刘湘"模范师"师部。

红军攻势凌厉，锋芒直指川西平原。蒋介石、刘湘急忙调集80多个团的兵力，于名山、邛崃一线堵截。我军在百丈与数倍于我的敌人血战7昼夜，毙伤敌1万5千余人，自己也伤亡近万人，被迫撤出百丈一带，转移到北起九顶山、南迄名山西北一线防御。

百丈失利，南下碰壁，军心受挫。驻区人口稀少，粮食、布匹、棉花无继，兵员扩大有限。敌军重兵压迫，大小战斗不止，我军处境日趋艰难。这时，中央红军胜利到达陕北的消息传来，方面军的《红色战场》报作了连续刊载；国际代表张浩发来电报，传达共产国际的指示，肯定中央北上是正确的。这一切使广大指战员愈来愈清楚地认识到，张国焘南下方针是错误的，纷纷要求北上。

翻 越 雪 山

1936年2月初，敌麇集重兵向天全、芦山地区大举进犯，局势更加恶化。中旬，部队离开天全，经达维、懋功向西北行进。途中再次翻越夹金山、折多山大雪山。

折多山大雪山横亘于丹巴、道孚之间，主峰党岭山海拔 5000 多米，山上终年积雪，气候变幻无常。当地的群众告诉我们，要想避开风暴、雪崩的袭击，必须在中午时分通过顶峰。我们准备了在山上御寒的生姜、辣椒，于头天下午离开山下驻地，沿着冰雪覆盖的山路连夜向主峰攀登。天越来越黑，山越来越陡，我们摸索着刨开冰雪，手脚并用，一步一喘地往上爬。到了后半夜，气温愈降愈低，凛冽的大风卷着雪片向袖口、领口里面钻，穿的棉衣好像只是穿着一张薄纸，嘴里嚼着生姜、辣椒还是不停地打哆嗦。接近山顶，空气更加稀薄，人人呼吸困难，一个个呼哧哧不停地"拉风箱"。在这种极端困难的情况下，同志们发扬阶级友爱精神，你拉我，我扶他，一人晕倒，几人相帮。中午之前，我们终于胜利地越过大雪山。

越过顶峰往下走时比较省力，喘得不那么厉害了。我们排有个同志不小心摔倒了，他顺着雪坡往下滑，一滑滑了好远，跑到部队前面去了。其他同志跟着滑，感到十分有趣，不到几个小时到了山下。过了半山腰，这里生长着成片的原始森林，古木参天，一些猴子在树上跳来跳去，有的还吱吱乱叫，逗得大伙忘掉了疲劳。

翻过党岭山后，至 4 月上旬，红军控制了东起懋功，西迄甘孜，南达瞻化（今新龙）、泰宁，北连草地的广大地区。

我们在瞻化差不多住了两个月。部队展开了整编、训练、筹粮和群众工作。我们 10 师改为 11 师，师长周世元，政委陈锡联，下辖 3 个团，实际只相当于 3 个营。1936 年 1 月部队在天全时，我调到侦察排当班长，这次整编，侦察排和交通队合并，我重新成为交通队班长。

三 过 草 地

1936 年 6 月中旬后，二、六军团部队陆续到达甘孜地区。我们预先筹集了大批粮食、牛羊和食盐，腾出打扫干净的房子。六军团经过我们部队驻地时，大家高举标语，夹道迎接，把早已准备好的毛衣、毛袜、牛肉干等礼品送到战友手中。

甘孜地区地广人稀，物产不足，大军无法久驻。在党中央的诚挚挽救和其他多种因素的共同作用下，张国焘被迫取消第二中央，再度率部北上。这是我们第三次过草地了。出发前，我们做了许多准备工作。每人都带了二三十斤干粮，几双草鞋，许多同志还用未经硝制的生羊皮缝制羊皮背心。

这次过草地，路程更远，日子更长，困难也更多。几个天全参军的同志年纪轻，没有过草地的经验，他们的干粮早几天就吃完了，我们几个老战士就把节省下来的干粮匀给他们吃，自己多吃些野菜和草根。有时，连里给各班发几块羊肉或牦牛肉，我们舍不得一下吃光，留着一点，放些野菜熬成汤，每人喝一碗。大家风餐露宿，忍饥挨饿，大约熬过了二十几个日日夜夜，终于第三次走出了草地。

部队在包座一带休息了几天，然后分为三个纵队向甘南挺进。1936 年 10 月 8 日，我们 10 师在青江驿、界石铺与红一方面军第 1 师胜利会师。红四方面军总指挥部到达会宁城时，受到了红一方面军部队的热烈欢迎。晚上，在城内文庙举行了盛大的庆祝会师联欢大会。

至此，我作为红军这个"宣传队""播种机"的一员，胜利完成了长达一年零七个月的长征。

31. 难忘的川康少数民族

李中权

1935 年 3 月,红四方面军从川陕苏区西渡嘉陵江开始了长征。不久,渡过了涪江、岷江、大金川等大江大河,进入川西高原少数民族地区。

过嘉陵江后,组织上叫我担任川西道委组织部部长和红四方面军总政治部地方工作部部长。

5 月,我们初次进入川西少数民族地区。这里人口稀少,少数民族主要是藏族和少量回族、羌族、彝族,汉人也较少。人们从事畜牧业、打猎,农产不富,种植部分农作物如青稞麦类,根本不产稻谷,人民生活极其艰苦。长期以来受封建军阀、土司头人和帝国主义压迫剥削,加上大汉族主义严重,少数民族群众只好居住在高山穷苦地方,平川和较富庶地方为汉族的地主所有。当地一般称少数民族为"蛮子"。少数民族也自卑地叫"咱们蛮家"。这是对少数民族侮辱的称呼。军阀封建势力对少数民族兄弟施以重税,稍有反抗,就进兵"讨伐"。

由于历史上大汉族主义造成的民族隔阂,一般少数民族对汉人,特别对汉人军队,是抱仇恨的。在红军初到时,他们不了解我军的性质、宗旨,对红军持反对态度,这是可以理解的。红军到达以后,国民党趁群众对红军缺乏了解,趁机进行反动宣传,并制造谣言,中伤红军。加之语言不通,没有翻译,有些群众在反动土司头人鼓动下,在高山上对红军部队开枪、砸石头……

为了粉碎国民党的阴谋,孤立和打击反动土司头人,融洽少数民族同红军的关系,我们首先大力开展了宣传工作。上从方面军总政治部,下至军、师、团政治机关及地方省委、县委,到处张贴石印的四字句或五字句、六字句大布告,阐明共产党和红军的主张和政策。部队和省委的文工团或宣传队，用文艺演出的形式宣传群众、接近群众，群众很乐意。

当时宣传的口号是：打倒帝国主义！打倒军阀封建势力！汉族和各少数兄弟民族联合起来！汉族和各少数民族穷人是一家！汉族和各少数民族一律平等！共产党、红军、苏维埃是少数民族的救星！

在开展宣传工作的同时，方面军总部指示各部队严格执行"三大纪律，八项注意"，还具体规定"一尊四要四不"。其内容是：尊重少数民族的风俗习惯。要严格执行藏族的民族政策，不进住藏民的喇嘛寺。要严格执行回民政策，不在回民家吃大荤。要宣传实行政教分离，不干涉少数民族的宗教信仰自由。要爱护少数民族农作物，不践踏少数民族的青稞大麦。也有单位规定"四要十不准"和其他一些要求，内容都是有关同少数民族搞好关系、严格遵守群众纪律问题的。部队为使少数民族认识红军与过去任何军队不相同，使其了解红军的性质、宗旨和政策，付出了极大的努力，但这又是必须做到的。为了这些，我们的一些地方工作人员还穿起少数民族的服装，吃糌粑用手抓而不用筷子，刻苦学习少数民族的语言，同部队一样严格遵守纪律执行政策。

经过一段艰苦的工作后，少数民族逐渐认识到汉、藏、回、羌、彝各民族本是一家，都是平等的。随着工作不断深入，少数民族广大群众不再把红军当敌人了。在共同劳动之余，大家还一起跳起我们红军从来没有见到过的藏族集体舞。那翩翩多姿的舞蹈，那嘹亮雄壮的歌声，使我们红军感受到了另一个异乡的可爱，而久久不能忘怀。

1935年9月，由于张国焘南下方针的错误，红四方面军进入了川康边少数民族地区。这里也是人稀物寡。大军到此，不可避免地形成了军民争食的状况。面对这种情况，我们认真总结了进入川康以来的工作，特别是吸取了红一方面军很多地方工作的经验，在进一步加强对部队进行政策教育的同时，开展了对少数民族上层的统一战线工作。红军进入西康之道孚、炉霍、甘孜等县后，又成立了少数民族政府，即："波巴依得瓦"政府。所有红军控制的懋功、丹巴、绥靖、崇化、道孚、炉霍、甘孜等县均成立了中共县委和县苏维埃政府或县革命委员会。县政府中吸收了当地的一些少数民族人士参加工作。

在经济文化落后的少数民族地区开展工作，我们没有去搞阶级斗争，没有去反对土司头人，而是团结少数民族全体来反对我们共同的敌人——军阀封建势力和帝国主义的压迫剥削。一些土司头人是有文化、有见识的，也乐于接受我们的主张。如我们在西康省的炉霍、甘孜等县，与甘南的德格土司订立了"互不侵犯协定"，又如我们俘虏了国民党政府派赴甘孜等地活动的所谓"蒙藏委员会"副委员长诺那呼克图（活佛中的尊称），我们优待他、争取他，并礼送出境，此事对我们工作的开展起了良好的作用，在群众中的影响也很大；再如我们红30军在西康绒坝岔地区战斗中俘虏的叶巴（土司头人下面管军事的官员）名叫夏格刀登，部队对他耐心作争取工作，请他到甘孜，军政治委员李先念同志亲自接见，同他订了"和约"，还请他到"波巴依得瓦"政府参加工作。所有这些都大大改善了我们与藏族群众的关系。我们对少数反动的民族武装一般不采取军事打击，而主要采取政治争取的办法。只有在说服无效而又危及我安全时，才坚决予以反击。如我主力南下四川天（全）、芦（山）、雅（安）一带，留在后方的大金川省委遭到国民党和藏族反动派1000多人的进攻，大金川省委组织机关人员、政府警卫营、野战军的两个营和金川独立团一个营，共1000多人的武装，在省军事部余洪远同志指挥下，先后两仗，把来犯之敌给予歼灭，随之又开展政治攻势，瓦解了很多敌人。这就把军事打击与政治争取密切结合起来了。

1936年5月，方面军总部总结了在少数民族地区的工作经验教训，特又制定了《藏回地区工作须知》，还分别发布了《藏区十要十不要》《回区十要十不要》有关政策的具体规定，对改善部队和少数民族关系起了很好的作用。

由于红军和地方党的共同努力，统一战线工作的展开，川康边地区的少数民族群众虽原本就很贫困，但还是极力承受了对红军的供给需要，使部队的物资供应基本有了保障。1936年7月当红四方面军迎接红二、六军团，在西康甘孜、理塘会师时，红四方面军已充分准备了几百万斤粮食和牛、羊、盐、油等物，整个供应还算可以。这众多的红军部队，在这高原艰苦的地方，由于少数民族的支持，保障了两个方面军的供应，并得以过草地北上长征，这是一个很大的成绩。在红军离开炉霍、甘孜时，一批重伤病员实在不能走，地方群众给以有力掩护并安置下来。

在群众工作和统一战线工作巩固发展的情况下，各县一直到省，均建立了军事部。干部来自老区或由军队抽调，并发动少数民族参加地方游击队。当时，有的县还成立了"百姓联合会""青年队""姊妹团"等群众组织。特别难忘的是，在大金川丹巴县，我们争取了藏族土司头人郎中和他的儿子马骏的支持，成立了3个团有两千多人的少数民族武装——红军独立第2师。马骏任师长，我任政委。该师为过往主力红军筹集大批粮食，并警戒长达100多公里的哨卡交通线，与反动武装打过几次仗。这支部队后来还参加了长征。许多同志到了陕北，成长为党的高级干部，如天宝等一批少数民族高级干部。另在大金川绥靖县，还成立了少数民族武装红军独立第1师，也起了不少作用。

马骏同志是一位英俊的青年，高高的个子，身材很魁梧，一双闪亮的大眼显露出诚恳和开朗。他会一口流利的汉语，有较深广的学识。有一次，我问他："如果将来全国都解放了，你父亲还当头人吗？"

他笑笑说："这要由人民安排，他能被人民信任，会干的，不过他说他年纪大了，让年轻人来干。"

在独立2师，我们俩结下了深厚的友谊。可恨的是，张国焘的主观唯心主义的错误，怀疑马骏同志不愿长征，便将马骏同志杀害了。

1936年7月后，我们奉命北上，继续向陕北长征。在长征路上，我进入了红军大学学习。一天，我们刚刚踏入草地，忽听后面有人呼唤着："李政委！李—政—委！"

我转过身去，只见几个藏族战士兴致勃勃地向我跑来。他们满脸的朝气，一双双眼睛热情地望着我，我一时懵住了。

"你是——独2师，李政委。"一个战士用不大熟练的汉语说着，便拉起了我的手。

我仔细打量着这位战士，好像在什么地方见过，面孔和神态是那么熟悉。

我认出来了，他是抬担架的那个战士。

那是1936年6月，我带领红军独立第2师师部警卫连和另一个连队去进剿刘文辉的残部时，刚进山，一颗子弹就打中了我的左腿。当我从昏迷中醒来时，才发现自己躺在担架上，抬着我的竟是两名藏族青年战士。顿时，我的眼睛湿润了。

这两位藏族青年，同许许多多的藏族青年一样，朴实可爱。在红军到达他们家乡的日子里，他俩总是骑着马，跑出很远来迎接部队，还用那不太熟练的汉语说："欢迎红军！"我们就是在那时认识的。后来成立了波巴政府，他俩都参加了青年团，阶级觉悟提高得很快，对反压迫、反剥削、求解放的道理理解得很快。不久，就自愿参加了独立第2师。

算来我们分开的时间并不很长，但却像"久别重逢"似的，大家都有说不出的亲热、高兴。临别时，他把自己身上的干粮袋取下来，将仅有的几块牛肉干要分一半给我。我再三推让。最后，还是收下了几块。

我们又分别在各自的队伍里长征了。但在我的心中却永远忘不了川康地区的少数民族同胞。

红四方面军在川康少数民族地区一年多的时间，成了迎接红一方面军又迎接红二方面军的一座桥梁。而川康地区的少数民族便是这一桥梁的基石。虽然张国焘的错误使我们深受其害，但是他们曾支持了红军，使我们终于胜利完成了长征。光荣的川康少数民族对红军万里长征作出了伟大贡献，将永远铭刻在中国人民革命的历史纪念册上。

32. 忆红军过雪山草地

钟仁辉

6月里来天气热，夹金山上还积雪……；

7月进入川西北，黑水芦花青稞多，艰苦奋斗为哪个，为了抗日救中国；

8月继续向前进，草地行军不怕冷，草地从来少人过，无坚不摧是红军；

……

每当我想起这首长征歌，红军长征过雪山草地的悲壮历程就清晰地浮现在眼前……

第一座雪山——夹金山

1935年6月间，在红军前进路上横贯着一座大雪山——夹金山。夹金山位于四川宝兴之西北，懋功之南，茂州之西南，高入云霄，常见不到山峰，英雄的红色健儿都是江西、福建、湖南、广东等省的人，听到6月天要翻大雪山，思想上未免有些紧张和稀奇。加之沿途老百姓又把夹金山说得那么神秘，比如说：上雪山只能12点钟以前通过，下午就会有妖风和下雪，在山上不能坐下，如坐下后就起不来了，山上有堆石头是什么神，每人上山要带一根棍子，插在石头上表示尊重，否则就会有什么危险，等等。我们的红军英雄虽不信神，但是从上述言谈中可以判断出，上雪山确实是件艰苦困难和不容易的事，可以想象得到山高空气稀薄、寒冷等等，但我们南方人路过云南时，因天气热，把从江西出发带的棉衣都丢掉了，现在要想发棉衣，不仅物质条件限制，就是有的话，短时间也不可能做起棉衣来，在这样的困难条件下，上级还是想了许多办法，买辣椒、生姜烧开水喝，到处想办法买酒，用来御寒，但哪里能买到酒呢？无奈只好每个伙食单位在离山顶几里路的一家独立房子里烧辣椒水喝，我和宣传队的几个同志随着师政治部组织的收容队，在全师后卫收容掉队落伍的病号。说到收容队，这是红军长征中专为收容掉队落伍的病号而设的组织，它在长征中起到了很大作用。由于收容了几十个病号，并且有几个重病号用担架抬着，到离山顶十几里路时，已经是下午三四点钟了，我们全师的队伍，虽然已经翻过了雪山，但我们当收容队的这些人，今天就只好留下来，待明天再走。困难又来了，附近除一独户外根本没有房子，于是我们把病号安排去房子里在地下挤着睡觉外，我们这些负责收容的同志，只好在外面树底下露宿。倒霉的天真不讲面子，在半夜时突然下起雨来，弄得我们睡不成觉，只好拿被单子架起来躲雨了，我们大家都被淋得像落汤鸡一样。天刚破晓，我们就穿着淋透的衣服开始爬山，到山腰的那家独立房子时，烧了些辣椒水喝，顺便把衣服烤干后，就继续向上爬，越往上爬，越感到身上不舒服，因为空气稀薄，呼吸异常困难，加之我们从昨天中午吃了点饭外，近一天未吃东西了，腿也有点软，迈起步来，既慢又困难，但是我们每个同志都知道，我们一定要在中午 12 时前通过这座雪山，所以还是尽力地向前爬，宣传队的几个同志虽然自己行动也感困难，但为了使病号安全爬过雪山，一方面站立路旁作鼓动工作，一方面又和其他收容队的同志一齐帮助病号背东西，扶着他们走，虽然我们每个同志都有三条腿（每人手拿一根木棍），但比平时爬山费劲得多，经过一个多小时的努力，最后三四里地雪山终于爬过去了。山上的积雪浅者几尺，深者几丈，山顶除一堆石头被过路老百姓插满了木棍和有些红布外，遍地是雪，这在我们江西人来说，看这样的大雪山风景还是头一回，我们到了山顶上并不敢停留，还是努力的迈开步子下山，有一个同志因为体弱无力，下雪山又滑，一不小心，就滑出长年被人行走的雪路旁，结果就从松雪里陷进去被雪埋没了，我们大家都想设法挽救，但终于无能为力，都为这位同志牺牲难过。我们下到没有雪的地方时，还看见好几具战友的尸体躺在哪里，我们停下来掩埋好这几位烈士后，又继续前进。

从两河口到卓克基

一进入两河口，就碰到了许多困难，一是人烟稀少，不仅住房子困难，买粮食也很难。我们师虽然是先头部队，但因两河口只有几十户人家，哪里有这么多粮食卖呢？同志们每天只能吃一、两小碗用青稞麦煮的饭；二是水土不服，因为山大林密，有些地方终年晒不到太阳，加以落下的树叶的腐朽，小河沟的水虽然很清，但喝了后大家的肚子都膨胀起来，吃的青稞麦，拉出来的还是青稞麦，整天肚子胀得难受。

在两河口驻了两天后即向卓克基前进。从两河口到卓克基一百二、三十里地，经过两天行军。从两河口一出发就进入藏族地区，藏族人民由于过去受到国民党反动派的残酷剥削压迫，对汉人有很深的仇恨。中国工农红军到达这一地区时，他们以为我们红军是过去压迫他们的反动军队，于是沿途村庄都好像坚壁清野一样，逃之一空。道路崎岖险峻，头一天只走了五六十里就宿营了。第二天的前进路上，不但和昨天的情况相同，而且又横贯着一座大雪山——梦笔山，这次过雪山由于有过夹金山的经验，同志们把被单子等都围扎在身上，而且梦笔山比夹金山的坡度小，大家的情绪也没有前次那样紧张了，但这不是说困难减少了，由于爬过夹金山后，部队虽得到了几天休息，因为粮食少吃不饱，又因气候等自然条件的影响，体力下降，爬起山来并非那么容易，有的掉了队。到了雪山腰部时，师首长令司号长吹起了休息号，使同志们消除一下疲劳，好继续往上爬。为了鼓舞精神，胜利爬过雪山，刘亚楼政治委员高声号召说：同志们！前面就是雪山，为了爬时更有劲，大家做做倒脚运动吧！说着他自己首先仰倒地上，把两条腿往上伸、曲，师的其他首长和全体同志也一起做起来了，每人的脚一上一下，一曲一直，的确使血脉循环更舒畅些。做了几分钟后，刘政委又请宣传队唱歌鼓舞士气。宣传队的同志立即就唱起："金沙江流水响叮咚，常胜的红军来渡江，不怕它水深河流急，更不怕山高路又长，我们真顽强……"大家一唱，刘政委和师的其他首长及司令部、政治部的同志也都合唱起来。霎时，英雄豪迈的歌声震撼了山谷。

这次爬雪山与夹金山不同，有的在唱歌，有的提出互相比赛，看谁先爬过雪山而不掉队，有的同志在喊：同志们！努力爬呀！看谁是爬山英雄呀！看谁先坐飞机（优胜）谁是乌龟（掉队）呀！政治工作人员和宣传队的同志也在鼓动：同志们！我们都是战无不胜、攻无不克的红色英雄。乌江、金沙江、大渡河、泸定桥都阻挡不住我们，都被我们战胜了，夹金山也被我们爬过了，今天这个雪山，在红军英雄面前还不能战胜吗？同志们都齐声回答：能战胜，我们一定不掉队！我们一定会战胜一切困难，完成党所交给我们北上抗日的光荣使命。顿时雪山上沸腾起来了，这支不可阻挡的队伍，昂首阔步，爬上山顶。到了山顶时，有的同志抓上一把雪拉开嗓门喊着：同志们！这样好的不花钱的白糖还不尝尝吗？太阳也从云缝中带着微笑将金色的光辉撒满雪山。同志们沉浸在胜利爬上雪山的喜悦之中。

下午进到卓克基。这个地方是别有风味，有一座大喇嘛寺，有七层楼，足足可以住几千人，也有不少民房。但是受国民党反动派压迫过的藏民，以为我们也是反动派军队，拿起枪来向我们射击，不让我们进村。我们的政治工作人员尽管费了很大的劲，向他们喊话，解释说明我们不是压迫他们的汉官，是北上抗日的红军，是人民自己的军队，是来帮助他们打倒压迫他们的国民党反动派的军队。但由于语言不通，他们还是向我们射击。黄昏时我们打了几枚红绿信号枪，他们不知是什么，才逃跑了。我们这才进去宿营，光一座喇嘛寺，几乎全师都驻进去了。进入宿营地后，政治工作人员、宣传队员及各单位组织的群众工作组，就忙碌起来，到处去喊话，解释我们是什么样的军队以及我们党的政策等，后来通过通司（翻译）的解释，有些老年人就开始回来了。

卓克基这地方还可以买些粮食，于是就在此休息了一天，准备些粮食好继续北上。经过一天的努力，终于买到了两天的粮食，到了卓克基粮食虽然不算很充足，但是总算能吃饱了，特别值得一提的是，我们第一次吃到了酥油，开始我们这些南方人并不知道它是酥油，后来是有的同志买了一些吃，味道确实不错，据说营养价值也很高，可是有一部分同志却享受不了这个福，吃了酥油却发呕。

波罗子筹粮

红军从卓克基出发，走的仍然是崇山峻岭和崎岖的羊肠小道。翻越了几座大雪山，到芦花时，又要绝粮了，因此，只好采集野菜充饥。又经过几天行军后，到了毛儿盖，这个地方有几百户人家，也买了些粮食。但是在我们前进路上横贯着一片大草地，为了通过草地北上抗日，红军于 1935 年 8 月间，即在毛儿盖周围做进草地的准备工作——筹粮。如果没有粮食，要过草地就不可能。因此，筹粮就成为当时部队的紧迫而又艰巨的任务。

我们红一军团第二师进驻毛儿盖后，奉上级命令，到毛儿盖东南的波罗子筹粮。进军途中，我们心里盘算着到达目的地后如何进行筹粮？有的在预测过草地时将会遇到的种种困难。但每个同志都只有一个心思：即赶快完成筹粮任务，好过草地北上抗日。长蛇般的队伍在两天行军中翻越了许多山川，整天见不到太阳，阳光被严密的森林吞没了，人迹罕到的地方显得特别阴暗。

部队跨越了重重山谷，辗转迂回前进。太阳当顶的时候，人们不时在四处瞭望，巡视着我们所要到的地方。一片金黄色的麦田，忽然呈现在我们前方，相距不远的半山坡上有一个忽隐忽现的村庄，队列前边偶然传来"快要到波罗子啦！"同志们顿时活跃起来，有的议论着藏族地区的风俗习惯，有的在交谈如何筹粮，我们宣传队的同志唱起了嘹亮的歌声。每个人都信心十足的往前赶，期盼着快点到达波罗子。

中午我们到了村庄。但到处是一片寂静，部分同志怀着惊奇的心情到几户老乡家看了一看，好似空舍清野一般。不难想象，这里的藏民和从两河口出发以来所到地区一样，过去长期受国民党反动派的残酷统治和压迫，再加上反动派对共产党和红军的恶毒宣传，他们听说有军队过，就不分青红皂白地逃躲一空。部队驻扎下来后，仍不见一个老百姓回来，有青稞麦没得主人，拿着银元买不到粮，任务又是那么紧迫，怎么办？每个指战员都为此感到焦虑和不安，大伙正在出主意想办法的当儿，师首长下了命令，动员全师指战员到老乡地里收青稞麦，具体做法是：凡收了麦子的地方必须插上木桩标明，附上写好的信，按收麦子的数量留下银元。广大指战员立即行动起来，焦虑的心情霎时消除了。我和我们的师直属队的同志喜出望外地酝酿着如何收麦，第一困难是缺乏工具，怎么收呢？

"红军没有克服不了的困难！"是谁从人群里大声喊道，"对！咱们有成千上万的双手，就用手搓吧！"

大家你一言我一语的谈论开了，有收麦子经验的同志耐心地传授着搓麦子的办法，我们宣传队几个最小的同志都有点担心，生怕完不成任务。

一天早上，太阳还未出来，麦地里就布满了密密麻麻的人群。从师长、政委到每个战士都在忙着收麦，为了尽快完成任务，上级要求每人每天要搓四五斤麦粒。大家紧张而愉快地劳动着，谁也不甘落后。锋利的麦芒戳得手掌心发燥发痛，但是，谁还顾及这些，尤其是我们年纪小的同志，见有些同志搓得又快又多，心里实在着慌，越急搓得越慢。为了完成任务，只好在别人休息的时候，我们还坚持着干，瞧见自己袋里麦粒多起来时，心里有说不出的喜悦，回头再看看师首长乃至每个同志都在忘我劳动的情景，劲头就更大了。有一次，当我搓得满头大汗的时候，坐在我身边的一个同志笑嘻嘻地对我说："钟仁辉！唱支歌给我们听听嘛！"我就高兴地唱起刚学会不久的打骑兵歌：敌人的骑兵不须怕，沉着应战来打它，目标又大又好打，排子枪快放易射杀，我们瞄准它，我们打垮它，我们消灭它……我一唱起时，大家就和着唱起来，麦地里像过节一样，歌声、笑声回旋在大山谷里，疲劳在欢笑中消散，被麦芒刺得通红的手掌也忘记了疼痛。

经过几天的辛勤劳动，每个人的袋里都装满了粮食，胜利地完成了过草地十余天的筹粮任务。任务完成后，全师在波罗子召开了个干部会，庆祝胜利完成筹粮任务，会后演出了文娱节目，并进行会餐，当时打了一头野牛，便在野外架起行军锅煮着青稞麦和野牛肉，虽然没有盐巴放进去，可是大家吃得很高兴。这是进入四川西北以来第一次吃这样的好饭。

我们在波罗子筹粮给藏民留下信和银元的实际行动，深深感动了藏族百姓。我们走后，后续部队到时，外出老百姓已开始回来了。这说明我们的政策、做法是正确的。我们还在波罗子时，就已回来了两个年老藏民，一男一女，经过我们的宣传和给他们饭吃，热情招待后，他们伸出大拇指说：你们的军队真好！

过 草 地

1935 年 8 月下旬，中国工农红军从毛儿盖出发，开始向草地进发，离开毛儿盖十余里，天空的乌云笼罩着大地，随即下起大雨来，红军战士就在既无雨衣又无雨伞的困难条件下，迈开大步向前挺进，虽然全师指战员全身都淋湿透了，且又吹起了寒风，冻得大家脸发青，嘴唇发紫，身上打战，但这些客观上加给红军战士的困难，并没有丝毫减弱他们通过草地、北上抗日的决心。走到黄昏时，前面部队开始分头向小河边布置宿营，后卫部队也按着命令，各自向河边寻找宿营地，说宿营还不如说露营更确切些，因为四面都是草地，只有小河边才有一点人把高的柳树，大家就利用它撑起被单来防风、雨，其实并未防住，被单淋透了，照样是漏雨下来，地下又是湿的，弄得大家一整夜也未睡成觉，同志们都背靠着背地坐在那里，心里恨不得很快天亮，好在行军中身体更暖和些。行了一天军，到达宿营后，在休息时，大家只好拿出炒熟的青稞麦，和着天上下的雨水，嚼得牙齿都发痛。

第二天，继续北进。白天虽下了雨，但是晚上在分水岭宿营时，已没有下雨了，在分水岭的那天晚上不仅未下雨，而且又有大松柏树，于是大家可以在大树下搭棚露营，而且又有干柴烤火，虽然没有房子宿营，这对经过两天雨淋的红军战士来说是极大的幸福。

在分水岭这天晚上，我和宣传队的同志还当了一次土包子，我们在毛儿盖时，曾弄到一斤多未碾去谷壳的小米，当时我们都不知道是什么？为了过草地，我们就把它带上了，在分水岭宿营时，就洗干净了一个写标语的桶子，把它用水煮起来，一共足足煮了四小时，也未见一颗谷子煮开，于是大家都拿出小勺来，你一勺我一勺地把它吃下去了，后来我们到达陕北后才知道那是小米。

第三天，继续往大草地前进，在以后的几天中，困难就更多，一片大草地既无树木，地下又到处是湿的，或有水，有些地方根本没有路，但如果走进了烂泥坑，那就倒霉了，无论是人或马，踏进去后，如无别人援助，根本爬不起来，而且越陷越深。草地每天下午照例是雾雨朦胧，或者是下冰雹，每晚宿营时，照例是大家背靠背坐着打盹，有的同志因体弱受冻而光荣牺牲了。有些单位因粮食带得少，过了几天草地后已无粮食了，只好到处挖草根、野菜来充饥，有的挖到了有毒的草或菜，吃了后就中毒而牺牲，有的甚至吃皮带，吃皮鞋底，我亲眼看见过一个同志将别人拉出来的麦子用手抓起来，再用水洗干净后又拿来吃。虽然遇着这么多困难，但红军战士的意志是坚定的，情绪是乐观的，精神是饱满的，大家只有一个心眼，一个意志，就是北上抗日。

第七天，到达了班佑，也是胜利地渡过了草地的日子。这天行军到下午时，看见前卫部队迈向矮小的牛粪房子时，大家的情绪顿时就高涨起来，经过几天草地行军困难后，过完了草地又有房子住，怎么不高兴呢？走起路来更加有劲了，三步当作两步走，恨不得一下子就到达班佑。经过草地行军，没有粮食的红军战士都希望在班佑能搞到一些粮食，但往往是事与愿违的，虽然同志们都能挤进牛粪房子躺着、坐着睡觉，但是粮食很少，大家还是要勒紧腰带，忍饥受饿。这时上级首长命令组织了一些部队到阿坝筹来一些粮食，才克服了当时的困难。

在班佑时，红二师召开了干部会议，全体干部坐在野外草坪上，严肃认真地在听军团首长报告。报告讲了红军战士勇敢而胜利地渡过了草地，讲了当前的形势，北上抗日的任务和意义。军团首长的报告进一步激励了大家的斗志，几天过草地的疲劳、饥饿都被消除了。班佑休整后，我们继续踏上了北上的征程。

33. 第三次过草地

许世友

我军自 9 月中旬第二次过草地南下，连续作战两个多月。尽管广大指战员英勇奋斗，取得多次战役战斗的胜利，终因张国焘在战略指导上的根本错误，使我军不仅未能在川康边区打开局面，反而陷于前有强敌、后无根据地依托、严重缺乏补给的困境。天全、芦山、宝兴地区人口稀少，生产落后，我军得不到粮食的补给，只能以山果、野菜、土豆充饥。时已隆冬，高原气候更加寒冷，由于当地不产棉花，同志们只好上山割棕做成蓑衣穿在身上御寒，或把未经硝制的牛羊皮当背心穿。饥饿、寒冷和疾病又夺去了不少同志的生命。

在发动群众和开辟根据地方面虽也做了大量工作，但因该地区汉藏杂居，情况复杂，在国民党反动政府的大汉族主义的统治和藏族上层反动分子的煽动下，民族隔阂较深，使我军在这一地区难以站稳脚跟。这一系列事实充分说明，党中央关于"南下是绝路"的英明预见是完全正确的。

在我们四方面军南下期间，党中央率领红一、三军团北上，于 1935 年 10 月间胜利到达陕北，与红二十五、二十六、二十七军会合。接着又粉碎了敌人对陕甘根据地的第三次"围剿"，歼敌一个师零一个团，根据地和红军得到了大发展。我们从方面军发行的刊物《红色战场》上看到这些消息，受到很大鼓舞，引起了强烈的反响。不少同志私下议论："还是党中央的方针正确"，"只有北上才是出路"。要求维护党和红军的团结，北上与党中央会合的呼声日益高涨。

在南下碰壁的事实面前，张国焘被迫承认："红军如果长期停留在川康区域是不利的"，也提出了北上的方针。但他的所谓北上，并不是去和党中央会合，而是想去甘肃、青海、新疆等边陲地区。

1936年3月，方面军部队陆续撤出天全、芦山、宝兴地区，经达维、懋功向甘孜一带转移。途中再次翻越夹金山，还翻过了被称为"万年雪山"的党岭山，又一次经受了极度恶劣的自然环境的磨炼。

党岭山横亘在丹巴、道李之间，主峰海拔五千四百多米，山上空气稀薄积雪终年不化。当地群众中流传着这样一个迷信传说："这座山离天只有三尺三，人到顶上不能说话，一说话就要被天神治死。"当地年长的群众还告诉我们，山上气候变化无常，不时有冰雹、大雪降临，要避开暴风雪的袭击，必须在每天中午前通过顶峰。因此，我们决定在头天下午开始行动。

我们在雪山脚下吃了一餐用为数甚少的土豆、青稞和野菜煮成的"饭"，整装出发了。同志们拄着木棍，踏着蜿蜒崎岖的山径向上攀登。

随着时间的消逝，长龙般的队伍已进入白云缭绕的半山腰。忽然，西北方向涌起一块乌云，挨着山头压了过来，这预示着一场暴风雪将要来临。为争取时间，大家都不约而同地加快了脚步。

雪山的气候变化很快，不过一刻钟，暴风雪就来了。霎时，天昏地暗，狂风大作，刮得人们站不住脚，睁不开眼。紧接着，鹅毛大雪越下越大，气温骤然下降。

由于天黑、风急、雪大，难以继续行进，只好原地休息，待风雪停后再前进。我们要求部队选择避风的地方，以连为单位围在一起休息。因人多围在一起，可以较好地抵御风雪的袭击，可以人们自身的温度相互取暖。

好不容易挨到风停雪止，天色微明，大家互相搀扶着艰难地站立起来，又迈开了前进的步伐。

冻得失去了知觉的双脚已不听使唤，走一步跌一跤，爬起来再走，走出二三十步才慢慢恢复了知觉。不少同志的脚冻裂了，鲜血渗透了裹在脚上的破布和草鞋，在雪地上留下了斑斑血印。

越往上爬，积雪越厚，天气越冷，空气也越稀薄了。同志们一步一停，一步一喘，每走一步都要用出全身的力气。有的同志晕倒了，大家就互相搀扶着向上攀登。

在这最艰难的时刻，政治工作发挥出特有的威力。王建安政委不顾自己身体虚弱，不断地给部队作鼓动工作。各级干部以短促有力的口号，宣传队员们敲响锣鼓，打起"呱嗒板"，活跃气氛，鼓舞部队的士气，激励大家去战胜困难。

距顶峰越来越近了。突然，前面传来一阵欢呼声。走在我身后的警卫员一步跳到我跟前，手指着山顶高兴地说："军长你看。"我抬头一看，只见一面鲜艳的红旗耸立在顶峰，在皑皑白雪的衬映下，是那样的光彩夺目，那样的振奋人心。

"前卫团到达主峰了！"胜利的消息随着山峦的回音，拨动着每一个同志的心弦。同志们忘记了严寒，忘记了饥饿，忘记了疲劳，一鼓作气向上冲刺。

来到主峰，真好象到了另一世界。片片白云绕着山头轻轻地飘过，银装素裹的雪山，在阳光的照耀下显得分外妖娆。在空气稀薄的山顶上，同志们无暇观看这雪山美景，加快步伐向山下行进。

一过主峰，我们都倍感轻松，队伍里谈笑风生，更加活跃。王建安政委风趣地说："孙大圣大闹天宫，蟠桃、仙丹、吃的、喝的，应有尽有。我们是在缺吃少穿的情况下'大闹天宫'。看来，孙大圣在我们红军面前也要甘拜下风了。"

同志们的欢声笑语，不禁使我感慨万分。是啊，孙悟空大闹天宫，那不过是文人构思的神话，而真正创造人间奇迹的，却是中国共产党领导的工农红军，是我们英勇无畏的红色战士。

翻过党岭山，方面军先头部队三十军一举攻克道孚、炉霍，进占西康东部重镇——甘孜。我们四军经炉霍向西南疾进，攻占瞻化（现名新龙），俘敌国民党西康宣慰使诺那喇嘛以下百余人，缴枪百余支和电台一部。三十一军和九军二十五师分别由丹巴、道手南下钳击泰宁（现名乾名），守敌李抱冰部弃城南逃康定。至 1936 年 4 月，我军控制了东起懋功，西到甘孜，南达瞻化、泰宁，北连草地的广大地区，转入整编、训练、筹集粮食和做群众工作，准备与正从黔滇边北上的红二、六军团会合后继续北上。

从甘孜地区北上，还要经过大草地。我军根据前两次过草地的经验，在甘孜地区进行了较为充分的准备。为适应过草地时打敌骑兵、侦察道路、筹集粮食的需要，方面军组建了一个骑兵师，全师编三个团共三千五百多人，我调任骑兵司令。

5 月上旬的一天，我们骑兵师在甘孜召开了成立大会。朱德总司令、刘伯承总参谋长检阅了部队。朱总司令还作了热情洋溢的讲话，他号召我们团结一致，英勇作战，为保障方面军部队顺利北上与党中央会合作出贡献。

6月下旬至7月初，红二、六军团先后进入甘孜地区，受到四方面军全体指战员的热烈欢迎。我们经历了与一方面军分离的痛苦，更感到与二、六军团会合的珍贵。我们把他们接进早就腾出并打扫干净的房屋里，把烧好的饭菜、开水和亲手织成的毛衣、毛袜等慰问品送到战友手中，一起开联欢会，一起畅谈艰苦的战斗经历和远大的革命理想，充分体现了人民军队内部兄弟般的紧密团结。

两个方面军会师后面临的共同任务，就是迅速北上与党中央会合。这是中国革命的根本利益所在，是当时形势的迫切需要，也是广大指战员的共同愿望。

可是，不顾党和人民利益的张国焘，还要坚持他的错误方针。朱德、刘伯承、任弼时、贺龙、关向应、徐向前等同志，坚决维护党中央的统一领导，对张国焘的错误进行了多次斗争，张国焘在四处碰壁、极端孤立的情况下，被迫宣布取消他另立的"中央"，同意按甘孜会议确定的方针，北上与党中央会合。至此，张国焘持续近一年的分裂党和红军的阴谋活动，终告失败。

7月上旬，两个方面军携手并肩开始北上。二方面军以及四方面军的四军十师、十一师、三十军八十八师为左纵队由甘孜经阿坝向班佑、包座开进；九军、四军十二师、三十一军九十三师和独立师为中央纵队，由炉霍经壤塘、毛儿盖向包座地区开进；五军（由原一方面军第五军团和三十三军合编）及三十一军九十一师为右纵队，从绥靖（现名金川）、崇化地区出发，经卓克基、马塘向包座开进。我们骑兵师提前出发，为后续部队侦察道路，筹集粮食。

6月27日晨，旭日东升，霞光万道，三千多骑兵浩浩荡荡地踏上了北上的征程。嘹亮的军号声，战马的嘶鸣声和铁蹄声，交织成一支动人的乐曲。驰骋的战马，威武的骑兵，耀眼的马刀，构成了一幅万马奔腾的图画。

我骑在奔驰的马上，思考着如何完成筹粮任务。我深知北上征程的艰险，深感自己肩上担子的分量。俗话说："兵马未动，粮草先行。"前两次过草地的经历，使我有了更深刻的体会。我暗暗下定决心，不管遇到多大困难，付出多大代价，一定要筹集到更多的粮食，保证主力部队通过草地。

一阵急促的马蹄声打断了我的沉思，侦察兵向我报告：前面不远就到色曲河。我们扬鞭催马穿过山沟，眼前出现了意想不到的情景：蒙古包象繁星洒落在色曲河两岸，绿油油的草地恰似墨绿柔软的地毯，微风吹过，又如抖动起来的绿色绸缎；一群群的牛和羊，低着头漫不经心地吃草。

"我们找到大粮仓了！"队伍中响起一阵欢呼声，战士们疾马飞奔向前。

马蹄声惊动了正在吃草的牛羊，"哞哞"乱叫，四处奔窜。牧民们闻声走出蒙古包，以惊奇、疑虑、恐惧的目光，看着我们这些头戴八角帽、身背钢枪和大刀的不速之客。

霎时，平静的草地乱起来了，牧民们有的慌忙躲进蒙古包，有的赶着牛羊向附近山沟里跑，有的向我们举起了猎枪。

我估计群众可能误会了，命令部队停止前进，叫几个给我们带路的通司向群众喊话："不要开枪，我们是北上抗日的红军，是穷人的队伍！"

"红军是救国救民的'菩萨军'，主张穷苦人当家作主，反对压迫人民的国民党军阀和帝国主义！"

"红军尊重少数民族的风俗习惯，提倡信教自由，荣民的利益！"

"…………"

这个地方离甘孜不远，群众对我军早有所闻，一经通司的喊话说明，紧张的气氛很快缓和下来。

牧民们听说我军要筹粮过草地北上抗日，纷纷献出自己的牛羊、豌豆、酥油、奶渣。我们按当地的价格购买，许多群众不愿收钱，我们再三向他们说明：公买公卖，不拿群众的一针一线，这是红军的纪律。

第一天的筹粮进行得比较顺利，沿色曲河两岸筹集了四百多头牛，一千多头羊，还有一部分粮食。那里的羊很大，人骑在上面还跑得很快。有些战士看着筹集到的那么多牛羊，高兴得马也不骑了，赶着牛羊返回集合地点。

深夜，奔波了一天的战士早已进入梦乡，我和各团的指挥员还在研究第二天的行动方案。从各团汇报的情况看，筹集的粮食远远达不到上级的要求。从一般牧民群众那里虽然可以筹集到一些牛羊和粮食，但数量有限，而占有大量牛羊和粮食的土司头人，大多不愿出卖或者只是交给我们少量。我们既不能强也更不能去抢，只能做耐心细致的宣传工作。我们确定第二天再找土司交涉。

我刚刚躺下休息，骤然而起的一阵枪声把我惊起。哨兵报告说：反动土司派人袭击了我们。

看来，这些反动土司软的不吃要吃硬的。我立即指挥部队出击。

这些人是反动土司豢养的武装，以能骑善射著称。但他们毕竟是乌合之众，不懂战术。我军的一次冲锋就把他们打垮了。

被我们抓到的几个俘虏，供出了反动土司的牛羊转移地点。我们连夜搜索，按"破坏抗日红军的一切反革命分子的土地财产一律没收"的政策，把反动土司的八千多头牛羊全部收缴。

我们继续北上，在西顿寺、绝境等地，又筹集了三千多头牛羊和四五万斤粮食。7月13日抵近阿坝。

阿坝位于大草地的南部边缘，是我军过草地的必经之地。这里的土司头人叫墨桑，很反动。他获悉我军要经阿坝北上，阴毒地把当地的群众统统赶走，将粮食和牲畜全部转移到外地。

我们进入阿坝时，镇内空荡荡的。好不容易找到两个年长的藏民，了解到一些情况。藏民告诉我们，反动土司有好几千人的武装，武艺高强，横行无忌。夜间射击能打香火，三枪打不中即被视为废物，装进麻袋投入河中。

根据藏民提供的情况，我们分兵搜索，找到了六百多头牛羊和一万多斤粮食。但未发现土司武装。

15日，我们向东继续前进。到达麦加而康、党儿黄、赛苟共巴地区时日已西沉，突然发现千米以外火光点点，不时还传来马叫声。经侦察那是驻扎休息的土司武装，约四五千人。

土司武装屯兵阿坝通查理的要道上，显然是企图阻击我军。我们必须搬掉这一"绊脚石"。但是我们骑兵师经过长途征战，已经有不少减员，对这数倍于我的敌人，只能智取，不宜强攻。我和参谋长召集三个团的团长研究确定，乘敌尚未发现我军，毫无戒备之际，立即发起进攻，以奇袭的战术破敌。

夜色沉沉，伸手不见五指。部队分多路迅速隐蔽地接近敌营。敌兵们围着为驱赶野兽而点起的火堆，横七竖八地躺在地上，马匹则零散散地拴在周围。

我们按预定的时间，发出了攻击的信号，指战员们首先向火堆甩出了一批手榴弹。随着爆炸声，燃烧着的柴火腾空而起，火星直冲天穹。敌人的马匹被炸惊了，嘶鸣着四处乱窜。敌兵们有的当场被炸死，有的被惊马踩得鬼哭狼嚎。我们高举马刀，左冲右杀，将敌大部歼灭。

这是我们骑兵师组建后打的最大的一仗，也是最顺利的一仗，缴获了近百匹马和一批枪支弹药。

击溃了敌人，我们经下阿坝、查理寺继续前进，在安曲又给后续部队留下了一千多头牛羊。

渡过嘎曲河，我们开始第三次踏进大草地。

这次过草地比前两次路程远，时间长。由于党中央不断给予重要指示和亲切关怀，广大指战员渴望早日回到党中央的怀抱，实现党和军队的统一，走上抗日前线，因而士气特别高昂，行动也很迅速，比较顺利地走出了草地。

我们这支组建不久的骑兵部队，一路上经过七十二次战斗，虽只剩下了两百多人，但筹集了两三万头牛羊和大批粮食，完成了上级赋予的"筹集粮食，侦察道路"的光荣任务。

两个方面军走出草地后向甘南进军，连续突破了敌在甘南设置的两道封锁线，于1936年10月上旬胜利到达甘肃会宁，实现了三个方面军的大会师。

会师之日，会宁城内万众欢腾，久别重逢的三个方面军指战员，手捧着印发的党中央的贺电，个个喜笑颜开，脸上挂满了激动的泪花。我们的心情正如方面军政治部下发的讲话提纲中写的那样：

为着会合红一方面军，我们的眼睛都望穿了。

现在我们会合了。……不论在任何人的眼睛里看起来，这都是一个惊人的胜利。我们已经一致地在中国共产党的领导下，坚决地为执行当前的伟大政治任务而斗争，再没有任何人能够破坏我们的团结。

会宁大会师，标志着我们红军结束了历尽千难万险的长征，也标志着张国焘分裂党和红军的阴谋彻底破产。这是在毛泽东思想指引下取得的伟大胜利。

"长征一完结，新局面就开始。"全党全军在党中央的领导下，站在抗日民族斗争的最前线朝气蓬勃地投入了新的战斗。

34. 难忘的草地征程

裴周玉

跨越草地是红军长征中人与自然斗争最严峻，牺牲最大，同时也是决定红军长征成败的一段艰难征程，我特撰写此文，以缅怀先烈。

1935年8月，红三军团十一团由黑水芦花进到毛儿盖附近后，就准备过草地。这一段草地长达500余里，宽达300余里，而且高原寒冷，空气稀薄，气候多变，忽儿狂风大作，忽儿风雨交加，忽儿冰雹骤降，并有无数的深水泥潭，人畜陷进去后几分钟就被泥潭吞噬，因此红军通过草地，要有群众带路或按前面部队的路标指引前进。但当时根本不具备应付这些困难的条件：

（1）战士们身体普遍虚弱。因为红军进入四川少数民族地区后，经常缺少油盐、副食，就是青稞面也经常吃不饱，拖得骨瘦如柴，病员增多，这是红军战士过草地的最大困难。

（2）筹备物资工作无法完成。虽然上级动员每个人要筹集10斤干粮，购买棉毛衣或羊皮、烈酒、辣椒等，而这是落后的贫困山区，部队又多，哪能实现呢？若买到一张羊皮捆在身上防寒也是最大的幸福。

（3）准备时间紧迫，部队不可能花几天时间到几十里外去收购粮食，购买羊皮、衣服，只能在驻地附近寻找与购买，其难度之大，令人可想而知。

上述这些困难都是部队的实际问题，但是红军过草地的决心并未动摇。

红三军团十一团于8月22日在团长邓国清、政委王平的领导下向草地开进，在7天的草地艰难生活中，遇到了许多巨大困难，主要是：

（1）进入草地后行走极为艰难。草地所谓的路不是山间的羊肠小道，更不是平坦笔直的大道与公路，而是前卫部队人员和牲畜通过时，踩踏留下的足迹。就是说：茫茫草地中，草荑被沾满泥浆或草荑踩入泥中，以及淤积的黑色水中被踩成黑色的泥水浆，这就是人畜能够通过的道路。

红三军团十一团进入茫茫的草地，首先遇到的是弹簧式与草甸一样的泥泞道路，踩上去软绵绵，像荡秋千一样晃来晃去，在深一脚浅一脚的泥浆水草地中，稍有粗心大意或踏踩不当时，就可能滑倒或滚到深水潭，轻则打湿衣服挨冻，重则由此残废或丧生。第一天行军虽然道路艰难，拖得大家精疲力竭，但全团未发生人畜伤亡事故。可是第二天不仅遇到几个大的深水潭，大家只好绕着大弯通过，而且遇到许多十几米或几十米大小不等的泥潭陷阱。这种小陷阱的地貌与其他草地区别不大，如果不是前面部队插好路标或危险标记，或目睹陷进去的骡马还在挣扎吼叫，根本分辨不出它是吞噬人畜的陷阱。所以，在这种地段行进时，不论多么寒冷饥饿或疲劳，每个人都会立刻精神振作起来，聚精会神地来应付这种可怕局面，并下定决心，鼓起勇气，团结一致，克服困难，每个人都握紧自己的拐棍，三五人一伙，五六人一团，手拉着手或相互搀扶着，缓慢地向前行进，以保证安全通过，减少不应有的伤亡。即使这样还是有少数同志未能通过这种地段，如有的伤病员因饥饿、寒冷昏倒，跌滑进陷阱而牺牲。又如我团三连一个战士在大路旁解大便，刚选择一个草荑蹲下时，就滑入泥潭。他拼命地挣扎，可越陷越深，虽然大家马上抢救，不仅未把他救上来，而且去抢救的战士也被滑下去。只是由于这位同志体弱，无力挣扎索性就卧倒在地上，故未陷进去而被抢救上来。

（2）渡河的困难。草地河流虽然不多，水面不宽，但水流湍急，河底又高低不平，水冷刺骨，加上大家的身体弱，肚子饥饿，抵抗能力差，经不起这种寒冷的刺激，只要稍有不慎，就有被水冲到河里的危险。冲倒后即使抢救上岸，却很少能够生存下来。因为河水把衣服泡湿后，冻得全身发抖，且无衣服可换，别人也无衣服可借或赠送，即使别人帮助扶起，但寒冷难忍，更无力走路，便牺牲在草地上。所以每过一条河，团营首长都站在河两岸指挥，机关的同志站在河岸，宣传鼓动组织部队过河，以防被水冲倒。对体弱者和病员，还要组织体强力气大的同志帮助搀扶或背着过河。即使这样精心安排，每次过一条水深一公尺的小河，十一团总有几个人不幸牺牲。

当时过草地的骡马比汽车、飞机的作用都大得多。我有一匹马，每天在全团后尾收容掉队者，把一些危在旦夕的同志驮着通过最困难地段或最危险的河流，使这些同志在关键时刻得到支持而走出草地。如三军团李大队长的马累死后，自己又害病掉队，他见到我后，把党证交给我向我告别。我劝他吃点干粮，骑上我的马走了十几里，身体有了好转，第二天第三天我的马又给他骑过了两条河，终于使他走出了草地。另一位当过师政委的张平凯（后任山西军区副政委）因"左"倾错误领导者把他撤职，他自己背着一床夹被、一个皮袄害病掉队在后面，我把他的行李交给饲养员帮助驮出草地，每天把马让他骑一段，给他一些干粮充饥，这样身体逐渐好转，终于走出了草地。

（3）缺少粮食没有食物。十一团进入毛儿盖，准备过草地前，部队就经常吃不饱肚子，而过草地每人要筹集 10 斤粮食困难更大。因无钱也无处可购买，就是麦田的麦子也早被前卫部队收买光了，我们就是走出 10 多里地，也很难收到麦子。十一团政治处 20 余人费了几天的时间，才收到 100 余斤生青稞麦子，晒干后每人分不到 5 斤，有的连队只分到三四斤干粮，就凭这点粮食，要渡过 7 天的草地，其饥饿难忍程度就可想而知了。所以红军战士每天饿得难忍时，就像牛羊一样，走到哪里就在哪里喝几口冷水，或拔青草、摘树叶和挖草根当作干粮边走边吃。我只有 5 斤干粮，而且还要救济危难的战友，所以也要靠野草、树叶作主粮。每天到达宿营地，再疲劳也要找青草、树叶或草根，用洗脸盆熬成稀汤，灌饱肚子。而吃下后恶心、呕吐或肚子膨胀发痛得打滚是常事，而第二天照样拔来煮着吃。若遇上干燥的地方宿营时，每个人都想找到一点食物充饥，如找老鼠洞，挖出老鼠熬汤解解馋，或拣香菇，找野菜等。至于有皮带或皮鞋者，虽然数量极少，但都要把它煮熟吃光。途中遇有前面部队死马的骨头，也要把血淋淋的骨头抢来啃着充饥。特别是掉队的伤病员，携带的干粮更少，只能依靠别人救济一点干粮度日，但救济的数量有限，只好靠喝冷水，吃野菜、树叶充饥。遇有前面部队人员或马匹拉下的粪便中还未消化的麦粒，也顾不得洗干净，就捡起来往嘴里塞，虽然采用各种办法来解决饥饿问题。但仍有许多掉队人员未能走出草地。

在严寒地带与缺少粮食的情况下，每天烧上一次开水，或熬一顿青草、树叶稀汤喝，有助于增加身体的热量，所以过草地时，要求各人携带准备烧水做饭的工具，并要求携带三五斤干柴，以备在缺柴草的水网地带烧开水做饭之用。因此每到宿营地后，大家就自己动手用泥块或草茂垒炉灶，烧开水做饭，而做饭的工具是八仙过海，各显神通，有茶缸、洋瓷大碗、洗脸盆、炒瓢。草地的水都有腐臭味，喝下去呕吐、恶心，但为了缓解饥饿，水的臭味再大也得用它做饭烧开水解渴，并且都把晚上这顿煮熟的青草稀汤当作每天一次最好的享受和安慰。特别是做饭时，见到无边无际、长蛇阵一样的火堆，到处闪烁发亮的情景时，大家的情绪又高涨起来，此起彼伏的说笑声与歌声又响彻云霄。一切饥饿疲劳都抛到九霄云外了。

（4）晚上没有地方睡觉。在草地上饿着肚子每天行军五六十里，到了晚上能找到一个干燥舒适地方睡一觉，也是每个人最大的希望和消除疲劳的好机会。可是水草地多是水深没膝盖，或泥浆很深，或双脚踩下去能冒出水来的潮湿地。其次，晚上下大雨多，又没有雨伞、雨衣等工具，只能硬着头皮顶着，或几个共顶着一床被子，或把一件衣服当雨伞，而衣服淋湿后，也无干燥的衣服替换，只好受冷挨冻。再次，晚上天冷，又无棉毛衣服，加上肚子饥饿，所以，各连队都有不少人轻病冻饿成重病，甚至牺牲在草地上。十一团政治处 20 余人，每晚遇着有水或潮湿地宿营时，都三五人一个组，由刘随春主任指定各组安营扎寨的位置，我这个团特派员与俱乐部主任余非及保卫干事魏全为一组。每晚天黑前，拔上些草茂垒成一个高出水面的草土堆，再割一些野草放在土堆上，而后铺上背包或放上衣服，三个人就背靠着背，坐着度过难熬的夜晚。而且最担心睡着后，跌倒或滚到深水泥潭而丧生，所以再疲倦也难以入睡，或者我们三个轮流睡觉，以免发生不幸，至于刮大风或下大雨更无法睡觉，只好睁大眼睛，坐着熬到天亮，然后照样行军走路。只有最后一个晚上是在原始森林过的夜，这个森林古树稠密，到处荆棘交错，人钻不进去，前面部队在此搭好的窝棚，好似房屋一样避风、防雨，大家都称赞"洋房子"和"软席"床，叫人感到特别舒服，这是在草地上最幸福的一夜。

由于过草地时饥饿、寒冷、缺医少药，使部队的病员有增无减，而这些病员既无医院可住，也没有担架可抬，完全依靠每个病员的坚强意志，拄着拐棍，跟随后尾日夜奔波。全军掉队人员每天有三四百人，虽然各团收容队都耐心帮助，使大多数掉队者每天都能赶上自己的部队，但也有不少同志牺牲在草地上，特别是快出草地的最后两天，倒下的同志成片成堆，多者几十人，其中有的三五人一伙，背靠着背坐下好似在休息，等我们走近一叫或推拉时，他们早已与世长辞。目睹这些牺牲了的战友，我们虽无法掩埋他们的遗体，但我们仍把他们的尸体放平，盖上衣服或被子，尔后脱帽致哀，鞠躬告别。幸存的同志互相搀扶着又继续向前行进。红一方面军过草地到底牺牲了多少同志，至今也没有确切的数字，聂荣臻元帅回忆这段历史时曾沉痛地写道："环境的确是艰苦的，我们的许多同志在作战中那样英勇没有牺牲，却在缺粮少药、饥饿、寒冷、疾病、高原缺氧的艰苦旅程中痛苦地倒下了。"

红军经过 7 天的艰难跋涉，胜利地跨过了草地，国民党想把红军冻死、饿死在草地的企图破灭了。红军战士在党的领导下，以坚贞不屈所向无敌的精神，战胜了难以想象的艰难困苦，走出了泥潭水草地，这是中国共产党与中国人民的骄傲。

35. 两次翻越夹金山

洪学智

红军翻越终年积雪的夹金山，向宝兴、天全、芦山之敌发起进攻。

我们翻过的磨罗大山，满山都是皑皑的积雪。四军先头部队由许世友带领。头天晚上十师的一个团在那里，冻死了 100 多人，死得极惨。我们是第二天过的，原来想在山脚下住宿，但漫山遍野到处是雪。我们就下决心不停地走，不宿营了。

11 月 7 日，天亮时到了金汤县。金汤是西康金汤设置局所在地。这个县城很小，有百户人家，也是在江边上。许世友他们在那里，给我们准备了许多吃的东西。我们在那儿休息了 3 天，又继续前进，绕过了泸定桥。

10 日下午五六点钟到了天全县城。天全分新、旧两城，新城在西，旧城在东，城南有桥。大岗山位于城西北，三面悬崖绝壁，地形险阻，为入康要隘，经十八道水可通灵关、宝兴。

敌刘湘的师长郭勋祺曾夸口说："纵有红军数万，也难飞越地险兵多的天全。"他以战斗力较弱的袁治第 1 旅驻在远离天全 20 公里的灵关附近，向宝兴方面机动防御；以第 2 旅在天全大岗山占领防御阵地；以第 3 旅为预备队，置于策应第 1、2 旅的分水附近。"模范师"的直属部队驻新城，师部在旧城。

唐明昭第 2 旅（两个团）在大岗山的防御配备，以徐元勋第四团占领大岗山附城一段为主阵地，刘昭斋第六团为预备队，置于通天、芦、宝、雅三岔路的十八道水。唐明昭的旅部驻大岗山东斜面山腹。

那天我们走了 100 多里，晚上吃了饭，稍稍休息了一下，摸着黑过河。我们绕过敌人的后屁股，通过雅河。雅河水齐腰深。我们就用绑腿、绳子拴着，互相扶着过河。有一个小家伙，河水把他突然冲了老远，大家费了好大劲儿才把他捞上来。

当日夜，红军以一部由大岗山西南侧攀登崖壁，爬上大岗山。那里正是徐元勋团第二营营部驻地，哨兵未发觉，有的还在两间大房子内烤火弄饭，当即被包围缴械，营长被俘。红军占领了官道上的要点和大桥，陆续登上大岗山与敌人激战。

我们迅速占领了大岗山山头，从上往下打。这时敌人的部队乱了，纷纷往城里溃退。唐明昭还想反扑，组织溃兵往山上仰攻。地险山高。我们的手榴弹像下雨一样往下抛，机枪一扫，这个旅长从马上滚下来，跑到城里去了。增援的敌人也被打到天全的一个夹口里面。我们十师二十八团王近山团长带着部队打过去，敌人溃不成军，掉到河里淹死不少。敌师长郭勋祺也落荒而逃。本来王近山部队守在别处，他老兄见这边激战，马上就来支援。我们的部队打进了天全新旧两个城，占领了"模范师"师部。十师部队接着追到石羊镇，缴获了敌人往前线部队送的大批棉衣。

我们的部队过雪山时就没有棉衣，现在缴获了棉衣，大家很高兴，每人穿了一件。

随后，我们四军向东迂回，协同三十军、三十一军包围芦山。这一仗我们打得很英勇，芦山那边的敌人很快溃退，弃城经飞仙关逃命。因我们的部队比较困乏，没有堵截住他们。但我们打了胜仗，俘敌2000余人。

我带着民运部20多人押送这么多俘虏，担心俘虏兵造反。我就想了一个计策，跟干部们说，俘虏们都还没有吃饭，把武器放一边吃饭去，这样把人和枪分开了。

第二天我们又继续前进，到了亚口。敌人守在那里，四面构筑了工事。我们按方面军的命令没有攻，转向了荥经那边去。

25日，我们四军到荥经。后又转移到天全。

在天全的始阳镇一带跟敌人打了一仗。进攻始阳的是薛岳的周浑元三十六军、谢溥福五师和赵锡光九十六师。第三十六军系赣系军队，是一支比较有战斗力的半嫡系的中央军。敌人以两个师的兵力反复冲击红军阵地，我军伤亡了几百人，主力隐蔽撤退。我们部队有一个营被敌人隔断，以后这个营就留在后面打游击，再以后就没有消息了，算是吃了点亏。到了始阳，部队就紧缩了。

我军在陈家坝组织防御。陈家坝河的下游有个铁索桥，在对面山上我们有一个团，防御时间很长。敌人攻了几次，都没有攻下，因此我们没有采取应付敌人大举进攻的措施。敌人发起了进攻，该团主力营开始把敌人打退，后来敌人飞机集中轰炸，又调了四五个团的兵力拼命攻。最后，这个营与阵地共存亡，几乎全部牺牲。

1936年2月上旬，方面军决定发起康定、道孚、炉霍战役。我们撤离天全、荣经北上，时间误了几天，敌人集中了几架飞机来增援，轰炸我们的工事。

许世友对方面军领导有意见，怨上面走又不走，打又不打，困在天全、芦山地区，犹豫不决。他去总部同陈昌浩吵了一架，结果总部把他的军长给撤了，调到骑兵纵队当司令员。王宏坤又回到了四军任军长。这时，大家准备近10天的粮草，还有茶叶、盐、生姜等。后经宝兴、盐井坪、大碛碛、新寨子、夹金山、官寨到懋功，总计300多里。

我们红四军回来翻夹金山时，作了充分的政治动员。号召指战员发扬一往无前的革命精神和不怕艰难险阻的英雄气概，坚决翻过天险夹金山，党员干部以身作则，同志之间要团结友爱，一人有难大家帮助，不让一个伤病员留在山上。

夹金山上气温达零下二三十摄氏度，或大雪，或狂风，或冰雹，气候变化莫测。由于空气稀薄，人走在山上，头晕脑胀，腰酸腿软，力不从心。

我们政治部有一个收容队，走在队伍后边，专门收容那些掉队的和冻得不能走的战士。约中午时，我们接近了夹金山主峰，那是一片冰雪世界。突然乌云翻滚，天暗下来，接着一阵大风雪席卷过来。我们有6个战士在风雪中倒下了，停止了呼吸。大家一块同敌人浴血奋战，结下了深厚的阶级友情，不忍心把他们留在山上，就把他们抬下了山。

下山后又走了一程，发现有一个磨坊可避风寒。我们就住在那个磨坊里，烧水煮青稞，把冻死的战士也抬到屋里。后半夜，磨坊内温度升高，有人发现一个冻死的战士动了。大家很惊讶，都不相信，说你看花了眼吧。他说真的是在动呢。我们走近一看，可不是，呼吸很急促，在动呢。大家喜出望外。这时没有医生，大家就用人工呼吸，还给他灌姜汤，七手八脚把他弄活了。有一个人活了，说明另外 5 个也有希望。大家就一个一个抢救，结果救活了 5 个人，有一个年轻一点的没有救过来，他可能是有心脏病。

在懋功我军休整了四五天。以后向道孚西进，又翻越海拔 5000 多米的折多山。这时我们有了经验。在山下，各部队夜里 2 点钟就起来吃饭，用大锅煮了辣椒、牛汤，大家喝了，热热乎乎地上路。路上每人还带一瓶辣椒汤，爬到主峰时喝两口，增加一些热量。要求部队上午 10 点钟以前必须通过主峰。因为到了 10 点钟以后气候变化快，容易有狂风大雪。以前不知道这个规律，通过向藏民调查了解才掌握了它。部队带了很多防冻防冷的东西，有盐、茶叶膏等，避免了不必要的减员。为此，方面军还表扬了我们。

36.风雪长征路

陈锡联

红四方面军的长征，和中央红军长征一样，历尽艰难，波澜壮阔。其英勇壮举和先北上、后南下、复北上的曲折经历，惊天地泣鬼神！作为个人的回忆，由于年代久远，好多事情记不清了，有的忘掉了，这里只说说我记忆所及的长征中的一些情况。

强渡嘉陵江战役开始后，我们几个师的干部，分头下到部队。我带着一个团从苍溪附近渡江，占领了剑阁、阆中一带。在江油打了一仗，没打下来，转到北川。

北川河谷长约百里，地势险要，是方面军西进的唯一通道，敌派重兵把守。为了打开通道，方面军在北川中间的土门发起了土门战役。

此役，我率部攻千佛山。在各兄弟部队左右夹击下，我们一举攻占了千佛山主峰——佛祖庙。佛祖庙不大，石头砌成。方面军的指挥部就设在庙里。我率部在庙下面坚守，以牵制敌人，掩护大部队通过。

在坚守千佛山期间，由于连日辛苦，疲劳过度，我的身体出了毛病：先是上吐下泻，继而持续高烧。后来实在支持不住，躺倒了。警卫员把我抬下山。在下山途中遇见徐老总，他见我躺在担架上，往我前额上一摸，吃惊地说："烧得这么厉害呀！"我说有好几天了，也不知道是什么病。徐老总说："赶紧到医院，找个老中医看看。"

医院设在一个老财主家里。6月的天气，已经是很热了，别人都穿着单衣，或光着膀子，我却穿着棉衣，盖了好几床被子，还是觉得冷。头发一缕一缕地往下掉，正常人的头皮发青，我的头皮却是又红又肿，头发全掉光了，成了"和尚头"。一个外号叫"富农"的警卫员非常负责地照顾我（名字记不得了），为我端水送饭，穿衣盥洗，尽心照料，感情非常深。我什么东西也吃不下，每天却要拉好几次，每次都是警卫员扶着我到外面去，拉的全是脓血和黏液，腥臭腥臭的，招来许多的苍蝇围着我。警卫员找了一根小木棍，在一头绑些碎布条，帮助我来回赶苍蝇。他看我一病不起，人都变了形，以为我不行了，经常一个人在那里偷偷地哭。我对他说："你走吧，别管我了。"他哭着说："我不走，要死咱们死在一块。"他的心非常细，白天不离我左右，晚上就睡在门口，怕我出意外。

从当地请来一位老中医，70多岁，牙都掉完了，给我把完脉，说："你这个病可是很重哟。"我问是什么病，老中医说："这个病叫伤寒病，西药你们没有，先吃几副中药试试吧。"

吃了几服药，仍不见好转。老中医见我一点东西都吃不下，就说："不吃东西怎么行？"这时，陈再道同志派人送来十几只鸭子，老中医就让警卫员把鸭子杀了，把鸭子煮熟，不让我吃肉，只喝汤。喝了十几天鸭汤，老中医再来把脉，感觉到我的脉搏跳得有力了，哈哈大笑，说："你有救了。"

又过了十几天，我觉得背上发热，身上有点劲，能下地走动了。我就拄着一根棍子，让警卫员扶着，慢慢在院子里活动。这个时候，传来红一、四方面军即将会师的消息，医院里上上下下喜气洋洋。我把部队发的毛巾、鞋子等拿出来，委托医院转送给一方面军的同志们。

在北川住了一个多月，身体渐渐好转，我便离开医院，返回部队。

红一、四方面军在懋功（今小金）会师后，两支队伍共同北上。我按照军部的指示带着一个团在后面掩护。到了黑水、芦花，见到了彭德怀同志，他当时是红三军团军团长。我向他报告后，说我是红四方面军第十一师的，要到第四军军部去。彭德怀同志告诉我，说军部已经到了毛儿盖，并给我指了前进路线。

翻过打鼓山，从上、下打鼓进到毛儿盖。看到一座房子，门前写着"一军团"几个字。我推门进去，见到聂荣臻和罗瑞卿同志，他们得知我是红四方面军的，非常热情，要给我弄吃的，我说吃过了，谢谢他们的好意。

在毛儿盖的一座寺庙里，我第一次见到了周恩来副主席。周副主席正和张国焘在一起，向一个通司（翻译）了解北上的路线。张国焘见到我，就向周副主席介绍说："这是我们红四方面军最年轻的师政委，十一师的政委，叫陈锡联，外号'小钢炮'。"周副主席热情地握住我的手，问我多大，我说20岁，周副主席说："你们四方面军的干部真年轻啊！"周副主席见我穿得很多，脸色苍白，问我是不是身体不好，我说刚得了一场大病，还没有完全好。周副主席说："那可要注意哟！"

第一次见到仰慕已久的周恩来副主席，印象很深刻。当时他很瘦，胡子很长，略显疲惫，但是精神很好，两眼炯炯有神，待人非常热情，和蔼可亲，是一位忠厚的长者。

第四军军部也在毛儿盖。我向军长许世友作了汇报，晚上就在军部休息。

刚刚躺下，张国焘和张闻天同志来到军部，找许军长谈话。我因为身体还虚弱，躺下后迷迷糊糊的，听见他们三个说话的声音，好像是张闻天同志介绍红一方面军反"围剿"和遵义会议的情况。后来不知什么时候睡着了，等睁开眼睛，张国焘和张闻天同志已经走了。许军长告诉我，说张国焘把我的大衣穿走了。我一看，压在身上的大衣果然不见了。

在毛儿盖休息了几天，补充了粮食，我带着部队继续出发。走了大约两三天，到了下包座，正赶上包座战斗。战斗中，第十师师长王友均同志牺牲，我调到第十师任师长。

在包座，接到军参谋长张宗逊同志的电报，要我带一个团和他一起到甘南一带筹集粮食，同时接应左路军向右路军靠拢。张宗逊同志原来是红一方面军的，懋功会师后，根据徐向前、陈昌浩同志的建议，从红四方面军抽调建制部队补充红一方面军，从红一方面军调来一些干部到红四方面军各军任参谋长和政治部主任。张宗逊同志就是从红一方面军调到第四军任参谋长的。我们原来不认识，见面以后，互相介绍了各自的情况，就带部队出发了。

走了大约一两天的路程，即在当地展开筹粮工作。晚上，军部发来一份紧急电报。张宗逊接过电报看了好长时间，沉默不语。我问他："什么事情？"他把电报拿给我看。内容很简单，要我们立即带部队返回包座。当时，我和张宗逊同志分析，可能上面有情况了。

连夜动身，返回军部。这才知道，两个方面军已经分开了。党中央和中央红军要北上，张国焘要南下。

根据张国焘的命令，红四方面军各部队从原路返回毛儿盖。我们又一次过草地。望着来时路上的景物，大家的心情很复杂，不明白究竟是怎么一回事。

在毛儿盖，红四方面军召开会议，会上传达了张国焘的"指示"，说中央向北是"退却逃跑"，说中央是"右倾机会主义"，还说胡宗南的主力在北边，北上是死路，南下才是正确路线，等等。

1935年9月，红四方面军各部分别南下，回兵川西。南下途中，张国焘公开宣布成立第二中央，走上了一条分裂党、分裂红军的道路。

究竟北上正确，还是南下正确，这在当时是有"争论"的。党中央正确分析了国内形势和敌我双方处境，高瞻远瞩地做出了北上的英明决定。而张国焘出于个人野心，先是向中央要权，达不到目的时，便依仗职权，采用蛊惑和欺骗的手段，煽动、命令红四方面军部队南下。以后的事实说明，南下是错误的，南下才是一条绝路。

南下途中，我在扎窝又负了一次伤。扎窝地处藏汉杂居区，由于受国民党反动派的操纵、指使，藏族中少数土司、喇嘛组成反动武装，时常骚扰、袭击南下的我军。当我和许世友军长路过扎窝时，一些武装分子突然向我们袭击，把许军长的警卫队都打散了。我看到许军长处境很危险，就对他说："军长你到后面去，我到前头顶着。"我扛起一挺机关枪，来到一个高处，架起机关枪就朝那些反动武装分子扫射。我这边枪声一响，那些武装分子都向我围拢过来，集中火力向我打枪。突然，从侧面打来一粒子弹，从我的左背部打进来，从右背部穿出去，我一个趔趄就倒下了。警卫员一面用机关枪掩护，一面把我背下来。当时不知道伤口在哪里，只觉得胸腹部肿胀难受。我让警卫员把我头朝下、脚朝上倒提起来，血水马上从伤口处流了出来，肚子感觉轻松了一些。

看到我负了伤，许世友同志非常焦急。他说："要不惜一切代价，一定要把锡联同志抬出草地。"他令一位团长选几名身强力壮的小伙子抬着我走。那位团长为难地说："战士们都是饥寒交迫，步履艰难，怎么还能抬着人走呢？"许世友同志想了想，令人把一匹驮重机枪的好马牵来，把枪零件拆散，分给同志们携带，然后把我扶在马上，并指定一名同志牵着马，还把他身上仅有的一小口袋大米给了那位牵马的同志，让他在路上煮稀饭给我吃。我因为有伤在身，流了许多血，神志模糊，身体虚弱，在马上根本坐不住。警卫员就让我趴在马背上，又用一根绳子将我和马捆在一起，马走路摇晃时我也掉不下来。就这样我"骑"着马一面行军一面养伤，到党坝时伤口基本就快好了。

10月初，我们由党坝出动，强渡大金川，10月12日攻克绥靖。在绥靖，有一件事我印象很深：死了一个教导员。怎么死的？撑死的。

强渡大金川，一天多没吃饭。打下绥靖后，该地有不少李子树，结了好多李子。这位教导员又饥又渴，吃了不少李子，又吃了一些没有烧熟的玉米，吃饱后就在树下睡着了。俗话说：桃饱人，杏伤人，李子树下埋死人。李子吃得太多，加上睡着后风一吹，着了凉，胃不消化，结果撑死了。我去看他，撕开他的上衣，看到他的肚子胀得圆圆的，没有消化的玉米一粒粒的还能摸得出来。

攻克原西康省之丹巴县城，休息了几天，部队进行动员，开始实施《天（全）芦（山）、名（山）雅（安）、邛（崃）大（邑）战役计划》。在天全打垮了刘湘的一个"模范师"后，方面军决定向名山、邛崃方向进击，攻取川西平原。

对于方面军的这一战略行动，刘湘极为恐慌。川西平原是刘湘的"粮仓"和"根据地"。失掉川西平原，刘湘将没有立足之地。因此，刘湘下了死保川西的决心。他集中了80多个团，在名山东北要镇百丈与方面军展开了一场长达7天7夜的争夺战。

这场战斗，许多老同志在回忆时称之为"百丈决战"。这确实是一场事关战略全局的激战，是我在红军时期所经历的一次最激烈、最残酷的战斗。

刘湘是我们的老对手，每次交手都是手下败将。这一次却不同了。一是因为他得到了蒋介石的鼎力相助，蒋介石不仅给了他大批的武器装备，还帮助刘湘整训部队，并派了许多骨干充实到他的部队中，其作战能力有了明显提高。二是因为刘湘这次是拼了老命，把他的队伍全都调过来，敌我双方在兵力对比上差距很大，刘湘集中了80多个团，我们只集中了15个团。因此战斗一开始，我就感到这次对手与过去明显不同。过足了大烟瘾的川军在飞机、大炮的掩护下，像羊群一般，漫山遍野地蜂拥而来。我们在百丈地区十几里长的弧形阵地上摆了上百挺机关枪向敌人扫射，打掉一批，又上来一批，这些川军就像韭菜一样，割了一茬，又长出一茬。虽然阵地前铺满了敌人的尸体，但后面的敌人又踩着同伙的尸体冲上来。敌人冲进阵地，战士们就同敌人展开白刃格斗，刺刀捅弯了就与敌人抱在一起肉搏。到后来敌我双方都混在了一起，敌我双方的鲜血将稻田里的水都染红了。

我由于先病后伤，特别是在扎窝负伤后，元气还没有完全恢复，身体很虚，腿发软，走路都摇摇晃晃的。但是在责任感和顽强精神的支撑下，我咬着牙在一线指挥战斗。我们师的阵地也和其他兄弟部队的阵地一样，反反复复地夺了丢、丢了夺，几经易手。有一次敌人看到从正面不好攻，就向侧翼迂回。我告诉孔庆德，要他带部队赶紧去支援一下。孔庆德同志是山东人，打仗很勇猛，他带了一个营过去，很快就把敌人打了下去。敌人向侧翼迂回受阻，就又向正面来攻。副师长王近山考虑我的身体不好，就对我说："师长你在这里守着，我绕到敌人后面打一下。"他率一支部队抄了敌人的后路，在敌人的屁股后面猛地一攻，我指挥部队从正面一压，前后一夹击，把敌人打退了。

百丈一战，前前后后打了7天7夜。我军共毙、伤敌1.5万余人，终于守住了百丈阵地，但是我们自身伤亡也很大。这一仗，由于双方进行了殊死搏斗，都打到了筋疲力尽的地步。方面军考虑，这样长期固守阵地与敌人拼消耗对我非常不利。因为我们兵员不足且缺乏补给，很难再与敌人相持。遂主动撤出阵地，又转回天全一带。

此时我方面军处境非常不利。东进，有四川军阀主力挡道；南出，薛岳的6个师正以逸待劳。唯一出路，是向西康一带转移。

至此，张国焘南下方针宣告彻底失败！

现在回想起来，百丈之战的失利，完全是张国焘错误的南下方针造成的。可以这样讲，虽然方面军自草地南返后，广大指战员以英勇顽强的精神连续作战，也取得了一些战斗的胜利，但是，由于南下的方针根本就是错误的，因此走向失败只是早晚的事情。它说明了这样一个道理：正确的路线、方针、政策是军事斗争取得胜利的关键因素。这是多少革命同志用鲜血和生命换来的深刻教训，我们要永志不忘。

1936年2月，方面军被迫向西北方向转移。西进之途，也是一条艰难困苦之路。先翻夹金山，夹金山是一座雪山，山上气候变化无常，一会儿冰雹大雪，一会儿狂风呼啸。当地群众告诉说，翻雪山一定要赶在中午前通过顶峰。我们头天下午赶到山下，第二天凌晨出发开始上山。上山途中各部队政治宣传工作搞得很活跃，石头上刷着标语，宣传队员们敲锣打鼓喊口号，指战员们情绪很高。越往上走，空气越稀薄，大家的话也越来越少，到了顶峰，高山反应最厉害，谁也不说话了，大家心中只记着上山前的要求：不要停留，赶快走，翻过顶峰就是胜利！指战员们相互帮助、互相鼓励，终于在中午时分翻过顶峰。过了夹金山，前面又有一座大雪山——折多山。折多山位于丹巴、道孚之间，海拔5000多米，山上积雪终年不化，空气异常寒冷而稀薄。其顶峰叫党岭，党岭并不很高，但非常陡峭，并且经常有风暴、雪崩和冰雹。如果赶上风暴，呼啸的狂风能把人吹倒、被掩埋。我自从得伤寒病后，身体尚未完全恢复，又在扎窝负伤，病伤交加，加上连续征战，身体一直处于虚弱疲惫的状态。过夹金山还能自己走。再翻折多山，我实在是没有气力了，勉勉强强到了顶峰党岭前，由于空气稀薄，呼吸非常困难，气都出不来。我断断续续对警卫员说："你们走吧，我休息一下。"警卫员说："师长不能停下，要冻死的！"我说："冻死就算了，不能连累你们！"警卫员脑瓜蛮灵活的，急中生智想了一个办法：用一条绳子捆住我的腰，一个人在前面拽，一个人在后面推，这样连推带拽才翻过顶峰。

在翻越折多山过程中，一些有病或有伤的同志因体力不支，躺倒在雪山上再也没有起来，也有一些同志被肆虐的暴风雪吞噬了。

翻过折多山，方面军分多路展开：第三十军攻占甘孜，第三十一军及第九军第二十五师进占泰宁（今乾宁），第三十二军及第九军第二十七师进驻炉霍、道孚，我们师随第四军经炉霍向西南攻占了瞻化（今新龙）。因南下期间大量减员，部队又进行了一次整编：第四军3个大师编为4个小师（师以下没有团，只有营、连建制），我又调回第十一师任政治委员，师长是周世元。

部队在瞻化进行了较长时间的休整。瞻化地区是藏汉杂居区，藏民居多数。我们根据方面军的指示，要求全师指战员贯彻执行共产党和红军的民族宗教政策，尊重当地藏民的宗教信仰和风俗习惯，保护好寺庙，并做争取喇嘛的工作。当地藏民家中都有一座烧香拜佛的经堂，藏民视之为圣洁之地。我们规定，未经该家主人允许，任何人都不得进入经堂。广大指战员都自觉执行上级的规定。开始的时候，一些藏民由于受国民党反动派的欺骗宣传，对红军既怕又不信任，见到红军就喊："忙米戈壁！忙米戈壁！"（藏语：大兵来了的意思）并纷纷躲藏起来。后来看到红军秋毫无犯，纪律严明，逐渐消除了误解。我们和当地藏民始终保持了非常好的关系。

在瞻化期间，我住的地方附近有一个寺庙。该寺庙不大，建在半山腰上。负责管理寺庙的是两个喇嘛，其中一个懂汉话和藏医。我虽然住在寺庙附近，对寺庙里喇嘛们的生活方式很好奇，但从来没有进去过，也不主动询问他们的生活情况。有时就站在老远的地方看着他们虔诚地焚香诵经。时间一长，两位喇嘛见我像个当"官"的，就主动邀请我到他们的经堂里看看，我就好奇地进去了。只见经堂里点亮了许多酥油灯，喇嘛们分等级坐成3排，中间有尊大佛，旁边有许多小佛。喇嘛们击鼓诵经，还有其他乐器配合，就听见经堂内鼓声悠悠，经声缓缓，感到非常好听。我不便久看，就告辞出来了。那位懂藏医的喇嘛见我气色不好，关切地询问我是不是身体有病？我告诉他我害过伤寒，又负过伤，还没有完全好。两位喇嘛就主动给我看病、熬药。他们见我吃不惯酥油、糌粑，就教我如何炒面，如何吃酥油，就是先用锅把油熬了，再用纱布过滤，这样就干净些。还送给我两块白糖，让我蘸着酥油、糌粑吃，再煮一些茶梗水（没有茶叶）喝，这样好消化。我们就按照他们讲的办法试着自己做吃的，慢慢也就习惯了。通过一段时间的接触，我们结下了深厚的情谊。

红二、六军团经过艰苦征战，于1936年6月到达甘孜地区，与红四方面军会合。会合后，两支部队并肩北上。当我率部离开瞻化的时候，那位喇嘛特意来看我，送给我一小坛子菜籽油，那个时候搞点菜籽油非常不容易，还炒了一些糌粑盐和牛肉，用牛皮口袋装好，送给我说："牛皮口袋不怕雨，里面的肉坏不了，你背着它路上吃。"我送给他一匹白马、一副马鞍和一件坎肩留做纪念。

1996年5月，为纪念中国工农红军长征胜利60周年，上海电视台《长征》摄制组来采访我，我向他们讲了这件事。他们很感兴趣，专门跑到瞻化去调查访问。他们把访问的情况写了一个材料。材料上说：

当年的瞻化县50年代改名为新龙县。根据陈锡联的回忆，判断为甲孜乡的甲孜寺。该寺庙不大，在半山腰上。经调查，红军时期，该寺庙曾经住过伤病员。当时负责的有两位喇嘛，一名叫仁孜喇嘛，一名叫四龙赤成喇嘛，前者为寺庙主持。仁孜喇嘛吩咐要照顾好红军伤病员，具体操办由懂藏医的四龙赤成喇嘛来处理。养伤的具体情况得到当地百姓及年长的喇嘛证实。陈锡联临走时曾送一匹马、一副马鞍和一件坎肩，现白马已死，其余两件物证已找到。但陈锡联当时住地已毁。

红军走后，国民党借助地方势力要迫害仁孜喇嘛，他不得已举家逃往甘孜县拖坝区的也仁达村。四龙赤成喇嘛不久也病故。如今，寺庙还在，"文革"遭冲击，现正在修复，还没有完全建好。当年照顾红军伤病员的事在寺庙和当地广为流传。为纪念仁孜喇嘛，他的住所至今空置着，未拆除。

据了解，仁孜喇嘛还有一个弟弟名为格绒罗布，八十多岁，仍健在，住甘孜县的也仁达村。我们再去寻访，终于找到他们一家。经采访了解，仁孜喇嘛解放后去世，他们全家都知道仁孜喇嘛与红军关系好。目前他们是普普通通的藏族农家。他们很想念当年的红军，但不知道照顾的伤员就是陈锡联。

当年夏天，我们第三次过草地。这次行军，路程最远，时间最长，但由于准备充分，与前两次相比，还算顺利。走的时候，我找了一位懂汉话的藏民当通司（翻译）和向导。这位"通司"有一个年轻的妻子和一名1岁左右的男孩，他不放心把妻子和孩子放在家里，就把全家带上和我们一起走。这位"通司"很健谈，一路上我们谈天说地，有说有笑。他很自豪地告诉我：当地藏民女子找一位"通司"做丈夫是非常高兴的，一辈子就可以衣食无忧了。他说他经常到成都去用金子换珠子。当地的商人很狡猾，给他换的是假珠子，他经常上当。不过他说他的金子也不纯，他说金子纯不纯用牙使劲咬，一咬就知道了。路上他还教我学藏文。

走了几天，到了甘孜的东北部，他想回去，说小孩有病，家里也有老人。我向他表示感谢，还送给他一匹马，一些牛肉、酥油、糌粑等。第二天一早他就回去了。我们继续向前走。我虽然带着一匹马，但很少骑，驮着伤病员，大约走了20多天，又到了包座。

由包座向甘南，实施《岷（州）洮（州）西（固）战役计划》。先取洮州旧城，继克临洮，随后又占领渭源。此后分成5个纵队继续北上。第四军为第一纵队，由徐向前和陈昌浩率领，第十师在前，第十二师居中，第十一师殿后，一路艰难行军，于10月初胜利到达会宁，期盼已久的3个方面军大会师的愿望终于实现了！我和师长周世元率第十一师在后面走，因此大会师没有赶上。当我们进入会宁城时，看到庆祝三军会师的标语还在。我们想象着当时那种热烈、欢庆的感人场面，既为中国工农红军首次实现大团圆而激动，又为未能亲自参加这一盛会而遗憾！

会师后，中共中央和中央军委发布《10月份作战纲领》。命令"四方面军以一个军率造船技术部迅速进至靖远、中卫地段，选择利于攻击中卫与定远营之渡河点，以加速的努力造船，11月10号前完成一切渡河准备；四方面军主力在通（渭）、马（营）、静（宁）、会（宁）地区就地筹粮休整，派多数支队组成扇形运动防御，直逼定西、陇西、武山、甘谷、秦安、庄浪、静宁各地敌军附近，与之保持接触，敌不进我不退，敌进节节抵抗，迟滞其前进时间，以其可能在10月份保持兰西大道于我手中"。"攻宁部队准备以一方面军西方野战军全部及定盐一部、四方面军之3个军组成之。"

　　根据中共中央和中央军委的命令，木匠出身的第三十军政委李先念同志亲自监督造船，很短时间就造出了十几条船。渡河地点确定后，方面军总部即率第三十军、第九军、第五军西渡黄河。

　　在造船及渡河过程中，蒋介石下达"进剿"令，敌西北"绥靖"主任兼第3路总司令朱绍良率部向我发动进攻。为保障造船及大部队渡河，第四军组成扇形运动防御，节节抵抗，迟滞其进攻速度。待部队全部渡河后，我们边打边撤，逐步脱离接触，向打拉池、海原一带开进。

　　我们在前面开进，关麟征的部队在后面追，还派出飞机在头上狂轰滥炸。一颗炸弹在我身旁不远处爆炸，我骑的那匹马受了惊，挣脱了缰绳，顺着一条大路跑得无影无踪。这匹马是缴获的敌骑兵连长的坐骑，很懂事，让它趴下，轻轻拍拍它就趴下了。马背上驮着我的全部家当：衣服、行李、用具等。马惊跑了，一下子什么都没有了，干干净净，倾家荡产。饲养员哭着说：对不起首长，没有把马拴好，让马跑了，把东西全丢了。我说你哭什么，丢就丢了嘛！后来我们追击敌人，想顺路找找马，但是没有找到。

　　到了打拉池这个地方，发生了一件非常危险的事情：我们想在打拉池稍事休息，估计敌人可能要追来，还派出了一个排的警戒。我进了一个房子，躺了一会儿，肚子饿得咕咕叫。我爬起来，看看屋里有什么吃的没有。在一个角落里发现一个泡菜坛子，里面泡着一坛子辣椒。我想这东西吃点也管用，结果吃了以后，肚子又胀又烧，难受得躺不住。我来到外面一个高处，四面一看，唉呀！就见敌人密密麻麻平铺着围了过来，担任警戒的同志还在那里睡大觉。我吓出一身冷汗，掏出20响的驳壳枪，朝天"砰砰"就是两枪。枪声一响，部队全惊醒了，马上就和敌人打起来。战斗中，一位教导员光荣牺牲，后来找了一口棺材把他安葬了。

在甜水堡和胡宗南的第一师打了一仗。胡宗南的部队装备很好，一个连有八九挺机关枪，战斗力也不错。双方在羊福山展开争夺战。敌人凭借优势火力向山上攻，快到跟前时，我令司号员吹冲锋号。司号员刚拿起号，还没有吹，就倒在我的身上。我一看，已经牺牲了。我端起机关枪，站在阵地上向敌人扫射。战士们呐喊着向敌人冲去，展开肉搏。手榴弹的爆炸声，子弹的呼啸声，战士的呐喊声以及敌人的惨叫声响成一片。经数小时激战，终于把敌人打到山下。这一仗，敌我双方伤亡都很大，仅我们师部警卫连就打掉了一多半。我衣服、帽子上也穿了好几个窟窿，奇怪的是竟然没有伤着身子，真是不可思议。

到了晚上，还要准备打。萧克同志（当时任第三十一军军长）派人传达命令，说不打了。当夜即撤出阵地。

先转到古城堡，然后又转到山城堡。在山城堡歼敌一个师。我们作预备队，因为打得顺利，没有上去。这是内战时期最后一仗。

这一仗打完，我们进入陕北盐池地区。

在陕北，方面军又进行了一次整编。我从第十一师又回到第十师任师长，叶道志同志任政治委员，范朝利同志任参谋长，汪宏清同志任政治部主任。下辖第二十八团、第三十团、第三十一团。团的干部，记得有滕海清、郑国仲、赵崇德等，其他人不记得了。

1936 年 12 月 12 日，张学良、杨虎城为逼蒋抗日发动"西安事变"，活捉了蒋介石。消息传来，大家高兴得不得了，都说这下好了，不用再打内战了。

为了支援主张抗日的友军，在中央军委前敌总指挥部率领下，我们由盐池地区南下，进抵西安附近三原一带待命。

西渡黄河的第三十军、第九军、第五军组成西路军，在徐向前总指挥、陈昌浩政治委员率领下，孤军作战数月，终因寡不敌众，陷于弹尽粮绝的境地。为解西路军之危，中央决定组成援西军西进增援，当走到镇原时，传来西路军失败的噩耗。

西路军的命运，是红四方面军、也是中国工农红军战斗史上最为悲壮惨烈的一幕！我的老班长孙玉清同志，时任西路军第九军军长，在甘州南山被俘后，他大义凛然，宁死不屈，最后在青海西宁慷慨就义！他是我的入党介绍人，在我成长过程中，他给了我很大的教育和帮助。听到他牺牲的消息，我禁不住失声痛哭。几十年来，我从未忘记他。即使今日提起，我心里仍感到十分难过。

西路军的英勇壮举和不屈精神，永远为历史所铭记，为人民所景仰！

牺牲的烈士，壮志未酬；活着的人，还要战斗！1937年7月7日，卢沟桥事变爆发。在党中央、毛主席的领导指挥下，我们东渡黄河，奔向抗击日寇侵略的广大战场！

37. 一次不寻常的筹粮

陶汉章

1936 年夏末，我们红二方面军进入草地，抵达乾海仔境内时，全军断粮。从战士到最高指挥官的粮袋早已空了，只能靠水煮野菜维持生命。各级首长此时考虑的首要任务就是"筹粮向大自然作抗争！"

一日，李达参谋长给我下达了任务，他说："听说乾海仔喇嘛寺有粮食，你去寺里买粮，我们用钱，用银元，用金条，需要时可以用枪支，与他们换粮……这一带群众受国民党反动宣传的影响，对红军很不理解，这次派你当贺龙总指挥的代表去和他们谈判。注意点方式，一定把粮食筹到……"我当时是教导营营长，面对着因饥饿而倒下去的许多战士，心痛难忍。我们这支军队没有被国民党反动派的围、追、堵、截打垮！也不能被这充满险恶的草地吞噬！我对参谋长说："这一带筹粮虽难，但请放心，我一定完成任务把粮食买回来！"说罢，李达参谋长交给我一张大红纸，上面写着：第二方面军贺龙总指挥代表陶汉章。下面落款是红二方面军司令部。随我同去的有 4 名战士，4 名通司（即藏语翻译）。我们一行 9 人骑着马前往乾海仔喇嘛寺买粮。从驻地到喇嘛寺，只有十几里路，路程不远，我们又骑着马，不大一会就到了。寺庙周围都是老百姓居住的干打垒房子，房子用土坯垒成，又低又小，周围有两米高的土城墙环绕着，反衬出喇嘛寺的高大壮观。远远望去，那翠绿色琉璃瓦金色房顶、大红寺门就像现在我们看到布达拉宫一样，我们十分兴奋，在这茫茫草地上，有人烟就有粮啊！

我们将 9 匹马拴在寺外，由一个通司先递进去张代表身份的大红纸条通报。

不一会，寺门打开，一位穿黄色袈裟的喇嘛迎上，他大约 40 多岁，显得十分精干。在这政教合一的寺庙里他是负责主持日常事务的"三喇嘛"，也是这一带的行政长官之一。他一边接我们入寺，一边说："欢迎代表先生光临我寺，请上楼坐。"对我们十分客气，同时也很警惕。寺庙里一座座姿态各异的佛像，僧侣们此起彼伏的诵经声，被香火烟雾笼罩着，气氛更加神秘。在蒲团上坐下之后，我对三喇嘛说："我们是红二方面军，北上抗日从这里经过，前来拜访贵寺，目前我们队伍断粮了，现在是靠野菜维持。贺龙总指挥派我来就是希望贵寺能给我们一些支持"。三喇嘛听罢通司翻译后问："代表先生希望我们怎么帮助你们？请讲。"我说："就是请贵寺能卖粮食给我们。"三喇嘛考虑了一阵子对我说："我们也困难，也弄不到粮食，我们这一带遭雹子了，粮食歉收。"我说："你们总比我们要好些嘛，眼看秋收又到了，我们是走路遇到困难，要饿死人啦！我们是来'买'粮食的。"我特别强调了"买"字，三喇嘛又沉思片刻说："饿死人是不好的，这样吧，我们慰劳你们一些。"我一听慰劳，很想知道数量，急忙问："你们大概慰劳多少?!""不少！不少！六石吧！"六石？每个战士分一两都不够，这怎么解决问题！我心里有点焦急，说："感谢你们的慰劳之情。可我们的军队有二万多人，六石粮食太少了，我们总指挥派我来买粮，请你们多卖点给我们，我们是按价付钱，要银元，金条都可以……"话音未落一位通司抢先翻译，只见三喇嘛闷不作声，脸色刷地变了，不断朝楼上看，屋里出现了沉默，气氛变得紧张起来。看样子对我讲的话他们不相信。我接着对他讲："国民党军队是一朝无粮兵马散，各自都当土匪去了。我们红军是不会散的。现在日寇侵占我中华，我们打日本，这不仅是民意，也是天意啊，我们若违反了民意人民要反对，违反了天意神也会降罪的……"我话还没有说完，就听到动静声，并见到一些僧人带枪上了房顶。原来这寺里有枪，甚至还有机枪。此时三喇嘛猛地从蒲团上站起身，所有的人都随之站了起来，沉重的寺门突然关闭，屋顶上的枪对准了我们，看来是事先有所准备的，紧张的气氛马上变得如在弦之箭，大有一触即发的势头。这时我分析在寺中动武是不可能的，顶多是拉出去砍头，或扣我们作人质，跟随我的 4 位战士非常机警，都拔出了手枪，我立即命令不准动武，并高声喊话："我是二方面军贺龙总指挥的代表，是前来和你们谈判的，先告诉你们，我们这几位是不怕死的，如果你们敢动我们一根毫毛,我们队伍就在十几里以外扎营,他们会来追究的,到那时后果就不堪设想了……"

这时靠近我站的一位通司小声告诉我,那位抢着翻译的通司在胡说八道,他在对三喇嘛有意挑拨离间说:"不要听信红军代表说的那一套,他们是有枪没子弹,有炮没炮弹,他们什么都没有全都是空的,现在来向你们要粮食……"原来在我们通司中有一个坏人在有意煽动!破坏谈判!我立即使了一个眼色,战士们飞身先擒住了那个坏人。吓得他两腿直打战,此时居高临下的机枪已对准我们,众僧侣对我们毫无畏惧都感到震惊!在这千钧一发的关头,从三楼上出现了一位年长的喇嘛,他一边说话,一边念经,走下楼来,后来才知道他就是寺中的最高领导人大喇嘛,也叫活佛。他一出现,寺庙中所有的喇嘛均匍匐在地,收起武器,活佛口中念念有词,下楼后先给我合十致意,然后慢慢说:"寺中僧人实在无礼,我要按寺规惩罚他们!刚才的事实在是误会!误会!出家人以慈悲为怀,有救苦救难,阿弥陀佛的圣训,请代表先生海谅!刚才代表先生讲的我已听到了,我们要开仓卖粮,有多少卖给你们多少……"寺庙里气氛缓解,我从心里为大喇嘛的深明大义感到高兴。寺庙的大门又打开了。于是大家行动起来,我立刻令战士骑马到距离最近的师部送信,要他们快派人,带钱来取粮。

在大喇嘛的嘱咐下,寺庙门口铺上了地毯,摆好桌椅,请我们入座,还端来了酥油茶,炸果子和小饼子,款待我们,约半小时后,部队派来了一个营的战士(约300人)并牵来了骡马把青稞装满了米袋,大概有三百多石全部卖给我们了。我按粮价交付银元400块、金条4根,三喇嘛见我付了钱,很不好意思地上前向我表白刚才是一场误会,他还执意送给我一些礼物,有腊肉、精面粉、猪泡内装的奶油、奶豆腐,我一一收下。在长号声、锣鼓声中,寺里的许多喇嘛排成长队欢送我们,大喇嘛在我们离去前说:"代表先生感谢你们的真诚,公买公卖。你们是好军队,请回去代我向贺龙总指挥问好!愿神佛保佑你们走出草地。"相互致意后,我们告别了乾海仔喇嘛寺。

我们为完成任务买到粮食而高兴,一路上欢声笑语,大家还开玩笑说:"好险啊!差点'误会'了……"

在过草地时,部队所经过的地方既不是和群众水乳相融的"根据地",又不是和群众出生入死共命运的"游击区"。筹粮并不是那么容易的，加之国民党的反动宣传，寺庙能做到开仓卖粮并非小事，许多年过去了，我一直记着那位"出家人以慈悲为怀"的大喇嘛。

　　如果我不是已年近八旬的老人，我还真想再去看看 60 年前在我们过草地断粮的困难时候，曾经给我们帮助过的乾海仔喇嘛寺。

38. 红军长征中的卫生工作

涂通今

一、长征前红军的卫生工作

红军从建军开始，就很重视医疗卫生工作，把卫生工作看成是巩固部队和提高部队作战能力的重要政治任务。早在井冈山时期，红军连队就设有卫生员，团设有卫生队和担架队。在井冈山根据地，1928 年就建立了红军医院，并把建立较好的医院作为巩固根据地的三件大事之一。1929 年，红四军（即井冈山红军的主力）向赣南和闽西挺进发展，根据地逐渐扩大成闽粤赣地区的中央革命根据地。红军部队增多了，经常行军打仗，粉碎了敌人几次"围剿"。随着形势的发展，为适应战斗的需要，医院也相应地逐渐增多。1931 年，党中央派贺诚、彭龙伯（四川达县人，又名彭真）、王立中、陈志方等同志来中央苏区工作后，成立了统一的卫生部，健全了各级卫生组织。医院也分为野战医院、兵站医院和后方医院各种类型。同时还成立了红军卫生学校及卫生材料厂；创办了《健康报》和《红色卫生》，宣传卫生知识，推动卫生工作；各级卫生部门还颁布卫生命令和法规。这样，从上到下，从前到后都有一套卫生组织和工作体系，并经受了战争的考验。大概是在 1931 年前后，从中央到地方的政权系统也逐步建立起来了，在政权系统中也陆续地建立起一套卫生组织机构。

那时，卫生干部的来源，一靠中央和省的党组织委派，这是个别的；二靠动员地方中西医药人员参加红军，这也只是少数；三靠起义和解放过来的医务人员，争取他们为红军服务，这比前两种情况都多。但最根本的还是靠自己培养。

例如，我本人就是闽西苏区农村的一个小学生，参军后被分配到红军医院（四都医院）当看护，边工作边学习，8个月之后，被选送到红军卫生学校学习。我在红军卫校第二期学习不到8个月毕业，分配到部队当医生。自那以后，工作岗位虽有多次变动，但一直没有脱离卫生工作，连续干了60多年。当然，在这60多年中我住过延安中国医大，全国解放后还去苏联留学，从一般部队医生成为外科专科医生，最后成为神经外科专科医生。其间也担任过各种卫生行政领导工作。红军卫校是以培养"政治坚定，技术优良"的医学人才为目标。该校第一任校长由贺诚兼任。第二任校长是彭龙伯。那时，学校虽然各方面都很困难，但对知识和知识分子是很重视的，给予医生比较优厚的待遇。这个传统一直延续下来。在中央苏区时，整个的医疗条件都很差，X 线机只有卫校附院才有，显微镜也不多。那时，药品器材的来源，主要是取之于敌，打胜仗时前方部队往后方送药材；除了靠缴获之外，自己也生产一些，也争取机会到白区去买一些。我们采取中西两法治疗伤病员。假若没有上述红军卫生组织和各项基础工作，特别是经过多年养成的"艰苦奋斗，救死扶伤"的革命精神，要想完成长征途中的战斗、行军和特殊地理气候条件下的卫生保障任务，那是不可能的。

二、长征途中红军的卫生工作

长征时期我在红九军团（罗炳辉部队）工作，先后在这个部队担任过团的医生、兵站医院医生、军团部卫生所所长和师卫生主任等职。长征中医疗卫生工作遇到的突出的问题，我认为有三个方面：

1. 长途行军

当然，部队行军不是长征才有，在中央苏区，特别是粉碎敌人几次"围剿"时就经常行军。红九军团在苏区时被周恩来誉为"战略骑兵"，长征中又走在整个部队的侧翼或后卫，并有三次单独行动，因此，行军就多一些。在中央苏区时，部队行军比较安全，也有一套卫生保障的办法，逐渐形成为制度，即"行军卫生"。做好行军卫生工作主要指：（1）在行军前，要进行卫生教育和卫生宣传。通常利用出发前部队集合的机会，部队首长讲明本次行军的目的和意义、路程和可能遇到的卫生问题，有时在行军途中张贴一些卫生宣传标语，引起部队指战员的注意；（2）要抓好饮食卫生这个环节。出发前应吃好喝足，如有水壶要带开水，南方竹子很多，有时用竹筒代替水壶盛水；（3）要安排好行军休息时的卫生工作。在大休息处，打前站的人员应动员群众烧开水，如不可能，也要标明哪些水能喝，哪些水不能喝。打前站人员中常有卫生人员；（4）做好掉队人员的收容工作。长征途中，尤其在急行军的情况下，掉队人员不少，其中多数是因脚痛、体弱或带有伤病不能行走的人。因此，收容队里必须有医务人员，对能行走的伤病员实行边走边治，行走有困难时减轻负重，派人帮助，对实在不能行走的，或骑马或用担架运送，总之，要使掉队的同志都能赶上队伍；（5）要做好宿营地居民卫生情况的调查。其中特别要注意传染病的发病和流行情况的调查，再就是水源的调查，有时这种情况还要反映在行军命令中，以便引起各级军政领导的重视；（6）部队到达宿营地后，通过休息、饮食、保暖、医疗，做好消除疲劳恢复体力的工作。红军指挥员都懂得，越是在战斗、行军紧张的情况下，越要注意部队的休息。根据我们的经验，部队到达宿营地后，无论如何要争取用热水泡脚，睡觉时作"倒脚运动"，以改善足部的血液循环，预防脚痛和脚疱的发生，如果脚痛和脚疱已经发生，那就要进行医疗处理，并检查鞋袜穿着是否合适；（7）要特别说一下山区行军。长征途中大部分是走小路和山路，有时简直是无路可走而须开路前进。在这些路上行军，脚腿皮肤容易被荆棘等物刺破而发生下肢溃疡，因此，部队都养成了打裹腿的习惯；（8）关于夜行军。夜间行军可隐蔽部队行动目标，避开敌人飞机空中侦察监视。但夜行军给卫生工作带来困难，常易发生跌伤，尤其行军到深夜时，由于人困马乏，边走边睡，弄不好就掉到深坑去了。此外，暑天、寒天、雨天行军，都要采取不同的防病措施。如寒、雨天行军宿营后，给予部队服用热饮料或姜汤以预防感冒。

2. 伤员的救治和处理

长征途中，部队经常遇有战斗情况，特别是在敌人围追堵截的情况下各部队都要战斗。有战斗必有伤亡。在苏区时，对战斗伤员的救治基本上采取分级治疗。从前线包扎到后续治疗，再到最后治疗，各有分工，又前后连贯，保持治疗的连续性。那时，我在团队工作，把伤员从前线抢救下来后，施行第一次包扎，然后留治轻伤，抢救重危，后送重症伤员。长征途中的伤员，没有地方后送，因此，在战斗中抢救下来的伤员，不论轻伤重伤都得就地处理，并随队行动。在战斗频繁的情况下，对部队行动拖累很大，因此，在迫不得已的情况下，将一些特重伤员寄放在可靠的老百姓家治疗，此时必须留有足够的药材和现金，对伤员做艰苦的思想工作。伤员中需要做手术的，我们只能做一些小的手术，如止血，缝合，取出子弹和碎骨片等，较大的手术如肢体离断，做起来困难重重，就连大的切断刀和手术剪都是土造的。至于更大的内脏手术，由于受技术、物质条件和战斗环境的限制，根本没有办法做。因为30年代消毒灭菌和抗感染的药物很少，输血输液也很困难。现在回想起来，有不少伤员失去了手术的机会，本来有些伤员现在看来是可以得救的，但未能得救。

3. 克服恶劣的自然环境对部队健康的影响

长征是从江西、福建开始，经广东、湖南、广西、贵州、云南、四川、甘肃而到达陕北为止，部队是从南向西南，再折转向西北而行。在这漫长的征途中，山川河流及不毛之地较多，其中不少是少数民族地区。这期间我们需要解决的也是三个问题，即：

（1）过大江大河时的卫生保障工作。长征途中我们过了无数的大江大河，而且常常是在有战斗的情况下强渡的，过江过河的卫生问题，我感到有两点值得提出，一是救生，二是防治感冒。这个我就不细说了。

（2）爬雪山时的卫生保障工作。参加长征的一、四方面军，有的只爬了一次夹金山，有的来回爬了二次夹金山和一次党岭山。这两个山都是在川西北靠西藏边界地区，山高海拔5000米上下，终年积雪，经常刮起七八级甚至十级以上大风。山上除有当地少数民族走过的羊肠小道外，别无他路可寻。因此，在过山前必须作气象调查，选择过山的最好时机，并须有向导（当地叫通司）引路。上山前要向全体指战员进行教育，作好思想和防护准备，如戴有色防护眼镜或有色面纱；上山的当天，应食足穿暖并带开水，每人准备一根棍子，以便探路或作拐杖；上山时部队缓慢行进，要求大家不要掉队，一个脚印跟着一个脚印，以免踏陷路旁雪坑。万一失足踏入雪坑时，千万不要惊慌，也不要拼命挣扎，以免越陷越深，此时可以呼唤同志们牵拉起。爬雪山每走一步都非常吃力，个个气喘而且面色青紫，互相不敢面对面看，有明显的缺氧象征。这实际上是高山反应不全症，不过，那时不知道这个病。如不幸发生雪盲，身边的人就发扬友爱精神将他扶过山去，在山脚下找一避风处稍作休息即可恢复。我们部队有一个营，过党岭山时不少人发生雪盲，营长就命令部队在山下树林里搭起帐篷休息2天，并设法改善伙食，待恢复后继续前进，大家都很满意。

（3）克服过草地的困难。我们部队是从甘孜地区出发，经阿坝到腊子口共走了40多天的川西北大草地。此地一望无际，海拔在4000米以上，空气稀薄，气候多变，时云时雨时风雹，遍地有草无木，除在小山坡地上略干燥外，大都是水草地，行走时只有踏着草丛墩子上走，不能踏偏，否则就有陷入泥坑的危险。草地行军，因空气稀薄缺氧，个个面如土色。行军速度不能太快，尤以上山坡时，即使缓慢行走，也感到十分吃力，呼吸急促，甚至跌倒，出现高山反应。在这种情况下，我们曾经给予注射强心针或用樟脑酒精嗅闻，治疗了一些病人。有些部队由于过草地前准备不足，缺衣少食，饥寒交迫，营养不足，倒下不起者有之，在这种情况下，大家互相帮助渡过难关。有时采集一些野菜野草，甚至把皮带、皮鞋烧焦煮熟充饥。我们的卫生所有10余人，发给我们一头牦牛，我们的粮食让牦牛驮上，待粮食吃完了再杀牦牛。这样既满足自己的供应，还接济了一些掉队的人员，保证医疗工作正常进行。每日我们到达指定的宿地后，首先选择一块比较干燥的山坡，然后搭起帐篷支起炉灶，拣拾干牛粪作燃料，煮沸消毒器材，进行外科换药，同时给病人看病发药，进行治疗。有一次，我们刚进营地，按分工正在准备搭帐篷和拾干牛粪，忽然天气骤变，雨水冰雹齐下，10几位同志全身淋湿，个个浇得像落汤鸡。风云一过，满天星斗，我们的工作又照样进行。我们还是同往常一样，先是搭好帐篷，接着对伤员进行治疗，然后用面盆烧开水，吃糌粑面或面糊，再去连队检查卫生，开工作会议，准备次日继续行军，最后休息。过草地之苦，使人永远难忘。

39. 长征路上筹给养

罗 通

长征期间，我在中国工农红军总部先遣工作团征罚没收科任科员，工作团团长是杨至成，政委是吕振球。征没科的具体任务就是严格执行党的政策，没收土豪劣绅、买办的财产和罚没官僚商家的资本，以解决红军的给养。按总部规定，有10万元以上的大家伙归我们先遣工作团征没科处理。在搞征没、筹给养的工作中，留下了许多难忘的故事。

知音——贵州"干人"

"天无三日晴，地无三里平，人无三分银"，这句话说的是贵州气候恶劣，行路难，地方穷。的确，红军在贵州，遇到的是连日阴雨蒙蒙，乌云密布，到达遵义的那天，恰好是个晴天，毛主席和中央纵队进遵义是个晴天。"毛主席来了"的喜讯在老百姓中迅速传开。人们说："好日子要到了。"贵州那里的地名大都有个场字，什么牛场、马场、猴场、羊场、鸡场等。进入贵州，我们沿途见到的，15岁以上的男人几乎都抽大烟。男人、妇女和青少年都坐在茅屋前，呆头呆脑，眼睛无光。这都是吸鸦片造成的。贵州穷，穷得十七八岁的大姑娘光着身子，连块遮羞布也没有，就在田间劳动。特别是苗族住的地方，更是赤贫如洗。贵州的穷苦老百姓自称"干人"，意即什么东西都被榨干了。我们行军途中，遍地都是蜷缩在路边的"干人"。他们一无所有，他们什么也不怕。中国有句老话：秀才遇到兵，有理说不清，意即老百姓都怕兵。可贵州"干人"不同，只要你跟他亲近点，跟他说话，问他贵姓、多大年纪，他都跟你搭腔，并告诉你他叫什么名字、多大年纪。我们说我们是劫富济贫，为穷人打天下的红军。他们就跟我们亲热起来。我们问他们这里哪个是土豪，他们都很爽快地告诉我们。说谁家有几个长工，多少田地，多少房子，放了多少债，养了几个老婆，在外当什么官。这对我们执行罚没政策大有好处。如果问他们愿不愿意当红军，他们马上答应，愿。我有次在桐梓转一圈，去扩了两个兵，都是热爱红军的"干人"。

天花板上的秘密

贵州穷，但贪官污吏、土豪军阀都是富有的。在遵义，军阀王家烈、侯之担及其部下柏辉章都很富有。有一栋别墅，大概是侯之担的吧，里面几间房子堆的都是些虎皮、豹子皮、獾子皮、黄鼠皮、羊皮，还有做好了的皮袄。到遵义正是腊月，又落雨又飘雪，我没收了这些东西，为着保管它就睡在这些东西上面，又厚又暖和。有一天，我望着天花板，看天花板下垂的弧度，拿棍子捅了一下，哗啦啦地一块一块像沥青一样黑黝黝的东西掉下来了，原来都是鸦片烟。我接连捅了几间房子的天花板，好多鸦片烟，还有香烟如"白金龙""炮台"以及各种各样的罐头听子烟。第二天，我找两个人去卖鸦片，开始卖两块大洋一两，卖到第三天，哪卖得完，就一块钱一两，第四天、第五天就一块钱二两。当时的贵州鸦片是可以当货币流通的，卖了钱和卖不完的鸦片统统作军费，解决战士吃饭的问题。那些香烟也作慰劳品，给战士作春节礼物了。皮袄给年老体弱的和伤病员穿，只是那些皮子搬不动，就分给了老百姓。

在遵义，红军每个人还发了两块钱过春节。在那里生活过得还不错，红军去了，百姓高兴，街上日夜照常做生意。小吃担子敲竹梆敲得嘭嘭响，喊着卖"炒米糖开水"。这种小吃就是糯米泡加点贵州特产黑砂糖，用开水一冲。三更半夜，我们工作累了，给他一分钱，喝上一杯炒米糖开水，还是很解决问题的。

营盘山上橘子红

红军天天在行军打仗，吃的问题很大，原因是贵州穷，老百姓收点苞谷、稻谷，自己都不够吃，土豪存积的粮食几万军队也吃不了几天。

1935 年 1 月，红军离开遵义，运用高度灵活的运动战，一渡赤水，到了川南的永宁府（叙永）。这是春节前夕，敌机不断的轰炸，我们先遣工作团的工作人员被炸死了几个，炸伤了几个，两天没吃东西啦，自己挨饿是小事，部队的战士也在挨饿。我安置了伤员，马上去找粮食。我们所到的村镇，有土豪的已经被先头部队"打"了。群众因为不了解红军，怕在那里打仗，稍殷实点的人家也跑了。剩下的群众像我们一样是在挨饿的人。我走进几户没有人的农户，翻开他们盛粮食的坛子看，坛子里，第一家放着一些钱，钱上面还有一张纸条，条子上写着：老乡，对不起，我们是工农红军，因为两天没有吃上饭，路过你这里，你又不在家，所以把你的粮食吃了一些。现在按市价给你留下钱，请查收，并望你原谅。条子上还有一军团某个部队的代号。第二家也是一样，不过部队的代号变了。

我走了几个村子，情况都是这样。肚子饿得咕咕叫。战士见了，问："罗科员，搞了点吃的吧？"就是这样，我们的部队仍然继续行军作战。

我绕过永宁府，来到营盘山脚，山前的丘岗上，满岗一片黄澄澄的橘子，靠路边是个高高的竹篱笆，蜿蜒伸去，围绕着橘园。先到的战士，在篱边，都望望橘子，口里说着："这橘子真好，一定是又甜又香。"但都从篱边走过。高个子的人举手可碰着橘子，却没有人动手摘。

我见了，可高兴了，橘子可解渴，可饱肚子，吃多了又不坏肚子，穷人家是不会有这样的橘园的。我走到橘园篱笆门口见到一位老大爷，还没有等我说话，便拿着橘子直向我手里塞。

"老大爷，这是你的橘园吗？"我从他破烂不堪的衣着和黑黝黝的沟壑纵横的脸上看出，他不像是橘园的主人。所以故意问了一句。"啊，不管是谁的，吃了几个橘子，没关系，红军先生。"老人把话支开了。

"如果是你的，我们照价给钱，请你卖一点给我们。"我说。

"不，不，不用买，不用买。"老头再次答非所问。我已肯定这橘园不是他的了。但为了慎重起见，我还问了句："老大爷，你是给财主看橘园的吧？"老头子慌了，可能是受了土豪的威胁，他不敢说实话。我马上离开他，问了橘园边村子里的几个群众，群众都说这老头是占了永宁府一半土地的"张老爷"家的老长工，其实，挑夫老洪在我与老头说话时，已先问了旁边的穷人，回答与我了解的情况一样。

这我可以不客气了。马上找了一块木板，在上面写着：

这橘园是土豪的，现没收，各部队路过这里时，应有组织地在指定地区内采摘。

中国工农红军总部先遣工作团

看林的老大爷看到这块木板，惊慌与为难的神色消失了。我要他领着我，把整个橘林划分几块，标上记号，并单独划出一块地留给群众后，通知部队去摘橘子。当然，挑夫老洪，他与我抬伤员，虽然把小箩筐的东西扔了，但箩筐还是留着的，他摘了一满担。我把一条裤子当成袋子也装满了，两只裤筒一前一后往肩上一搭，就走了。刘伯承、叶剑英，还有我们的杨至成团长，他们已一两天没有吃饱饭了，大家都吃橘子当饭了。

第二天，翻过永宁府，我们来到一个小镇上，一觉醒来，正好是农历甲戌年腊月三十，阳历是 1935 年 2 月 3 日。老百姓都热热闹闹在家过年，街上有买糖糕啵的（糖糕啵就是大米发糕）。我们先遣工作团的人就吃糖糕啵加黄澄澄的橘子当年饭。

红军鞋——"量天尺"

红军在毛泽东的指挥下迂回曲折，高度机动灵活，处处主动打击敌人，跑路跑得特别多。2 月中下旬，又从川南挥师东进，二渡赤水，重入遵义、桐梓。娄山关一仗歼敌两个师又 8 个团。3 月中，红军又三渡赤水，再次入川；随后，又出敌不意地四渡赤水，南渡乌江，佯攻贵阳，乘云南敌军增援贵阳之际，直插云南，威胁昆明。然后，红军像离弦之箭向西北方向疾进，于 5 月初巧渡金沙江，完全跳出了数十万敌军围追堵截的圈子，取得了战略转移中具有决定意义的胜利。谁都知道红军这样的作战是在没有后方供应、没有根据地条件下进行的，部队的给养、伤病员的安排、兵源的补充都是很困难的。加之这些行动又在多雨的云贵高原进行的。可苦了战士们的两条腿啊，一天跑百几十里，脚上供应一双草鞋都保证不了，许多人都是一双赤脚在寒冷的泥泞中前进。战士们在这样的条件下，只要能穿的东西都往脚上穿。记得二进桐梓的时候，我买了一双胶皮套鞋。我以为这可以最好地武装自己的脚。穿的时候也蛮好，结果一天天地走，一走几百里，走着走着，累了倒在那里就睡在哪里，鞋也不脱。一天，我发现我的脚板上有点烧，我一看，唉呀！脚板上一个窟窿连着一个窟窿，深深的密密的窟窿把脚板变得像蜂窝一样。卫生员说，赶快把套鞋脱了，不然你的脚要报废的。我只得把套鞋丢了，凭赤脚板赶路。那倒好，像蜂窝样的赤脚板，巴得住泥，走起路来，不摔跤。

江西苏区流行着一首山歌：

> 送得哥哥前线去，
>
> 做双鞋子赠送你，
>
> 鞋上绣了七个字，
>
> 红军哥哥万万岁。

这首歌子说明我们在中央根据地是有穿不完的鞋子的。那些鞋帮上绣着"慰劳红军战士"、"杀敌立功"等等字样的鞋，寄托了根据地姑姑嫂嫂妈妈奶奶姐姐妹妹对子弟兵的无限深情和期望。根据地人民把这些各式各样的鞋子统称"红军鞋"。有一位老大爷把一双"红军鞋"塞给一位红军战士的时候还说："带上这双鞋吧，这鞋一到脚上，就成了'量天尺'了，地再广，山再高，不管世上有多少坎坎洼洼，你们也能把它'量'完。""红军鞋"就是"量天尺"，就这样传开了。

"量天尺"，我们离开根据地时，每人至少带了两双。如今，它早已无影无踪了。金色的草鞋成了我们新的"量天尺"，但云贵高原稻草也不多啊。

不过，由于红军几进几出遵义，在黔北、滇东、川南打圈子，到一个地方就买草鞋，买稻草，惊动了那些"干人"。他们想方设法搞些稻草、丝茅草、竹笋壳，捶得软软的，编成好多好多的"量天尺"，卖给红军，还能解决点问题。记得有一天，大概是四渡赤水之后吧，有一个"干人"挑了一担草鞋送到我们跟前，他不要钱，只要求让他参加红军。我们满足他的要求，让他担着一担草鞋跟我们走。他以后七捡八捡，捡了不少烂布条，编了一双"量天尺"送我。那时候，这就算高级礼物了。

土豪的蜜缸

5月初，红军在绞车渡抢渡金沙江后，在会理休息了5天。在会理我调查出了一个土豪。土豪本人跑了，我们没收了这个土豪的浮财如粮食、布匹和衣服等。这些东西除留着补充给养以外，带不动的都分给了群众。我想打点贵重的东西，在一个衣柜里七翻八翻，翻出了一袋子金子和一个装金戒指、金项链、金耳环、金钗子、金手圈、金宝塔等各式各样首饰、玩具的绣花荷包，这两袋东西加起来，足有60斤以上。另外，在衣柜的旁边放一排缸，揭开盖子一看，雪白的东西，装得满满的，似猪油，当时天快黑了，我向缸里挖了一碗，把这雪白的东西当猪油点灯，擦了七八根火柴，七点八点点不燃。我用舌头一舔，甜蜜蜜的，是蜂蜜。我们把这些蜂蜜抬出来让过路的部队一人挖一碗，辛苦了，润润喉咙也是好的。那天的天气很坏，风把人刮起跑，下冰雹，伞打不开，人的脸被打得青一块紫一块。我把那些金子交给杨至成团长，他还表扬了我哩。

8万斤粮食

一、四方面军会合后，敌情已不再紧迫，红军面临的主要困难是给养难以保障，这是一个关系红军生死存亡的问题。只有建立巩固的根据地才能从根本上挽救已摆脱追兵的红军，也才能实现党所坚持的北上抗日的政治意图。但川康边人烟稀少，居民多为少数民族，10万红军在此无法久驻，更谈不上建立根据地。

记得红军刚进入川康边时，每到一地都严格执行民族政策，遵守群众纪律，尊重藏民的风俗习惯。朱总司令为尊重藏民习惯，带头用手抓饭吃。为了减轻群众负担，我们尽量自己解决部分给养。人人动手吊毛线打袜子织毛衣做皮衣等。我不仅学会了织毛衣做袜子，手艺还不错，两个小时可以做20双袜子。毛毡子拿来，这么一剪那么一接，这里缝一下，那里缝一下，就是一只毡袜。老百姓也来帮忙，教会我们不少事情。这里藏民对红军也很好。他们世世代代受封建主和汉族统治者的压迫，从未见过红军这样的军队，许多藏民青年都报名参加了红军。

但是这种良好关系很难持久。10万红军要穿要吃。要穿还马马虎虎，羊毛、牛毛，皮、布多得很，可以花钱买到。吃就成问题了，粮食给你吃了，牛羊给你吃了，马也给你搞去了，人家不急吗？那时钱不管用了，食物才是活路。20万人口无法养活10万红军。毛儿盖原是个300多户人家的村庄，在草地边上，那里有一块10来里长，两三里宽的小平原，盛产青稞，一年收成可吃两三年，是川西北最好的一块地方。但是在这里我们住得时间太长，几万人吃了两个月，千把多人的藏民村子，还能供应你多少食物呢？后来，藏民任你出多少钱也不卖食物给红军了。剩下的几粒粮食他们要保命。他们开始埋藏粮食，躲避红军。水少鱼多，养不活，藏民同红军的关系越来越紧张，川康边不可久留，唯一的办法是尽快离开这一地区。但是红军北上面临的是茫茫大草地的无人区，这又必须预先筹措足够的粮食才能通过。

大约8月中下旬的一天，周恩来副主席把我们工作团团长杨至成叫去，要我也跟随一同前往。我们那里驻在松岗，中央在卓克基。到达卓克基后，周副主席对杨至成说："你来了很好，有一件重要的事情同你们商量。中央决定继续北上到抗日的最前方去。部队必须经过无人区的草地。路上的粮秣是个大问题。大约还需要筹集8万斤粮食。眼下部队快断炊了。你们有什么办法在一周内买到8万斤粮食？"我在旁边一听就急了，群众的粮食已被我们买完了，这么短时间到哪儿搞这么多粮食呀？我们的团长杨至成，你给他任务，无论困难多大，有无可能完成，他总是先答应下来再想办法。这次他一听要搞8万斤粮食，头一低，想了一下，有办法了。他说："8万斤粮食，一个星期，这好办。你给我两个连！我保证完成任务，请周副主席放心。"结果，从杨梅生的警卫营抽出两个连交给我们。

当天我们带部队返回松岗，向先遣工作团吕振球政委转达了任务。工作团研究了一下决定尽快实施。我们找来通司了解到西去翻过两座山四五十里一个山梁上，有一个几十户人家的村庄。村庄里的土司存有许多粮食。我们带上两个连的兵力，全副武装地赶到那里。进村前我们先放枪，枪一响村民们就跑。他们早已坚壁清野了，粮食都埋在地下。我们进村后找到的粮食远远不够。后来经过调查，一位奴隶娃子告诉我们在坪场下面有粮食。我们挖开坪场一看，果然下面埋了10多万斤青稞，还有虫草、酥油、奶酪等都是用一个一个大牛皮口袋装着，十分喜人。这些食物都是土司的，土司是藏民中的土豪，又是奴隶主。穷人和奴隶没有什么粮食。不过，我们不是打土豪。我们取走一多半粮食，8000斤酥油和 2000 斤奶酪，虫草没有要。剩下的粮食还有五六万斤。我们留下 900 块银圆和一封信。信上说明我们的歉意，许诺不足的钱款革命胜利后再偿还。这样筹了一周左右，弄到 8 万多斤粮食，算是完成了任务。

粮食有了，我们发给各部队把它加工成糌粑或炒面，然后按每人 8 斤分下去。实际上一人也就一米袋，没有 8 斤。个人的粮食个人保管个人吃。吃多少有定量，严格控制。1 斤 16 两，一人一天只准吃 4 两，后来到了草地边又规定 1 天只准吃 2 两。

武装筹粮，实属迫不得已而为之的办法。共产党的宗旨是全心全意为人民服务。红军又有三大纪律八项注意。但是在当时情况下，如果革命力量保存不下来，也就不会再有什么革命的宗旨和政策，这就需要有一些灵活性。况且武装筹粮是为了使红军尽快离开川康边地区。红军一走，水浅鱼多的矛盾也就解决了。

40.包座之战

程世才

1935 年 6 月中旬，我红一、红四方面军在四川懋功胜利会师。这一重大胜利，使蒋介石妄图将我整个红军予以各个击破的恶毒计划彻底破产，同时也使我两大红军主力能够在党中央和毛主席的直接指挥之下统一行动，为北上川陕甘，建立新的革命根据地，创造了十分有利的条件。

6 月 26 日，党中央在两河口召开中央政治局会议，进一步确定了两军会合后的战略方针。中央的决定指出：

"一、在一、四方面军会合后，我们的战备方针是集中主力向北进攻，在运动战中大量消灭敌人，首先取得甘肃南部，以创造川陕甘苏区根据地……

"二、为了实现这一战略方针，在战役上必须首先集中主力消灭与打击胡宗南军，夺取松潘与控制松潘以北地区，使主力能够胜利地向甘南前进……"

中央这一方针是完全正确的，它不但使红军能够继续打破蒋介石的"围剿"，建立新的革命根据地，而且能以影响全国抗日民主运动迅速走向新高潮。为了胜利地实现中央的战略方针，更好地实行对部队的统一指挥，加强一、四方面军的团结，中革军委于 7 月 20 日对军队的组织系统作了调整。这时，我被任命为红30 军军长，李先念同志任军政治委员，李天焕同志任军政治部主任，一方面军三军团调来的彭绍辉同志任军参谋长。中央还同意了徐向前总指挥的建议，抽调四方面军的一部分兵力补充一方面军，我 30 军 90 师师部和 270 团调出。军整编后辖 88、89 两个师 6 个团，共 1.3 万余人。

根据中央的战略方针，我 10 万红军经川西北进，到达毛儿盖后，中革军委依当前任务决定进军的部署是：以一方面军之一、三军和四方面军之4、30军组成右路军，以一方面军之5、9军和四方面军之9、31、33军组成左路军，继续北上。我军北进后，敌川军进占了懋功、绥靖（今金川）、北川、茂县、威州及岷江东岸地区，位于川北的胡宗南部共有兵力27个团，主力集结于松潘地区，薛岳部由雅安进抵文县和平武，与胡宗南部策应，敌人企图围歼我军于岷江以西、懋功以北地区。敌人在松潘和漳腊还构筑了坚固的工事，并在漳腊修建了飞机场，配置了战斗机。当胡宗南获悉我军已北出草地，矛头直指甘南和他的侧后时，这才明白了我军的意图，于是急忙派兵抢先占领了包座。并急令其驻漳腊的伍诚仁第49师星夜北上增援包座，企图会同包座守军的1个团在包座和阿西一线堵击我军北上。

上、下包座位于四川松潘和漳腊以北，在班佑和巴西东南100多里，是通往甘南的必经之地，地理位置很重要。上、下包座相距数十里，有包座河纵贯其间，这里群山环抱，原始森林密布。如今是红军进入甘南的重要通道。现在，敌人已先我占领包座，后面又有大量援兵，我军若不抓住战机，抢在胡宗南增援部队到来之前抢占包座，开辟前进道路，那就无法出师甘南，而有被迫退回草地的危险。因此，包座势在必夺，敌49师势在必歼。

我红30军是右路军左翼先头，在先遣司令叶剑英同志的率领下，经过艰苦的行军，于8月26日走出草地到达班佑的。不久，即接到了前敌总指挥部发来的急电："敌胡宗南部已进占包座，并以49师向包座增援，企图阻击我军北进。根据中央的指示，要占领包座，消灭49师。你部立即转向东行动，以最快的动作强占包座，尔后歼灭49师，保障全军顺利北进！……"短短的电文，把我们目前面临的形势、处境和任务交代得清清楚楚。先念同志和我作了简短的研究之后。命令部队立即整装，以89师为军的前卫，全军火速向包座进发。总部的电报还要先念同志和我去向中央汇报，我们部署完毕以后，即策马急行，直奔党中央驻地巴西。一路上，心情急迫。到达巴西后，直奔中央驻所。在一座寺庙里，我们见到了毛主席和其他首长。

徐向前总指挥向毛主席作过介绍后，毛主席和我们一一握手。这是我第一次见到毛主席。在我刚参加革命时，就听说了中华全国苏维埃主席毛泽东。现在亲眼见到毛主席了，心情又激动又紧张。只见主席穿一身普通的灰布衣服，戴着八角帽，高高的身材，由于连续的艰苦转战看上去显得十分清瘦，但眼睛依然炯炯有神。毛主席握着先念同志和我的手，很高兴地说："你们都这样年轻啊！"那时先念同志二十六七岁，我23岁，都很年轻。望着毛主席和蔼可亲的笑容，我很快消失了紧张和拘谨。会见时，周恩来副主席和张闻天、博古、叶剑英等其他同志也都在场。毛主席拿过一张川陕甘交界的地图，因为寺庙里没有桌子，就把地图铺放在地上，大家环绕着地图围成一圈，有的坐一块木板，有的干脆蹲下。毛主席详细地向我们询问了部队的情况，问部队的人数，战士们的士气和生活，以及部队的政治工作、后勤补给等情况，所能想到的都问了。毛主席那关怀战士和部属的问话，和蔼可亲的态度，给我留下了不可磨灭的印象，我们一一向毛主席作了汇报。毛主席听完我们的汇报后很满意，接着他就当前的形势和任务作了简明扼要的阐述。他指出，九一八事变以后，日本侵略军侵占了全东北，现在又向华北步步逼近。而蒋介石却一再退让投降，这些都激起了全国人民的极大愤慨，国内各种矛盾日益激化，抗日民主运动的高潮已经到来。根据中央的决定，我们要北上抗日，以推动全国抗日民主运动的发展。他用手指着地图上陕西的西南部，甘肃南部和四川的北部说道："我们要建立川陕甘革命根据地，这里地域宽阔、交通方便，是我国西北部人口比较稠密、物产比较丰富、汉族居民比较多的地区，而且敌人相对力量比较薄弱，加上派系复杂，内部矛盾很多，这些都有利于我军发展壮大，站住脚跟。"他详细地阐述了在川陕甘交界建立根据地的条件和重要意义。谈了大约40多分钟。最后他用手指着地图上的甘肃南部，尔后用力向东一挥，说道："为实现这一计划，第一步先要出击甘南，接着向东发展。"他抬起头来看着我们："但现在胡宗南抢先占了包座，又派49师赶来增援，我们如果不消灭这个敌人，就走不脱。"周恩来副主席插话说："我军各部现在还未靠拢，1军出了草地，3军尚在草地之中。目前最重要的问题是争取时间。"主席说："向前同志向中央建议由你们30军、4军来承担这个任务，中央经过研究同意了这个建议。"徐向前总指挥接着对我们说道："我们决心在敌人援兵到来之前，速战速决，拿下上、下包座，然后集中力量打援。中央已经批准了前总的作战计划。你们30军先以一部攻占包座，尔后集中力量消灭49师。4军以一部攻占包座以北的求吉寺。1军在巴西和班佑之间集结待机，并负责保护中央的安全。你们目前要抓紧时间尽快到达并占领包座，尔后迅速做好打援的准备。我和叶剑英同志的指挥所设在上包座以北的末巴山上。"李先念同志和我为能接受这个艰巨的任务而感到非常光荣。我们向毛主席表示，一定遵照主席的指示去做，保证完成任务。毛主席听了我们的话高兴地笑了。我们向毛主席和其他首长告辞。毛主席手里拿着铅笔同其他首长送我们出来，远远望见一队队向东急进的部队，他们都非常高兴。

离开毛主席后，我们加快向包座进发。巴西距包座约两天的路程，而增援的敌人同样可能在两三天内到达。抢在敌49师到达之前抢占包座，占据有利地形，是摆在我们军当前最紧迫的任务。在行军途中，我们召开了师以上干部和前卫团264团领导参加的作战会议。会上，大家认真研究并确定了作战部署和行动计划：为尽快拿下包座，决定首先集中89师强攻包座，歼灭包座守敌；考虑到消灭敌49师是一场硬仗，我和先念同志决定由88师担任打援主力，并且集中至少5个团的兵力来对付49师；到达包座以后，89师全力攻取包座，88师则隐蔽地进入包座西南地区，立即进行地形侦察、战场选择和做好打援的各项准备工作。鉴于这是一场硬仗，也是一、四方面军会师以来的第一个大仗。先念同志对与会同志们说："我军肩负着打开北进通道的重要使命，能否消灭敌人将直接关系到全军能否顺利北上，毛主席和党中央在看着我们，我们决不能辜负毛主席和党中央对我们的希望。"他要求部队要认真做好政治动员和细致的准备，仗只能打好不能打坏。会后，我们向徐总电告了我们的决心和计划，徐总当即予以批准。任务传达到了部队，指战员们情绪十分高昂，大家纷纷表示："打49师我们包打保胜，让毛主席党中央听我们胜利的消息吧。"行军途中，天下起了大雨，雨水淋湿了每个人的衣服，但人人心中犹如有一团火，被战斗的渴望、胜利的渴望激励着。两只脚不停地在泥泞的道路上飞奔着，全军指战员怀着最大的决心和必胜的信念向包座进发。

我军快速猛进，29日下午，89师前卫团已抵达距包座西北七八里的地方。部队不顾行军疲劳，立即向敌外围据点发起了攻击。

包座守敌是胡宗南独立旅的一个多团，从南坪到达包座已经五六天了，敌团部驻在大喇嘛寺（大戒寺）内。这座寺北面紧靠一座五六百米的大山，寺前有一条小河，虽然只有两丈宽，但因为正值雨季，河水深而湍急。东面则是贯穿上下包座的包座河，这些都对我军行动造成障碍。敌1团人占据了以大喇嘛寺为中心的一带有利地形，并且利用山险隘路和茂密的丛林作掩护，构筑了许多明堡、暗堡和各种工事，并备有大批粮食，组成了上下结合、比较严密和可以长期坚守的防御地区。并且敌人装备很好，火力十分猛烈。我和89师邵烈坤师长在包座河西的河边指挥战斗，几乎听不到枪声的间断，全是机枪在哒哒的响。敌人坚守在隐蔽的工事里向我猛烈射击，我每前进一步都要付出代价，战士们打得十分英勇，但由于地形不利，天又下着大雨，河水暴涨，我军长途行军后，指战员们浑身透湿，十分疲劳。敌人又凭险据守，89师前卫264团从下午3点多钟一直打到晚上9点钟，才攻占了大喇嘛寺外围北山山脚下的几个碉堡和西坡半山腰的一个碉堡，歼灭两个连的敌人。从俘虏的敌军军官口中，我们了解了包座守敌的情况，并且得知敌49师将于明天到达包座。根据当前的情况，我和先念同志商量，包座守敌以逸待劳，地形又对敌人十分有利，我军要很快拿下包座有一定的困难。如果坚持打下去，不但会造成更大的伤亡，最重要的是由于时间拖延，直接影响和耽误明天与49师的决战。于是我们当即决定，264团从西、北和东北3个方向将包座守敌包围起来，围攻敌人。变强攻包座为围点打援。89师另两个团立即调往包座西南地区和88师一同进行打援的准备。

夜晚，侦察处根据已掌握的敌情和俘虏的口供，绘制了包座守敌要图和增援部队行进路线图，然后将地图和被俘虏的敌军一个排长两个班长送来军部。这3个俘虏都知道我军宽待俘虏的政策，因此并不显得害怕。先念同志、我和彭绍辉参谋长一同审问了他们。将他们的口供和侦察处的报告相对照，进一步查明了敌人的情况。尔后，我们又去勘察地形。夜里虽有月光，但因为夜雾朦胧，看不甚远。我们摸到包座跟前查看后，转向南行，对敌增援来路进行了重点勘察。

我们知道，增援的敌49师原是十九路军一部，过去打过一些硬仗，有一定的战斗力，现在是胡宗南的主力师。而我们虽然是一个军，缩编后只剩下两个师，同时又抽出了一个团围攻包座守敌。特别是在爬雪山、过草地中，部队长期缺粮，多数的时候只能靠吃野菜和树皮充饥，加上连续的行军作战，部队一直没有得到很好的休息，指战员们的体力已受到严重损害。要歼灭装备比我们好、数量几乎和我们相等的敌人，确实是一个艰巨的任务。在这种情况下，仗打得好坏，正确的判断、周密的计划就更加重要。因此我们一夜之间，在勘察地形的基础上，反复研究，特别仔细地制定了作战方案。

翌日上午，我们除用一个团的兵力继续围攻包座守敌外，将88师和89师的大部兵力埋伏在敌援兵必经之路的西南山上。并派一个连控制了东山制高点。这座山地势险要像一座刀背梁子，西可瞰制增援之敌，北可对大戒寺守敌形成包围。战士们攀登而上，占领了该地。前方则派出侦察部队监视敌人，并向松潘方向派出了侦察。

据俘虏供称，敌人增援部队将在这天下午到达，但敌人没有按时来。经过连续急行军的我军是很疲劳的，尤其是各级指挥员因通宵未眠，两个眼皮常常不自觉地合拢一起。然而，大家都想尽办法抑制瞌睡，焦灼地等待着战斗。又等了1夜零半天，敌人才沿着松潘到包座的道路浩浩荡荡而来。当敌先头部队离我十几里地时，同志们兴奋地说："该死的敌人你到底来了！"

中午12点钟战斗打响了。为了全歼敌人，我们预定等敌人主力进入我埋伏圈内后再出击。可是实际情况并不是那样顺利，敌人十分狡猾，不肯轻易冒进。他们以一部兵力搜索前进。与我接触后，先进行局部战斗，夺取有利地形后主力再前进。我们看穿了敌人这一诡计，命令在山上的主力部队隐蔽好，只以正面的263团一部在一些次要的小山头上抗击，给敌人大量杀伤后就节节撤退，诱敌进入我伏击圈。这里的山是一漫坡的，顺着高山下来有许多小山包。山上尽是搂粗的大松树和半人高的小松树林，十分便于隐蔽，骄傲的敌人像瞎子一样，摸不清我军的情况，又因为距离包座只有十几里路。救急心切，就步步前进，结果正中了我军之计。

在节节抗击中，我军不仅给了敌人不小的杀伤和消耗，而且摸清了对方的战斗力和作战特点：敌方战术动作和小集团（连、排）战斗打得比较灵活，并相当顽强，敌人的火力很强，每次冲锋时，除了有很多轻重机枪掩护外，还用迫击炮、小炮等武器轰击我前沿和纵深，杀伤我实施机动的兵力。距离火线只有二三里的军指挥所附近，也不断地有炮弹爆炸。针对上述情况，在我军和敌人进行最后决战时，攻击必须是多梯队的，队形疏开，火力集中，快速运动，快速接敌，冲得猛打得狠。

为了吸引敌人尽快全部进入我预设战场，我们命令264团加强对大戒寺守敌的围攻。不久，我们获得了敌人两处重要的情报：大戒寺守敌团长急呼49师迅速来援，他说有"大批共军正在猛攻包座"，他已"很难支持"。胡宗南则严令

49 师必须于当晚进驻包座。这时,敌前卫团已被我诱至包座以南 10 里地的地区,我们命令 263 团坚决抗击,再不准敌人前进一步,敌人加强了攻势,向我 263 团发动猛攻。我们观察到 263 团的阵地上硝烟弥漫,枪声一阵紧似一阵。这边的敌本队团排成几路纵队,向包座方向蜂拥急进,敌人加快行动了。我和先念同志决定:立即以 265 团和 263 团主力出击,决不能让敌人突破 263 团的阵地,靠近包座。同时吸引敌后卫团迅速来援,尔后再出动主力全歼敌人。我们下达命令后,88 师在熊厚发师长和郑维山政委的指挥下,两个团奋勇直插敌阵,一扑下去就先干掉了敌人近一个营,将敌人一劈两半,斩断了前卫团和师本队团的联系。接着 263 团全力围攻敌前卫团,265 团向南打击敌师本队团。这一招触痛了敌人。敌人眼睁睁地看着包座,却迟迟进不了包座。现在又被我军一劈两段,前卫团又陷入包围之中。在本队团中指挥的敌师长伍诚仁恼羞成怒,一边令本队团全力猛攻 265 团,一边急令后卫团快速推进,企图两团汇合一起打退我军,并解包座守军之围。

下午 3 点多钟,敌 49 师全部进入我预设战场。照预计,在黄昏前发动总攻较为有利,但是敌人既然已经到来,就需要提前发起总攻击。我们向徐总报告了情况,徐总马上批准了我们的决心。我们立即发出总攻命令和信号。这时隐蔽在山上的我军主力,一齐向敌人出击。一时间,枪声、喊杀声、炮弹和手榴弹的爆炸声响成一片,十几里地的战场成了一片火海。

我 268 团和 267 团的动作异常勇猛,一下子又将敌师本队和后卫斩成两段。这样,整个敌人便被我斩断成三截。我军英勇出击,奋力杀敌,尤其是 268 团打得更出色。敌人为打通联系,疯狂地向 268 团反扑,而 268 团像一把钢刀一样插在敌人中间,连续打垮了敌人数次冲击。先念同志曾对郑维山同志说:"打得好,打得勇猛顽强,你们扑上去不多久,包座河两岸森林的上空就烟雾弥漫,黄土遮日,只听得枪声、喊杀声,看不到人。我军有这种作风,就无敌不克。"先念同志的话真实地描述了当时战斗的激烈程度和我军指战员英勇顽强的精神。

战斗在激烈地进行着。在总的地势上,我们是居高临下,但敌人是纵深配置,并占据着许多小山头。尤其是漫山遍野都是大桦树和灌木丛,敌人运动兵力我们看不到。我军冲到哪里,那里的敌人就利用树林、山包或河坎作掩护,拼命地守卫,拼命地反击。我们把军部的几门迫击炮用来支援 88 师,用仅有的几十发炮弹轰击敌人集群。战士们用手榴弹、刺刀和大刀片同敌人厮杀。有的马尾手榴弹挂在树上，杀伤不了敌人，战士们就端着刺刀或挥着大刀片扑上去。前边的倒下了，后边的又冲上去，同敌人展开了肉搏战，一个山头也要经过几次争夺，敌人抢占了，我们就再把它夺回来。有一位烈士，一只胳膊打断了，另一只手里还紧紧握着大刀片，这种情景是多么令人感慨啊！他们在草地上吃的是野菜、树皮，为人民贡献出的是宝贵的生命和鲜血！

师、团掌握的所有预备队及其机关和军的通讯连、警卫连、保卫排等都投入了战斗；军部的机关干部、宣传队员以及有的炊事员和饲养员，也都拿起武器参加了战斗。师、团指挥员都在第一线，最后出击时，我们军的几个领导同志也都到了前边。

战斗激烈地进行了七八个小时。我军终于把截成三段的敌人，一段段啃掉了。敌师长伍诚仁胳膊被打断，被我军俘虏。战士们押着他来见郑维山政委。这个刚才还神气十足的敌师长，现在却吊着个受伤的胳膊，垂头丧气地站在那里。郑维山同志报告了我，并派人把他押来军部。但后来由于天黑下大雨，伍诚仁乘着战场混乱跳河跑了。敌人的一个团长和副团长也做了俘虏。

敌战斗部队被歼，后勤部队则企图逃跑。负责截尾的269团一个营猛追敌人，缴获了七八百条牦牛和1000多只羊，以及粮食和弹药。由于战士们的体力消耗很大，追不甚远，结果敌人的战斗部队和辎重部队600余人向松潘方向逃脱了。

围歼敌49师的战斗即将结束时，我们命令留作预备队的269团主力迅速回返大戒寺，协同264团消灭包座守敌。到半夜两点钟，歼灭了两个多连的敌人，攻占了大戒寺的北山，并从西南面攻入寺内。敌人终于抵挡不住了，他们放火烧寺内的粮库，敌团长带着400余人趁着大雾从东南方向逃往南坪。当时我若再多些兵力，这些敌人是逃不脱的。我军攻入寺院后歼灭了残敌一个多连，并迅速将火扑灭。很多战士跳上冒着烟的粮垛，抓出烧焦了的粮食，大口地吞嚼。他们是忍着饥饿同敌人厮拼而取得胜利的。

守在大戒寺后东北高山的残敌约200余人，我为了减少不必要的伤亡，于是将他们紧紧围住，展开了政治攻势。我军攻占大戒寺后，敌人见大势已去，便全部下山缴械。我军胜利地占领了包座。

至此，包座战斗胜利结束，我军将敌 49 师和另一个多团大部消灭，打死打伤敌师长伍诚仁以下 4000 余人，敌人除一部分逃跑以外大都做了俘虏，我军缴获了敌人大批武器、弹药、粮食和牛羊。

就在我们围歼敌 49 师的同时，我 4 军一部也在求吉寺同守敌展开了激战。由于敌凭险固守，部队攻击很难奏效，伤亡不小。战斗中，我十师师长王友钧同志打红了眼，端起机枪架在警卫员肩上，向敌人猛烈射击，指挥并掩护部队攻击，不幸中弹牺牲。经过激战，午夜求吉寺守敌全部被我军歼灭。至此，上下包座被我军占领，共歼敌 5000 余人。

战后，部队立即进行休整，受伤的同志除少数坐担架外，大多数骑着牦牛走；牺牲的同志就地掩埋，并将其姓名写在坟前木牌上。对被击毙的敌人也同样给予掩埋，敌人的伤员集中在大戒寺内，由被俘的医生和我军的医生为他们治疗。俘虏由政治部集中起来教育了两天，尔后每人发给 3 块钱和一些粮食将他们放回松潘。对缴获的武器、好的步枪和机枪补充部队，其余集中起来烧毁了。眼看着同志们流血牺牲得来的一大堆枪炮在烈火中燃烧，心中虽然难过，但在当时的情况下也只好这样办。

包座之战是红一、红四两个方面军会师后在中革军委指挥下的第一次战斗。它胜利地完成了党中央和毛泽东同志赋予的打开北进通道的任务，粉碎了敌人阻止我军北进的企图，为我军下一步的发展创造了有利的条件。我红军指战员经过爬雪山、过草地，经受了无数难以想象的艰难困苦，但他们不怕疲劳，不畏牺牲，这种拖不垮、打不败的战斗作风和百折不挠、勇往直前的革命精神，充分显示了中国共产党领导下的革命军队无坚不摧，无敌不克的战斗力量。他们用自己的生命和鲜血，用自己的胜利，在我军战史上写下了光荣的一页。

41. 审时度势的战略决策

——关于红二十五军长征背景的回忆

程子华　刘华清

在中国工农红军长征的序列中，红 25 军是首先到达陕北，却又是继中央红军之后撤出南方革命根据地的一支红军队伍。红 25 军迈出战略转移的第一步，不是仓促决定的。为了迈出这历史性的一步，中共鄂豫皖省委从开始酝酿到定下决心，前后用了半年多的时间。

我俩都经历了红 25 军这一历史性的转变。回顾这段历史，我们深深体会到：在历史转折的关键时刻，既需要求实精神，更需要战略眼力。红 25 军终于实现战略转移，既来源于党中央、特别是军委副主席周恩来同志的正确决策，又是省委审时度势，努力使行动方针符合当时斗争实际的结果。

一

最早建议我们红 25 军战略转移，是"中央军委的一个同志"①。这个建议的提出，主要是根据成仿吾同志向党中央汇报的正在恶化的鄂豫皖边区革命斗争形势。

鄂豫皖边区的革命斗争形势，是在第四次反"围剿"中发生逆转的。在这以

---

① 这个同志是谁，至今没有弄清楚。中央转发这个建议的时候，没有署作者的姓名，只在按语中说"是中央军委的 1 个同志写的"。本文沿用了中央按语的说法。

前，鄂豫皖革命根据地处于全盛时期。它的总面积达4万余平方公里，拥有人口350余万，建立了26个县的革命政权，主力部队红四方面军发展到4.5万多人，各种地方武装人数有20多万。1932年7月到11月，我国南方革命形势发生急剧变化。在夏末秋初，蒋介石采取南守北攻、各个击破的作战方针，以部分兵力牵制中央根据地等南线的红军主力，另以30多万、10多万重兵，分别对北线的鄂豫皖、湘鄂西两根据地发动第四次"围剿"。由于王明"左"倾路线、特别是军事作战指导方针上的错误，两根据地没有粉碎敌人的第四次"围剿"。10月，红四方面军主力撤离鄂豫皖苏区。11月，红三军也撤出了洪湖根据地，实行战略转移。从此，这两个地区的革命斗争转入低潮，全国的革命形势日趋不利，以致陷入空前危机。

红四方面军撤出以后，鄂豫皖边区的革命形势急剧恶化。留在边区的20多万敌军乘机大举进攻，同时划区"清剿"，妄图通过"血洗大别山"，实现其"民尽匪尽"的恶毒计划。在所谓"三分军事、七分政治"的口号下，敌人一面在占领区推行保甲制度，强迫群众插白旗，一面对尚存的苏区广大农村实行经济封锁和灭绝人性的"三光"政策。敌军兽蹄所至，房屋全被烧光，大批革命干部、群众惨遭杀害，粮食不是被抢走就是被烧毁。富有革命精神的大别山，此刻浸沉在血雨腥风之中。对红军主力撤离缺乏思想、组织准备的边区军民，由于敌人的疯狂进攻而陷入混乱。根据地大部丢失，鄂东北只剩下黄、麻、光、罗4县边界毗连的小块苏区，即柴山堡、天台山、西高山等几个山区，皖西北也只有葛藤山、熊家河等几小块苏区。地方党政组织陆续遭到破坏，县、区、乡革命政权所剩无几。虎口逃生的群众食无粮，居无房，生活极端困难。据当时国民党《中央日报》报道，边区"大小村落，鸡犬无声，耕牛绝迹"，农民"逃生无路，水草捞尽，树皮剥尽。"几个月以前，这里还是一片朝气蓬勃、欣欣向荣的革命景象；敌人"血洗大别山"以后，成了尸骨露野、生机扼杀的焦土废墟。"寒月照白骨，野鼠拱乱穴"，成了当时边区农村的真实写照。

但是，大别山的革命精神是摧不垮的。11月底，中共鄂豫皖省委①以留在边

---

① 当时的省委由下列人员组成：沈泽民、徐宝珊、吴焕先、王平章、郭述申、成仿吾、徐海东、郑位三、戴季英、高敬亭等。书记沈泽民。

区的 5 个红军主力团为基础，重新组建了红 25 军，决心排除万难，"独立坚持鄂豫皖的斗争"。1932 年年底到 1933 年初春，红 25 军抓住敌军调动、兵力减少的战机，跃马扬刀，积极歼敌，连续取得了郭家河、潘家河、杨泗寨等战斗的胜利，打破了敌人大规模划区"清剿"的计划，边区的革命形势出现了转机。原先被敌人压缩、分割成几小块的鄂东北根据地，这时连成了一片，皖西北根据地也部分得到了恢复。红 25 军由重建时期的 7000 人，发展到了 3 个师、9 个团，1.3 万余人；为了坚持皖西北苏区的斗争，抽调了几个团的地方部队，组建第一个红 28 军；地方武装合编、扩建成 10 个游击师；各县、区还成立了战斗营、连。刚刚恢复的党政组织，积极领导群众恢复和发展生产。根据地的承建工作收到成效，人民群众的革命热情重新高涨。

打这以后的半年，是王明"左"倾路线在鄂豫皖边区产生严重恶果的时期。5 月初，红 25 军奉命夺取敌重兵扼守、工事坚固的七里坪，苦战 43 天未克，部队伤亡惨重。军事冒险主义"夺取中心城镇"的计划，使红 25 军减员数千人，部队缩编为两个师、六个团；鄂东北、皖西北两根据地，各自剩下百余里方圆的地域。7 月，敌人动用 14 个师又 4 个独立旅的兵力，发动第五次"围剿"。为了进行这次"围剿"，敌人增筑碉堡，扩建公路网，加强潢（川）麻（城）公路封锁线的警戒、巡逻，进一步割断两根据地之间的联系，制造无人区，"围剿"的初期作战中，省委根据中央 3 月 15 日的指示精神，命令根据地军民"在苏区内大大建筑工事"，"抵抗敌人的一切进攻"。这个以消极防御方针为指导的"中心区保卫战"，后果十分严重。两个根据地中心区大部分相继丢失，红 25 军大幅度减员，部队再次缩小。10 月初，红 25 军由皖西北向鄂东北转移，在通过潢麻公路封锁线的时候，部队被敌军截断。红 74 师和红 75 师的后勤部队共 1000 余人，折回皖西北，不久被编入红 28 军；红 25 军军部、直属队及红 74、75 师共两千余人通过公路后，和鄂东北游击总司令部所属部队汇合在一起，转战于鄂东北地区的荒山野岭之中。11 月中下旬，在黄、光、罗等县边界分散活动的部队，作战连连失利，剩下的人数不足 1000，缩编为一个师（辖两个团）。这时鄂东北地区的县以下党政组织，全部遭到破坏，全区只剩下二百几十名党员、4 名县委和 8 名区委。军民的生活物资严重短缺，数以百计的群众被饿死，人口锐减，一再削弱、减员的红 25 军得不到兵员补充，弹药奇缺，有时靠大刀、梭镖、石块跟敌人拼搏。指战员行军作战，要随身携带镰刀。每到一地宿营，就割草搭茅棚，以避风雨。经过一个多月的艰苦奋战，到11月底鄂东北地区恢复了两块各约三四十里方圆的根据地。皖西北的情况略有差别，但总的形势大体相同。

在围攻七里坪、"中心区保卫战"遭受严重挫折、红军主力损失惨重以后，省委表现出了共产党人应有的求实精神与革命勇气。10月16日，省委召开扩大会议，分析前一时期的错误，讨论转变斗争方针等问题。由于红四方面军撤离时没有留下电台，省委跟中央之间只能依靠交通员断断续续地进行联系，不能及时得到中央的指示，因此，会上决定，派省委委员、宣传部部长成仿吾到中央去汇报情况，请示工作，并要求派干部加强省委和红25军的领导。11月11日，省委书记沈泽民在逝世前10天，抱病将会上讨论、会后交换的意见，写成以省委名义上报中央的报告，沉痛检讨了错误，表示了转变斗争方针的决心，其反躬自责的态度非常诚恳。不久，成仿吾带着这个报告动身去上海。在上海，他通过内山书店老板找到了鲁迅，要求鲁迅帮他找"党方面的朋友"。鲁迅说："你来得正是时候，如果迟来几天，我认识的那个朋友就要离开这里，到那时候，就不好办了。"这样，成仿吾通过鲁迅跟上海中央局取得了联系，并由该局派人护送、带领，进入了中央苏区。1934年年初，军委副主席周恩来以及其他中央领导人听取了成仿吾的汇报。1月27日，"中央军委的一个同志"写出《关于鄂豫皖苏区战争经验的研究及今后作战的建议》。《建议》的作者认为，鄂豫皖苏区红军"要坚决决定一个总退却，主要目的是保存战斗骨干，暂时把保守苏区当作次要问题。"他建议红军主力"在适宜的时候，就实行有计划的战略的退却，可以从罗山地带退到豫南的桐柏（山地区）……建立新苏区"。在形势估计、战略指导，特别是在"保守苏区"与保存红军力量两者的主次地位等问题上，《建议》所持的观点和主张，跟不久前通过的、党的六届五中全会决议的说法是截然不同的。在一味强调"进攻路线"，后来又提出"不放弃根据地一寸土地"口号的历史条件下，提出这样的建议是颇有胆识的。2月25日，中央将《建议》转发给鄂豫皖省委，按语说"只作你们执行中央军事指示时一个参考的材料"。

这时，蒋介石正在调整鄂豫皖的兵力部署。2月底，任命了三省"剿总"的新头目，又将半数以上装备精良的东北军，从地处抗日前沿的华北地区调到鄂豫皖，部分替换先前作战不力的部队。到4月中旬，敌人总兵力达到16个师又4

个独立旅，人数之多超过了红四方面军主力撤走以后的任何一个时期。6 月下旬，敌人制订了一个从 7 月 1 日到 10 月 10 日的"围剿"计划，采取的方针是"一面划区驻剿，一面无限制地用竭泽而渔之方，作一网打尽之图"。具体部署是将兵力分为两部分，一部分为"驻剿"部队，划区占领几小块根据地周围的所有城镇和重要村庄，每个点上有一个连到一个团的兵力，在潢麻公路两侧部署了四道封锁线，仅信阳到广水的平汉铁路线段配置了近一个师兵力的"护路"部队；另一部分约有两个师又 6 个团的兵力，组成 4 个"追剿队"（后来又增加了一个"追剿队"），跟踪追击我主力部队。与此同时，敌人加紧构筑碉堡，修建公路。当时，边区的碉堡星罗棋布，5 里一个，10 里一个，在一些重要交通线上都筑通了公路，构成了纵横交错的封锁网。敌人气焰十分嚣张，狂言要在 3 个月内将我军"完全扑灭，永绝后患；彻底肃清，以竟全功"。

上述情况表明：鄂豫皖边区革命斗争的处境空前困难。红 25 军是在原地区坚持斗争，还是实行战略转移，已经成为急需作出决策的首要问题。

二

省委开始酝酿红 25 军战略转移的时间，是在接到军委一个同志的《建议》之后。

3 月中旬，省委收到了中央转发的这个《建议》。这时，困扰省委和红 25 军领导的主要不是走不走的问题，而是担心转移不成功，出现既丧失红军主力，又丢掉老苏区的结局。过去，省委给中央的报告中曾流露过这样的顾虑："红军主力 6 团之众，拖这几千里（在）白区中过，即算战争不受损失，沿途疾病掉队也要受很大损失，何况沿途作战？"现在仍然是这个顾虑，只是具体说法有了变化。在 4 月 10 日召开的、专门讨论军委一个同志《建议》的省委会上，与会同志认为：近期红军主力大幅度减员，部队缩编，力量与成仿吾同志去中央时有不同，桐柏山地区"离我们原区域较远隔"，平汉路敌人防范严密，通过比较困难，目前难于实行军委一个同志的《建议》。会上决定：向中央建议红 25 军暂不离开鄂豫皖苏区，改向原根据地的边沿恢复、开辟根据地。会后，省委将上述意见写成书面报告上报中央。7 月 1 日，省委又收到了 2 月 12 日的中央指示信和 6 月 13

日中央与军委联合发出的军事训令。指示信指出：鄂豫皖"省委当前的任务，在于保全我们的活力，保全我们的队伍，去创造新的苏区、新的根据地"。信中要红25军转移的意图是很明显的。军事训令也提出了要"积极地向外发展"，但又说"目前我们原则上同意省委提议红军主力仍留在原来苏区继续行动"。2、3、4日，省委开会研究如何贯彻中央指示的问题。经过讨论，会议决定切实执行6月13日军事训令中规定的任务，就是保持、逐渐巩固现有的根据地，同时"向外扩大并创造新的行动中心及根据地"，实现中央提出的"最高度的牵制和吸引敌人兵力于鄂豫皖方面"的要求，以配合中央红军作战。后来才知道，中央那时正准备突围长征，需要邻近苏区军事上的支援。不过，省委并不知道中央红军的困难处境。但是，把革命全局利益看得高于一切的省委，不管自己有多大的困难，也要为中央红军分担军事压力，"打得敌人无法增兵江西"。这样，红25军战略转移就暂时搁置起来了。

这时，敌人正按照预定计划疯狂进行"围剿"。一度分开的红军主力，已于4月中旬由徐宝珊、吴焕先率领红25军，转战到皖西北与军长徐海东、政委郭述申率领的红28军会师后，两军合编为红25军。留下红28军的部分兵力，并抽调地方部队重新组建红82师，在原地坚持斗争。为了在第五次反"围剿"作战中避免被动，力争主动，红25军改变了半年以前那种内线分兵防御的打法，按照省委确定的新作战方针，积极转向外线捕捉战机，乘隙击虚，连续取得了长岭岗、汤泉池、大柳村、太湖等战斗的胜利。其中长岭岗一战，就歼灭敌东北军第115师师直大部及其5个营，缴获了一批武器弹药，大大增强了部队的战斗力，提高了我军的战斗士气，沉重打击了敌人的嚣张气焰。在这期间，不仅原有的几小块根据地有所扩大，而且还恢复、开辟了朱堂店、陶家河两小块根据地，恢复了一些地方革命组织。仅鄂东北地区，就恢复了3个县委、3个特区委、一个区委，党员也由200多人发展到了500多人。一年多以前，敌人狂妄叫嚣要"砍尽大别山的树，挖尽共产党的根"。现在，边区的人民群众，用实际行动谱写了"树也砍不完，根也挖不尽，留得大山在，到处有红军"的光辉诗篇。尽管根据地军民充分发挥了主观能动作用。进行了艰苦卓绝的斗争，红25军在作战指导上能扬长避短、趋利避害，但是，由于敌我力量悬殊太大，上述胜利还不能从根本上改变日趋不利的形势。许多同志开始意识到：在老苏区边沿恢复，开辟根据地的方案行不通，经过多年战争的消耗和敌人的屠杀、破坏、封锁，边区的人力、物力濒临枯竭；得不到补充的红25军，只有跳出并远离敌人的包围圈才有出路；否则，自身能否生存将会成为突出的问题。那么，走出去行不行呢？大家又存在这样那样的顾虑。例如，担心兵力不足四千、势单力薄的红25军，不能摆脱、打破沿途优势敌军的围追堵截；还怕到了新区站不住脚；最伤脑筋的是不知该往那儿走。当时的省委就处于这种想走、又下不了决心走的矛盾之中。

正是在省委酝酿转移接近成熟的情况下，程子华到达鄂豫皖根据地。

程子华在离开中央苏区以前，正在中央红大学习。5月的一天，程子华被军委副主席周恩来召去谈话。周副主席说，鄂豫皖省委曾要求派干部去加强领导。中央决定，派你去那儿工作。接着周副主席详细分析了鄂豫皖边区斗争的形势、前景，并就红25军的行动方针作了指示。他说，中央几次指示红25军转移。现在，原先确定的方针不变，红军主力要作战略转移，去建立新根据地。这样，部队就能得到发展，同时也能把敌军主力引走，减轻根据地的压力。根据地的敌军减少了，留下的部分武装就能长期坚持，也能够保存老根据地。此外，他还对选择新根据地的条件作了详细指示。

周副主席谈话以后，程子华稍事准备，就在交通员的带领下取道福建才溪、古田，昼伏深山，夜行小道，进入广东省境。8月初，由汕头乘船到上海，再由鄂豫皖省委交通员石健民带领，经武汉乘火车到河南信阳柳林，在一个群众家里住了一个星期，然后步行去中共鄂东北道委驻地、河南罗山县境的卡房。一路上，两人昼伏夜行，在山区小路走了好几天。一天夜里，在一个山沟里被一群荷枪埋伏的人包围了，一问才知道是道委派来迎接的便衣队。9月下旬，程子华于卡房见到了中共鄂东北道委书记郑位三，以及在道委机关工作的程坦、刘华清。这时，一直兼着红25军党委的省委，除郑位三以外，其余成员在一个多月前，随着红25军转战到皖西北去了。为了尽快地贯彻中央指示，郑位三当即写信，将程子华到达卡房的消息报告了省委，建议省委率领红25军赶回鄂东北，研究下一步的行动计划。

在等待省委回鄂东北的40多天里，程子华和郑位三以及程坦、刘华清等经常在一起交谈。交谈的内容，有时是互相介绍情况，有时是研究下一步行动方针问题。郑位三等通过介绍，才知道了中央根据地的许多情况，例如，广昌战斗失利后的形势，红七军团组成北上抗日先遣队的动向，等等，对中央红军的困难处境有了一定的印象。关于下一步的行动方针，程子华结合个人领会周副主席指示的体会，谈了自己的想法：敌人继续搞"竭泽而渔"，企图通过耗尽根据地的人力、物力把我们搞垮。我们不能让敌人牵着鼻子走，困守在"鱼塘"里，看着敌人把水抽干抓"鱼"。郑位三说，过去中央也有指示，要红25军走出去创建新根据地。但是，我们不敢走远，没有脱离鄂豫皖的思想。这不完全是对老苏区感情上的原因，更主要的是觉得这里有一些极为难得的有利条件。群众对敌人斗争那么坚决，恢复根据地是有希望的。如果在原地区能恢复根据地，何必舍近求远呢？本着这样的想法，我们在根据地附近搞了几次，多数失败了，少数搞成了。搞成了的两块，物质条件非常有限，补充不了多少兵员，活动余地不大。看来，在原地区坚持斗争是不行了。想通过中央苏区第五次反"围剿"胜利来改善我们的处境，在短期内恐怕指望不上了。但是，走出去又没有把握。再说，外面的情况一点也不了解，往哪儿走呢？这样，交谈的话题就转到转移方向上来。于是，我们对根据地四周的形势逐一进行了分析，认为：南、东、北三个方向都是平原、丘陵地区；南有长江天堑，又靠近敌人统治中心南京、武汉和中央根据地；北有淮水阻隔，敌人在开封、郑州驻有重兵；东面靠近津浦铁路和安庆，很难立足。因此，向南、向东、向北都不行。那么，向西行不行呢？程子华说，可以到伏牛山去。蒋介石与那里的军阀矛盾很深。当地的阶级矛盾尖锐，反动统治的基础薄弱。那里又是山区，地理条件比较好。过去，我就听说土匪头子樊钟秀拉了队伍，在那里盘踞多年。土匪能站住脚，共产党领导的军队为什么不能在那里建立根据地？谈着谈着，几个人的看法一致起来了：到远处去，到伏牛山去！不久，我们从国民党的报纸上，发现了中央红军长征到达粤湘交界的坪石、乐昌的消息，不仅使我们从整个南方革命形势看到了红军战略转移的必要性，而且意味着鄂豫皖苏区牵制敌人，为中央红军分担军事压力的任务可以解除了。这就进一步坚定了我们离开老苏区创建新根据地的思想。

三

红25军实行战略转移，是省委花山寨会议决定的。但是，在花山寨会议召开的 5 天前，省委仍在几百里以外的皖西北地区。

10 月下旬，红 25 军在皖西北的陶家河地区，与敌军第 2、第 3 "追剿队" 打了一仗。激战两天，部队伤亡近 300 人。眼看前来增援的敌军第 1 "追剿队" 临近，我军遂撤出战斗，转移到葛藤山地区活动。11 月 4 日，省委接到了郑位三派陈锦秀送来的信。6 日晚，率领红 25 军从葛藤山地区出发，两夜 1 天急行军两百多里，边走边打，连续突破敌人的四道封锁线，歼敌 4 个连，并打垮敌东北军的堵截部队，缴获一大批武器弹药。8 日拂晓，到达河南光山县城东南 50 里处的斛山寨。部队刚休息了两个小时，敌人 "驻剿" 部队 4 个团和第 4、第 5 "追剿队" 6 个团，在飞机的配合下分别从东、南两面跟踪而来。敌 "驻剿" 部队在寨东北，"追剿队" 在寨南，乘我不备发起进攻。敌 "追剿队" 进占我军 224 团放弃的寨南阵地以后，趁势向斛山寨山顶发起攻击。我军仓促应战，形势十分险恶。军长徐海东、政委吴焕先考虑到部队极端疲劳，靠 "走" 无法摆脱当面敌军，决定先打垮敌人的进攻，然后西进。在他们的指挥下，扼守寨东北和山顶的部队，继续分别抗击敌人的进攻，刚从寨南撤出的 224 团，隐蔽迂回到在山寨东北进攻的敌 "驻剿" 部队侧后，突然发起猛攻。在我军的内外夹击下，敌 "驻剿" 部队被迫撤退。接着，224 团和扼守寨东北的部队，分两路迂回到进攻山顶的敌 "追剿队" 侧后发起猛攻，坚守山顶的 3 个营也乘机发起反冲击，将敌 "追剿队" 压回到进攻山顶前的位置上。我军继续进行三面夹击，打得敌人溃不成军，纷纷逃散，战斗在黄昏前结束，3000 余人的红 25 军，打败了敌军 10 个团，打死、打伤、俘虏敌军 4000 人，还缴获了大批武器弹药和其他军用物资。这一仗打得相当出色。它打出了我军的军威，打击了敌人的气焰。捷报传来，根据地的军民人心大快，无不为敌人的追堵计划破产而欢欣鼓舞。斛山寨战斗为红 25 军战略转移争得了主动权，保存了战斗力量；为花山寨会议的顺利召开扫除了障碍。部队过硬的战斗作风，徐海东、吴焕先出色的作战指挥，不仅为这次战斗夺取了胜利，而且在这以前的多次战斗中创造出以少胜多、化险为夷的战果，使红 25 军在坚持鄂豫皖的斗争中度过了最危险、最关键的时刻。

11 月 11 日，省委在河南光山县花山寨召开常委会。郑位三出席了这次会议。并传达了程子华带来的周副主席的指示。会上决定：省委率领红 25 军实施战略转移，到桐柏山或伏牛山一带创建根据地；留下高敬亭和一部分武装重新组建红

28 军，在鄂豫皖边区坚持革命斗争。会上还讨论了与转移有关的一些问题。在军事方面，针对红 25 军人数少，行动灵活，部队敢打硬仗、打恶仗等特点和长处，确定实行高度机动、但又不消极避战的方针。在政治方面，根据不久前收到的中央关于红军北上抗日通知的精神，将红 25 军命名为中国工农红军北上抗日第 2 先遣队，并确定沿途大力宣传党的抗日救国政治主张的方针，规定途中不打土豪，不分土地，不进地主围寨，所需粮草一律购买，等等。上述决定，虽然是根据中央指示或者在中央指示启发下作出来的，但这不是机械执行中央指示的产物，而是一年来不断转变斗争方针、策略的必然结果。省委的求实精神以及不断增强的战略意识，使这次会议能够根据民族危机日益深重，邻近华北的鄂北、豫西各阶层和国民党军队要求抗日的情绪普遍高涨等事实，正确地把红 25 军战略转移与北上抗日联系起来，并从中找到了变不利因素为有利因素的途径，及时调整了政策，转变了斗争策略，将战略转移的信心建立在扎实可靠的基础上。会上还讨论了红 25 军军政领导的人事问题。与会同志经过个别商谈和反复研究决定任命程子华为军长、徐海东为副军长，吴焕先为军政治委员。当时不是省委委员的程子华没有参加这次会议，上述决定是郑位三在会后传达的。

会后，省委率领部队转移到罗山县殷家湾、何家冲一带，作转移前的准备：进行"打远游击，创建新苏区"的政治动员，轻装整编，安置伤病员，准备行军物资，等等。由于红 25 军在向鄂东北转移中，沿途连续作战，特别是斛山寨战斗部队伤亡较大，因而抽调鄂东北地方部队和道委机关干部补充红军主力。整编后的红 25 军，除军直属队外，另辖 223 团、224 团、225 团和手枪团，共 2980 余人。出发前。向外发布了《中国工农红军北上抗日第二先遣队出发宣言》。《宣言》号召全国同胞。不分政治倾向，团结一致抗日。并严正指出：北上沿途，国民党军队如果阻拦，本军定将坚决扫除之。16 日，全军指战员怀着沉痛心情，告别了鄂豫皖革命根据地，踏上战略转移的征途，向桐柏山进军。此刻，历时半年多的酝酿、筹划成了现实，红 25 军为谋求生存与发展的艰巨斗争由此开始。

花山寨会议是红 25 军战斗历程中的一个重要转折点。它历史意义之深远，远远超出了我们当时的预料。

花山寨会议的重要贡献，是为长征前的红 25 军解决了当时迫切需要解决的几个问题。首先，在走不走的问题上，定下了战略转移的决心。其次，在转移方向上，初步确定以桐柏山或伏牛山为目标。再次，在如何走的问题上，为顺利转移制订了正确的方针，作出了具体规定。这3个问题是相互联系、相互制约的。只有解决了这些问题，红25军长征才能迈开步，战略转移才能顺利进行。后来的实践表明，正是花山寨会议制订的方针、政策，使红25军通过了一个又一个的暗礁险滩，成功地实现了战略转移。在转移期间，红25军按照高度机动、但又不消极避战的方针，或者以快速行军和多变的转移路线，摆脱了优势敌军的追堵；或者以凌厉的反击，挫败了敌人进攻；甚至在遇到意外险情、处境困难的情况下，巧妙地利用天时、地理等条件，出敌不意地乘隙转移。由于红25军的走打、攻守、进退等军事行动，较充分地体现了扬长避短、趋利避害作战指导规律，指战员具有对革命赤胆忠心和能攻善守的良好军政素质，加上全军上下团结一致、齐心协力，从而使我们这个不足3000人的队伍，成为打不垮、拖不烂、冲不散的革命战斗集体，经受住了一次又一次的严峻考验。团结抗日的政策、严明的群众纪律更是收到了意料不到的效果。沿途广大群众从我们北上抗日的行动中，看到了挽救民族危机的希望；还从我们严明的群众纪律上，加深了对红军的认识。从而大大激发了他们的爱国热情和革命意识。在他们的帮助下，我们克服了转移途中一个又一个的困难；他们对我军行动的理解和部队良好的形象，使我们的转移出现了部队未动、影响先行的良好效果。也正是党的团结抗日主张的政治威力，使我们顺利地通过了围寨林立、地主小股武装多如牛毛的豫西平原和山区。开始，地主武装常常袭扰我们。后来，我们加强了政治攻势，提前给寨主头目写信，宣传抗日救国，说明我们是借道北上抗日，决不伤害。从这以后，地主豪绅转变了态度，有的甚至在围寨路旁放上了开水和饭食。地主豪绅这种保持中立、甚至是友好的态度，大大减少了我们前进道路上的困难。在历时10个月、行程近万里的长征中，红25军不仅成功地实行了战略转移，而且在沿途减员很大的情况下，进入陕南，开辟了鄂豫陕游击根据地，部队由不足3000人发展到6000余人；其中近4000人实行第二次战略转移，胜利到达陕北根据地，留下两千多人坚持了鄂豫陕边区的革命斗争。

花山寨会议的贡献，不仅是使红25军长征迈开了步子，也不仅仅是为顺利转移制订了正确的方针、政策，更重要的是，由于转移路线选择上的巧合，使红25军的战略转移，远远超出了谋求自身生存与发展的意义。后来的事实表明，只要红 25 军跨过平汉铁路，并且把去伏牛山作为第二方案，那么，摆脱困境、站稳脚跟的需要，就会不断打破原定计划，使红 25 军沿着桐柏山——伏牛山——陕南的转移路线，一步一步地向陕北根据地靠近，其结果则使红 25 军的长征，跟我国革命大本营的转移汇合到了一起；还使这种谋求自身生存与发展的斗争，纳入到党中央结束挽救革命危局斗争，发展西北革命形势，进而图举抗日大业的实践中。正是由于花山寨会议在历史转折的关键时刻，定下了战略转移的决心，确定了意义深远的转移路线，才使得这个由历史事件组成的因果链条，有了一个正确的开端。有了这个开端，红 25 军才有后来的先期到达陕北、取得劳山、榆林桥战役两大胜利，并协同中央红军进行直罗镇战役等机遇。花山寨会议，使红 25 军走上了在战胜民族危机的斗争中发展壮大的广阔道路，以其深远的历史意义载入了我国革命史册。

42. 配合红军主力北上，先期到达陕北

韩先楚　刘　震

红二十五军西征北上

"六月十三，红军出山。"这是当年流传在长安县引驾回等地的一句民谣。

农历"六月十三"，正是 1935 年 7 月 13 日。这天，我们红 25 军以极其突然之行动，经由陕西省商县杨家斜、蓝田县石嘴子等地，北出终南山，威逼西安。出山后，全歼蓝田县焦岱、长安县引驾回等地民团，前锋直抵西安城南 20 余里之韦曲、杜曲等地。与此同时，还在引驾回、子午镇、秦渡镇一带开展了群众工作，发动贫苦群众分粮、分盐、分衣物，动员青壮年参加红军。这一出其不意的行动，一方面使敌人在西北地区的总后方——西安城内，极为震动。当时正准备由西安开往天水之东北军 51 军于学忠部，被迫停止了行动。城内也一片混乱，一些大地主大资本家纷纷准备逃往外地。另一方面，这一行动也扩大了我党我军的政治影响，鼓舞了西安近郊的广大群众，部队则得到了物资补充，并扩充新兵 300 多名。

红 25 军自从撤离鄂豫皖苏区之后，即与党中央失去联系，只从报纸上得悉中央红军和红四方面军已在川西会师，并有北上动向。当时，蒋介石正在调集几十万大军向川、陕、甘边境集结，妄图将我红军主力围堵消灭于川西地区。对红 25 军来说，此时又面临着一次新的战略行动的抉择！

恰在这关键时刻，鄂豫陕省委于 7 月 15 日在长安县沣峪口召开紧急会议。事后得知，会议由代理省委书记吴焕先同志主持，他根据刚收到的中央文件精

神，以及报纸消息和敌情动态，认真分析了当时形势，认为日本帝国主义的入侵和国民党的出卖，使中华民族危机空前严重，党和红军必须动员千百万人民一致奋起，坚决反对蒋介石的卖国反共政策，积极准备同日本帝国主义作战。同时认为"主力（红军）会合在西方的胜利，与将要形成中国西北部苏区根据地，……都是目前中国革命发展的新的形势特点"，配合红军主力的北上行动，是当前最为紧迫的战斗任务[①]。省委同时也考虑到陕南的实际情况，认为袁家沟口战斗的胜利，"只是粉碎了敌人3个月的进攻计划，而没有争取到最后的全部胜利"[②]；加之敌人实行"围剿"的兵力有增无减，形势仍很严重。为了谋求新的战略出路，省委当机立断地提出：红25军立即与陕北红军会合，以配合红军主力在西北的行动，迅速创造西北新的巩固的革命根据地。

省委在与党中央失去联系的情况下，通观全局、独立自主作出这一战略决策，完全符合全国革命形势发展的需要，符合党中央、毛泽东同志率领中央红军北上抗日的战略意图，同时也反映了红25军全体指战员与红军主力会师的热切愿望。因为在此之前，红25军就曾有过北上陕北与红26军会合的行动意图。当时吴焕先同志就曾讲过，红四方面军与中央红军在西北方胜利会师，我们南北两支红军也可以携起手来，集中行动作战。

会议还确定合并鄂豫、豫陕两个特委，组成新的鄂豫陕特委，统一领导各路游击武装力量，继续坚持鄂豫陕边区的革命斗争。

转战陕南陇东，配合中央红军行动

1935年7月16日，红25军即在鄂豫陕省委率领下西征北上，开始了新的长征历程。

我军从沣峪口出发，经由鄠县（今户县）、盩厔（今周至县）境，沿秦岭北麓向西挺进。于7月17日、21日先后在盩厔县店子头和马召镇两次打退陕军骑兵团的尾追。这时，驻西安之东北军51军113师李振堂部紧追而来，先头已到

---

① 鄂豫陕省委1935年7月25日、30日写给郑位三等同志的信。
② 吴焕先1935年7月17日写给党中央的报告。

达鳌屋，距我仅30余里，情势相当紧迫。军领导为隐蔽行动意图，摆脱尾追之敌，遂于22日晨由辛口子向南折入秦岭山中。继经青岗砭、宽台子、厚畛子、二郎坝等地，佯作威逼汉中的姿态，借以迷惑和摆脱敌人。

7月27日，我军到达留坝县之江口镇，并击溃该地民团。北出终南山之后，连续10多天的行军作战，加之天气炎热，部队已十分疲劳，省委决定在江口镇休整两天，进行西征北上的思想动员和物资准备。部队也抓紧进行了整编，将随同主力部队行动的第4路游击师（地方部队）280余人，分别编入各团。原来就在这一带坚持斗争的华阳游击队这时也在江口镇赶上部队。沿途所收容的一些游击队伤病员也补入连队。这时，军仍辖223团、225团和手枪团，包括军部直属队，全军近4000人。

之后，我军即从江口镇出发，经由庙台子、留凤关等地，转向西北挺进。8月1日，我军以223团第1营为前卫，轻装奔袭20余里，占领川陕公路要地双石铺，歼敌一部；该营3连设在双石铺东北3里处的警戒排哨，恰在当天傍晚截得一顶由凤县而来的滑竿，俘敌少将参议1名，缴获一批文件和报纸。军领导综合敌少将之口供和文件、报纸所提供的情报，证实我红军主力正在分别北上，而敌胡宗南纵队、新编14师鲁大昌部、第3军王均部、新编第1军邓宝珊部及35师马鸿宾部，均部署于川西北和甘南边境、渭河沿线和西（安）兰（州）公路上，防堵我红军主力北上。据此，军领导决定部队立即进入甘肃境内，以威胁敌人后方，配合红军主力的北上行动。

8月3日，我军以手枪团化装潜入甘肃两当县城，配合先头部队攻占该城，俘敌保安队官兵数十名。随后便由两当县以北的利桥镇转向西北，直逼天水城下。9日晚，一举攻占天水县城北关，歼敌一部，缴获一批军用物资。我军直捣敌人后方，各处敌军四下告急，慌忙调第3军一部，从武山、甘谷掉头回援。这时，我军于11日从新阳镇渡过渭河，进占秦安县城。

我军进占秦安县城后，决定大胆向敌人纵深推进，以截断西兰公路，进一步牵制敌人，积极配合红军主力的北上行动。8月12日，我军由秦安县城北进。14日，威逼静宁县城，毙伤敌数十名。守敌新1军11旅惊慌异常，急电向兰州求援。至此，横贯陕甘两省的交通大动脉西兰公路遂被我军切断。

红25军神速西进，敌人极为震惊。当时，就连发自成都"行辕"的一道又一道"委座"电令，也对我军无可奈何。蒋介石在 6 月 6 日向西安绥靖公署发出这样的电令："查徐（指徐海东——编者注）匪数月以来，猖獗流窜，实属可虑，希速派队追剿，……"对于红 25 军威逼西安之后的行动，蒋介石不只是"实属可虑"，而且是极为恼火，又于 7 月 21 日发电严加痛斥："区区之匪，至今尚不能歼灭，可知进剿不力、奉命不诚。兹再限期 8 月 15 日以前肃清，如届时再不能遵令肃清，则唯该主管长官纵匪论罪！" 8 月 10 日，蒋介石再次在电报中声称："查徐海东匪西窜原因在策应朱毛（指朱德、毛泽东——编者注），我军应采取内线作战要领，先以优势兵力迅速解决徐匪，再行以全力回击朱毛。"并电令薛岳、王均、于学忠、杨虎城等部，各抽调一部分兵力归朱绍良统一指挥，集中对付红 25 军。我军这一行动，有力地吸引和牵制了川、陕、甘边界的敌人，迫使敌人在一定时期内减轻了对我中央红军的压力，起到了重要的战略配合作用。

激战四坡村，血洒汭河畔

我军威逼甘肃省静宁后，于 8 月 15 日进入静宁县城以北 50 里的兴隆镇，稍作休整。17 日，一举攻克隆德县城，歼守敌第 11 旅 2 团 1 营大部，活捉了伪县长和保安团长，并以缴获的部分衣物被服救济贫苦百姓。当日黄昏，我军连夜翻越六盘山，继续沿西兰公路东进。18 日，在瓦亭附近与由固原赶来堵截之敌 35 师一部遭遇。经过激战，终将敌人击退，毙伤敌数十名，缴获战马数十匹，并相继占领瓦亭、三关口、蒿店等地。19 日，乘胜逼近平凉县城。

这时，坐镇平凉城的敌 35 师师长马鸿宾，一面令 105 旅一部增援平凉，一面令师属骑兵团及 104 旅 208 团，分由庆阳西峰镇、宁县早胜镇，向泾川县城集中。敌人妄图将我军逐出陇东地区。我军为了继续牵制敌人，于 20 日由泾河北岸绕过平凉县城，随后又从平凉以东之四十里铺南渡泾河，沿公路进至白水镇。这时，敌 105 旅 3 个步兵营尾追而来，敌师长马鸿宾乘一辆"万国牌"大汽车，亲自随军督战。傍晚，我军回头阻击敌人，冒雨抢占打虎沟高地，将敌人全部打垮，歼其一个多营。亲至马莲铺督战的马鸿宾险些被我军生擒。

战后，我军连夜又赶到白水镇，稍事休整。8 月 21 日拂晓，继续冒雨东进。沿着泾河南岸的泥泞公路急行军 40 余里，到达泾川县城以西 10 余里的王村。这时，得悉敌35师骑兵团和104旅208团已经到达泾川县城，对我军进行堵击。前有堵敌，后有追兵，情况十分严重。接连下了两天大雨，公路以北的泾河水涨势很猛，部队再要北渡泾河已很困难；而在公路南面，则又被一道数十里宽的高山所阻，几乎毫无回旋余地。在此危急时刻，军领导果断决定暂离开公路，翻过南面的王母宫塬，南渡泾河支流汭河，摆出一副佯攻灵台的态势，给敌造成急于"夺路入陕"的错觉，实则我军西去威逼崇信县城，仍然扭住西兰公路不放，并积极探听红军主力的行动消息。

于是，部队由王村爬上王母宫塬。这是一座地势突兀的黄土高山，位于泾河与汭河之间，由西向东蜿蜒而来。南面的崖壁底下，便是奔流不息的汭河水，汭河水平时流动缓慢，深不过膝，可以徒涉而过。眼下，因为大雨滂沱，平静的河面卷起浑浊的浪涛，给部队渡河造成很大困难。

军政委吴焕先亲自在岸边指挥部队渡河。他浑身上下全被雨水湿透，衣服紧紧贴在身上，满脸淌着水珠，面色变得铁青。他指挥手枪团和225团抢先渡过河去，占领南岸高地，并向泾川方向实行警戒，防止敌人突袭。等到军供给部和军医院过河时，山洪突然暴发，有几个战士不幸被洪峰卷走。吴焕先一看情况严重，马上命令停止渡河，抢救落水的战士。这时，全军的骡马担架、行李挑担、医疗药品、军械修理器材，以及随同医院行动的伤病员，全都拥挤在汭河北岸，……这是多么紧迫而又艰难的时刻啊！

正在这时，王母宫塬上忽然响起了枪声。敌104旅208团1000余人，在1连骑兵的配合下，由泾川县城沿着王母宫塬，乘机向我突袭而来。在塬上四坡村担任掩护任务的223团第3营，首先与敌人接触，当即凭借房屋、土墙和窑洞，跟敌人展开激战。这时，我先头部队已经渡过汭河，难以回援，担任后卫掩护任务的223团，完全处于背水作战。如不坚决打退敌人的进攻，后果将不堪设想！于是，军领导立刻命令223团第1、2营全部投入战斗，坚决阻击敌人的进攻。在此危急关头，吴焕先政委带领军部交通队和学兵连150多人，从右翼截击敌人。他们抄着一条隐蔽小路，一鼓作气地从河边奔上塬顶，恰好插入敌人的尾部，切断了敌人的后路。战士们不顾泥泞路滑，迅速占领几座高地，从侧后向敌人发起攻击。吴焕先政委向战士们大声疾呼："同志们，压住敌人就是胜利，决不能让敌人逼近河边！一定要坚决地打，狠狠地打！"与此同时，我223团3个营，在几挺重机枪火力的掩护下，趁机向敌人发起猛烈反击。只顾向四坡村发动围攻的敌人，没想到忽然从背后杀出一支奇兵，顿时乱作一团，纷纷夺路逃窜。

战斗正在激烈进行时，亲临前线指挥作战的军政委吴焕先负了重伤。指战员听到军政委负伤的消息，更加激起对敌人的无比仇恨，一个个悲痛至极，怒火万丈，奋不顾身地冲上前去，与敌人拼刺刀肉搏。最后终将敌人压到一条烂泥沟里，全部予以歼灭，敌团长马开基亦被我击毙。

王母宫塬上的一场恶战就这样结束了。但是，指战员们并没有感到胜利后的喜悦，而是处于万分悲痛之中，因为战斗即将结束的时刻，年仅28岁的军政委吴焕先同志就停止了呼吸……巍巍耸立的王母宫塬上，阴雨低垂，风雨声咽。被烈士鲜血染过的几簇小草，滚动着一滴滴带血的泪珠，仿佛也在为烈士垂泪致哀……

沉痛怀念红二十五军创始人——吴焕先同志

吴焕先同志，1907年生于湖北省黄安县四角曹门（今属河南省新县）。1926年加入中国共产党。曾参加领导著名的黄麻起义，是鄂豫皖革命根据地和红四方面军创始人之一。1930年后，历任中共黄安县委书记、鄂豫皖特委委员、鄂豫皖省委委员、红4军12师政治部主任、红25军73师政治委员、红四方面军政治部主任等职。1932年红四方面军撤离鄂豫皖时，焕先同志留任鄂东北游击总司令。他根据省委决定主持重建红25军，先后担任军长、军政治委员。面对数十万敌军一次又一次的残酷"围剿"，在极其艰难困苦的岁月里，他领导红25军和地方军民坚持鄂豫皖革命根据地，进行了艰苦卓绝的斗争。1934年冬，红25军奉党中央指示实行战略转移。在创建鄂豫陕根据地初期，省委书记徐宝珊身患重病，军长程子华、副军长徐海东在庾家河战斗中均负重伤，焕先同志主持全面工作，独挑革命重担，为开辟创建鄂豫陕革命根据地和红25军的发展壮大，以及粉碎敌人两次重兵"围剿"，作出了重大贡献。他以胸怀全局的革命胆略和坚决果断、及时正确地决定红25军西征北上的战略决策。他具有高尚的革命品质、坚强的斗争意志、卓越的战略远见和领导才能，他是全军一致公认的杰出领导者。他的牺牲是鄂豫陕省委和红25军的一个重大损失，全体指战员悲痛万分，决心为实现他的遗志而英勇奋战!

焕先同志作战英勇,身先士卒,临危不惧,指挥若定,在几次生死存亡的恶战中屡建奇功,使部队摆脱困境,转败为胜。他以身作则,严于律己,密切联系群众,与战士同甘共苦,深为全体指战员所爱戴和敬佩,在部队中享有崇高的威信。他善于独立思考,注重斗争实践,对党和革命事业怀有一颗忠贞不渝之心!

西征北上途中,焕先同志十分关切中央红军和红四方面军行动的消息,以及川、陕、甘边的战事动向。自从与党中央失去联系之后,他随时都在寻找党中央。部队到达陕南时,他曾几次给红四方面军和川陕省委写信,试图与党中央沟通关系,但都没有成功。他多次讲过,消灭敌人一个团不如缴获1部电台,有了电台就可以设法与党中央取得联系,及时得到党中央的指示。为了向党中央报告情况,从沣峪口出发的第2天,他连夜写了一份《关于红25军的行动、个别策略及省委工作情况的报告》,长达8000多字,末尾注有"7月17日夜,下3点半"。报告写成之后,他连同省委关于创建鄂豫陕新区的决议文件,都一并交由石健民呈报中央,请求中央予以审查。打下双石铺以后,他根据敌少将参议的口供和《大公报》上的几则片段消息,认真加以分析研究,及时作出策应红军主力北上的行动决策。据此,他向部队提出"迎接党中央"和"迎接红军主力"的战斗口号,进一步激发了全体指战员的斗志,全军上下拧成一股劲儿,决心以实际行动迎接党中央和红军主力的到来!

从终南山下到陇东高原,焕先同志一路上的所作所为,都给我们留下极其深刻的印象,使人终生难忘。部队每经过一地,他都深入调查研究,根据不同地区的民情风俗,适时地提出一些新的政策、纪律规定,教育指战员严格遵守,切实做到秋毫无犯。牲口吃了农民的庄稼,他也要求当面赔礼道歉,按价补偿损失。记得路过留坝县庙台子时,部队住宿在张良庙内烧火做饭,弄得到处都是柴草烟灰,纪律也不太好。他当即把有关单位领导召集起来,进行批评教育,要求整理好庙内卫生。当时,他听说军供给部把庙内的一对铜鹤收藏了起来,准备带走留作供给经费之用;便立即找供给部领导,让其把铜鹤送回原处。他语重心长地说:"这对铜鹤是很值钱,但它是庙内的文物,再值钱,我们也不能拿走,更不能变卖!'雁过留声,人过留名',我们从此路过一回,拿走了留侯祠的文物,将会落下个千古骂名。我们红军队伍再穷再苦,都不能做出这种遭人唾骂的事,落下个盗卖文物的罪名！"他还讲了西汉名士张良的故事，介绍了几块明清两代名人的留题碑刻，要求部队爱护名胜古迹，对庙内的一切陈列物品都不得随便挪动。指战员都很敬佩吴政委的做法，临走时把庙内收拾得干干净净，僧俗游人无不交口称赞。

在进入回民聚居的兴隆镇之前，焕先同志深入了解回民地区的社会情况，结合当地回族的宗教信仰和风俗习惯，及时制定了"三大禁令、四项注意"①，对部队进行党的民族政策教育，严格要求部队贯彻执行，不得违犯，到了兴隆镇以后，焕先同志又邀请几位颇有名望的人士和清真寺的阿訇到军部作客交谈，他说："我军进驻兴隆镇，一不向你们派捐款，二不向你们催粮草，三不拉你们的民夫壮丁。大家尽管放心，红军决不骚扰老百姓。我们也不在此地停留，稍作休整之后，很快就走！"随后又讲了我党的抗日救国主张和红军的政策纪律。第二天，他还跟其他几位领导同志一起，在军号、锣鼓、鞭炮声中拜访了清真寺，并赠送了匾额和礼品。当时，马青年等六七个回族子弟自动参加了红25军。"红军好"的消息不胫而走，很快传遍了陇东高原。

多么令人难忘的怀念啊！吴焕先与红25军，就像一缕贯穿始终的红丝线，抽不完也扯不断。焕先同志牺牲以后，当时就葬于汭河南岸的郑家沟，坟墓随后也遭敌人毁坏。壮志未酬身先死，而今许多健在的老同志仍把他看作红25军的领导核心，卓越的决策人。吴焕先同志的英名将与日月同辉，永垂青史！

粉碎敌人追堵，胜利进入陕北

为了继续牵制和迷惑敌人，我军直逼灵台方向，佯作"夺路入陕"之状。敌人原以为这支"疲惫之师"在到达泾河两岸时必然要夺路进入陕北，没想到又掉头南下，进入灵台县境，我军的这一行动，敌人曾错误地认为：扰乱之师，飘忽不定；北去不成，而又"被迫流窜入陕"。于是，西安绥靖公署8月30日又发出电令："严堵该匪窜陕"，尾追到达陇县的东北军51军113师，这时也摆出一副

---

① "三大禁令、四项注意"：禁止驻扎清真寺，禁止打回族中的土豪，禁止在回民家中吃大荤；严格要求部队注意尊重回族人民的风俗习惯，注意用回民水桶在井里打水，注意回避青年妇女，注意实行公买公卖，不准在回民面前说"猪"、骂"猪"，等等。

防堵红25军入陕的架势。

其实，红25军除以少数部队在灵台附近虚张声势之外，主力则在灵台、崇信、陇县之间的三角地带，积极探听红军主力的行动。部队所到之地，军领导都派手枪团四出搜集报纸，访问客商，打探消息，极力寻知有关红军主力的北上动向。由于当时条件所限，又没有电台通讯。对红军主力正在过草地的行动消息一无所悉。就在这时，敌情起了重大变化：猬集于陕甘边界陇县、清水、马鹿镇等地之敌113师，时刻都在窥测着我军的行踪，伺机而动；敌第3军12师也从武山、甘谷一带向东移动而来；由兰州乘汽车驰援之敌第6师17旅，已经到达泾川县城；敌35师仍继续向泾川方向集结调动，该师骑兵团一直跟追到什字镇，像条尾巴似的难以甩脱。军领导考虑到一时难以获得红军主力的确实消息，各路敌军日益集中逼近，对我形成合围夹击之势，我军连日在大雨和泥泞中行军作战已很疲劳，伤病员也难以安置，继续作无后方依托的行动十分不利，遂决定立即向陕北苏区前进，迅速与陕北红军会师。

8月30日，部队经华亭县安口窑转而北上。31日晚，由平凉县城以东的四十里铺渡过泾河。继经镇原、庆阳县境，翻沟跨塬，兼程前进！

这时，敌35师骑兵团和步兵210团一路上跟踪穷追。我军在经过西峰镇和翻越赤城塬时，曾两次打退敌人骑兵的尾追。9月4日晨，部队从板桥镇出发时，担任后卫的225团3营遭敌骑兵团突然袭击。在此时刻，徐海东指挥2营投入战斗，掩护3营突围。但因敌众我寡，也陷入敌人的包围之中，情况十分危急。恰在这时，225团1营营长韩先楚、营政委刘震带领队伍迅速抢占左翼一座山头，以猛烈的火力阻止了敌人的进攻，掩护徐海东同志飞马突出重围。这次战斗，我225团3营损失200余人，团长方炳仁同志壮烈牺牲。

之后，部队沿着陕甘边界的崇山峻岭，继续向北前进。这一路人烟稀少，沿途无粮可筹，部队饥疲不堪，行进困难，全军都处在严重的饥饿威胁之中。不少营以上领导都把自己的乘马宰了，为战士果腹充饥。正在十分困难之时，恰遇上一个赶羊商贩，军供给部如数买下四五百只羊，这才解除了严重的饥饿威胁，得以继续前进。

9月7日，到达陕甘革命根据地的豹子川。省委在此开会，决定由徐海东任军长，程子华任鄂豫陕省委书记兼军政委、戴季英任参谋长、郭述申任政治部主任。这时，全军总共 3400 余人。军领导对部队作了进入陕北苏区、同陕北红军会师的政治动员，要求部队整顿好军容，讲究礼节，遵守纪律，注意团结，虚心向兄弟的陕北红军学习。全体指战员都感到无比兴奋，信心倍增。

9月9日，部队进至永宁山，和陕甘党组织取得了联系。习仲勋、刘景范同志得悉这个消息后，立即报告了西北工委，中共西北工委组织部还印刷了《为迎接红 25 军北上给各级党支部的紧急通知》。红 25 军在永宁山稍事休整，经过 4 天行军，于 9 月 15 日胜利到达延川县永坪镇。至此，红 25 军经过两个月的艰苦转战，行程 4000 余里，沿途攻克 3 座县城，进行大小战斗 10 多次，打退了敌人的追堵，终于实现了自己的战略意图，成为红军长征先期到达陕北的第一支队伍，胜利完成了长征。

43.随红二、六军团长征

王永浚

　　1935年10月，中央红军到达陕北后，留在湘西的红二、六军团根据党中央的指示，开始了以北上抗日为目标的伟大长征。这是从红二、六军团的整体来说的。若单从红六军团来看，1934年8月，作为中央红军的先遣队，从湘赣出发西征，实际上已是长征的开始；而这次湘西突围应该是长征的继续。

　　1933年5月，我在湘赣苏区参加中国工农红军。开始，组织上把我分配到湘赣军区无线电报务训练班当教员。从1933年6月至1934年2月，我先后办完了第一、二两期训练班。1934年3月，我被调到任弼时身边专门从事无线电破译工作。我作为一名红军情报战士，随红二、六军团进行长征，见证了红二、六军团长征的全过程。

红二、六军团会师，创建湘鄂川黔革命根据地

　　湘赣苏区是在毛泽东、朱德建立的井冈山革命根据地的基础上发展起来的。1929年，毛泽东、朱德率主力红军向东发展，建立赣南、闽西根据地，而留在湘赣苏区的红军逐渐发展成为红八军。以后，又扩编为红六军团。1933年，正式成立湘赣军区。

　　在反对国民党军队的"围剿"中，湘赣苏区红军是中央革命根据地的一支很重要侧翼部队。中央对湘赣苏区及红军非常重视，曾多次派干部来加强领导。1932年10月派萧克任红八军军长，蔡会文为政委；1933年5月派任弼时任湘赣

省委书记兼军区政委。

1933年下半年，国民党军队调集50万人马对中央根据地发起第五次"围剿"。由于李德、博古错误路线的指导，使中央红军陷于非常困难的境地。湘赣苏区在敌人重兵包围和严密封锁下，处境也十分不利。1934年7月，中央书记处及中革军委训令红六军团退出湘赣苏区，转移到湖南中部，发展游击战争，创立新的根据地，并取得与红二军（即红二军团的前身）的联系。实际上，中央这一训令更重要的意图是，要红六军团作为中央红军的先遣队，深入湖南，调动敌人，摸清情况，并开辟新的根据地，使中央红军尔后转移时有个立足之地。但这一意图当时并未透露。中共中央、中革军委还决定，任弼时作为中央代表，与萧克、王震二人组成军政委员会，以加强对红六军团的领导。

红六军团在军政委员会的领导下，经过各种准备工作，于1934年8月7日从遂川横石地区出发，连续突破敌人四道封锁线，经过四天急行军，到达湖南桂东寨前圩。这一胜利使蒋介石和湘桂两省军阀为之震惊。湘敌何键一面急电刘建绪派第十五、十六两个师追我们，一面令一个旅、4个保安团防堵拦截我们。还有敌第六十二、六十二师迅速向郴州、桂阳集中，以观动静；第十九师从邵阳向阳明方向前进；长沙警卫旅车运武冈，协助地方团队防守。广西军阀也令第七军两个师向北部边境调动。在这种情况下，我军计划从零陵（永州）取捷径抢渡湘江，但被敌军识破，并调重兵（其中一部分是用汽车运输的）到零陵地区，沿湘江西岸进行防堵。敌我双方都在抢时间。我军到达湘江右岸蔡家埠时，因迟到一步，无法抢渡，乃改变原计划，另选行动路线，但这时我军已陷入四倍于我的敌人的包围中。

为了摆脱敌人的包围，军政委员会经过调查决定，既不走大路，也不走小路，而是从没有路的阳明山走出一条路来。我们越过阳明山，进入白果市，脱离危险困境。再绕过敌第十五师的侧翼，立即急转南下，日夜兼程，到达嘉禾县城附近。随后又折而向西，迅速进至江华、道县之间，渡过潇水，继而顺利进行了湘桂交界之永安关战斗一，进入广西全县、灌阳东北地区文市。途中我军一举击溃敌8个多团的阻挠，于9月14日在全县以南的界首胜利渡过湘江，进占西延县（今资源县）城，并由此入湘。湘、桂两省敌军先后集结在靖县、绥宁地区，防我北进。我军经过曲折的道路，走到通道以西40里之新厂，杀了个回马枪，把何键部的第一纵队何平部两个团全部击溃，缴获甚多。从此，敌人再不敢轻易尾追我们。

我军入黔后，在由黄平向石阡方向前进到甘溪时，再次陷于湘、桂、黔敌军的包围中，被迫在人烟稀少的深山密林、悬崖峭壁间艰苦转战，在敌人疯狂的围追堵截下，寻机突围。

9月17日，我军进到石吁甘溪时与桂敌第九师两个团遭遇，作战不利，前卫被截断。军团首长率主力进入一个便于隐蔽的密林高山中，后在一猎夫指引下，经几天急行军，终于冲出敌人的包围圈。

在从黄平向石叶方向前进时，军政委员会向军内传达了中央及中革军委命令红六军团西征的战略意图，是为了与贺龙的红二军会师，并掩护中央红军向西转移。然而这时红二军已退出洪湖苏区，我军无法取得与红二军的联系，只能按照国民党报纸讲的大方向去寻找红二军的具体位置。红二军也是从报纸上知道我们确实西来，但对红六军团到达的具体地点不清楚，只能按照一个大方向去迎接红六军团。经过双方的分析判断和努力奋斗，终于在1934年10月24日，我军同贺龙、关向应领导的红二军在贵州印江县木黄胜利会师。10月26日，两军在四川酉阳县南腰界举行庆祝会师大会。

两军会师不久，经中革军委批准，红二军恢复红二军团的番号，贺龙任军团长，中央代表任弼时任政治委员，关向应任副政治委员。中央还决定，由贺龙、任弼时、关向应统一指挥红二、六军团。

两军会师后，当时党中央及中革军委来电，要二、六军团向黔东和凤凰、乾城地区分开行动。任弼时、贺龙、关向应、萧克、王震等作了认真讨论研究，认为我军虽然士气旺盛，战斗力强，但是兵寡（不到8000人）、枪少（只有三四千支）、弹缺（红二军团平均每人只有10发子弹，红六军团稍多一些，但也不足），而且黔东地区狭小，那里只有10万居民，粮食缺乏，又有敌人30个团之"围剿"，这样不仅难以发展，而且也难以坚持；同时也不能分兵向凤凰、乾城地区进行游击，因为那里是湘西土皇帝陈渠珍长期盘踞的老巢，敌武装多，且极强悍。为了避免陷入被敌人各个击破的险境，我二、六军团决不能分散兵力，而应集中行动，形成一个强有力的拳头，向敌人防御力量薄弱、又有群众支援的地方大举进攻。经过分析比较，红二、六军团首长认为在湘西澧水上游地区开辟新的革命根据地较为适宜。于是两军领导决定向湘西永顺、桑植地区进军。

当时，中央红军正从赣南突围经湘南向西转移。湘敌何键部决定，以第十五师在耒阳、永兴之线，第六十二师在衡阳、零陵之线，筑碉堡沿河固守，第十九、十六师向零陵集中待命。这样湘敌5个师都在湘南。鄂敌徐源泉部队分散在鄂西和洞庭湖地区。川、黔两敌未有新的调动。湘西地区敌人兵力薄弱，而且临近湘西四周也空虚，恰好为我二、六军团向湘西进军提供了极好机会。

自从我军从酉阳、龙潭入湘以后，敌陈渠珍即令龚仁杰、周燮卿、杨其昌二个旅对我军由堵截改为尾追。可是敌人是一支孤军，完全在我军掌握之中。贺龙、任弼时、关向应、萧克、王震等决心吃掉它。他们设计向敌示弱，诱敌上钩，瓮中捉鳖。1934年11月16日，我军在龙家寨十万坪谷地秘密埋伏，待敌人进入我伏击圈后，突然发起猛烈攻击，经过两个多小时的战斗，将敌两个旅大部歼灭，还击溃一个旅又一个团。我军乘胜前进，占领永顺、大庸、桑植二座县城。接着又攻占桃源，控制了龙山、保靖、桃源、慈利、常德的部分地区。随之在这些地区大力发动群众，建立政权和组织游击队，开创了湘鄂川黔革命根据地。12月26日，中共湘鄂川黔边区省委宣告成立，任弼时任书记，同时成立了湘鄂川黔边区革命委员会和军区等领导机构，贺龙任革命委员会主席和军区司令员。

红二、六军团在湘西的胜利，牵制了敌湘鄂两省兵力，使它们不能全力对付中央红军，而要把许多已经调至湘南和从鄂入川的部队调到湘西方面来，这对中央红军起到策应的作用，大大有利于中央红军的转移。

红二、六军团的胜利和日益壮大，使蒋介石、湖南军阀何键、湖北军阀徐源泉大为震惊，他们纠集张振汉、陈耀汉、郭汝栋、李觉、陶广和陈渠珍等部共一个师又4个旅，加上一个保安旅和4个保安团，约近12万之众，分六个纵队，运用碉堡战术，分进合击，逐步向湘鄂川黔根据地推进。

1935年1月召开的遵义会议确立了毛泽东在中央的领导地位。1935年2月1日，中革军委给红二、六军团来电指示："应利用湘鄂敌人指挥上的不统一，何键部队的疲惫，于敌人离开碉堡前进时集中红军主力，选择敌人的弱点，不失时机地在运动中各个击破之。总的方针是决战防御，而不是单纯防御；是运动战，而不是阵地战。辅助力量是游击队和群众武装。"中革军委还指示："为建立军事上的集体领导，应组织革命军事委员会的分会，以贺、任、关、夏、萧、王为委员，贺为主席。"进一步加强对红二、六军团的领导。

在敌军对湘鄂川黔根据地开始发动新的"围剿"时，红二、六军团首长选择湘敌李觉纵队作为首先打击的对象。1935年3月，我军和该纵队在澧水右岸后坪地区遭遇，毙伤敌千余人，但我军也有伤亡。

在后坪战役之后，省委和军委分会对敌情重新作了分析，认为湘敌兵力雄厚、集中，与红军作战经验多，战斗力较强；鄂军被我军分割，部署分散，指挥不统一，有不少北方部队，不善于南方山地作战。据此，我军决定改变战略，将过去对湘敌取攻势，对鄂敌取守势，改为对鄂敌取攻势，对湘敌取守势；并决定向北转移打运动战，然后再视情况渡长江北进。4月5日，中革军委亦来电指示，红二、六军团在湘鄂川黔根据地粉碎敌人"围剿"的可能性还是存在的，应尽力在原地争取胜利。于是省委和军分会即将中革军委指示精神与上述作战方针结合起来加以贯彻执行，千方百计地寻求歼敌之机。

当时，进驻桑植之鄂敌陈耀汉纵队，判断我二、六军团将分两路北进；鄂敌总司令徐源泉亦相信此判断。鄂敌对我军北进极为注重，急于出动部队进行截堵，企图歼灭我军。当我军于4月12日主动撤出塔卧、龙家寨时，陈耀汉纵队第五十八师第一七二旅亦于同一天向陈家河出动。我军于13日抢先在陈家河部署兵力，占领阵地，出其不意将该旅重重包围并歼灭之。

在陈家河战斗时，陈耀汉连续电请徐源泉，令驻上河溪之第四十一师进行侧背牵制，还要求附近之郭纵队驰往增援。他也亲率第五十八师直属队、第一七四旅和第二四七团由桑植驰援陈家河。因在途中发现第一七二旅已被歼，便向桃子溪方向逃走，企图靠拢郭纵队。我军早已料到敌人这一招，立即冒雨南下，追击逃敌，在桃子溪将陈耀汉部四面包围，全歼敌一个师部、一个旅部、一个团和一个炮兵营。我军趁胜收复塔卧、桑植等地。

随后，省委和军委分会为调动敌人，造成有利条件，在运动中歼灭之，采用"围城打援"的战法，取得了忠堡、板栗园等一系列歼灭战的胜利，粉碎了敌人的"围剿"，出现了新的好形势。于是省委和军委分会决定，利用敌人新的"围剿"到来之前的空隙，我二、六军团大举东进，出击长江以南、洞庭湖以西广大地区。我军迅速从慈利江娅附近向东推进200余里，占领了石门、临澧、津市。

这次东进，扩大了红军的政治影响，征集了大批物资，补充了大量兵员。

湘西突围，转移到贵州石阡、江口地区

红二、六军团在湘鄂西地区的节节胜利，宣告了蒋介石动用湘鄂两省敌军87个团之众的"围剿"计划的失败。蒋介石十分恼怒，又调动更大规模的兵力布置新的"围剿"。1935年9月间，他把进攻和追击我中央红军的孙连仲的第二十六路军第二十七、二十、二十一师、独立四十四旅，樊松甫纵队第七十九、二十八、四十二、九十七师，汤恩伯纵队第八十七、七十八师调到津市、澧县及其以北地区，企图将我军压缩和聚歼于龙山、永顺、桑植之间。为此，特设宜昌行营，派陈诚任行营参谋长，代行蒋介石职权，统一指挥上述各军。宜昌行营所辖兵力达22个师又5个旅，合计130个团，加上保安队，共约有30万之众，且以蒋介石的嫡系和半嫡系中央军为主。我红二、六军团加上地方武装总兵力只有2万多人，兵力相差极为悬殊。省委和军委分会为了保存革命力量，决定突围，退出湘鄂川黔根据地，转移到敌人力量薄弱的湘黔边境，积极创造条件，争取在贵州的石阡、镇远、黄平地区创建新根据地。从哪里突围？这是当时军分会急需做出的首要决策。湘鄂川黔根据地，东有洞庭湖，北有长江，西有崇山峻岭，而且二面均有敌重兵层层防守，不利我军突围，只有南面澧水敌人防务较弱。军委分会根据此情况，决定从南面澧水突围。

红二、六军团做好一切突围准备，并将红六军团之第十八师留在湘鄂川黔根据地掩护突围，我军于1935年11月20日从大庸县东老鸦口、兴隆街两处，突破澧水封锁线；20日袭占大宴溪、洞庭溪，消灭敌人一部，又突破了沅水封锁线；随即兵分两路向湘中推进，一路由贺龙、任弼时、关向应率红二军团和军委分会机关进占辰溪、溆浦，一路由萧克、王震率红六军团进占新化、锡矿山、蓝田市。在上述地区，我军抢时间进行休整，筹措物资，宣传抗日救国和统一战线的主张，扩大共产党和红军的政治影响。群众自愿参加红军的达3000多人。

红二、六军团湘西胜利突围，出乎蒋介石和宜昌行营以及湘鄂两敌指挥机关的意料，他们以为有澧水、沅水两道封锁线可以锁住红军，而红二、六军团却胜利突出重围，大踏步向湘中推进，从而使敌人的"围剿"部署全被打乱。特别是

敌人在北线西线的"围剿"部队，完全被置于无用之地。蒋介石和湖南军阀何键对此极为震惊，又非常害怕红二、六军团在湘中停留，因而立即作出新的追堵部署。在"追剿"方面，有樊嵩甫纵队4个师向新化、溆浦开进；有李觉纵队3个师向辰溪、溆浦开进。在堵截方面，有陶广纵队3个师和郭汝栋纵队8个团开进沅水西岸地区。另有汤恩伯纵队2个师进驻邵阳，用以防止红军从衡阳至零陵之线渡过湘江，回到湘赣边区老根据地，并预防桂军反蒋北上。

敌人几个纵队逐步靠拢起来，逼近我军。在此情况下，军委分会认为我军不能在湘中久留，便决定向南经赛市、武冈等处，再折向西经黔阳、芷江，进入黔东，并预定在芷江境内组织便水之战，给冒进突出的李觉纵队之章亮基第十六师致命打击，如能歼敌一路、威震余敌，即可在贵州的石阡、黄平、镇远地区建立新的革命根据地。1936年1月4日夜，任弼时在研究敌人作战行动情况后，即与贺龙命令我军抢时间布阵待敌。红六军团第十六、十七两师占领便水附近之高地，待敌章师第四十七旅两个前卫团到达时，红六军团立即展开攻击，集中火力猛打，敌伤亡惨重。敌人迅速派援军支援。贺龙、任弼时认为，敌强我弱，再纠缠下去对我军很不利。为保存实力，我军当即撤出战斗。

便水之战，红二、六军团指战员表现出的顽强拼搏精神，使敌人心惊胆寒，甚怕孤军突出，不仅受重创的李觉纵队如此，而且从侧翼威胁我二军团的陶广纵队亦不敢单独轻进。我红二军团因此得以安全撤出战斗。随后我军顺利地占领石阡、江口，得到7天时间的整休。军委分会在石阡召开会议，任弼时作了政治报告，传达中央政策批示，分析当前形势，指出光辉前景，使指战员受到很大鼓舞。留在湘西根据地掩护主力突围的红十八师，穿过敌人重围，辗转经过鄂西、川东、黔东等地，亦于此时在江口与六军团会合。

由于便水之役未能打成歼灭战，而敌人又集中行动，步步跟进，致使我军预定在石阡、镇远、黄平地区建立革命根据地的计划未能实现。因此，我军委分会决定，放弃原定计划，立即实行向黔西、大定、毕节方面作新的战略转移。

从石阶向黔西、大定、毕节转移和突破乌蒙山区包围

红二、六军团向黔西、大定、毕节转移的战略目的，是要在那里建立川滇黔

边革命根据地，因为那里敌人统治薄弱，有迫切要求解放的广大群众积极支援，有川滇黔二省军阀相互间的矛盾可以利用，有红色游击队和党的地下组织进行配合。我们技侦工作为适应这一战略要求，首先查清了周围敌人的兵力部署情况。

敌人为围歼我红二、六军团于乌江以东、松桃以西地域，也对整个兵力做了部署。其部署分内外两层配备。内层进攻方面，从东面及东北面向石阡地区压缩的有李觉纵队2个师（12个团）、樊嵩甫纵队4个师（16个团）、郭汝栋纵队2个师（8个团）、傅仲芳的第九十九师（4个团），共40个团。外层防堵方面，在余庆的龙溪构筑有纵深的碉堡，封锁红军向西南突破的有李必蕃的第二十二师（8个团）；在镇远一线防红军向东南突破的有杨其昌旅（3个团）；在思南防红军西渡乌江的有郝梦龄纵队2个师（10个团）；在酉阳、秀山地区防红军向东北突破而回师湘西的有川军的6个团；主要集中于湘西地区，为防红军东面突破而返回湖南的，有陶广纵队3个师和一个独立旅共20个团；参加防堵的还有罗启疆的独立第二十四旅（3个团）。敌人主力是在东面、东北面和石阡至思南一段乌江防务方面，它的薄弱点是在石阡西南方面。

贺龙、任弼时和军委分会根据敌人薄弱点之所在，即选定从石阡经白沙、龙溪、瓮安、猴场、福泉、羊坊、开阳、修文至鸭池河，渡过乌江，达到黔、大、毕地区的路线，这是一条最少阻碍、比较安全的转移路线。1936年2月上旬，我军顺利突破乌江防线，相继占领黔西、大定、毕节二城，完成预定的战略转移任务。

1936年1月下旬，当红二、六军团在转移过程中，经过靠近贵阳之羊场、羊昌、扎佐、修文一带时，正在贵阳坐镇指挥的蒋介石不胜惊恐，当即亲督守备部队赶筑工事，严密防守。由于他不能长期坐镇贵阳，即把对付红二、六军团的军事指挥大权，授予其亲信顾祝同，统一嫡系部队和非嫡系部队的指挥。此时顾直接指挥的进攻部队，除原有李觉、樊嵩甫、郭汝栋3个纵队外，另从黔北增调万耀煌、郝梦龄2个纵队，共5个纵队44个团。在外围防堵方面，有郭思演、孙渡2个纵队，川军李家钰部犹国材第一二一师，蒋在珍新八师，共39个团。两者总计为83个团。敌人的战略意图是要重新组织一次"围剿"，将我二、六军团歼灭于川滇黔边区。

当时，追击我军的李觉、樊嵩甫、郭汝栋3个纵队，不仅落在我军后面很远，而且疲惫不堪，减员甚大，需要休整；从黔北增调的敌万耀煌、郝梦龄2个纵队亦需要时间做行动前的准备。因此，敌人要重新组织一次"围剿"，至少需半月至20天左右的时间。据此，贺龙、任弼时和军委分会利用这段时间，命令全军狠抓创建新的革命根据地的工作。首先成立以任弼时为书记的川滇黔边区省委和以贺龙为主席的川滇黔边区革命委员会，建立抗日民族统一战线。在黔大毕地区组织了"抗日救国会""人民抗日大同盟""人民抗日义勇军""贵州抗日救国军"等抗日组织。由于充分发动群众，激发群众爱国热情，主动参加红军的群众达5000余人。

为了保卫正在创建的川滇黔边区这块革命根据地，我军必须乘敌之隙打几个歼灭战。2月19日，我军终于等到这样的机会。这天，我红十七师在大定北郊将军山全歼万耀煌先头部队7个连。这一战斗虽给敌以打击，但还不足以阻止敌人几个纵队的齐头并进，黔西、大定仍被敌占领，形势对我不利。我军即于2月27日撤出毕节，由毕节至威宁经乌蒙山区向安顺转移。

我军在转移中，由于前有滇军孙渡纵队和湘军李觉纵队的堵击，后有万耀煌、樊篙甫、郝梦龄3个纵队的追击，陷于敌人包围之中，处境十分危险。贺龙、任弼时和军委分会对全军提出，"一定要突出敌人的包围！"他们根据敌我情况，机动灵活地指挥。当我军暂时不能摆脱敌人包围时，就率领全军从敌人的夹缝中穿梭行动，打蘑菇战，巧妙地同敌人保持一定距离，尽量避开同敌人接触，从而保存实力，渡过难关。与此同时，不放弃任何歼灭敌人的机会。如在以则河、法冲以北山区设伏，给樊敌以初步打击，歼其先头部队2个连。接着又在析庄坝伏击万敌后梯队，歼敌一个团，几乎生擒万耀煌本人，使万敌贪功急进的骄气不能不有所收敛。

当我们发现北面川军仍在原地未动，我军在彝良、镇雄方面有一定回旋余地时，贺龙、任弼时等即率领全军佯向北进，以调动敌人。结果敌顾祝同以为我二、六军团要从昭通、巧家一带渡过金沙江，即一面令樊、万、郝二个纵队紧跟尾随，一面令川军李家钰部开到白水江北岸防堵。可是敌人没有料到，我军突然从敌侧掉头南下，到达滇黔交界处奎香、恒底地区，使敌人两个纵队扑空。

红二、六军团在贺龙、任弼时等指挥下，采用上述对策和战法，在乌蒙山区同敌人周旋将近20天之久，终于在3月16日从樊、郭两敌的外侧跳出敌人包围圈。因情况有变化，我军放弃向安顺转移的计划，迈开大步直奔滇东。此时，万、樊、郝、李四个纵队在乌蒙山区为我军拖疲拖散，无法继续跟追，只有郭汝栋纵队紧随滇军之后行动。滇军因为保家重要，即将兵力放在滇省境内防堵，最后追敌只有郭汝栋一个纵队。而我二、六军团虽然在乌蒙山区减员也较多，但在兵力数量上超过从桑植出发时的人数。原因在于我军有一条扩大红军的正确政策，故在长征途中，虽有战斗减员，但同时又有兵源补充。

横穿滇中，抢渡金沙江，实现同红四方面军会师

红二、六军团到达滇东以后，为了排除滇军的阻挠，在宣威附近与滇军一个旅激战，歼敌三四百人。当时，敌军孙渡率二个旅迅速赶来增援时，我军即退出战斗，分两路杀回贵州，于3月28日占领盘县。贺龙、任弼时和军委分会决定在南北盘江上游地区建立根据地，并准备派出一部分部队去兴义等县开展工作。在盘县休整二天，我军又扩大红军800余人。就在3月30日盘县会议时，接到朱德、张国焘以红军总部名义的来电，令"二、六军团在渡江技术有把握的条件下及旧历二月水涨前，可设法渡金沙江到雅碧江与四方面军会合"。会议经过讨论决定，放弃在此地建立根据地的计划，立即进行渡金沙江的战略转移的准备工作。

我军为了抢渡金沙江，4月1日即开始行动。贺龙、任弼时和军委分会根据敌军的分布情况，决定佯攻昆明，靠近昆明向西疾进。但途中遇到滇军阻击，激战数日，未能突破普渡河。我军随即改经篙明羊街转向西进，从滇军防务薄弱处渡过普渡河，从而挫败敌人围堵计划，为抢渡金沙江造成有利条件。

当我军正在普渡河东岸与滇军激战的时候，龙云就判定我红二、六军团有抢渡金沙江与红四方面军会师的意图，当即令樊篙甫、郭汝栋两个纵队从会泽方面转移到金沙江北岸进行防堵。当我军渡过普渡河后，他即令孙渡、李觉两个纵队尾追。孙、李二敌深知追赶不上红军，故即放慢行军速度，减轻部队疲劳。同时蒋介石令川军杨森、李家钰共率30个团的兵力在川南布防，令航空兵总队侦察轰炸。

贺龙、任弼时根据这一情况，当即决定放弃取道元谋、龙街渡金沙江的打

算，另行选择渡河地点。为了隐蔽我军在何处渡江的意图，即制造假象，以迷惑敌人。当我南北两路红军汇合于宾川时，利用宾川靠近金沙江的情况，有意在宾川逗留两天，作出要在此处渡江的假象。果然，蒋介石和龙云视假为真，立即调兵遣将，在此布置一个口袋，企图围歼我军。蒋介石和龙云还乘飞机在宾川上空视察，满以为一场胜利就在眼前。然而我军却转向鹤庆方面，使他们的如意算盘破灭。金沙江在鹤庆、丽江地区有一个大弯曲，弯的西面江水从南向北流，弯的东面江水从北向南流。当我军进到鹤庆时，贺龙、任弼时令部队在鹤庆逗留几天，作出要在大弯东面渡金沙江的姿态。蒋介石、龙云又信以为真，立即命令樊、郭两个纵队将江防向弯子东面金沙江延伸，严密控制鹤庆梓里铁索桥，同时命令落在后面的追击部队向鹤庆推进，企图将我军消灭于这个地区。可是敌人没有料到我军在鹤庆向弯子东面金沙江佯渡的同时，即派出先头部队星夜奔往丽江，控制弯子西面石鼓渡口。我军于4月25日至28日得以安全渡过了天险金沙江。红二、六军团胜利渡过金沙江之后，朱德总司令即来电祝贺嘉勉，使全军指战员受到极大鼓舞。

但是，红二、六军团要与红四方面军汇合并非易事。在自然条件方面，有过雪山的困难；在后勤方面，有吃饭问题不易解决的困难。因为我们将要通过的是经济极端落后，交通极端不方便的少数民族地区，由于有历史上形成的民族隔阂，一时难以得到少数民族的支援。因此，我红二、六军团除对小股敌情要有所警惕、认真对待外，最主要的就是要战胜自然条件的困难，要翻越高达5000多米的玉龙大雪山。

玉龙雪山的特点是山麓、山腰、山顶的气候不一样。山麓是春天，气候暖和，树木茂盛，有少量花草，空气充足，使人有舒适感；山腰是秋天，有零星雪点，也有树木，空气比较稀薄，但尚不使人憋气；山顶是冬天，漫山积雪，有深有浅，深的及膝。雪路坎坷难行，天气变幻无常，时有突然而来的暴风雪和冰雹的袭击，寒气刺骨，越向山顶爬，空气越加稀薄。

根据朱总司令关于克服过雪山困难问题的电报指示，贺龙、任弼时、关向应、萧克、王震等要求全军立即做好准备，既要有物质准备，又要有思想准备，发扬艰苦奋斗、团结互助等优良传统。军委分会经过向群众调查，提出过雪山的要求：

1. 出发时和途中，吃点辣椒、生姜，以提高身体热量。

2. 在通过山麓山腰时，要有适当的休息，以保持体力。

3. 在通过雪山山顶时，要有御寒棉衣或被、毯，要争取午间前后通过，过早过晚均不利。

4. 在过雪山顶时，要慢步行走，但绝不能中途停步坐休，否则就有丧命危险。

5. 在雪地行走时，要目视足下路径，不能四处张望，以保护视力。

5月，在做好各方面准备后，我军团结互助，排除万难，终于战胜了常人难以克服的困难，越过了玉龙大雪山，胜利到达中甸县。

中甸是一个小县城，有几十家经商的汉人，城外尽是藏民，城四周荒野多，人烟稀少，红二、六军团在此休整了几天，对藏民的情况进行调查了解，以便做好深入藏民地区的准备工作。接着，红二、六军团向甘孜转移，以与红四方面军会师为目标，分左右两路向北推进。

右路由萧克、王震率红六军团经定乡、稻城、理化、瞻化向甘孜转移；左路由贺龙、任弼时、关向应率红二军团经德荣、巴塘、白玉向甘孜转移。我军在藏民地区行动的过程中，遵照领导同志和军委分会的要求，严明纪律，严格执行党的民族政策，如尊重藏族风俗习惯，保护喇嘛寺庙等。

当我所在的左路军进到德荣县城时，遇到的绝大困难是藏民因受国民党和当地大小反动头口欺骗宣传的影响，加之对我党我军政策不了解，当我军过境时，他们四散逃避，并把粮食埋藏起来，使我军不得不花很多时间从地下寻觅挖掘粮食，然后把现金留其家中，或出具借条，容后归还。我也在这个时候学会寻找粮食、采摘青稞和吃食酥油糌粑的方法。吃青稞不可过饱，需留有余地，过饱就会胀肚子，甚至会造成严重后果。与此同时，红四方面军在甘孜、炉霍一带，发动了广大指战员，想方设法筹备一批粮食，并赶织毛衣毛袜等慰问品，等待迎接红二、六军团的到来。两个方面军终于在6月下旬至7月1日，胜利会师，双方指战员携手言欢，亲如兄弟。

正在此时，党中央命令红二、六军团组成红二方面军，并将二十二军编入其中，贺龙为总指挥，任弼时为政委，萧克为副总指挥，关向应为副政委。会师之后，听说朱总司令和刘伯承总参谋长坚持党中央北上抗日的正确路线和党的团结统一，抵制张国焘的分裂主义，促使张率部北上，做了很多工作。徐向前总指挥对朱、刘的主张也给以积极支持。贺龙、任弼时、关向应等领导同志在了解情况后，对张国焘分裂主义也进行了坚决抵制。在许多领导人的反对下，同时红军在此又存在许多严重困难，张被迫同意与红二方面军共同北上。当时红二方面军领导对张国焘分裂主义的错误并没有向下传达，而是教育红二方面军全体指战员搞好同四方面军的团结，只准讲团结，不准讲不利团结的话，更不准做不利于团结的事，这样做取得了很好的效果。

红二、六军团从湘西突围开始，到与红四方面军会师为止，计有220天左右的时间，行程1.46多万里。

随红二方面军继续长征，同红一方面军会师

红二方面军在甘孜休整约一个星期，并在这里积极做好过草地的准备工作。根据领导同志和领导机关的通知，我们要着重两方面准备，一是干粮，二是帐篷。前者只能就地筹措，尽可能多收购一点；后者在渡金沙江以前，即开始做了准备，还需进一步落实。我从这个准备情况就意识到，我们将要经历更为艰难的生活。

我们将要开始的行程，从甘孜到甘肃哈达铺为第一段，约有1000公里左右，其中草地约近300公里。草地从甘孜到阿坝主要是干草地加丘陵，从阿坝到包座主要是湿草地加丘陵。通过这两种草地，都有很大困难，而以过湿草地更为困难。我们于1936年7月9日从甘孜出发，即开始进入草地。

我们要通过的草地是没有开垦过的处女地。辽阔的原野，起伏的山丘，杂草丛生，树木稀少，一望无际，没有人烟。那里，河沟多，软泥多，行路必须十分谨慎，脚踏硬土，否则，一旦陷入烂泥，很难自拔，也很难援救，特别是草地气候变化剧烈令人难以应付。当时我曾作打油诗一首以记其事：

中午万里尽晴空，烈日炎炎热难当。

下午满天布黑云，暴雨冰雹无处藏。

夜间气温降零下，寒风瑟瑟易冻伤。

红军拼搏战天公，誓夺胜利信心强。

在过草地期间，贺龙、任弼时、关向应等多次强调，所有指战员一定要紧密团结，互相帮助，要千方百计地克服困难，走出草地，不要在草地丢掉一个同志。他们对我们情报部门指战员特别关怀，首先在吃饭问题上，嘱咐供应部门为我们配发较为充足的干粮，且指示我们要注意节约用粮，计划定量，不要开始一段时间用粮超过计划，而要保证最后一段仍有粮充饥。当时我们还携带了瓷脸盆、火柴和引火干柴以及沿途拾的作燃料用的牛粪。这样我们就有条件煮饭和烧开水了。贺老总最喜欢钓鱼。因许多种类的鱼有逆水上游的习性，故江河源头还有鱼，贺老总每钓必有所得。这样，既可得到休息，又能改善伙食，一举两得。

其次，在住宿问题上，在进草地之前，每个连队都配有一些帐篷。其规格大小不一，大的可容纳四五十人，小的可容纳十几人，到了需要宿营时，选择一块干硬地方，拉开帐篷，并将每人带的羊皮作垫褥，这样就可防风雨、防潮湿，可以休息和睡觉，值班的还可以在帐篷里点马灯工作。我们在帐篷里谈笑自若，别有一番乐趣。同我们一块工作的陈踪英大姐，在长征中怀孕，到了草地时，就在帐篷里生了一个女孩，取名"远征"。

我们在草地行军，虽然历尽艰苦，但并不感到悲观，苦中有乐。一是因为我们有理想，有奔头，对走出草地抱有坚定信心；二是有阶级友爱，互相帮助，充满着同生死、共患难的感情；三是有随总指挥部行动的李伯钊率领的文工团，一到休息地点，即为我们演唱节目，可以化疲劳为愉快；四是有政工队为我们加油打气，有收容队为掉队同志大力解决困难。红二方面军各部队经过艰苦奋斗，终于在8月上中旬先后走出草地，到达包座。

红二方面军在取得过草地胜利的同时，也有部分同志牺牲，这在当时是难以避免的，我每当想起他们，都倍感沉痛和怀念。

红二方面军于8月中旬从包座出发，向甘南哈达铺前进，计程300公里左右。从此以后，我们见到树木逐渐多起来，直至有青翠的森林，空气也渐新鲜，使人感到心旷神怡。再前进到罗达，我们开始见到了村庄和群众，而且越往前进，沿途见到的群众和村庄越多。红军走出漫无边际的草地后，一见到群众和村庄，如同鱼儿得了水。这样一路走来，我们到达了哈达铺并休整几天。

当时，由于中日民族矛盾进一步加剧，在党的抗日民族统一战线政策的影响下，救亡图存的群众爱国运动更加蓬蓬勃勃地开展起来，特别是在西北地区，革命形势有了新的发展。党中央和红一方面军对奉命前来"围剿"我军的张学良东北军和杨虎城西北军做了大量统战工作，他们接受了中国共产党的抗日救国主张，对待红军似打非打，实际上是近于停战状态。这时，三大主力红军都已到达陕甘宁地区，成为挽救民族危亡的中流砥柱。

蒋介石针对上述情况，命令由朱绍良指挥在甘肃的部队固守阵地，阻止三大主力红军的前进和会合。在文县、武都、天水、秦安、西固地区有王均第二军之第七、十二师；在陇西、定西地区有毛炳文二十七军之第八、二十四师；在岷州、洮州地区有鲁大昌新编第十四师。蒋介石并令驻湖南的胡宗南部先行开往陕北，加强进攻红军的力量。他还阴谋撤换张学良、杨虎城，强迫东北军、西北军打内战，"围剿"红军。

中央军委根据国民党军在甘肃兵力分散及援军尚未到达的情况，决定首先消灭毛炳文部，实现三大主力红军会师，进而准备迎击和消灭胡宗南部。红一方面军西出占领海原、固原，然后南下击敌；红四方面军占领岷州、武山地区，继续向北向东，会同红一方面军向定西及西半大道进攻；红二方面军出甘南及陕西省西南部，配合红一、四方面军消灭毛炳文部。但当红一、二方面军向预定地区进军时，张国焘却按兵不动，致使这一计划未能实现。

当时两广事件刚刚解决，胡宗南先头部队也刚刚调到西北地区时，中革军委为了掌握先机，争取主动，又提出了三个方面军在静宁、会宁作战计划。但此计划又遭张国焘反对，他要西撤，不要北上。经朱总司令、徐总指挥等极力反对，四方面军广大指战员也表示不愿再过雪山、草地，张国焘只好停止西撤，转向北上。张国焘屡次违反中央决定，把部队拉来拉去，延误了时间，以致胡宗南、毛炳文、王均等部得以靠拢起来，使中革军委的作战计划未能实现。

红二方面军遵照中革军委统一部署，自9月17日开始，从哈达铺向东推进，相继占领成县、徽县、两当、康县，在半个月时间内，消灭了一部分敌人，并抓紧进行发动群众以及筹款、扩红、收集物资等项工作。这一地区群众，特别是青年学生和知识分子，对中国共产党和红军的抗日民族统一战线政策热烈拥护，积极响应，有一大批人报名参加红军。

从哈达铺东进的这段时间内，贺龙、任弼时、刘伯承很注意了解敌军动向。当时敌人的动向有三个特点：一是不远离碉堡活动；二是守点不守线；三是待援军到达才进攻。贺、任、刘根据上述情况，认为红二方面军不宜在成县、徽县、两当、康县地区久留。为了避免被敌人各个击破，要求立即北上与红一方面军会师并得到中革军委批准。红二方面军即于10月4日开始转移行动。10日夜从甘谷、武山之间的乐善镇徒涉渭水，接着越过六盘山，向固原方向前进，于10月22日在西吉县将台堡与红一方面军胜利会师。在此以前即10月9日，红四方面军已在会宁与红一方面军胜利会师。

国民党蒋介石对红军三大主力大会师非常害怕，迫不及待命令朱绍良、胡宗南部队迅速发动对红军的进攻。党中央任命彭德怀为前线总指挥，任弼时为政委，统一指挥红一、二、四方面军共同对敌作战；并决定先挫败敌毛炳文、王均部，然后逐步转移，诱敌深入，在预定的有利地区，集中优势兵力，给胡宗南部队以歼灭性打击；对东北军王以哲部，则以秘密联系方式，积极进行争取工作。红二方面军作为预备队，配合红一、四方面军抗击敌大举进攻。战斗一开始后，红军首先在甜水堡（甘肃环县境内）歼灭一部分敌人，并击落敌机1架，使敌人锐气受到挫伤；接着又于11月22日，在山城堡一举歼灭胡宗南一个旅及2个团。这是红军三大主力会师后，协同作战取得的一个重大胜利，它不仅对保卫陕甘宁革命根据地有重大意义，而且对发展抗日民族统一战线和结束内战起了重要作用。

红二方面军从甘孜出发，继续长征到陕甘宁边区与红一方面军会师，直至参加山城堡战役，共计150天时间。

1937年2月，我奉命调延安军委二局工作。当时，我曾作诗一首，记述长征这段难忘的经历，其中一段写道：

回顾井冈西征日，再忆木黄会师时。

苦战靡战拼杀战，四百七十一朝夕。

告别武陵进乌蒙，登上岷山下昆仑。

三军总汇六盘岭，高歌一曲上长城。

长城高处望远路，革命还有新长征。

我是长征之一员，前瞻之余又回眸。

初进延安感慨多，各方战友问若何。

千言万语实难尽，奉上这首长征歌。

44. 突破腊子口与哈达铺整编

杨成武

　　1935 年 9 月下旬，红军胜利走出草地之后，张国焘坚持其南下的错误方针，并企图危害党中央，分裂红军，党中央毅然采取果断措施，决定率领一方面军的一、三军团及中央直属纵队近万人继续北上。一军团为前卫，在此之前，已奔向腊子口，中央机关在一军团后面，彭德怀、杨尚昆同志率领的三军团为后梯队。

　　9 月 14 日，我们红四团到达甘肃境内白龙江边的莫牙寺。15 日黄昏，师部通信员送来一封信，信中写道："军团首长命令即速继续北进，着第二师第四团为先头团，具体向甘肃之南的岷州前进，3 日之内夺取天险腊子口，并扫除前进途中拦阻之敌人！"接到命令后，我们立即召开团的主要干部会议，研究分析情况，作好行动的一切准备。到会的同志一致认为，腊子口可能是我们北上途中最后的、最险要的一道关口，突破了腊子口，国民党反动派企图挡住我们红军北上抗日的阴谋就会彻底破产，党中央北上抗日的正确路线就能胜利实现。如果拿不下腊子口，我们红军就要被迫掉头南下，重回草地，这将使革命向后倒退，是违背广大指挥员"北上抗日"的意志的。如果采取西进绕道出青海，或东进川东北取道三国时孔明六出祁山的线路，就要踏进敌人早已布下重兵的口袋，那将对我军极为不利。因此，眼下只有突破天险腊子口，才是唯一的出路。

　　会上，我们摊开地图计算了一下，从莫牙寺到腊子口足足有 200 来里。从情报得知，腊子口那里有鲁大昌的国民党陆军新编第十四师驻守。由于鲁大昌的老窝在腊子口不远的岷县，他为了保住自己的地盘，阻挠红军的前进，除了派出第 1 旅旅长梁应奎率领重兵在腊子口以南重重设防外，还在岷县城外，大拆民房，扫除障碍，扩大射界，添设碉堡，妄图阻击我军进入陕甘地区。

我们也分析了自己的条件，感到我们面前的困难是很大的。但是，我们坚信四团可以完成这个光荣而艰巨的任务，因为我们红四团是从南昌起义、井冈山斗争以来，一直在党中央、毛泽东主席、周副主席、朱总司令的直接培养教育下成长起来的一支老部队，打过各种各样的硬仗，有着优良的革命传统。现在，在执行党中央北上抗日正确路线的重要关头，只要全体指挥员懂得夺取腊子口的重大政治意义，就能发挥出无比的力量，扫除前进路上的障碍。

会议统一了认识，制定了计划，刚一结束，我们就立即到各个连队进行深入的政治动员，而且决定连夜行动。

漆黑的夜幕覆盖着山山岭岭，我们兴致勃勃地踏着黑黝黝的夜色，踏着崎岖的山路，走过悬空的栈道，跨过一个又一个的独木桥，听着白龙江在深谷里发出的流水声。经过近两天两夜的行军，我们离腊子口不远了。9月17日午后4时许，腊子口方向传来了密集的枪炮声，我们的先头一营已与敌人交上火，天险之战的序幕揭开了。

王（应为黄，下同）开湘同志与我策马急驰，待我们到达腊子口时，一营正和敌人打得不可开交。由于是白天，加上周围都是石山，我们无法隐蔽，被敌人的机枪火力和冰雹般的手榴弹挡了回来。

王团长和我回来后又立即领着全团的营、连干部，到前面察看地形。用望远镜抬头看去，果然地形极为险要，沟沿两边的山头，仿佛是一座大山被一把巨型的大斧劈开，既高又陡，周围全是崇山峻岭，无路可通。从下往上斜视，山口只有30来米宽，又像是一道用厚厚的石壁构成的长廊，两边绝壁峭立，腊子河从河底流出，水流湍急，浪花激荡，汇成飞速转动的漩涡，水深虽不没顶，但不能徒涉。在腊子口前沿，两山之间横架一座东西走向的木桥，把两边绝壁连接起来，要通过腊子口，非过此桥不可。桥东头顶端丈把高悬崖上筑着好几个碉堡，据俘虏说，这个工事里有一个机枪排防守，4挺重机枪对着我们进攻必须经过的三四十米宽、百十米长的一小片开阔地，因为视距很近，可以清楚地看到射口里的枪管，这个重兵把守的碉堡，成了我们前进的拦路虎，石堡下面还筑有工事，与石堡互为依托。透过两山之间30米的空间，可以看到口子后面是一个三角形的谷地，山坡上筑有不少的工事。就在这两处方圆不过几百米的复杂地形上，敌人有两营之众，此外还有白天被我们击溃逃到这里的敌人。口子后面是腊子山，山顶覆盖着白雪，山脉纵横。据确切的情报，鲁大昌部两个营扼守着口子后面高山之间的峡谷，组成交叉火力网，严密封锁着我们的去路。

经过我们反复缜密的侦察和我一营攻击时敌人暴露的火力，我们发现敌人有两个弱点，一是敌人炮楼没有盖顶；二是口子上敌人的兵力集中在正面，凭借沟口天险进行防御，两侧因为都是耸入云霄的高山，敌人设防薄弱，山顶上没有发现敌人。

敌人石堡旁边的悬崖峭壁从山脚到顶端，约有七八十米高，几乎都仰角八九十度，山顶端是圆的，而石壁既直又陡；连猴子也难爬上去，石缝里零零星星地歪出几株弯弯扭扭的古松，敌人似乎没有设防，可能是因为它太陡太险。

团长和我边观察边研究，觉得倘若能组织一支迂回部队从这里翻越上去，就能居高临下地用手榴弹轰击敌人的碉堡，配合正面进攻，还可以向东出击，压向口子那边的三角地带，可这面绝壁看着都让人眼晕，如何上得去呢？

现地观察回来，我们就在离口子200多米远的小路旁一个小树林子里召开干部会，研究了战斗方案。会上研究的重点是能否攀登陡壁，可是讨论来讨论去，点子不少，把握不大。我们又召集连队的士兵开了大会，要大家献计献策。一个贵州入伍的苗族小战士"毛遂自荐"，说他能爬上去。大家都惊奇地望着他。当然，只要有一个人能上去，就可以上去一个连、一个营。可是，他怎么能爬上去呢？事关大局，我专门同这个苗族小战士谈了话。原来他是从贵州苗区入伍的，从小受压迫，苦大仇深，反抗性强。入伍后经过教育，作战非常勇敢，战士们给他起了个绰号叫"云贵川"。他虽然只有十六七岁，但看上去俨然是个大孩子了，身体结实，脸上略带赭黑色，眼睛大而有神。他的汉话讲得还不太好，但能听懂。究竟他有什么好办法呢？他说，他小时在家采药、打柴，经常爬大山，攀陡壁，眼下这个悬崖绝壁，只要用一根长竿子，竿头绑个结实的钩子，用它钩住悬崖上的树根、石嘴，一段一段地往上爬就能爬到山顶上去。于是，我们把希望寄托在这个苗族小战士的身上，决心做一次大胆的尝试。

腊子沟水流太急，难以徒涉，我们就用一匹高头大马把苗族小战士送过去。绝壁紧贴着腊子沟，我们站在这边的小树林里，看他用竹竿攀缘陡壁。这里离敌人虽仅200来米，但向外突出的山形成了死角，敌人看不到我们。那小战士赤着脚，腰上缠着一条用战士们绑腿拧成的长绳，拿着长竿，用竿头的铁钩搭住一根胳膊粗细的歪脖子树拉了拉，一看很牢固，两手使劲地握住竿子，一把一把地往上爬，两脚用脚趾抠住石缝、石板，到了竿头顶点，他像猴子似地伏在那里稍喘了口气，又向上爬去……

他终于上去了！我们这才感到脖子已经仰得有些发僵了，不由得长长地舒了口气。他在上面待了一会儿，又沿着原来的路线返回来了。我们握着他的手，向他表示祝贺。他咧着嘴笑了笑，仿佛在说"我说了，能上去嘛！"

天将黄昏，我们又抓紧时间，做两面出击——翻山迂回和正面强攻的准备工作。团长和我研究决定，迂回部队由侦察队和通讯主任潘锋带领的信号组以及一连、二连组成。正面强攻的任务由二营担任，六连是主攻连。在这个艰巨任务面前，为人笃厚的王开湘团长对我说："政委呀，过泸定桥你在前面，这回我来带翻山部队迂回敌人，你在正面统一指挥！"团长摆出一个无可争辩的姿态。我笑了笑，心想由团长带领迂回部队，当然是把握十足的，就说："好！我在下面指挥强攻"。

我们当即把情况和决定向师和军团首长作了报告。军团政委聂荣臻和陈光师长等来到了前沿指挥所。首长询问了情况，又观察了一下地形、敌情，然后对我们说，你们的决心是对的，正面冲锋道路狭窄，敌人已经组成严密的火力网，我们的兵力展不开，英雄无用武之地，必须坚决从侧面爬上去，迂回敌人侧背，来它个突然袭击，这样定会奏效，这是攻占腊子口的决定性一着，要打得狠，奏效快，迂回部队要大一些。同意由王团长亲自率领部队，无论如何要插到敌人侧背去，正面由杨政委负责指挥。为了加强正面攻击的火力，军团的迫击炮配属给你们，炮弹不多，必须集中火力轰击隘口的炮楼和敌人兵力的集结点。最后，军团首长望着腊子口陡峻的山峰鼓励说，你们只要坚决这样做，天险腊子口就一定可以突破。

军团长林彪也到了现场。

于是，团长与我立即分头行动。我们预计迂回部队要在凌晨3时才能到达预定地点，便规定好，他们到达目的后，发出一红一绿的信号弹，然后正面发起总攻，同时规定了总攻的信号为三颗红色信号弹。

指战员们看到各级首长都来观察地形，十分重视攻打腊子口的战斗，更充满了必胜的信心,纷纷表示:"保证拿下天险腊子口!"

黄昏前,迂回部队已动员完毕,不用说同志们有多高兴了。他们和侦察连的同志们组成一个整体,并且集中了全团所有的绑腿,拧成了几条长绳,作爬崖之用。勇士们一个个精神饱满,背挂冲锋枪,腰缠10多颗手榴弹,在王团长的率领下,开始渡腊子河。开始试图徒涉,但下去两个人还没到河心,便被水冲走,喝了几口水才被救了上来。于是,我们只好用骡子来回骑渡。人多时间紧,他们又想了个办法,砍倒沿河的两棵大树,把它倒向对岸,一下子就添了两根独木桥。几百人渡过去了,太阳已经落山了。还是苗族小战士"云贵川"捷足先登,将随身带着的长绳从上面放下来,后面的同志一个一个顺着长绳爬上去。

正当团长率领迂回部队渡河、攀登时,我又跑到担任突击队的六连进行了紧急动员。六连在连长杨信义、政治指导员胡炳云同志的率领下,集结在茂密的树林里。我开门见山地说:"同志说,我们左边有杨土司的骑兵,右边有胡宗南的主力部队,北上抗日的道路只有腊子口一条。这里过不去,我们就不能尽快地到达抗日前线。"然后,我又提高嗓门:"乌江、金沙江、大渡河都没能挡住我们红军前进,雪山、草地我们也走过来了,难道我们能让腊子口挡住吗?""坚决拿下腊子口!"几乎在同一个时间里,六连的指战员喊出了同一个声音。"刀山、火海也挡不住我们!"霎时,我们面前站出几个虎彪彪的战士,他们齐声喊道:"首长,我们是共产党员,请考验我们!""好,主攻腊子口的光荣任务交给你们六连!"我说,六连同志们顿时欢呼雀跃。紧接着,六连选择了20名突击队员,由连长、指导员指挥,组成突击队。

当晚,六连突击队乘着朦胧夜色开始向敌人桥头阵地接近。为了麻痹敌人,六连从正面向敌人展开了猛烈的进攻,那20个突击队员在连长、指导员的指挥下,以正面密集的火力作掩护,手持大刀和手榴弹,悄悄向隘口独木桥边运动。狡猾的敌人,凭着险要的地形和坚固的炮楼,有恃无恐地蹲在工事里一枪不发,等到我们接近桥边时,就投下一大堆手榴弹向我们反击,一团团的火光在隘口翻腾飞舞。突击队员们见此情景,急得直冒火,待敌人的手榴弹一停,又冲了上去,但几次冲锋都没成功,伤亡了几个同志。于是,我们向敌人展开了政治攻势,喊道:"我们是北上抗日的红军,从你们这里借路经过,你们别受长官的欺骗,让路给我们过去吧!赶快交枪,交枪不杀,还发大洋回家!"顽固的敌人不管我们怎么宣传，还是骂我们并吹牛说："你们就是打到明年今天，也别想通过我们鲁司令的防区腊子口！"

敌人的谩骂与手榴弹的还击，激怒了我们的勇士，他们纷纷要求再次冲锋，而且立誓："明天一定拿下腊子口！"毛主席和军团首长这时又一次派人来前沿了解情况，问突击部队现在在什么位置？有什么困难？要不要增援？上级首长的关怀，激励了我们的斗志。我和营的干部一起分析敌情：已经打了大半夜了，再有三四个钟头天将破晓，鲁大昌拥有五六个团在岷县县城，只隔着一座大山，总兵力要比我们多得多，如若延迟下去，鲁部真的倾巢增援，他们几个钟头就能赶到，那局面将更严重，可是我们上山的那支迂回部队仍不见信息，到底发生了什么情况，也还不清楚。不过可以肯定，王开湘同志他们一定也遇到了困难，但是眼下时间紧迫，任务逼人，不能再拖下去了。大家统一了思想，要重新组织火力与突击力量，再次向敌人发起了猛烈的进攻。

可是，接连攻了几次，还是接近不了桥头。敌人扔过来的手榴弹，一个个在地上乱滚，炸裂的弹片在桥头 30 米内的崖路上铺了厚厚的一层。我命令六连不要再继续猛攻，只进行牵制性的战斗，等待迂回部队到达预定位置发出信号后，再一起给敌人来一个总攻击。

在黑暗中我忽然听到几个战士在低声谈论："敌人对崖路封锁太严啦！单凭正面猛攻怕不行。"战士们的话忽然提醒了我，可不，整个六连正面扑上去，也很难达到疲劳和消耗敌人的目的，倒不如抽出少部分同志组成突击队，以小分队的形式接二连三地向敌人轮番进攻，疲惫和消耗敌人，再伺机夺桥。于是，我交代党总支书记罗华生同志，要他与六连的领导一起从党团员中抽出十几个人组成突击队，其他同志仍旧原地休息。没多久，前沿又响起了枪声和喊杀声。

3 点前，全团饭后进入总攻位置。我遥望河对岸山那边，急切地盼望王团长发来信号，为了万无一失，让参谋长李英华指定 3 个通讯员专门瞭望右岸悬崖上空。我看着表上的指针在不停地运转，4 点过去了还不见动静。正在焦急，六连的通讯员跑来向我报告，说六连的突击队冲到桥下去了！我立即赶到桥的附近，果真，六连的战士偷偷地涉水过河到了桥那头。原来，在一个多小时以前，当我们队伍拉到后面休息时，敌人真以为我们无能力进攻了，于是都缩进碉堡打起盹来。六连又组织了 15 名突击队员，他们一个个背插大刀，身挂手榴弹，有的还配有 1 支短枪，趁着天黑，分作两路，一路顺河岸崖壁前进，摸到桥肚底下，攀着桥桩运动到对岸；另一路先运动到桥头，待前一路打响，就一起开火，给敌人来它个左右开弓，两面夹击。霎时，另一路也扑了过去。

我一边看着突击队勇敢冲杀，一边还想着对岸山顶上的信号弹。正当我万分焦虑与盼望之际，右岸高峰上面突然升起一颗红色信号弹。紧接着又升起一颗绿色信号弹。"王团长的信号！"战士们顿时欢腾起来了。"发信号弹！"我命令通讯员。通！通！通！接连三颗红色信号弹射向天空。"总攻开始了！"战士们欢呼，山上山下响起了嘹亮的冲锋号。只见六连的同志们抢起大刀，端起步枪，在敌人中间飞舞、猛击。右面悬崖上的部队在王团长指挥下，看准下面没有顶盖的炮楼和敌人的阵地，扔下一个接一个的手榴弹。所有的轻机枪和冲锋枪也一齐开火，直打得敌人喊爹叫娘。晨曦中，总攻部队开始过河了，全团的轻重机枪也一齐向隘口炮楼逃出来的敌人扫射。没用多久，我们就抢占了独木桥，控制了隘口上的两个炮楼。我见初战获胜，便命令总攻部队兵分两路，沿着河的两岸向峡谷纵深扩大战果。

我与部队一起跨过小桥，正向敌冲时，遇到了从山顶上摔下来的通讯主任潘锋同志，经了解才知道，山顶到处都是悬崖陡壁，又不能照明，迂回部队只好摸黑行进，花了大半夜时间才找到了一条出击的道路。

经过两个小时的冲杀，我们突破了敌人设在口子后面三角地带的防御体系，夺下了一群炮楼，占领了敌人几个预设阵地和几个堆满弹药、物资的仓库，全团一边作战，一边就地补充弹药，随后向敌人发起了更加猛烈的攻击。敌人退至峡谷后段的第二道险要阵地后，又集结兵力，扎下阵脚，顽固抵抗，企图等待援兵到来之后一齐向我反扑。被我迂回部队截断的一个营的敌人，这时也疯狂向我侧击。我立即命令第五连配合崖顶上的我一、二连，消灭这股敌人。经过连续冲锋，敌人被压到悬崖绝壁上，然后就缴了他们的枪。与此同时，我们还集中其余所有兵力向敌人的第二道阵地冲击。在我炮火、机枪的猛烈射击下，经过我二营近 1 小时的连续冲锋，敌人终于全部溃败了，我全部占领了天险腊子口。

残敌向岷县方向败退，我们立即命令第二营、第三营跟踪猛追。我追击部队一鼓作气，连夜插向岷县，占领了岷县城东关。甘肃之敌为之震惊，以为我们一定要马上打岷县城了。但次日我们接到军委的命令，要我们挥兵东去，乘胜占领哈达铺，至此，腊子口一战结束。

哈达铺是甘肃的一个镇子，回民占一半以上，据说越往北走，回民越多。中央军委考虑到我们进入了回民聚居地区，为了认真贯彻党的民族政策，给我们临时颁发了《回民地区守则》。《守则》条目很多也很细，除了规定不得擅自入清真寺，不得任意借用回民器皿、用具外，还规定不得在回民住家杀猪和吃猪肉，等等。我们到达哈达铺时，正是一个晴天的上午，当我们来到铺子边一条河坝上集合时，群众主动聚拢来看我们，他们毫无敌意，笑嘻嘻地看着我们。我们一边向他们招呼，边集中传达《守则》，各连政治干部又一次宣讲了三大纪律八项注意。

趁部队休息的时间，我随先头营进镇联系，当镇上的老百姓听了我们的来意和主张后，都欢迎我们进去，而且主动让出房子给我们住。我们相互问长问短，像久别重逢的亲人一样。接着军团首长来了，毛主席、周副主席也率中央军委机关进驻镇里。毛主席就住在小镇上的一家中药铺子里。周副主席和司令部住在一起，那是一座低矮的木结构的两层楼房，还有个小院子，周围是土垒的围墙。红军到达哈达铺，国民党反动派一时未敢匆忙行动，一是可能鲁大昌惊魂未定，近处又无重兵，其次是国民党一时还摸不透我们的底细。趁此片刻，我们又得以休整。

第二天，在关帝庙前的院子里，党中央召开团以上干部会议。当毛泽东同志和中央其他领导同志走向会场时，顿时响起热烈的掌声。毛主席挥挥手要大家坐下，然后笑笑说：同志们，今天是 9 月 22 日，再过几天是阳历 10 月，自从去年我们离开瑞金，至今快 1 年了。1 年来我们走了两万多里路，打破了敌人无数次的追、堵、围、剿。尽管天上还有飞机，蒋介石连作梦也想消灭我们，但是我们过来了，过了江西、湖南、广西、贵州、云南、四川，过了金沙江、大渡河、雪山、草地，过了腊子口，现在坐在哈达铺的关帝庙里，安安逸逸地开会了，这本身就是个伟大的胜利！毛主席激动人心的讲话，使会场上又一次响起了热烈的掌声。接着，毛主席又分析了形势，还谈了四方面军与张国焘。讲到张国焘闹分裂对抗中央时，毛主席还特别提到：在关键时刻，叶剑英同志是立了大功的！

毛主席谈到这里，略略停顿了一下，然后诙谐地说，感谢国民党的报纸，给我们提供了陕北红军比较详细的消息：那里不但有刘志丹的红军，还有徐海东的红军，还有根据地！听到这里，同志们都按捺不住内心的激动，热烈地鼓起掌来。

毛主席又挥挥手，要大家安静，并且说，我们和同志们都惦念着还在四方面军的朱总司令、刘伯承参谋长。我们也都在惦念着四方面军的同志们和五、九军团的同志们，相信他们是赞成北上抗日这一正确方针的，总有一天他们会沿着我们北上的道路，穿过草地，北上陕甘，出腊子口与我们会合，站在抗日最前线的，也许在明年这个时候。此时掌声雷动，大家的心里热乎乎的。毛主席又笑笑说：同志们，我代表中央，宣布一个重要决定，为了适应新的形势，中央决定部队改编，组成中国工农红军陕甘支队，由彭德怀同志当司令员，我兼政委，下属3个纵队，即第一纵队由红一军团改编，第二纵队由红三军团改编，军委直属部队改编为第3纵队。毛主席接着又说，同志们，我们目前只有8000多人，人是少了一点，但少有少的好处，目标小，作战灵活性大。人少，更不用悲观，我们现在比1929年初红四军下井冈山时的人数还多哩！胜利是一定属于我们的！

毛主席最后用洪亮的声音号召大家，经过两万多里的长征，久经战斗，不畏艰苦的红军指战员是一定能够以自己的英勇、顽强、灵活的战略战术、战斗经验，来战胜北上抗日途中的一切困难！你不要看着我们现在人少，我们是经过锻炼的，不论在政治上、体力上、经验上个个都是经过了考验的，是很强的，我们一个可以当十个，十个可以当百个。特别是有中央直接领导我们，这是我们胜利的保证。"同志们，胜利前进吧，到陕北只有七八百里了，那里就是我们的目的地，就是我们的抗日前沿阵地！"毛主席挥舞着拳头，结束了鼓舞人心的讲话。顿时，"拥护中央北上抗日的正确路线！到陕北根据地去！"等口号此起彼伏，响彻在哈达铺上空。

当夜，我们几个团的干部到各个连队分头传达，召开战士座谈会，回顾一年来长征作战的胜利和体会。同志们纷纷表示：今后不管天南地北，党中央、毛主席指到哪里，就跟到哪里；不管出现什么艰难险阻，党中央、毛主席下令，我们就冲，就上！什么路途坎坷、生活艰苦，这些都是小事，北上抗日，能打出个新局面，拯救中华民族，这才是真正的大事！我们共产党员要的是共产主义！

在哈达铺休息了两天。按照毛主席指示，部队进行整编。我们四团编为一纵队的四大队。第3天，即9月23日，我们精神抖擞地踏上了奔赴抗日征程的最后一段路程。

45. 革命大本营要放在西北

王首道

由于王明"左"倾路线的错误，导致中央苏区第五次反"围剿"的失败。1934 年 10 月，中央红军撤出根据地，究竟去何处，无人知晓。闻天同志在 1934 年 9 月 29 日为苏维埃政府机关报《红色中华》写的社论《一切为了保卫苏维埃》中说："我们不得不暂时放弃一些苏区和城市。……我们必须冲破封锁线，转移苏区，保存军队主力的有生力量。"

闻天同志的这篇文章，为红军转移进行了思想准备。它冲破王明等人的只准讲进攻、不准谈退却的教条，是难能可贵的。但是，"转移"到哪里？"新苏区"又建在哪里？不能不是参加长征的人们的共同悬念。因此，就博古、李德的指导意图来说，是要打到湘西去与二、六军团会师的。这一意图被蒋介石所窥悉并进行了"围歼"准备之后，仍不打算改变。这时的中央红军由于连续硬拼已由八万六千多人锐减到不足四万人，如果再这样硬拼下去前途是相当危险的。为此，毛泽东同志在 1934 年 12 月 18 日黎平召开的政治局扩大会议上提出了放弃会师打算西入贵州的正确主张，在这重重危机之际，终于得到了与会多数同志的赞成。于是会议作出了长征以来第一个关于新根据地的决定，即《中央政治局关于在川黔建立新的根据地的决定》。1935 年 1 月 1 日党中央在瓮安县猴场召开政治局会议，作出《中共中央政治局关于渡江后新的行动方针》，又重申渡过乌江要建立川黔根据地。

其实，问题很清楚，当时整个中央红军尚未摆脱敌人围歼的危险，所谓建立根据地，只不过是一种理想和号召。而随即召开的遵义会议，也只能就最迫切的军事领导权问题作出原则的决议。因此究竟应在哪里建立根据地问题，并未圆满解决。

遵义会议后，毛泽东等同志首先考虑的中心问题，仍是如何彻底摆脱国民党几十万大军的围追堵截，以便从根本上扭转"左"倾军事路线造成的被动局面，因此才有四渡赤水河、强渡金沙江等军事行动。唯一目的就是为了迷惑敌人，打乱敌人的部署，打破敌人的包围封锁。渡过金沙江后，我们才真正把长征以来一直尾追我们的敌军甩掉，取得了长征以来的第一个巨大胜利。应该说，从此中央领导同志才开始腾出手来从容考虑到哪里开辟根据地的问题。

接着，刘伯承、聂荣臻同志率领中央红军先遣队进入大凉山彝族聚居区，认真贯彻了党的民族政策，刘伯承同志并同彝族部落沽基家首领小叶丹结拜金兰之盟，使先遣队顺利通过彝区。与此同时，中央派我和李井泉同志带领一部分干部和一个独立营的武装，试图在伯承同志结盟之地冕宁地区开辟一块根据地。这一带的彝族人还处在奴隶社会。他们信奉黄教，迷信魔法和鬼神。由于历代汉族统治者，特别是国民党反动军队对他们的迫害，他们惧怕汉人又仇视汉人的心理，不是短时间可以消除的。他们还把抢汉人的东西视为殊荣。正是这样，他们虽初步认识到红军与其他汉人组成的反动军队不同，允许我们顺利通过，但并不欢迎我们留在那里。因此，红军主力北上后，当地彝族头人就千方百计想法赶走我们，甚至企图缴我们的枪。对此，中央又经研究决定放弃原计划打算，要我们撤离冕宁，随罗炳辉、何长工同志领导的红九军团北上，这一方面说明，在少数民族地区建立根据地条件尚不成熟，另一方面又说明红军北上才是出路。在这里有一件事我要说明，我和李井泉同志随九军团北上长征过程中，我曾帮助军团政治部做扩军工作，中央发给九军团的电报报头一般也是称"罗、何、首道、井泉"。据此，有些文章和资料认为我是"中央派驻九军团的代表"，这是不恰当的。

当时，朱德、周恩来同志在指挥我们撤出冕宁时，给我们的电报也说明了红军不宜在少数民族地区建立根据地的理由。电报指出："依据我们今日经过夷民地域经验此间山地一时难容外籍红军小游击队独立活动完全依托夷民又易与汉民造成对立。"电报同时表明了中央的精神还是北上。

1935 年 6 月中旬，红一、四方面军在懋功地区会师。随即举行会议，毛泽东提议红军继续北上，明确指出应向东往甘肃宁夏方向移动，并且党中央确定了北上建立川陕甘根据地的战略方针，对于后来把革命大本营放在有工作基础的陕甘宁地区是十分英明的。其实，党中央政治局在懋功以北的两河口召开会议时，张国焘是参加了的。我当时就参加了会议的秘书工作。会议由周恩来同志代表中央做的报告，明确指出，今后的战略方针应是向北发展，在岷山以北建立川陕甘革命根据地，并要求部队应集中指挥，指挥权应集中于中央革命军事委员会。毛泽东同志则着重讲了应迅速北出松潘，力争在 6 月底突破岷江以北地区，以便消灭胡敌，进入甘南。建议统一指挥问题，由政治局常委和军委解决。张国焘虽曾借口困难，主张避开胡宗南，先向南进攻成都，然后向川康发展，但见大多数同志同意中央意见，他最后也不得不赞成。接着政治局又正式通过了委托张闻天同志起草的《关于一、四方面军会合后战略方针的决定》。足见把革命大本营放在大西北，是中央一致作出的正确决议，也是经过反复研究检验最后得出的最合理可行的方案。张国焘出于个人野心，怀着分裂党分裂红军的不可告人的动机，擅自带领左路军南下，为了欺骗广大指战员，扬言要到康边地区建立根据地。中央负责同志曾耐心地说明，到人烟稀少、物资贫乏、语言不通、毫无工作基础的少数民族地区建立根据地的想法和做法，实践已作出结论是不可取的。可是，张国焘仍一意孤行，使红军遭受了不应有的损失。

1935 年 9 月，中央红军突破天险腊子口进入甘肃境内，随后开进了哈达铺。在这里，党中央和毛泽东同志从国民党的报纸上确切知道了陕北有刘志丹同志领导的红军，有苏维埃政权。并且，徐海东同志领导的红二十五军也在那里。这时中央才明确解决了有关红军去向的重大问题。为了争取四方面军随中央北上，彭德怀、聂荣臻等同志也曾致电张国焘等，说明北上方针的正确，劝他们速来与中央会合。电报热情地说："我们执行中央正确路线，连日击溃鲁大昌师，缴获甚多，于昨 17 日占领距岷州哈达铺各三十里之大草滩占扎路高楼庄一带，前锋迫近岷州城，敌人恐慌之至。""此地物资丰富，民众汉回各半，十分热烈的拥护红军，三个半月来脱离群众的痛苦现在改变了。""请你们立即继续北进大举消灭敌人，争取千百万群众创造陕甘宁区实现中央战略方针。"

历史是最好的教科书。它说明党中央和毛泽东同志主张北上，并在最后提出把革命大本营放在西北的方针是完全正确的。

46. 奠基礼

徐海东

1925 年 11 月下旬，陕北已经进入了寒冬。红十五军团在"打胜仗迎接中央红军"的口号下，一鼓作气攻下了张村驿，打开了东村，接着扫清了附近的两个小据点。战斗结束后，毛主席率中央红军来到了东村一带。从此，红十五军团与中央红军会师了。红十五军团的全体同志，都为这个光荣的会师欢欣鼓舞。大家日夜盼望着的中央红军，现在来到我们身边了。

红军长征胜利到达陕北，宣告了帝国主义和蒋介石消灭红军计划的破产；预示着中国革命新高潮的到来。为了把中国革命的大本营安放在大西北，毛主席一到陕北，即首先拟定了一个大的歼灭战计划，这就是直罗镇战役。

陕北的战局当时是这样：陕北红军取得劳山、榆林桥胜利后，敌人以五个师组织新的进攻，东边一个师沿洛川、鄜县大道北上；西边四个师由甘肃的庆阳、合水沿葫芦河向陕北鄜县方面前进。为粉碎敌人的进攻，毛主席决定集中会师陕北的红军，在直罗镇一带给敌人一个迎头痛击。并指示要我们到那边看看地形，再作具体的布置。

按照主席的指示，这一天中央红军和红十五军团团以上干部，在张村驿以西会合后，前往直罗镇去看地形。

从出发地到直罗镇，约三十里，一个小时不到就赶到了。大家下马后，首先登上了直罗镇西南面的一座高山，直罗镇就在脚下。它是个不过百户人家的小镇，三面环山，一条从西而来的大道，像一条白色的带子铺向镇子的中央，穿镇而过。镇子东头，有座古老的小寨，里面的房屋虽然倒塌，石头砌的寨墙却大部完好；镇的北半面，是一条流速缓慢而平静的小河。我们几十架望远镜举在眼上，从左到右，从东到西，细心地观察着道路、山头、村庄和河流。一个小山包，一棵小树，一条小沟，一家独立房屋，都是指挥员们观察研究的对象。大家都深深了解，在战前观察时疏忽一条小沟，漏掉一个山头，说不定在战斗中会增加想不到的困难。同志们一面观察，一面小声地交谈着："这一带的地形，对我们太有利了！"

"敌人进到直罗镇，真如同钻进了口袋。"

边走边观察，边观察边研究，从一个山头转移到另一个山头，结论得出了：把敌人放进直罗镇，再消灭它。为了防止敌人利用镇东头的寨子做固守的据点，大家商讨后，决定把它预先拆掉。部署确定后，当天晚上，红十五军团派出一个营连夜去拆那个小寨子。这时战斗命令虽然还没有下达，但战士们凭着自己的经验已猜测到，将会在这里打仗。战士们深深懂得平时多流汗战时少流血的道理。因此不分昼夜，不顾疲劳，一气把寨墙拆完。有些新解放来的战士，悄悄问老战士："敌人真的会来吗？"老战士回答说："会来的，这是毛主席算好了的。"

为了迎接这个大胜利，打好会师第一仗，红十五军团除留一个排在直罗镇警戒外，主力集结在张村驿一带，养精蓄锐，积极地投入了战前准备工作。各级干部层层深入，具体进行战斗组织。十五军团提出口号："打胜仗庆祝会师！""以战斗的胜利欢迎毛主席！""在战斗中向中央红军学习！"

红军情绪高涨，以逸待劳。一切准备就绪后，第三天下午，敌一〇九师师长牛元峰带着部队在六架飞机掩护下，果然来到了直罗镇。

晚上，毛主席下达了命令。按照已经确定的部署，中央红军从北向南，红十五军团从南向北，连夜急行军在拂晓前包围了直罗镇。毛主席、周恩来副主席亲临前线指挥。主席的指挥所，设立在距直罗镇不远的一个山坡上。战斗打响之前，主席就特别指示各部队负责同志，一定要打歼灭战。战斗发起后，主席又一再嘱咐说，"要的是歼灭战！"

天刚亮，两路红军像两只铁拳从直罗镇南北高山上砸了下去。敌人虽有防备，却没想到我军会如此迅速，及至发觉被包围后，直罗镇两边的山岭已被我军占领。南面一响枪，敌人立刻向北撤，北边一响枪，他们又反过来向南扑。一〇九师被夹击在两山之中一条川里。山谷中到处是枪声、喊杀声。一〇九师是东北军的部队，是红军的老"运输队"了。有不少的士兵和军官曾经做过红军的俘虏，有的还不止交过一次枪，在这个猛攻之下，纷纷瓦解，交枪投降。一些拼命顽抗的，丧生于刀枪之下。

战斗不到两个小时，红军两路会攻，占领了敌人的师部所在地直罗镇。最后牛元峰逃到镇东头的小寨里，指挥着一个多营负隅顽抗，死不投降。

这个小寨虽被我军事先拆毁，但敌人昨天下午到达后又连夜改修，加上地形复杂，易守不易攻。我们派了一支小部队攻了一次，没能打上去。正组织第二次猛攻，通讯员报告说："周副主席来了。"

这时太阳已升起了老高。我们向山上看去，只见周副主席同其他同志从山上走下来。他们都拿着望远镜，边走边向敌人固守的小寨子观察。等走到我们近前时，周副主席和干部们一一握手，详细地询问了第一次攻击的情况。最后周副主席指示：敌人已经成了瓮中之鳖，不好攻暂且围着算了。寨子里既没粮，又没水，他们总是要逃跑的，争取在运动中消灭它。

枪声渐渐地平息下来。两边的山坡上、镇子里，到处堆积着缴获的枪支弹药，到处聚集着俘虏兵。胜利的喜悦洋溢在每个红军战士心中。经过两万五千里长征的战士，在讲述着爬雪山过草地的故事。来自鄂豫皖苏区的战士和陕北的战士，都倾吐着渴望会见老大哥的心情。欢乐和友情笼罩着战场。

一〇九师师长牛元峰，蹲在寨子里。一个电报接一个电报，要求董英斌解围。他哪里知道，董英斌派的一〇六师还没到直罗镇，就被红军击溃了，并且在黑水寺被红军歼灭了一个整团。

晚上，牛元峰待援无望，趁黑夜率领残部突围向西逃跑，我七十五师的战士，随即跟踪追击。战士们说："一定要把这条'牛'追回来。"

一气追了二十五里，追到直罗镇西南一个山上，牛元峰和他率领的残部一个多营最后覆灭了。牛元峰也被抓住了。

"击溃战，对于雄厚之敌不是基本上决定胜负的东西。歼灭战。则对任何敌人都立即起了重大的影响。对于人，伤其十指不如断其一指；对于敌，击溃其十个师不如歼灭其一个师。"

直罗镇战役，又一次证明了毛主席伟大的、正确的军事思想。一〇九师全师和一〇六师的一个团覆灭，彻底打乱了敌人进攻陕北的部署，迫使敌一〇八师、一一一师不得不退回了甘肃境内；东路侵入杨泉源的一一七师也退出了鄜县。陕北苏区出现了一个新的局面。

直罗镇战役胜利结束后，部队携带着胜利品，押解着俘虏，撤离了战场。晚上当我们路过毛主席住的村庄时，只见毛主席住的窑洞里还点着灯。这些天来，毛主席够辛苦的了，天这么晚了，怎么还点着灯呢？

我怀着一种崇敬的心情，走到毛主席住的窑洞门口，问门口的警卫员同志："主席还没睡吗？"

"主席晚上是不睡觉的。"警卫员同志说着把我引进门去。

毛主席披着件蓝布旧大衣，点着盏油灯，正精神奕奕地工作着。桌上放着那张三十万分之一的旧地图。可以看出，毛主席又在考虑新的行动，策划新的战役了。

毛主席放下手里的铅笔，亲切地伸出大而有力的手，微笑着说："辛苦了！"

我说："天这么晚了，主席还没休息？"

毛主席说："这样习惯了。怎么样，部队都撤下来了？"

毛主席简要地讲了讲这次胜利的意义，当前的敌人动向，然后，关切地询问着部队的伤亡情况和伤员的安置。最后嘱咐要好好地组织部队休息，让战士们都洗洗脚。毛主席对战士那种无微不至的关怀，具体细致的作风，给我留下了难忘的印象。我从毛主席住的窑洞走出来，夜已经很深了。路上走了老远，回头望去，毛主席窑洞里那盏灯还亮着。

部队移驻到杨泉源一带，举行了祝捷大会。中央红军和十五军团都相互派了参观访问团，进行参观和访问。

11月30日，在东村举行了干部大会。毛主席在会上做了《直罗镇战役同目前形势与任务》的报告。毛主席讲到直罗镇战役的意义说：这次胜利，彻底粉碎了敌人对陕北的三次围攻。为党中央和红军在西北建立广大的根据地，推动全国抗战，举行了奠基礼。毛主席讲到胜利的原因，指出：一、两个军团的会合与团结（这是基本的）；二、抓住了战略与战役的枢纽（葫芦河与直罗镇）；三、战斗准备的充足；四、群众与我们一致。

我们说，还要补充一个最重要的原因：那就是毛主席正确的军事思想和毛主席的英明指挥。

毛主席在报告中还详细地分析了国际形势与国内局势。主席说：目前日本帝国主义正进攻华北并企图吞全中国；国民党正在南京开卖国大会。我们的胜利告诉日本帝国主义，我们不许你这个日本帝国主义灭亡我们的华北和全中国；我们的胜利也告诉国民党，我们不允许你们卖国。红军要同全国人民携手，用我们的枪炮与热血，打倒日本帝国主义……

　　主席洪亮的声音，明确生动的言辞，句句印在每个红军干部心里。毛主席的声音，就是全国人民的呼声，它代表每个红军战士抗日救国的意愿。

47. 红日照陕甘

习仲勋

1935 年 10 月，毛主席率领中国工农红军胜利完成战略转移，长征到达陕北。从此，党中央和毛主席直接领导着陕甘革命根据地的斗争。迅速克服了王明"左"倾机会主义路线所造成的危机，扭转了局势，使陕甘根据地走上了新的发展道路。当时，我作为陕甘边区的负责人之一，有幸在毛主席的直接领导下工作，多次聆听他的教诲。这是一段令人难忘的岁月。

陕甘革命根据地是在王明"左"倾机会主义路线失败后保留下来的最后一个根据地。毛主席到达陕北前，陕北的革命斗争几经起伏。早在大革命时期，在中国共产党领导下，陕西各地就曾经出现过蓬蓬勃勃的农民运动、工人运动、士兵运动和学生运动。大革命失败后，刘志丹、谢子长等同志坚持武装斗争，先后组织了反帝同盟军和陕甘工农红军游击队，并在陕、甘两省交界的照金创立了小块的革命根据地。我于 1932 年春在甘肃两当发动兵变，失败后转到照金。1932 年冬，中国工农红军第二十六军正式成立，由于军政治委员杜衡推行王明"左"倾机会主义路线，诬蔑刘志丹同志所坚持的正确路线是什么"游击主义""梢山主义""土匪路线""老右倾机会主义""逃跑路线"，硬要红二十六军离开根据地，南下终南山，杜衡则借故私自离开部队。当我军进到蓝田时，被敌人重兵包围，终以敌众我寡，弹尽粮绝，全军覆没，而杜衡这个胆小鬼不久也被捕投敌，做了叛徒。1933 年 8 月，我们在照金根据地陈家坡开会，克服了存在于一些同志中的右倾失败主义情绪，决定恢复红二十六军，拉起队伍再干。我们吸取过去的教训，决定分三路建立游击区：第一路陕北，以安定为中心；第二路陇东，以南梁为中心；第三路关中，以照金为中心。到 1934 年冬 1935 年春，我们分别建立和发展了陕甘边根据地和陕北根据地，陕甘边根据地把二、三路连接起来，北起定边、盐池，南抵三原、淳化、耀县，东至延安、延长，西达陇东的合水、庆阳、曲子、环县一带，建立了人民政权。陕北根据地在陕北特委领导下也建立了一大片人民政权。这时，在陕北地区活动的红二十七军也建立起来了。两个根据地分别召开了工农兵代表大会，正式成立了陕甘边区工农民主政府和陕北省工农民主政府。为了统一党和红军的领导，1934 年年底，陕甘边特委派刘志丹等同志去延川永坪地区和陕北特委开联席会议，成立了党的西北工作委员会和西北革命军事委员会。军委发布了粉碎敌人第二次"围剿"的动员令，命令红二十六军主力北上陕北作战。1935 年 5 月，刘志丹同志兼任前敌总指挥，彻底粉碎了蒋介石的第二次"围剿"，根据地进一步扩大到二十几个县，陕甘边与陕北连成一片。后来红二十五军转战千里来到陕北。这一段，是陕甘革命根据地和人民武装力量大发展的时期。

不幸，王明"左"倾机会主义路线也影响到陕北。他们不调查研究，不了解陕甘革命历史，不了解敌情、我情，全凭主观臆断，强调对外是一切斗争，否认联合；对内凡不同意他们错误观点的就残酷斗争、无情打击。他们指责刘志丹同志等只分川地，不分山地（陕甘边某些地方土地多，光川地平均每人就有十几亩、几十亩，群众只要川地不要山地），不全部没收富农的土地和牛羊，不在游击区分配土地，是"不实行土地革命"；指责我们纠正一些人领导赤卫队侵犯贫农、中农利益的违法乱纪的土匪行为是"镇压群众"；还说我们同杨虎城有联系，是"秘密勾结军阀"。他们无中生有，无限上纲，先说我们"右倾"，继而说我们是"右倾取消主义"，更进而说我们是"右派"，诬蔑刘志丹同志是"白军军官"。当时，蒋介石正在对陕甘边区进行第三次"围剿"。于是出现了这样的一种怪现象：红军在前方打仗，抵抗蒋介石的进攻，不断地取得胜利，"左"倾机会主义路线的执行者却在后方先夺权，后抓人，把刘志丹同志等一大批干部扣押起来，红二十六军营以上的主要干部，陕甘边县以上的主要干部，几乎无一幸免。敌人乘机大举进攻，陕甘根据地日益缩小。"左"倾机会主义路线的执行者的倒行逆施，引起了群众的极大疑虑和恐惧；地主、富农乘机挑拨煽动，反攻倒算，以致保安、安塞、定边、靖边等几个县的群众都"反水"了。根据地陷入严重的危机。

我被扣押了。起初关在王家坪，后又押到瓦窑堡，和刘志丹等同志一起被关在一个旧当铺里。"左"倾机会主义路线的执行者大搞逼供信，搞法西斯审讯方式，天气很冷，不给我们被子盖，晚上睡觉绑着手脚，绳子上都长满虱子；一天只放两次风，看守人员拿着鞭子、大刀，看到谁不顺眼就用鞭子抽，刀背砍。在莫须有的罪名下，许多人被迫害致死。

千里雷声万里闪。在这十分危急的关头，党中央派的先遣联络员带来了令人无比高兴的喜讯：毛主席来了！1935年10月，毛主席率领中央红军进入陕甘边的吴起镇，他立即向群众和地方干部进行调查。当时陕甘边特委的同志去迎接毛主席，向毛主席汇报了陕甘边和陕北根据地红军胜利发展的情况，又汇报了当时乱搞"肃反"，把刘志丹等红二十六军的干部抓起来的问题。毛主席马上下达指示：立即停止任何逮捕，所逮捕的干部全部交给中央处理，并派王首道等同志去瓦窑堡办理此事。我们这100多个幸存者被释放了。毛主席挽救了陕甘红区的党，也挽救了陕甘革命根据地，出现了团结战斗的新局面。在毛主席亲自指挥下，中央红军和西北红军在直罗镇歼敌一〇九师和一〇六师一个团，粉碎了蒋介石的第三次"围剿"，给党中央把全国革命大本营放在西北的任务，举行了一个奠基礼。

毛主席对陕甘根据地的创始人刘志丹同志和广大干部十分关怀，非常爱护。刘志丹同志出狱后，毛主席安排他担任中央革命军事委员会西北办事处副主任、北路军总指挥和红二十八军军长。后来，1936年春，刘志丹同志率部队渡黄河东征，不幸牺牲于山西中阳县的三交镇。毛泽东同志题了挽词，称赞刘志丹同志是"群众领袖，民族英雄"。周恩来同志题词说："上下五千年，英雄万万千，人民的英雄，要数刘志丹。"朱德同志称他是"红军模范"。毛主席、周副主席、朱总司令给予刘志丹同志高度评价，使那些同刘志丹同志一起工作的干部也受到很大的鼓舞。

我被释放后，到中央党校学习，以后相继在地方、部队担任领导工作。在这些日子里，我有机会多次同毛主席接触。他有时吸收我参加中央有关会议，有时找我谈话，有时写信给我，以至题词勉励我，使我不断受到教育。1935年12月27日，在瓦窑堡党的活动分子会议上，我第一次见到毛主席。会上，毛主席作了《论反对日本帝国主义的策略》的报告，系统地分析了当时的形势，完整地阐述了我党的政治策略，批判了党内过去长期存在的"左"的关门主义倾向，决定了建立广泛的抗日民族统一战线的策略。我凝神聆听毛主席的报告，觉得他讲的完全合乎实际，路线完全正确。我感到迷雾顿散，信心倍增。1939 年，毛主席亲笔在一幅约 1 尺长、5 寸宽的漂白布上写了"党的利益在第一位"8 个大字，上款写"赠给习仲勋同志"，下署"毛泽东"。这个题词，我长期带在身边，成了鼓励我努力改造世界观的一面镜子。毛主席在我们这些人身上倾注了许多心血，这鲜明地体现了他为党制定的爱护地方干部和广大干部的政策。

陕甘根据地的危机克服后，毛主席立即着手把陕甘根据地建成争取北上抗日的出发地。他根据全国形势和陕甘根据地的特点，提出在"发展中求巩固"的方针，命令红军依托陕甘，东渡黄河，以模范的抗日行动推动全国抗日。东征战役扩大了我党我军在全国人民中的政治影响。那时，蒋介石顽固地坚持反共反人民的内战政策，妄图阻挡红军向抗日第一线前进，调动了十余万军队，向陕甘根据地进攻。陕甘一带，东有晋军和国民党中央军，北有地方军阀井岳秀、高桂滋，西有甘、宁、青马家军和国民党中央军，南有东北军和十七路军，我们四面被包围。敌人侵占了根据地的许多县，地方反攻倒算，群众遭到残酷杀戮。国民党又在这些地方复辟了反动统治，建立保甲制度，实行连环保。为了稳定陕甘根据地，毛主席命令红军打退了西面和北面的敌人。我也随军西征，在李富春同志为首的陕甘宁省委领导下，在陇东的环县、曲子一带做群众工作。

随着日本帝国主义加紧侵华，民族危机日益深重的形势的发展，1936 年 9 月，毛主席在保安召开了中央政治局会议。这次会议吸收了两个地方干部参加，我是其中之一。这是我第一次参加中央的会议。毛主席一见到我，便亲切地叫着名字，同我握手。这次会议主要讨论《关于抗日救亡运动的新形势与民主共和国的决议》，讨论扩大抗日民族统一战线，争取张学良的东北军和杨虎城的十七路军，反对党内"左"的关门主义倾向。会上，毛主席还总结了根据地建设的经验，指出在中心区和边沿区、游击区，因情况不同，工作方针和任务也应有所不同。他还批评了王明路线的宗派主义的组织路线。参加这次会议，我受到一次深刻的路线教育，进一步懂得了：任何革命理论、原则的实行，都必须同当时当地的实际情况相结合，教条主义之所以错误，就因为它不问实际情况，完全从本本出发，生搬硬套；政治路线错了，组织路线也必然是错的，政治上搞"左"倾机会主义，必然在组织上搞宗派主义。同时，思想上也明确了：必须根据形势的发展，积极扩大抗日民族统一战线。会后，张闻天同志同我谈工作，说对民团、保甲都可以搞统一战线，可以先试试。

这次会议后，我被调到关中地区担任特委书记。关中地区包括甘肃的新宁（宁县）、新正（正宁）和陕西的赤水（旬邑）、淳耀（淳化和耀县）等县，像一把利剑插入国民党统治区，直逼它的战略重镇西安。当时，我们的游击队只能隐蔽在深山里，活动很困难，生活很艰苦。根据中央9月会议决议的精神，我们一面恢复各种秘密组织，一面建立和发展各方面的统一战线关系。对于每一个人、每一个派别、每一个社会团体、每一个武装队伍，都根据他们不同的情况，在抗日救国的总方针下，同他们接洽、协商、谈判，以订立各种地方的、局部的、暂时的或长久的、成文的或口头的协议，同他们当中的一些人、一些单位，建立起各种不同程度的统一战线关系。有个国民党的县长同我们有老关系，我们也同他建立了联系。在4个县的保安团中，除了一股顽固的地主武装反对我们以外，其余的都同我们建立了统一战线关系，他们向我们提供了许多情报和枪支弹药。这样，到"双十二"西安事变时，关中根据地就全部恢复了，我们的游击队又壮大了。虽然国民党的政权仍存在，但我们的政权组织也秘密地建立起来了，公开的名义叫作"抗日救国会"，

"西安事变"和平解决，国共实现第二次合作后，党中央、毛主席又领导我们纠正了王明在那时所搞的"一切经过统一战线"，把领导权拱手让给蒋介石的右倾错误，克服了当时边区党委的某些领导人在统一战线中采取的机会主义立场，粉碎了国民党的摩擦、蚕食等破坏阴谋，使根据地日益巩固；还开展了政治、经济、军事、文化教育等方面的建设，使陕甘宁边区逐步成为全国的模范抗日民主根据地，党中央、毛主席所在的延安，成了中外闻名的革命圣地。陕甘宁根据地的每前进一步，都是同毛主席的亲切关怀和直接领导分不开的。陕甘宁根据地人民和全国人民都永远不会忘记这一点。

48. 欢迎党中央、中央红军到陕北

郭洪涛

1935年10月19日，党中央、中央红军经过二万五千里长征，突破蒋介石百万大军的围追堵截，胜利到达陕北。陕北根据地成为中央领导全国革命的立足点和出发点、中国革命的大本营。当年，我有幸参加了迎接党中央、中央红军的工作。时间虽过去60余年，至今仍记忆犹新。

1935年9月15日，红二十五军到达陕北延川县永坪镇。16日，刘志丹率红二十六、红二十七军到达永坪镇，三个军胜利会合了。"九一八"四周年那天，举行了盛大的联谊会，欢庆胜利会师。三军会合后，中央代表团正式成立，全面负责领导西北的党、政、军各项工作。9月17日，中央代表团主持召开西北工委、西北军委和鄂豫陕省委联席会议，会议决定成立红十五军团。红十五军团成立后，积极投入第三次反"围剿"的战争。在1935年10月1日的劳山战斗中，我军从缴获的报纸中得知红军主力北上到甘肃省武山县西南。于是前方给中央代表团去信，并附缴获报纸，建议红十五军团到关中彬县等地欢迎党中央、中央红军。程子华认为红十五军团远去关中，来回要一个多月，敌人若乘虚占领永坪镇，苏区就困难了。不如红十五军团继续向南打，调敌北移，以此配合党中央和中央红军的行动。朱理治和我都同意程子华的意见。朱并让程子华到前方，将后方的意见转告前方的同志们。当时程子华的伤病未好，躺在担架上被抬到了前方。到前方后，程子华向徐海东、刘志丹、聂洪钧等同志传达了后方同志们的意见，前方同志一致赞成。

在此期间，陕北的错误肃反进一步扩大，逮捕了刘志丹、高岗、张秀山等红二十六军的领导同志，领导层内部对肃反问题发生了意见分歧。不久中央代表团书记朱理治也认识到肃反是错误的，决定后方不再捕人、审讯人；并派我到前方征求前方同志的意见，如他们同意，准备放人。我与派去担任红二十六军政委的崔田民同行，于1935年10月25日榆林桥战斗的当天下午到达了前方，在富县道佐堡找到了程子华和徐海东。在一个有两盘炕的屋子里，我和崔田民坐在一边，程子华和徐海东坐另一边，我向他们讲逮捕红二十六军一批老干部没有根据，是个严重的错误。程、徐都同意这种看法，谈论中大家都深感不安。程、徐立即叫来红二十五军保卫科的负责人，命令他们立即停止逮捕人。

在道佐堡时，李景林送来了红军抗日先遣支队司令部的布告，我们才知道党中央、中央红军已经到了吴起镇。程子华和我立即动身前去迎接党中央和中央红军，并报告了中央代表团、西北军委。后方于是派西北军委后勤部长白如冰到保安县（今志丹县）给党中央、中央红军筹集给养。

程子华和我从道佐堡出发，走了一天，到了下寺湾，遇到了贾拓夫率领的先遣部队。1935年11月2日，中央、中央红军到达下寺湾。我向李维汉汇报了陕甘边、陕北两块苏区、两支红军互相支援、互相配合，于1935年2月成立了西北工委、西北军委，统一了领导的情况；同时也汇报了陕北的错误肃反情况。李维汉认为我反映的情况很重要，引我见了毛泽东、张闻天。当时毛主席非常瘦弱，眼窝深陷，颧骨很高，但精神很好。张闻天也很清瘦，脸色比较白，一副文质彬彬的样子。毛泽东、张闻天两位中央领导同志听完我详细的汇报后，对陕甘边、陕北苏区和红军取得的成绩给予了充分的肯定，认为陕北肃反是严重的错误。

1935年11月3日，党中央在下寺湾召开了中共中央政治局常委会议。会上，程子华和我汇报了苏区、红军、错误肃反及劳山、榆林桥作战的情况。政治局常委同志们肯定了我们的成绩，同时指出肃反是错误的，并派国家保卫局代局长王首道取代戴季英任西北保卫局长，处理肃反问题；将十五军团编入红一方面军。中央还决定兵分两路：一路由毛泽东、周恩来、彭德怀率领红一方面军到直罗镇，消灭尾随之敌；一路由张闻天、博古、刘少奇、王稼祥、邓发、董必武、林伯渠、李维汉等同志率领党中央机关、中革军委等非战斗单位前往陕北苏区的中心瓦窑堡。

在直罗镇，毛泽东、周恩来、彭德怀亲自指挥红一方面军作战，一举歼灭了尾随之敌，彻底粉碎了敌人的第三次"围剿"。正如毛泽东指出的："直罗镇一仗，中央红军和西北红军兄弟般的团结，粉碎了卖国贼蒋介石向着陕甘边的'围剿'，给党中央把全国革命大本营放在西北的任务，举行了一个奠基礼。"

与此同时，中央还决定撤销陕甘晋省委，成立陕北省和甘肃省，周恩来找我谈话，分配我担任陕北省委书记，并派贾拓夫任陕北省委宣传部部长，钟赤兵任军事部长。

为做好迎接中央进驻瓦窑堡的工作，我先行回到瓦窑堡，贾拓夫与我同行。中央和中央红军到瓦窑堡那天，有数千名群众夹道欢迎，为红军指战员送茶送水。街道两侧红旗招展，到处张贴着欢迎的标语。中央领导同志们频频向群众挥手致意，欢呼声此起彼伏，那情景令人难以忘怀。

中央领导同志到瓦窑堡后，我请他们到省委机关就餐。这顿饭很丰盛，有海参、鱿鱼等海产品。这些海味在当时陕北是很罕见的，这是解放瓦窑堡时打土豪的胜利品。中央领导同志讲，长征以来，这么好的饭菜只有在遵义吃过一次，这是第二次。大家聚在一起都很高兴，席间回顾了长征路上的艰难险阻，还有人唱起了中央苏区的民间小调和国际歌，气氛非常热烈。

王稼祥没有参加这次聚餐。他在长征中负了重伤，身体非常虚弱，是躺在担架上抬着到陕北的。到瓦窑堡后，临时住在省委机关的院子里。李维汉叮嘱我要好好照顾王稼祥。我找来一头奶牛，让人每天挤些牛奶给他喝，增加一些营养，就这样他的身体慢慢地恢复起来。

中共中央、中央红军到达陕北时已是初冬季节，不少战士尚无棉衣，大部分同志还穿着草鞋。因此陕北省委、省政府就把解决上述问题作为头等大事来抓。中央派林伯渠负责。我派陕北省财政厅厅长艾楚南、西北军委供给部部长白如冰协助林伯渠做好这项工作。艾楚南、白如冰抓紧清点库存物资，很快就集中了大批布匹、棉花，后来又从白区购进一批。陕北省委、省政府还号召陕北苏区群众积极献粮慰劳中央红军。原拟在一个月内募捐粮食770担，由于群众的热烈响应，最后捐献的粮食达970多担。陕北苏区的妇女们，在省委妇女部的组织领导下，夜以继日地为红军指战员缝制棉衣和棉鞋。延川、赤源、秀延等县的妇女，上至六七十岁的老婆婆，下至十五六岁的小姑娘都投入到这一工作中。仅二十多天，就赶制棉鞋 5000 双。陕北省委组织群众，将军粮、棉衣、棉鞋以及没收地主豪绅的猪、羊送交部队，使指战员们及时穿上了冬装，生活也得到了改善。

除了解决部队给养问题外，党中央还决定进一步扩大红军。当时中央红军到达陕北的北上抗日先遣队不足五六千人，加上红二十五、二十六、二十七军及苏区的地方武装不足 3 万人。在人民群众的支援下，1936 年 1 月至 3 月两次扩红9600 人，红军力量进一步壮大。

1936 年 10 月 22 日，红一、二、四方面军在会宁、将台堡会师，三大主力从此统一于党中央和中革军委的领导之下，为以后民族的解放和国家的独立奠定了坚实的基础。

49. 巩固西北革命根据地　迎接中央红军到陕北

贺晋年

60 年前，英勇的中国工农红军历经千辛万苦，突破敌人的重重封锁，到达了我的家乡——陕北。从此，这片贫瘠的土地便成为长征结束的落脚点，也是中国革命新的出发点。

1935 年夏，为了促进全国抗日高潮的发展，党中央、毛主席率领中央红军和红四方面军在川北的懋功地区会合后继续北上，在鄂豫陕革命根据地的红二十五军也于 7 月 15 日开始西征北上。党中央、毛主席及中央红军的北上，预示着中国人民的革命斗争将出现一个崭新的局面。

蒋介石对此大为震惊，急忙在西安设立了"西北剿匪总司令部"，亲任总司令。他除纠集了陕甘宁晋绥等省的军阀部队外，还增调了东北军张学良及蒋家嫡系三十七军毛炳文等部相继进入陕甘，在中央红军到达陕北之前，妄图一举扑灭西北人民的革命武装。国民党对陕甘革命根据地第三次"围剿"的序幕就这样拉开了。

敌人的第三次"围剿"仍以陕北根据地为重点，以东北军张学良部为主力，以南线为主要进攻方向，实行南进北堵，东西夹击，敌先后动用的兵力约 10 万多人。具体部署是：东面沿黄河一线，为敌晋军正太护路军孙楚部 3 个旅及七十一师二〇六旅、七十二师二〇八旅；北面的清涧、绥德、米脂、横山、神木、府谷等地，为敌八十四师高桂滋部及八十六师高双城部；西南面的环县、庆阳、合水、长武、彬县一线，为敌三十五师一〇五旅冶成章部，东北军第五十七军董英斌部一〇六师、一〇八师、一〇九师、一一一师、一一七师，及骑兵第二军何柱国部骑三师、骑六师、骑十团；西北面的宁陕交界地区为敌十五路军马鸿逵部的3个骑兵团；南面的富县、甘泉为敌东北军六十七军王以哲部一〇七师、一一〇师、一二九师。7月下旬，除敌八十四师、八十六师已在我根据地北线外，在南线担任"围剿"主力的敌六十七军王以哲部也开始在洛川以南地区集结，其先遣人员从洛川向延安方向侦察地形和我军情况，积极准备北犯。东线敌晋军的5个旅也于榆次集中，先头部队二〇六旅早于4月间从军渡西渡黄河，进至吴堡、宋家川、义合、枣林坪一带。西线敌骑兵第二军布防于彬县、长武、庆阳一带，三十五师一〇五旅进驻环县，西北敌十五路军之骑一团、骑二团、骑四团陈兵同心、下马关、盐池一线。

西北红军前敌指挥部得悉敌人对我陕北根据地进行第三次"围剿"的部署后，刘志丹同志和大家讨论研究，认为当时敌各路动作不够协调一致，并根据其完成部署和兵力展开时间先后不一等弱点，决定集中红军主力，乘敌之隙，各个击破。在敌人"围剿"部署未全部完成前，首先给深入我根据地的东线晋军渡河之先头部队迎头痛击。为配合主力红军的作战，总指挥刘志丹指示各地游击队、赤卫军以及独立团、独立营广泛开展游击战争，袭扰并牵制敌人。同时命令红四十二师二团和骑兵团继续在陕甘边坚持斗争，牵制并迟滞南线敌人之行动。

1935年8月1日，刘志丹率红军主力到清涧县之袁家沟、花岩寺一带集结，进行战斗准备。尔后，轻装北进，秘密插至吴堡、宁家坡。这时，当地的游击队和赤卫军在前总的统一部署下，已将定仙墕等据点的敌人包围起来。

前总决定首先消灭慕家塬守敌，以便于我军在这一带扩大回旋地区，遂行机动作战。慕家塬是个土寨子，村子周围有寨墙。敌人是二〇六旅的一个连。前总决定由我率红一团担任主攻，刘志丹同志带红军主力准备消灭由宋家川、辛家沟、郭家沟来援之敌。

8月10日拂晓，我带红一团偷袭慕家塬。当突击队把梯子搭上寨墙准备攀登时，敌人可能发现了动静，突然打了几发照明弹，把附近照得通明雪亮。红军战士还是头一次遇到这种情况，不知是什么新式武器，呼啦一下子退了下来。敌人发觉红军夜袭，机枪、步枪一齐开火，像一阵暴雨迎头浇来，进攻寨子的红军只得撤回。

第二天决定强攻。前总把四十二师红三团也投入攻寨战斗。下午，我和王世泰各指挥一支突击队，在火力掩护下，从寨子东北部强行攀登。战斗中，王世泰腿部负伤。部队很快冲进寨墙，敌一个连被全部消灭。

由于通信工具不发达，周围据点的敌人不知道慕家塬敌人已被消灭。12日早上，宋家川、辛家沟、郭家沟的敌人共约一个营另两个连的兵力，仍按原计划沿川道增援慕家塬，被早已待命设伏打援的红军迎头痛击，敌人狼狈逃窜。

慕家塬战斗，包括打援在内，共消灭敌人约4个连。这是西北红军初次同晋军交手，首战告捷，大大鼓舞了红军指战员的战斗热情，增强了粉碎敌人第三次"围剿"的信心。战后刘志丹同志立即指挥红军南下至绥德东南新庄一带待命。在此，获悉晋军有增援定仙墕的动向。刘志丹同志抓住战机，决定消灭该敌。

定仙墕是敌人自界首至绥德交通线上和绥德至宋家川大路南侧的一个重要护路据点。东北有两道平行的山梁，在定仙墕和两道山梁之间各夹一道山沟，两道山沟在定仙墕东北汇合在一起。由定仙墕向东30里就是枣林坪。

8月21日上午，从枣林坪出发的敌第六团，沿川道和第一道山梁向定仙墕进犯，红四十二师二团迎面堵住了敌人。敌人用迫击炮集中轰击二团阵地，妄图与定仙墕敌人会合。红二团依托阵地奋勇抗击，使敌人不能前进一步。敌人又沿阵地第一道山梁向西进犯，依仗其优势的火力，连续攻占了红八十四师二团的几个山头，向定仙墕逼近。这时，志丹同志命令红一团投入战斗。愚蠢的敌人只沿着一道山梁进攻，并依山梁摆开一字长蛇阵，所能展开的兵力只有一个先头连。

我带领红一团除以部分兵力协助二团从正面堵住敌人外，又派一个连绕到敌人侧后，大胆穿插，猛打猛冲，打乱了敌人的建制。在我军的包围及分割下，多数敌人缴械投降，少数顽敌从南侧跳崖逃跑，但因崖壁高陡，非死即伤。红军乘胜前进，连续夺回了两个山头。

当红军向第三个山头进攻时，敌人在他们军官的督战下，凭借简单的野战掩体，拼命抵抗，战斗十分激烈。红军的突击队几次冲到敌阵地前沿，但由于伤亡太大又撤了下来。看到正面强攻不行，我又派出一个连绕到敌人侧后，一枪击毙敌营长。守敌群龙无首，乱作一团，在溃逃中将武器扔了满地。这时，红四十二师三团及义勇军也从另一道山梁压下来。敌人全线溃退。红军一直追了十多里路，除个别敌人逃跑外，其余全部被歼灭。

这一仗，打死打伤敌副团长齐汝英以下200多人，俘敌1800多，缴获了大量枪支弹药，其中包括82迫击炮6门，重机枪12挺，轻机枪50余挺。由于红一团担负正面主攻，所以缴获的武器弹药最多。战后，红一团把缴获的迫击炮、重机枪集中起来，正式成立了机炮连，连长是李仲俭。这是西北红军的第一个重兵器连。

定仙墕一仗把枣林坪的敌人吓破了胆，当天夜间逃过黄河去了。这是西北红军在刘志丹指挥下，运用"围点打援"的战术全歼敌人一个整团的首次战斗，伤亡小，战果大。加上慕家塬战斗，在短短的11天内，歼灭晋军一个整团又4个连，给东线晋军以沉重打击。至此，红军东线出击的作战行动完全达到了预期目的，并改善了自己装备，为下一步对付南线敌人打下了基础。

定仙墕战斗后，西北红军在刘志丹率领下，转移到安定文安驿地区休整。

1935年夏，从西安附近之沣峪口出发西征北上的红二十五军，经两个月的奋战，沿陕甘边界到达保安县之豹子川，进入陕北革命根据地。9月9日，到达永宁山，与当地党组织取得了联系。

为欢迎红二十五军的到来，中共西北工委向根据地发出了紧急通知，要求各级党组织紧急动员，召开各种群众会议，贴标语，散传单，热烈欢迎红二十五军。

刘志丹同志率领西北红军奔袭横山没有奏效，在返回安定根据地途中，于七里沟接到工委指示。刘志丹同志亲自起草了《欢迎红二十五军指令》，并在玉家湾专门召开了干部会议，讨论欢迎事宜。前总号召全体指战员虚心学习红二十五军的建军和作战经验，搞好与红二十五军的团结，密切配合红二十五军作战，争取更大的胜利。

9月15日，红二十五军到达永坪镇，受到当地党政军民的热烈欢迎和慰问。16日，西北红军到达永坪。次日，在永坪东石油沟召开了会师大会。会场上洋溢着两支兄弟红军亲如手足的战斗友谊和西北人民对子弟兵的炽烈感情。徐海东、程子华、刘志丹都在会上讲了话。为了更好地向红二十五军学习，刘志丹同志还组织干部到红二十五军进行了参观。

两军会师后，为了解决统一领导和下一步军事行动方针问题，在中央代表团的主持下，9月17日，在永坪召开了中共鄂豫陕省委和中共西北工委联席会议。会议决定成立中共陕甘晋省委员会，改组了原中共西北军事委员会。为了统一指挥两支兄弟红军，会议还决定将红二十五军、红二十六军、红二十七军合编为红十五军团。徐海东任军团长，程子华任政治委员，刘志丹任副军团长兼参谋长。下辖3个师：红二十五军编为七十五师，红二十六军编为七十八师，红二十七军编为八十一师。全军团共7000余人。我任八十一师师长，张达志任政委。

9月中旬，南线之敌六十七军在王以哲率领下，其一一〇师，一二九师（欠一个团）沿洛川至甘泉路北上，抢占了延安这个战略要点，并留一二九师六八五团一个营驻守甘泉，负责保护南北的交通线。一〇七师、一一七师留驻洛川、富县一带抢修公路。

红十五军团为了粉碎敌人的进攻，决心乘南线敌军尚未全部展开之际，挥师南下，首先给该敌以有力打击。

当时，延安有东北军两个主力师及军直特务营，外加地方武装，实力较强。根据红十五军团兵力和武器装备，强攻延安显然是不行的。军团首长分析，延安有众多敌军，不能没有补给。如果用一支部队围攻甘泉守敌，切断敌人的南北交通线，必然能引蛇出洞，诱敌前来增援甘泉，而且敌军从延安来增援的可能性比较大。就这样，一个调虎离山、围城打援的决心定下来了。

熟悉陕北地形的刘志丹副军团长提出了一个十分理想的设伏区——劳山。劳山镇北距延安30公里，南距甘泉约15公里，是延安到甘泉的必经之地。这里群山耸立，树林茂密，地势险要，十分有利于部队隐蔽。因此军团首长决定在此摆下一个"口袋阵"。

军团首长将佯攻甘泉城，并在"袋底"前一线阻击延安来援之敌，不准其接近甘泉城的主要任务交给了八十一师。9月28日，我和张达志率领部队开始行动。佯攻部队虚张声势，并故意传出红军要攻打甘泉的消息。

1935年10月1日，敌一一〇师在师长何立中的率领下，从延安出发，沿公路南下增援甘泉。下午2时，敌人进入二四一团阻击地段。在放过敌尖兵之后，二四一团鸣枪为号，突然开火。顿时枪声、冲锋号声、指战员的喊杀声，震撼山谷、河川。二四一团闪电般冲出庄子沟，敌群像被捅乱了的马蜂窝，互相挤压、碰撞。其前卫营一小部冲过公路上的小桥，逃向甘泉。余敌被二四一团压进川道里，堵住了敌前进道路。此时，红七十八师骑兵团也由劳山北之阳台迅速出击，协同红七十五师断敌退路，迫使敌人的后续部队被压缩在小劳山附近。至此，敌人完全陷入红军包围之中。

当敌人清醒过来时，立即将后续部队展开，抢占公路两侧东西山头，居高临下用猛烈火力压制冲上公路的红军战士，企图用多于红军数倍的兵力、火力杀开一条血路，借以逃生。

敌人首先集中力量攻击川道里的红军阻击部队，进行疯狂反扑。各种火器将子弹、炮弹暴风骤雨般地倾泻到二四一团，同时组织兵力反复争夺公路两侧的高地。

战斗打得十分残酷，二四一团伤亡很大，并有七八个营连干部负伤或牺牲。在这严峻的时刻，我从师指挥所冒着敌人的枪炮直奔西山。一直到离敌人前沿阵地只有十几米远的地方，仔细观察了敌人的火力配系。返回后与红七十八师师长杨森取得联系，该师从西侧把敌人压进村里。二四一团团长刘明山率领三营一部经过三次进攻，终于配合贺吉祥带的二营从东山把敌人压下来。

战斗的最后阶段，红七十五师由敌人背后积极向小劳山攻击前进。七十八师由西山向下打，红八十一师二四一团二营和三营一部从东山上打下来，另一部从西山阵地侧面攻击，再加上川道里我正面堵击部队向前推进，在红军的猛烈攻击下，敌人全部被压缩在小劳山西南的一条山沟和小劳山村。天黑前，在军团各部共同配合下，将敌人全部歼灭。

劳山伏击战，从 10 月 1 日 14 时打响到 20 时左右结束，经 5 个多小时激战，歼敌一一○师师直属队全部和六二八团、六二九团全部。共毙、伤、俘敌 3700多人。敌师长何立中负重伤，被抬到甘泉后不久就死了。敌师参谋长范驭州被当场击毙，敌六二八团团长裴焕彩被生擒，六二九团团长杨德新自杀。

不久，红十五军团乘胜南下，包围了榆林桥。榆林桥守敌是东北军一○七师的 4 个营。25 日拂晓，红七十五师首先向榆林桥东山发起攻击，由于敌人筑有比较坚固的工事，火力很强，部队进攻受挫，伤亡较大。军团长徐海东命令红八十一师从北面沿洛河向榆林桥发起进攻。我率部队沿东山坡向前推进。敌人防守很严密，火力较猛，部队前进十分困难。

我接受了劳山战斗的经验教训，命令部队停止前进。我带了几个人爬到山上，居高临下，俯视敌阵地，敌人的前沿火力点尽收眼底。我伸手要过一挺机枪，让战士拉住我的双腿，倒趴着挂在崖畔上，扣动扳机猛烈地向敌人射击。敌人被这突如其来的火力打得晕头转向，死的死，逃的逃。我指挥部队乘胜攻击，一直突进了榆林桥。与此同时，红七十五师、七十八师也从东面和南面攻了进来，守敌全部被歼。敌团长高福源被生擒，经过教育，放了回去，后来在西安事变中对促进张学良联合抗日起了较好的作用。

令人痛心的是，在反对敌人第三次"围剿"的过程中，王明"左"倾路线在根据地党政军领导机关中的势力越来越大，并开展了错误的肃反斗争，在地方和红军中开始抓人、杀人。劳山战斗刚结束，刘志丹同志等一批领导干部就被逮捕了，部队中笼罩着恐怖的气氛。基层指战员的情绪很不稳定，有些甚至开小差跑回家去了，部队减员日趋严重。据说还要把我调到别的师当副师长，削去职权，然后再处理掉。在那段不长的时间里，我的心情一直很苦闷，对这种营垒内部的自相残杀很不理解。无奈之中，给陕甘晋省委写了几封信，要求离开部队，去干地方工作。

榆林桥战斗后，我见到陕甘晋省委副书记郭洪涛。他告诉我，中央红军已经到达吴起镇了，他正准备前去迎接。

说实在话，囿于当时通信工具的落后，陕北地域环境的封闭，消息十分闭塞，再加上错误肃反的影响，对于中央红军我并不十分了解，所以在郭洪涛离去后，我又骑快马追了一阵，想再次申明自己不愿调到其他部队去，也就是不甘成为错误肃反的牺牲品。无奈没有追上。

令人振奋的消息不断传来。党中央了解到陕北根据地发生肃反扩大化，一大批领导干部被错捕错杀的严重情况后，毛主席立即指示："刀下留人"，"停止捕人"。11月上旬，党中央下令释放了刘志丹等同志。

党中央及时纠正了陕北大本营的"左"倾错误，挽救了处在危机中的陕北地区的党和红军，同时也为中央把革命根据地放在陕北奠定了坚实的基础。毛主席和党中央的正确路线，带领我们绕过了暗礁，革命的航船重新破浪前进了。

50. 尝过分离苦更觉会师甜

郑维山

"由贺龙、任弼时同志等率领的红二、六军团快要进到西康，靠近我们啦！"

"我们就要和兄弟部队会师，共同北上啦！"

1936 年 3 月中旬，我们红三十军随方面军总部进驻甘孜地区。不久，就从上面传来了这振奋人心的消息。

在当时那种艰难困苦的环境中和紧张战斗的岁月里，还有什么能比红军两大主力相会合更令人感到兴奋和激动的呢？对我们这些曾亲身经历过一、四方面军会师的欢乐和分离之苦的人来说，就更懂得再次和兄弟部队会师的珍贵。

回想一年前，我们离开川陕苏区根据地，西渡嘉陵江，中经江油中坝、北川土门等激战，打通了西进之路，在四川懋功（今小金）地区与中央红军胜利会师。会师后，我们满怀胜利的豪情，同兄弟的一方面军并肩北上，通过了茫茫大草地，进至巴西、包座地区。包座之战，歼灭了敌胡宗南派来阻止红军北上的第四十九师，打开了进军甘南的门户。就在这时，风云突变，张国焘闹分裂，强令右路军回头南下，去实现他的南下川康的主张。这样一来，不仅破坏了两支红军主力团结战斗的大好局面和会师后的大好形势，而且也给四方面军带来更加艰苦的历程和灾难。我们过草地，又翻越终年积雪的夹金山，气候严寒，环境险恶，许多同志在饥寒交迫中倒下。孤单南下川西，陷入以疲劳之师同优势敌军决战之中，我军与敌多次恶战，虽歼灭大量敌人，取得一些胜利，但我军亦损伤严重，始终未摆脱被动局面，最后不得不向西康的炉霍、甘孜一带转移。敌薛岳乘我军连续苦战未得休整之机，又纠集近 20 个团兵力向我猛扑过来，我八十八师奉命由芦山驰往天全，同兄弟部队相配合，又一次以大刀、手榴弹同敌作殊死拼搏，将敌击溃，为我转移西康省境赢得了时间。

说实在的，打恶仗和吃苦我们并不怕，流血牺牲也无所畏惧，问题是这些仗和流血牺牲本来是可以避免的，损失本来是不该有的，只是由于张国焘的错误路线，使部队几次走上险境，战斗力受到极大削弱，带来严重后果。在这种情况下，我们越发思念北上的并取得胜利的红一方面军，盼望着有一天能再同兄弟方面军会合，共同团结战斗。

现在，这一天又快到了，同志们怎能不分外高兴和激动呢！

方面军总部向部队进行了有关会师的政治动员。记得徐总在一次动员会上满怀激情地说：红军是一家人，我们和中央红军与红二、六军团的关系，好比老四与老大、老二之间的兄弟关系。上次我们和老大的关系没搞好，要接受教训。"兄弟阋于墙，外御其侮。"吵架归吵架，团结归团结，不能分家。现在老二就要到来了，再搞不好关系，是说不过去了。每个部队都有自己的长处、短处，方针是相互学习，取长补短，加强团结，一致对外。徐总道出了我们的心里话，反映了他对张国焘南下政策的不满，也向部队提出了热切的希望和更高的要求。各部队按徐总的要求，立即行动，以各种不同方式，满腔热情地进行着迎接二、六军团的各项准备工作。

5月中旬的一天早晨，我和熊厚发师长正准备到各团去，李先念政治委员和程世才军长从总部回来了。

"郑维山同志，根据总部的命令，有一件重要任务交给你们完成。"李先念政委当时显得格外兴奋，接着说："红六军团已经进入稻城一带。由你带二六五团进驻西边的绒坝岔地区。你们的任务：一是掩护主力在甘孜地区休整；二是宣传动员群众，筹粮筹款，做好北上的物质准备；三是迎接红二、六军团的到来。"

"什么，迎接红二、六军团？"李政委话音刚落，我又高兴地问了一句。当时那种激动劲儿真是无法形容。一年前，我奉命带二六五、二六八团跟随李先念政委迎接中央红军，现在又奉命迎接二、六军团，这是总部和军首长的信任啊！同时也感到自豪和光荣。于是便信心百倍地回答："请首长放心，我们要把这次会师搞得更好，让红军永远团结，永不分离！"

李政委和程军长满意地笑了。

熊厚发师长率师部及二六三、二六八团仍驻守甘孜。我向二六五团进行了简短动员后，大家欢欣鼓舞地开向绒坝岔。

行军途中，指战员们热烈地议论着。"咱们怎样迎接兄弟部队呢？""他们历经艰辛，远道而来，咱们可不能空着手见面，得想法慰劳慰劳老大哥啊！"同志们提得有道理，我们是要好好地开展慰问活动，表达我们的无限敬意。可是，当时我们也处在极端困难时期。一年前，占领中坝后筹集的粮食、药材、布匹等物，一部分捐赠给中央红军，留下的早已消耗殆尽。百丈关和天全战斗后，时已隆冬，部队的棉衣尚无着落。战士们把棕树上的棕毛撕下来，缝在单衣上御寒。到甘孜后，部队虽然可以获得短期休整，但这里气候寒冷，地广人稀，群众不习惯种粮，是个以游牧为主的地方。因而物资缺乏的局面并没有得到好转。方面军总部也把筹粮问题提到重要议事日程，专门成立了筹粮领导小组，曾派代表前往杂谷脑喇嘛寺，向藏胞买了一些牦牛、炒面和藏布等物。但这些东西分到每个红军指战员手里，实在少得可怜。在这种情况下，该用什么去向兄弟部队表达自己的心意？我作为带队的干部感到担负的任务既光荣，又很艰巨。

"咱们到草原上想法买一些牛羊来慰问老大哥部队吧！"团长邹丰明同志向我提议。

"咱们还可以动员大家，一方面节衣缩食，另一方面自己动手，编织衣物，献给兄弟部队。"年轻的团政委黄英祥皱着眉头，若有所思地接过话头。

"好啊！"我笑着对他们说："到绒坝岔后发动群众，献计献策。'车到山前必有路'，在英勇的红军面前没有克服不了的困难！"

那时，我们师团干部都是 20 岁上下的青年。打起仗来，干部总是冲锋在前，没有攻不克的敌人。无论遇到什么难题，大家一起商量，很快就有解决的办法。和这样的战友在一起，我心里感到熨贴和踏实。

从甘孜出发西行约 70 里，很快就到达绒坝岔。这里是甘孜管辖的一个重镇，四周地形开阔，是一片茫茫的大草原，夹有一些丘陵起伏地。镇子就坐落在起伏地的低洼处。居民大都是藏族牧民，只有少数汉人，后来都成为红军的"通司"（翻译）。由于长期以来，反动统治者所造成的民族隔阂，加上当地一个国民党反动派保安团的威胁，我们到达后，镇子里已空空如也，一个老乡也看不到。我让部队先住下来。这里藏民的住房一般都很简陋。四周墙壁是用石块或土块垒成的，比较厚，门很窄很小，分为上下两层，下层圈牛羊，上层住人。稍富点的，多了一层，加了佛堂。很少有平房。我和邹丰明团长、黄英祥政委以及通讯队住在一个牧主的家里。这一家的住房比较讲究，四周的墙壁整齐、坚固，而且高出房顶，形成一圈用来防护的围子。

部队住下后，我和营、团干部立即研究筹粮等问题。大家认为，只要先把群众找回来，就会有办法。我们决定，首先派出武装宣传队，外出宣传，动员群众回来。宣传队在绒坝岔南面的一个山沟里，发现了那个国民党保安团，他们约有百八十人，都是一些兵痞流氓和烟鬼赌棍，平时打家劫舍，欺压藏胞，无恶不作。红军一到，又把牧民裹胁出去，企图切断我军与群众的联系，伺机对我突袭。得知这一情况后，我们派出两个连的兵力，两路包抄，打得他们措手不及。我们从保安团那里已经缴获了不少罐头、好酒及虾皮、木耳、鱿鱼、海参等山珍海味。有些东西，我还从来没有见过。可是，谁也没有私自留下一点，缴获这些东西的连队把它原封不动地交到营里，营里又全部送到团部珍藏起来，都说要留给二、六军以糌粑野菜充饥的部属和战友。人世间难道还有比战争年代革命战友之间这种感情更纯洁、更珍贵吗？我们一举歼灭了那股反动民团后，被裹胁去的藏族同胞开始还有些胆怯，不敢接近我们。宣传队的同志通过通司反复喊话，向他们说明，我们是共产党领导的红军，是工人农民及各族人民自己的队伍，这个队伍专门打国民党反动派和欺压人民的反动军阀；红军和藏胞是一家人，不会白拿藏胞的东西。有几位年长的藏民带着试探心情首先回到镇子上。他们回到家，看到一切东西完好无缺，态度和蔼的红军战士给他们端水端饭，顿时感动得流下了眼泪，很快就和我们亲热起来了。他们说："大家不知道还有你们这么好的队伍。这一看，什么都明白了，人可以叫回来。"他们连夜赶到藏胞躲藏的山沟里，介绍红军的这些实际行动，并作动员解释。第二天藏胞们便三三两两地陆续回来了。

群众回来后，事情好办得多了。我们从镇上的藏胞那里购买了一些牛羊和青稞，解决了部队燃眉之急。但要满足两支红军会合后共同北上的需要，那是远远不够的。我们曾派出筹粮队，由藏民带路到草原上寻找牛羊群，准备购买一些。但反动土司一听我们来买，早就把牛羊赶得远远的了，派出去的小分队还常常受到不了解我军的藏兵的袭击。有一天，绒坝岔西面的德格土司（土司相当专署）

的叶巴（土司下面分管军事的官员），纠集了5个县的藏民骑兵，横枪跃马，突然包围了我们住的镇子。怎么办，冲出去厮杀？绝对不能，工农红军怎么能同兄弟民族自相残杀；喊话宣传，一时又起不了作用，真急人哪！好在他们是骑兵，离不开马，我们守在藏民的房里不出动，他们也没有办法。就这样相持了整整一天。

"咱们也来个'七擒孟获'吧！"黄英祥同志还懂点历史典故。

他想起《三国演义》里的"七擒孟获"的故事，倡议学一学诸葛亮，趁夜暗把我们的"夜老虎"撤出去，擒一批"俘虏"来，然后教育释放，请他们帮助红军当宣传员、联络员。

"要得！这个点子想得好！"我高兴地赞成这个提议。黑夜摸营擒俘虏是二六五团的拿手戏。他们在行动中能静得过村庄不惊动鸡犬，夜战时能在敌人鼻子底下穿行自如而不被敌人发现。反六路围攻后被总部授予"夜老虎"的称号。他们擒几个"俘虏"当然没问题。我吩咐邹丰明和黄英祥同志迅速做好"战斗"准备。

夜半，包围我们的藏兵，有的围着火堆吃着牛羊肉，有的呼呼睡觉。"夜老虎"团一次放出4个连，神不知鬼不觉地摸过岗哨。藏兵哪是对手，一触即溃，提了一批"俘虏"，其他的都逃散了。我们干部连夜谈话做工作，向他们讲明我们的来意，耐心地解释我党北上抗日的主张，并和他们同吃同住，施以教育，还告诉他们绒坝岔的藏民和我们相处很好，如果不信，你们可以去问。这些藏兵起初半信半疑，经过一天多的观察，感到我们确无伤害他们的意思，渐渐地改变了敌视态度。后来，我们发现那个叫夏格刀登的叶巴也在"俘虏"中，又耐心做他的工作，把他请到甘孜。李先念政委热情地接见了他。他深受感动，见人就说："红军，泽冒泽冒的！（"很好"的意思）"他和我们签订了"和约"，并参加了我党协助成立的波巴依得瓦政府（藏族人民政府）。我们和当地藏胞的关系改善后，物资奇缺的困难，也随之在很大程度上得到解决。在藏胞的支持、协助下，我们很快就筹集购买了一批牛羊和羊毛等物，制作了不少牛肉羊肉干，以备两支红军会师后北上途中之需。有了羊毛，我们就发动大家人人动手捻线，打毛衣、毛袜子。大家积极性很高，从干部到战士每人至少都打了两件毛衣，一件自己穿，另一件作为同二、六军团老大哥会师时的见面礼。为了抢时间，赶在会师前打好毛衣、毛袜，许多同志一连几个晚上不休息，坐在月光或酥油灯下，剪羊毛、捻毛线，一针一针地编织。许多藏胞也纷纷跑来帮我们织。一边织，一边还哼着歌儿。一件件厚厚实实的毛衣、毛袜，渗透着革命战友和兄弟民族同胞的深情厚谊！在会师喜讯的鼓舞下，干部战士用不着动员就自觉地开展了工作、学习和练兵的竞赛。那些天，军营内外笑语盈盈。"五一"劳动节那天，部队还在草滩上组织了军事技术表演和文娱体育比赛活动。负责宣传鼓动工作的同志还用白灰在墙壁上书写了"向英勇善战的红二、六军团学习！""迎接兄弟的二、六军团，共同北上抗日！"等大幅标语。各连都把最好的房子腾出来，打扫得干干净净，床上铺着厚厚的青稞草，时刻等待着战友们的到来。盼呀，望呀，终于迎来了老大哥部队。1936年6月3日，红六军团在理化同三十二军会师之后，6月30日，贺龙、任弼时、关向应等同志率领的红二军团，经过长途跋涉，来到了绒坝岔。两支从未见过面的兄弟部队，在艰苦的长征中相逢，谁能抑制住内心的激情，那股亲热劲儿，比懋功会师更为动人。记得那天，风和日丽，草原上充满了欢乐的节日气氛。指战员们远远望见红二军团的队伍，像条"巨龙"朝着绒坝岔飞腾而来时，便飞也似地奔向前去，抢过战友的行装背在自己的身上，再紧紧地握着手，打量着，问候着，叙长道短，显得格外亲切。许多藏族同胞也簇拥路旁，捧着酥油糌粑夹道欢迎。口里还不住赞叹："耶莫！耶莫！"（顶呱呱的意思）。到了宿营地，炊事班同志立即打来热气腾腾的开水，让战友洗脚解乏。有的看到二军团战友的衣服已经破烂不堪了，不等我们统一安排，就先拿出亲手打好的毛衣、毛袜，让战友们赶快换上……往日寂静的绒坝岔，顿时沸腾了，处处洋溢着欢笑声，回响着歌声。大家又唱起了同中央红军会师时学会的《红军两大主力会师歌》：

　　"铁的意志，血的牺牲，

　　换得伟大的会合。

　　为着奠定中国革命巩固的基础，

　　哎！为着奠定中国革命巩固的基础，

　　高举红旗向前进！"

　　为欢迎远道而来的贺龙、任弼时等首长和二军团的同志们，我们在会师的第二天中午举办了一次会师宴。早晨起床后，我亲自到伙房吩咐："把从保安团那里缴获的好东西，都拿出来，给首长和同志们接风！"那天的午餐，是从来没有过的丰盛。入席后，贺老总首先举杯笑着说："这些东西，你们没舍得吃，拿来招待我们。来，让我们干杯，共庆胜利！"一句话表达了我们红军的心声，说得大家心花怒放。我们随着贺老总、任政委、关向应和甘泗淇等首长频频举杯，开怀畅饮，沉浸在无限幸福之中。

席间，贺老总、任政委等首长关心地询问了四方面军和三十军及八十八师的情况，谈笑风生，态度十分亲切和蔼，平易近人。饭后，首长们向我详细地询问了四方面军与中央红军分裂的情形。我尽自己所知，毫无保留地作了汇报。并且拿出当时所谓"临时中央"（后来才知道是张国焘自立的"中央"）下发的文件，给首长们看，也向首长们谈了自己积在心中的疑虑、不解和希望。谈话中，贺老总、任政委神情专注，只是时而提问，时而沉思，不加评论。当时，屋子里的空气分外严肃和紧张，十多个人，似乎每个人心脏跳动声，都能听得到。看得出，首长们当时的心情是十分沉重的。谈话临结束前，甘泗淇同志向我询问在草地如何筹粮筹款以及民族政策等问题时，大家才又重新活跃起来。我说，四方面军总部对筹粮问题很重视，专门成立了筹粮领导小组，李先念、何长工、李天焕、曾日三等同志都是领导小组的成员。为了取得藏族同胞的信任和支持，总部还组织一部分团以上干部朝拜喇嘛寺。甘泗淇等首长一听很感兴趣，连声说道："这样做很好，这样做很好，我们只有尊重藏胞的风俗习惯，取得他们的信任，和他们打成一片，胜利才有保证！"

分别时，贺老总亲切地对我说："郑维山同志，谢谢你们的盛情招待，你说的情况很好。对的，我们会合了，就要北上，革命一定要发展到最后胜利！"说完，首长们和我们紧紧地握手，而后跨上战马，向四方面军总部驻地——甘孜方向驰去。我们伫立在大路旁，眼望战马驰去的方向，直到飞尘消尽。

51. 红军团结胜利的篇章——忆懋功会师

李先念

1936 年 10 月，中国工农红军一、二、四方面军会师于甘肃省会宁，标志着长征胜利结束和中国革命新局面的开始。红军二万五千里长征，已成为中国各族人民和外国许多朋友称颂的历史奇迹，成为鼓舞我国各族人民克服艰难险阻去夺取胜利的巨大力量。为纪念长征胜利五十周年，中央党史资料征集委员会和中央军委党史资料征集委员会等单位，要我写一篇回忆长征过程中懋功会师的文章，这段历史距今半个多世纪了，许多细节已记不清楚，只能把主要经过写出来，以资纪念，并供研究长征史的同志们参考。

1935 年 6 月，一、四方面军在四川省懋功（今小金）会师，是有重大历史意义的事件。这是在党中央领导下，两个方面军英勇奋斗，共同努力的结果。两军会师的实现，有着丰富的历史内容，我所知道的仅仅是其中的一个方面。1935年 1、2 月间，党中央和一方面军经过英勇艰苦转战到了川黔边境，准备北渡长江进入四川，电示四方面军派部队去迎接。消息传来，广大指战员都非常高兴。我们早就盼望见到党中央和一方面军了。过去只听说过毛泽东、朱德、周恩来等中央领导同志，可是四方面军的同志见到过他们的不多。我们对一方面军非常敬佩。早就知道一方面军在中央根据地英勇奋斗，粉碎了敌人四次"围剿"，发展壮大到十多万人，创造了光辉的业绩。一方面军开始长征以后，我们知道的情况就少了。根据我们从鄂豫皖西征到川陕时经历的艰难困苦，心里常想到，一方面军离开根据地，多次冲破敌人的围追堵截，行军作战好几个月了，各方面的困难一定很大。因此，大家都想尽快地前去策应和会合。

1935 年 3 月，四方面军离开川陕根据地进到嘉陵江和涪江之间地区不久，为了两个方面军的靠拢，又继续西进。这时，蒋介石调胡宗南部已进入甘南，企图从北面堵截和进攻红军，以配合南路、东路的国民党中央军和川军追剿一、四方面军。针对这种敌情，奉军分会和四方面军总部的命令，我们三十军（我任政治委员）八十九师（邵烈坤同志任师长）从剑阁开赴青川、平武一线，抢占摩天岭，堵击胡宗南部队南下，以保障方面军向西行进的右侧安全。摩天岭是甘南进入四川的天然屏障，山势险峻，易守难攻，战略地位很重要，历史上称之为阴平古道。三国时期，诸葛亮为防御曹魏从北面进攻，保卫蜀国的安全，曾在此屯兵驻守。我们到青川和平武之间的山梁上还看到诸葛亮庙的旧址。史书记载，魏国进兵蜀国时，邓艾得知这里无兵防守，指挥部队攀越摩天岭，攻取江油，进入成都，灭掉了蜀汉。我们迅速占领了摩天岭，就打乱了胡宗南部企图夹击红军的计划。

5 月上旬，党中央率一方面军已进入川西彝族居住区，准备经冕宁北上。这时，四方面军总指挥部决定，向岷江地区进发，继续向一方面军靠拢。我们从摩天岭撤下来，急速向西南前进。与此同地，徐向前同志指挥许世友同志率领的九军和程世才同志率领的三十军一部，经过多次激战，击溃邓锡侯部陶凯师和当地民团，突破敌人防线，抢占北川河谷，夺取了墩上和土门险关，打开了进入岷江的门户。随后，他们又攻占了茂县、汶川和理番（今理县）。一、四方面军会师已指日可待了。

5 月中旬，即两军将要会合的前夕，四方面军总部在茂县召开了各军领导同志的会议，研究布置迎接党中央和一方面军的各项准备工作。总部决定由我们率领三十军八十八师和九军二十五师、二十七师各一部，开往小金川地区去迎接党中央。四军、三十一军的一部在松潘以南的镇江关、松平沟地区，抵御北面的胡宗南部；另一部在北川、片口一线抵御东面的川军，以保障会师的顺利实现。会上，徐向前、陈昌浩、王树声同志都讲了话，说明了这次会师的重要意义，要求各级领导干部深入基层，广泛动员，奋勇杀敌，认真执行民族政策，大力筹集给养和制作慰劳品，以实际行动热烈欢迎党中央和一方面军。向前同志特别强调，会师后，一定要搞好团结，一切行动要听党中央和中央军委指挥。会后，他还把我们留下，说：一方面军长期转战，一定非常辛苦和劳累，要动员部队发扬不怕艰难困苦和连续作战的战斗作风，争取早日会师。

接受任务后，我和李天焕同志（三十军政治部主任）立即同二十五师师长韩东山等同志，研究迎接党中央和一方面军的具体行动计划，动员部队尽快做好出发前的准备工作。随后，我带少数部队从茂县赶到理番，又向八十八师师长熊厚发和政治委员郑维山等同志传达总部的命令和部署。经过讨论确定熊厚发同志率二六三团留在理番继续同敌人作战，郑维山同志率二六五、二六八团和我们一起行动。

5 月底，部队分两路出发：一路是九军二十七师一部，从汶川向西南的卧龙方向前进，阻击由巴郎山方向西进的敌人；一路是九军二十五师和三十军八十八师，分别从汶川、理番出发直取懋功。从理番到懋功有三百多里，中间必须翻越海拔四千多米的红桥山。翻越这样终年积雪的大山，还是红军创建以来的第一次。我们有打硬仗、打恶仗的经验，有走险路、强渡江河的经验，但还没有爬过雪山。当地人烟稀少，也找不到向导，可是指战员为完成迎接党中央的光荣任务，心急如焚，纷纷表示一定要爬过雪山去。百闻不如一见。从山下向山上爬，先是很大的太阳，后是大雾，快到山顶时，飞下了鹅毛大雪，一时好像进入银色的世界里了。大家第一次看到这样奇异的景色，非常兴奋。由于山路陡峻崎岖，空气稀薄，指战员互相搀扶着，防止倒下去爬不起来。没想到下山后，因为强烈雪光的刺激，部队中有三分之一的同志得了雪盲症，还有很多同志高山反应头痛很厉害，部队只好暂时停止行进。记得休整了半天，大家的眼睛才慢慢地恢复正常，部队又继续前进。这次过雪山得到了一条经验，就是群众说的，雪山不能白天过，要在半夜时候过。我们懂得了这一点，后来在其他地方几次过雪山，就再没有人得雪盲症了。

6 月初，前锋部队二十五师遵照我们的命令和部署，先攻占了两河口，随后又歼灭邓锡侯部两个营及地方反动武装近千人，攻占了懋功，并乘胜向达维进发，准备南出夹金山，到宝兴、芦山，天全一带去迎接党中央和一方面军。6 月 12 日，我们和八十八师部队进驻懋功后，接到韩东山两次电话报告，说九军二十五师的先头部队和一军团二师的先头部队，在达维以南、夹金山北麓的木城沟胜利会师。喜讯传来，群情振奋。我当即发电报向总部作了报告。我们在懋功一方面分析敌情，察看地形，部署警戒；另一方面动员部队和发动当地群众，腾出房子，打扫街道，筹备给养，编文娱节目，写欢迎标语，集中慰问品。准备热烈迎接党中央和一方面军。有八个兄弟民族居住的懋功空前热闹起来了。

同日，向前同志代表军分会和四方面军总部，在理番写了一份给毛泽东、周恩来、朱德诸同志的报告，详细报告了敌情、民情和四方面军各部队的位置，介绍我们率领部队带着电台已经到达懋功，如何行动请中央指挥。他建议两军会合后，一方面军先休息补充，让四方面军在前面御敌。报告还说：四方面军及川西北千百万工农群众，正准备以十二万分的热忱欢迎百战百胜的西征军。这些话，确确实实表达了我们全体指战员的心情，说出了我们的心里话。这份报告，是派专人传送的，还附送了两份地图，供中央领导同志更具体地了解四川地区的情况，以便研究确定会合后的战略方针。

6月18日，我们在懋功迎接了党中央和一方面军。当时的喜悦之情难以言表。毛主席和中央几位领导同志住在一座法式建筑的天主教堂院内，我们住在小金川河边的新街。当天晚上，毛泽东、周恩来、朱德、张闻天等同志和一方面军的几位领导人在天主教堂的东厢房里亲切会见了我。我第一次见到这么多中央领导同志，心情特别激动，也有一点拘谨。毛泽东同志充分肯定了四方面军的战绩，给四方面军很高评价，并代表党中央和一方面军全体同志，对四方面军全体指战员表示亲切关怀和慰问。毛主席说，过去两支红军独立作战，现在会合了。这样，我们的力量更大了。他打开地图，边看边问，岷（江）嘉（陵江）地区的气候怎样？地形怎样？人民群众的生活条件怎样？还能不能再打回去？我说，岷、嘉两江之间地区，大平坝子很多，物产丰富，人烟稠密，是汉族居住地区，部队的给养和兵源都不成问题。从战略地位看，东连川陕老根据地，北靠陕甘，南接成都平原，可攻可守，可进可退，回旋余地大。如红军进入这一地区，有了立足之地，可以很快休整补充，恢复体力，再图发展。而且这时茂县、北川还在我军控制之下，可以打回去，否则再打过岷江就难了。我还说，来懋功的一路上，只看到很少的藏族牧民，筹粮很难，大部队久驻无法解决供给。大小金川和邛崃山脉一带高山连绵，谷深流急，大部队很难运动，不容易在这里站住脚，向西和向北条件更差。总的思想是说明无论从地理条件、群众基础，还是从红军急需休整补充的实际情况和发展前途看，会师后向东北方向，首先是向岷嘉地区发展比较有利。早在川陕反六路围攻胜利后，向前同志同我们就议论过沿嘉陵江两岸作战和向甘南发展的问题。所以，当时心里是真想打回去，广大指战员也是这种心情。毛主席听我汇报情况时连连点头。这个时候，毛主席正在考虑全局的大问题，听取各方面的意见，准备制定会合后的战略方针。我还清楚地记得，那天晚上，大家兴致勃勃，一直谈到深夜。在懋功和中央领导同志的会见，使我终生难忘。不久，中央政治局在两河口召开的会议上，对红军行动又作出了新的部署，制定了攻打松潘的战役计划。

党中央领导同志和一方面军的领导人在懋功休整了三天。这期间，两支部队互相联欢、慰问、交谈，非常亲切。我们和一方面军的部队举行了一次联欢庆祝大会。会上，一方面军的代表讲话说，两大主力红军会师，开创了中国革命史上的新纪录，是对国民党反动派的重大打击。过去就耳闻过四方面军的光荣战绩，相信两军会合后，一定会打更多的胜仗，消灭刘湘、胡宗南、邓锡侯等军阀更多的部队，创造新的根据地。我们的代表讲话中，表示坚决听从党中央的指挥，一定虚心向一方面军学习，团结奋斗，并肩前进，争取新的胜利。在天主教堂里，两军一些团以上干部还集会一次，一起吃过饭。当然没有什么好吃的东西，无非是让大家吃一顿饱饭，而这在当时来说也是很难得的。同志们都非常满意。朱德同志还特意到住处看望我们，询问四方面军部队的休整情况，对广大指战员非常关怀。

6月21日后，党中央率领一方面军沿抚边河北上，向两河口进发。我们按照中央的部署，二十五师继续留在达维镇，防御东面敌人的进攻；又派出一部分部队沿小金川河西进丹巴，再沿大金川河挺进，以保障党中央北上的左翼安全。我们和一部分部队又在懋功驻了几天，负责党中央的后卫。

一、四方面军会师后，敌人从东、南、北三个方面继续向我军进逼，企图把我军困死在人烟稀少的川西北少数民族地区。在这种形势下，部队保持会师时的团结合作、共同奋斗的精神，特别重要。为此，在党中央领导下，双方都做了许多工作，对加强部队建设，执行中央北上战略方针，创造了有利条件。懋功会师形成的团结局面，后来虽然经历了曲折复杂的发展过程，但是最终实现了一、二、四方面军和全国红军的大团结。历史证明，我们党的团结，军队的团结，是符合革命历史发展潮流的，任何人、任何力量都破坏不了。

懋功会师，标志着我们党和我们军队团结胜利的一个新开端，在我党、我军历史上写下了光辉的篇章、五十年过去了，懋功会师所体现的党和人民军队团结一致，争取胜利的精神，我们要永远继承和发扬。

在长征中死难的烈士永垂不朽！

长征精神永放光芒！

52. 我在西北经历的三次红军大会师

陈鹤桥

今年是红军长征胜利 60 周年。这是非常重要、特别值得纪念的大事，因为这一件大事对于中国革命事业的胜利发展有极其重大的意义。

我是鄂豫皖苏区红二十五军政治部的一名政工干部，在 1935 年秋到 1936 年秋的一年时间内，我在陕甘宁地区亲自参加了红军的三次大会师，这是我参加红军后在几年的艰苦斗争中，最光荣、最幸福、最高兴、最值得永远纪念的一段历史。

红军在陕甘宁三次大会师，人数一次比一次多、规模一次比一次大。如第一次，我是以红二十五军一名战士的身份参加同刘志丹等领导的陕甘红二十六军、红二十七军的会师；而第二次会师则是红十五军团同毛主席率领的中央红军主力的大会师；第三次是毛主席、彭德怀领导红一方面军西征甘肃、宁夏时，于 1936 年 10 月在甘肃中部和宁夏南部同二、四两个方面军的大会师。下面我简单回顾一下这三次会师的经过和对当时革命形势所造成的重大影响。

第一次会师

1934 年 11 月，鄂豫皖苏区的红二十五军(3000 余人)，在省委书记徐宝珊、军长程子华、政委吴焕先、副军长徐海东等同志率领下离开老苏区，到新区去创立新的革命根据地（留下高敬亭等同志和一部分武装在老苏区坚持革命斗争，后来他们编为红二十八军，坚持了三年游击战争）。红二十五军在 11 月 16

日从罗山县出发，通过平汉路，经过桐柏山进入湖北的枣阳以西，然后又向北转入豫西之伏牛山区，沿途打败了敌军步骑兵的堵截，于12月8日和10日在消灭和击溃了堵截和追击我军的国民党军队后，经卢氏进到陕南。12月10日，省委开会决定就在鄂豫陕三省边界这一战略地区发动群众，开展游击战争，创立新的根据地，省委改名为中共鄂豫陕省委。经过8个月的紧张工作和英勇战斗，我军打垮了敌人的两次"围剿"，消灭敌军3个旅和一部分地方反动武装，省委和红二十五军先后派出郑位三、郭述申、陈先瑞等同志到地方工作，在十几个县内发动群众，开展了游击战争，建立了鄂陕、豫陕两个特委和一部分县区人民政权，扩大了地方武装。1935年7月中旬，红二十五军继续长征，主力从陕南打出终南山，进入关中平原，威逼西安。就在这时，从上海来的党的交通员口中得知，中央红军与四方面军已会合于川西地区，有北上甘陕地区的可能。省委当即开会决定留下郑位三、陈先瑞等同志在鄂豫陕边区继续坚持斗争，保卫根据地。红二十五军主力则立即向西进入甘肃地区，了解中央红军北上的消息，便于配合主力红军的行动。8月，红二十五军经陕西留坝、凤县进入甘肃，包围夫水，过了渭河，连占两当、秦安、隆德三城，在平凉一带切断西兰公路。从俘虏的敌军军官口供中得知，国民党加紧调动军队到陕甘是为了阻拦红军从四川北上。我军继续沿西兰公路行动，为的是了解主力北上的消息，同时也钳制已进到甘肃企图阻拦红军主力北上的敌军。8月21日我军在泾川县行动时，在大雨中与敌军三十五师一个团遭遇，因大雨和河水阻隔，部队不能迅速集中对敌。军政委吴焕先亲自率领军部少数直属部队与敌人拼杀，在部队赶到后消灭了敌人一个团，但是红二十五军优秀的领导者、军政委并代理省委书记的吴焕先却壮烈牺牲了，这是我军一个很大的损失。由于我军在切断西兰公路后半个月的行动中，尚未打听到红军主力北上的消息，省委决定红二十五军经合水县向东先进入陕甘苏区去会合刘志丹等同志领导的红军，以增强红军的力量，巩固和扩大陕甘根据地，为迎接中央红军进到陕甘创造更好的条件。9月上旬，我军在合水板桥镇击溃敌骑兵的追击后，于9月7日到达合水县之豹子川（苏区附近），省委开会决定程子华改任军政委并代理省委书记（原省委书记徐宝珊5月在陕南病逝）、徐海东任军长、戴季英为参谋长、郭述申任政治部主任。部队经过动员教育后，9日经保安县进入陕甘苏区，当即受到苏区党和政府与人民群众的热烈欢迎与亲切的慰问。9月15日，红二十五军（3400人）进到苏区中心延川永坪镇。16日，刘志丹从前线率领红二十六、二十七军回到永坪镇，三个军的兄弟部队胜利地会师了。9月17日，在陕甘苏区的中共西北工委与中共鄂豫陕省委召开联席会议，为了统一党的领导、统一指挥红军作战，决定成立中共陕甘晋省委，撤销西北工委和鄂豫陕省委，把红二十五、二十六、二十七3个军合编为红军第十五军团，并决定全区军民立即行动起来，准备粉碎敌人对苏区的第三次"围剿"。9月18日，在永坪镇举行了庆祝红军会合的军民联欢大会。刘志丹、徐海东、郭述申、朱理治、聂洪钧等同志都讲了话，号召全体军民庆祝红军会师，要互相学习，加强团结，积极参加抗日救国运动，坚决粉碎敌人对陕甘苏区的第三次"围剿"，为保卫和扩大陕甘苏区而奋斗。

庆祝会师大会后，成立了红十五军团，徐海东为军团长、程子华为政委、刘志丹为副军团长兼参谋长、高岗任政治部主任、郭述申任副主任。红军3个军依次改编为七十五师、七十八师、八十一师，全军团共7000余人。由于敌人在7月已开始对陕甘苏区进行第三次"围剿"，军团首长决定红军改编就绪后立即开赴苏区南线延安地区去消灭敌人。这时全军团同志都有一个心愿，就是在庆祝会师的胜利后，争取打几个大胜仗，扩大苏区，壮大红军，配合和迎接中央主力红军北上。在徐海东、刘志丹等指挥下，军团决定以"围城打援"战法，消灭进入延安甘泉之敌。9月28日，红八十一师（原红二十七军）包围甘泉县城，七十五师、七十八师在延安以南30公里的劳山埋伏，10月1日，驻延安之敌——一一〇师师长何立中率部由延安向南开进，企图解甘泉之围，当日下午即被我埋伏在劳山地区的红军主力包围，激战5个小时后，敌师部和两个团被我完全歼灭，毙伤敌师长何立中、师参谋长范驭州以下千余人，俘敌3700余人。红军乘胜进攻甘泉之榆林桥，消灭敌军一个加强团，俘虏团长高福源以下1700余人。两次作战获捷缴获了大批枪炮，敌对苏区南线的进攻宣告失败。这一次我军取得消灭敌军一个师零一个团的大胜利，为迎接中央和主力红军北上准备了更有利的条件。

第二次在陕甘的红军大会师

10月19日这一天，红十五军团还在甘泉作战的时候，毛主席率领中央红军经过万里长征来到陕甘边区的吴起镇。中央派人送来了《陕甘支队告红二十五军、红二十六军全体指战员书》，指出："陕甘支队经过二万余里的长征与红二十五军、红二十六军会合，是中国苏维埃运动的一个伟大胜利，是西北革命运动大开展的号炮，将给开展西北苏维埃运动的大局面、赤化全中国打下巩固的基础。"同时送来的还有一份《中央红军北上抗日陕甘支队的布告》。当时，我是军团政治部的文印科长，首长们要我们连夜把这两个文件赶印出来，分发到部队和地方去。这时大家都知道了不仅是中央红军来了，毛主席党中央也来到了陕甘根据地。十五军团同志们高声地喊道："毛主席来了！党中央来了！中央红军来了！"这是多么鼓舞人心的喜讯呀！

毛主席于10月19日率领陕甘支队进到吴起镇后，22日中央即举行政治局扩大会议，决定以后的战略任务是保卫和扩大陕北苏区，领导全国的大革命。11月初，毛主席和党中央率领恢复番号后的红一军团南下和红十五军团会合。

11月3日，中央政治局会议决定，成立西北革命军事委员会，毛泽东为主席，周恩来、彭德怀为副主席。西北军委决定，恢复红一方面军的番号，将红十五军团编入红一方面军的建制，委任彭德怀为方面军司令员，毛主席兼任政委。同时任命了一军团和十五军团的首长。这个消息一传开，十五军团同志们听了是多么高兴啊！我们红二十五军几年来都处在孤军奋战的环境中，如今同中央红军的主力一军团会合到一起，我们军团也编入到一方面军的建制，这是很大的光荣。

毛主席和西北军委根据当时的敌情，决定红一方面军一面准备庆祝会师，同时要积极做好作战准备，要在严冬到来之前粉碎敌人的第三次"围剿"，准备在直罗镇地区消灭从西线、南线进攻苏区的敌人。

在毛主席亲自部署和指挥下，11月21日，红一方面军指战员对进攻富县直罗镇之敌发起突然的攻击，在我军连续四天的猛烈进攻和追击中，消灭了敌军一〇九师全部又一个团，俘敌5300余人，缴枪3500余支，取得了又一次具有重大意义的胜利。

直罗镇战役胜利后，11月30日，党中央在富县东村召开红一方面军营以上干部大会，庆祝红军大会师和直罗镇的胜利。毛主席在会上作了《直罗镇战役同目前的形势任务》的报告。对直罗镇胜利做了总结。报告指出我们胜利的原因："一、两个军团的会合与团结（这是基本的）；二、战略与战役的枢纽的抓住（葫芦河与直罗镇）；三、战斗准备的充分；四、群众与我们一致。"报告还指出了直罗镇胜利后的任务，而以扩大红军为此时期工作任务的中心一环。这次会师具有伟大意义和深远影响。

　　一、中央红军到了陕北，恢复了一方面军的番号，十五军团编入一方面军建制，红军在陕甘苏区的力量大大加强了。由于中央指示在苏区要猛烈的扩大红军，同时争取了一部分俘虏兵参加红军，到12月下旬就编成了红二十八军，军委任命刘志丹任军长、宋任穷任政委。1936年1月又组建了红二十九军，任命萧劲光为军长、朱理治为政委。2月，成立了红三十军，阎红彦为军长、蔡树藩为政委。在7月间，蒋介石为了消灭陕甘红军，开始部署第三次"围剿"，调集东北军、晋绥军以及陕北的国民党军队共13个师和5个旅，对陕甘边区进行四面进攻，企图将红军围歼于保安、安塞地区。9月26日，蒋介石还在西安设立了"西北剿匪总司令部"，蒋自兼总司令，张学良任副总司令并代行总司令的职权，统一指挥陕甘宁青晋五省国民党军队，加快"围剿"陕甘宁苏区的步伐。由此可见，中央红军到达陕甘对蒋介石的统治是一个很大的威胁，同时又是中国苏维埃运动一个伟大的胜利。

　　二、中央红军与十五军团会师才一个月，毛主席就亲自指挥一方面军在直罗镇取得很大的胜利，粉碎了敌人对陕甘苏区的第三次"围剿"，巩固并扩大了陕甘苏区，一方面对蒋介石是一个很大的打击；同时，这次会师和反"围剿"的胜利，是西北革命大发展的号炮，为把党中央领导中国革命的大本营放在西北举行了奠基礼，对于开展西北苏维埃运动的大局面、赤化全中国打下了巩固的基础。因此这次胜利具有特别伟大的意义。

　　三、毛主席率领中央红军到陕北，不仅是中央红军与红十五军团的大会师，最重要的是党中央毛主席到了陕甘抗日前线，党中央有了落脚点，更有利于领导全国革命和发动全国抗日。党中央10月中旬到达陕甘苏区后，就连续派人前往北平和上海等地，建立和恢复各地党的组织，领导各地群众抗日运动。北平地下党组织很快就领导和发动了"一二·九"爱国学生运动。这一运动很快发展到全国各地，工人和各界爱国人士都起来参加斗争了。12月，中央政治局会议确定了党的抗日民族统一战线的政策，对于指导全国各方面的斗争发生了广泛的影响，对于加强红军内部的团结，对于争取国民党军队内部的爱国力量，对于推动全国抗日运动的高涨都起了巨大的作用。

四、党中央到了陕甘根据地，还挽救了当时陕甘边区内部的政治危机。陕甘根据地是谢子长、刘志丹等领导红二十六军和红二十七军经过多年的艰苦战斗创建的。1934年夏，这两支部队又先后粉碎了国民党对陕北苏区的第一、二次"围剿"，巩固和发展了根据地。红二十六、二十七军与红二十五军会师组成红十五军团后，又在陕甘根据地进行了第三次反"围剿"战争并取得重大胜利。1935年9月至10月间，王明"左"倾冒险主义的执行者在陕甘根据地实行错误的肃反，逮捕了刘志丹等领导干部，造成陕甘根据地严重危机。中共中央到达陕甘根据地后，立即把被捕的刘志丹、高岗等释放出来，及时停止和纠正了这个严重错误，从而使陕甘根据地转危为安。

红军第三次在陕甘宁大会师

毛主席党中央到达陕北后，1936年2月，毛主席率领红一方面军渡黄河东征，目的是为了实现直接抗日，对于要阻拦红军抗日的蒋、阎敌军，要给予坚决打击。东征中红军在军事、政治上都取得了很大的胜利，特别是红军以实际行动把党的抗日统一战线的主张更深入更广泛地宣传到了全国，推动了全国抗日救亡运动的进一步高涨。

在红军东征时，由于接受党的抗日统一战线的主张，东北军和十七路军的高级将领开始和红军建立了停止内战、共同抗日的秘密的政治关系。

1936年5月，东征红军回师陕北以后，为了争取革命更大的胜利，毛主席又组织了以彭德怀为司令员的西方野战军出师西征，向甘宁两省前进。一方面，要解放宁夏和陇东的人民，扩大陕甘宁苏区，用党的路线政策争取和团结宁夏回族人民；同时要打击国民党的反动军队，全力迎接北上抗日的二、四方面军。

红军西征不断取得新的胜利，占领甘宁两省数百里地区，扩大了陕甘宁根据地（美国记者斯诺也从白区进到苏区，8月间他还到正在西征前线的红军两个军团中进行了参观访问），国民党反动派更加恐慌。红二、四方面军在川西会师后，在党中央正确路线的引导下，克服一切困难，英勇地向甘肃南部进军。毛主席指示我们一方面军挥师南下，占领西兰公路会宁一带地区，迎接二、四方面军。

1936年10月9日、22日，我一军团、十五军团在会宁和将台堡与二、四方面军胜利地实现大会师。我们早就在方面军首长和总政治部指示下做了各方面的准备，欢迎和慰劳二、四方面军。10月下旬的一天，在宁夏的同心城，我们十五军团直属队开会欢迎红军总部，军团首长徐海东、程子华致词，热烈欢迎朱总司令和红军总部人员，朱总司令和张国焘都讲了话。这次我又以一方面军的一名成员的身份参加了三个方面军的大会师，我和大家都十分兴奋。

三个方面军大会师的胜利，使蒋介石更加惊慌不安，他到处调兵遣将，加紧部署进攻苏区红军。中央军委为统一指挥三个方面军对蒋军作战，于10月下旬任命彭德怀为前敌总指挥部的总指挥兼政委，集中红军兵力打击向宁夏我区进攻的蒋胡敌军。11月21日，在环县之山城堡一战消灭了胡宗南敌军一个多旅，取得了山城堡战役的胜利。此后胡宗南部被迫全线后撤，国民党军对陕甘根据地的进攻实际上被停止。这是三军大会师胜利的直接结果。

红军三个方面军会师后，12月7日新的中央革命军事委员会宣布成立，委员23人。毛泽东、朱德、周恩来、彭德怀、张国焘、贺龙、任弼时等7人组成军委主席团，毛泽东为主席，周恩来、张国焘为副主席。

红军主力大会师和山城堡战役的胜利，更加鼓舞了全国抗日军民，大大提高了他们抗日的信心，山城堡战役后的第21天，西安事变发生了。西安事变在这个时候发生，也可以说明红军三个方面军在西北的大会师和红军山城堡大捷在军事上、政治上对于促进抗日民族统一战线的形成，具有非常重大的影响。

以上是我荣幸参加红军三次大会师的回忆。红军在西北三次大会师正处在我党领导中国革命事业进入抗日救国新阶段的准备时期，红军会师的伟大胜利，使我更加相信党中央能够团结党内、军内和全国一切革命力量，打败任何国内外敌人，取得民族革命的彻底胜利。

53. 西路军的悲壮历程

何永忠

　　我曾是中国工农红军四方面军十一师三十三团一营二连的一名战士，在经过了举世闻名的长征以后，我跟随西路军西渡黄河，远征河西走廊，孤军深入到人烟稀少、荒漠无垠的大戈壁。在数倍于我的国民党军队马步芳部骑兵的围追堵截下，西路军将士奋起迎战，血染疆场，在敌强我弱、艰苦卓绝的战斗中，英勇的西路军将士在约 6 个月的苦战中，从 27000 多人战至 400 余人。我便是这场血雨腥风鏖战中的幸存者。"悲笳数声动，壮士惨不骄"，回想起 60 年前那惨烈的一幕，不由让人悲愤填膺，痛断肝肠。现在回想起来，那惊心动魄的情景仿佛就发生在昨天。

西路军西渡黄河

　　1934 年 10 月，中央红军长征后，四方面军于 1935 年 3 月退出川陕革命根据地开始长征。由于张国焘（四方面军军委主席、红军总政委）不愿北上，企图分裂红军，致使我们三过草地，六次翻越夹金山、打鼓山和梦笔山等大雪山，1 万多名战友在异常恶劣的环境中倒下后再也没有站起来。我也在翻越海拔达 5000 多米的党岭山时脚被冻坏，走起路来一瘸一拐的，被人们戏称为"何跛子"。战士们听说都是张国焘的分裂主义才使大家跑了这么多冤枉路、吃了这么多苦时，不由议论纷纷道："妈的，哪个龟儿子叫我们南下？不南下，我们可以少吃苦头了。"

1936 年旧历八月十四，四方面军指挥部在甘肃临潭城召集干部会议。会议由四方面军政治委员陈昌浩主持，朱德、徐向前、刘伯承、李先念等首长参加。陈昌浩说："今天开会要解决一个问题：部队到底是往青海呢，还是到抗日前线去。往西要经过十几天路程的干草地，那里人口稀少，兵员无法补充，条件恶劣。我建议向东，和一、二方面军、党中央会合，到抗日前线去打击日本鬼子……"朱德总司令在会上明确表态，完全同意东进抗日的决定。这时，坐在主席台上的张国焘显得十分尴尬，脸上红一阵白一阵，连有人请他说话都不愿吭声。

当时我在红四方面军总指挥部的无线电通信学校当学员。那天晚上，通信学校的领导向我们传达了会议精神后，高兴得大伙儿觉也睡不着了，手舞足蹈，又唱又笑了一宿。

第二天正是中秋节，我们部队从临潭向东开拔。不久就在甘肃会宁实现了一、二、四方面军三大主力胜利会师。我们这些同几十万蒋军浴血奋战的勇士们，无一不骨瘦如柴，衣不遮体。我们在血染的军旗下拥抱、欢呼、流泪、歌唱。会合后约一个多星期，朱总司令，第一、二方面军往东出发，到了陕北。而四方面军政委陈昌浩却传达了上级组织西路军西渡黄河、远征河西走廊、打通"国际路线"向苏联靠拢的指示。于是，四方面军总指挥徐向前、副总指挥王树声、政委陈昌浩奉命率领红三十军（军长程世才、政委李先念）、红五军（军长董振堂、政委黄超）、红九军（军长孙玉清、政委陈海松）共 27000 名红军指战员（号称 3 万）西渡黄河，孤军深入人地生疏的大戈壁。

1936 年 10 月 24 日，部队抵达黄河边上。我们站在河边，极目远眺，黄河浊浪排空，声如雷鸣，对岸山峦，重叠起伏，山上山下都是黑黝黝的敌人碉堡。就在我们等皮筏子过黄河时，理发员郭季田忧心忡忡地对我说："小何呀，这次过黄河，什么事情都可能发生，也许比过草地还要艰苦，我们要有充分的思想准备呀！"

在我方迫击炮和机关枪掩护下，熊厚发师长率二六三团强渡，几十艘船和牛皮筏子冒着敌军的炮火奋勇前进，至天明，我军强渡过河，从此踏上了悲壮的历程。

陷重围五军团全军覆没

1936 年 12 月 6 日，西路军指挥部进驻永昌。这里的最低温度在零下 40 摄氏度，而我们身上穿的还是过草地时的那套破单衣裤，只好用军毯做夹裤，买老百姓的破羊皮做夹袄，还赶制了一批棉衣棉裤和帽子。

这时，驻在乌鞘岭古浪城（古战场）一带的九军因守备不严，加之指挥失当，被马步芳匪军团团包围，经过一场激烈的厮杀，整个九军损兵折将只剩下不到一个团的兵力。这是西路军过黄河后第一个大败仗，也是西路军陷入绝地死境的开始。

为了防止敌人地面部队，尤其是骑兵的突袭，部队只好每天转移地方，在张掖等地打转转。

1937 年 2 月中旬，五军团在高台被马步芳的骑兵包围，全军将士无一幸免。敌人得逞后，还想进一步消灭西路军指挥部，在甘浚堡围攻了我们整整一个星期。在徐向前的沉着指挥下，部队终于突破敌人的包围，我们通信学校掩护着电台，在一个晚上冲破了敌人的四五层包围，这是西路军有名的战斗——甘浚堡突围。为了甩掉追兵的尾巴，我们又一晚上急行军七八十里路，这时，部队仅剩下七八千人，只能在倪家营子和魏营子一带活动，由于反击无力，据守无防，军队真正到了弹尽粮绝的境地。敌人把五军军长董振堂的头割下送到南京。周恩来和顾祝同谈判时，顾把董的头出示给他看，周副主席愤慨地说，这是中国封建军阀残忍的具体表现。九军残部——妇女主力团三四百人在临泽县被俘后，惨遭蹂躏。有一位女战士被逼着和敌营长成亲，女红军用酒灌醉敌营长后，抽出敌人身佩的军刀把他刺死，又自刎身亡。

1937 年 3 月 5 日晚，我们被迫向祁连山撤退。

3 月的大戈壁滴水成冰，寒风刺骨，饥寒交迫的西路军怀着满腔愤懑、怀疑和无奈，艰难地前进着。次日，我们到了南流沟，部队一驻下，立即修筑工事，准备抵挡敌军的追击。

工事才筑到一半，只见戈壁滩上尘土蔽天，敌人骑兵如狼群般地疯狂扑来。程世才和熊厚发来到二六八团阵地指挥作战，打了一天一夜，敌军尸横遍野，我二六八团也伤亡惨重。战斗到第 5 天，西路军的粮食早已吃光，情况十分危急，敌人将我三十军分割为两半，并且切断了和总部的联系。程世才决心乘夜色突围，遂派 1 名警卫员冒死去总部送信求援。

两小时后，敌人后面突然枪声大作，红九军的一个团赶到，李先念也派出一个营来策应。程世才此时像一头暴怒的雄狮，高举快慢机大叫："同志们，杀呀！"全团战士士气倍增，高举大刀跃出庄院，只见刀光剑影中，那些长着大胡子、戴着羊皮帽的敌人鬼哭狼嚎，被砍得满地打滚。

3 月 12 日凌晨，西路军同敌军激战 5 昼夜，打死敌人 3000 余人，终于突出重围、直奔梨园口。

梨园口阻击战九军溃败

梨园口是南岔道通往祁连山的一道山口。这道山口有一里多长，两旁是山头，乃历史上兵家必争之地。

西路军总部见形势紧急，决定全军通过梨园口，进入祁连山打游击。布置三十军和总部在前，九军断后。当晚我们走了 80 多里路到梨园口，八十八师首先占领了制高点。战斗从 12 日上午一直打到晚上，由于敌强我弱，为保存实力，我们沿着河沟后撤。我抬着沉重的电瓶拼命地跑，不小心滑进了河沟，两条裤腿都浸湿了，过了几分钟，裤子里的水结成了硬邦邦的冰凌，走起路来"咔咔"直响。

没想到当我们气喘吁吁地跑了七八十里路，翻了两座山以后，到第二天（3月 13 日）八九点时，敌人又追了上来。这时，三十军已守在山口，叫我们沉住气，不要慌，快点跑，我们一口气跑到了牛毛山。

就在天将亮时，突然，敌人几万骑兵旋风般卷来，猛攻在梨园口阻击的极度饥寒疲乏的九军残部，九军政委陈海松及几十名师团营级干部壮烈牺牲，仅仅突围出少数机关后勤人员。九军失利后，敌人一股脑儿压向三十军。程世才率部同敌人肉搏，二六四团全部拼光，二六三团只剩下几十人。杀出重围后，程世才命令我们向康隆寺进军。

在牛毛山又遭到了敌人的围困。程世才见状急令二六八团打前锋，命令八十八师政委郑维山率二六五团 200 余人阻击敌人，以掩护总部、二六八团和九军残部脱险。最后，二六五团几乎全部阵亡。

石窝山徐向前哭别众将士

牛毛山突围后，我们连夜翻了好几个山头，于3月14日上了石窝山，只听得一阵密集的枪声，敌人又追了上来。由于石窝山既高且陡，敌人攻不上来，很多人被打死在半山腰里。我们乘机在半截山坳处架起电台和中央联系。结果，中央来电报指示：陈昌浩、徐向前离开部队。为减小目标，部队分左右路分散活动（三十军为左路）。电台也减少联络次数（一星期两次）。

在石窝山头，西路军军政委员会召开了紧急会议。我的上级八台台长汪明震、报务主任刘寅（原四机部副部长）参加了会议。陈昌浩流着泪宣布说，第一，我们打不过敌人，只有分散活动，保存现有力量，待刘伯承率领的援军过黄河以后再会合；第二，他和徐向前回陕北党中央驻地；第三，将三十军余部1000人编为左支队，由程世才、李先念和李天焕（三十军政治部主任）带到左翼大山打游击；九军余部400人，编为右支队，由王树声、朱良才（三十军政治部副主任）带到右翼大山打游击。会议决定，与会者表示同意，唯徐向前说："我们不能在部队处境最困难的时候离开，我要跟部队一起走，大家死死在一起，活活在一起，将来听候中央的决定。"大约下午5点，山头上忽然传来叫喊声，我们仰首望去，只见陈昌浩、徐向前使劲挥着手，哭泣着向我们告别："同志们……再见啦……你们……要保重……争取……回延安啊！"全军一片哭声，天地为之悲恸！

部队从石窝山出发，一晚上翻了四座山，于15日到柴沟河。这时，通信学校宣布撤销，学员下连当兵，留下6人到八台工作：我和杨大奎、阚子山、郑如宽、殷长祥（班长）、刘成义（年龄最小）。当时，八台台长是汪明震，报务主任是王玉衡，教务主任是刘寅，机务员贾善，报务员是荆振昌。

几天后，我们到达了祁连山的分水岭。这儿全是大山，气温在零下40摄氏度，时有战友冻死。熊厚发的伤口因没有药换，已化脓肿得碗口粗，动脉血管也断了。他为了不拖累部队，坚决要求留下。程世才、李先念、李天焕反复劝他无效，只得同意他的请求，并拨给他一个排。熊厚发留下时，我正好从他跟前走过，我这个人喜欢说说笑笑，平时常与他闹着玩，便惊奇地问他："师长，你干啥子呀，坐着不走动?"熊厚发紧握我的手，声音颤抖着对我说:"小何呀，我的伤厉害，不能走啦，希望你永远革命!"

部队开走后，熊厚发又陆续收容到一些散兵，共计 100 余人，在同敌军搜山部队激战中，全部战死，他本人因腿部负伤被俘，被押往西宁用炮轰死，年仅24岁。

历艰险翻越祁连山

部队进到了渺无人烟的祁连山下。这时，军部唯一的电台架好了，开始又和中央联系。王子钢(原邮电部部长)戴着耳机高喊:"通了通了，党中央在呼叫西路军!"李先念急忙拟好电文，向党中央汇报了西路军的险境。中央立即回电，指示我们可以走两条路，一是西行到新疆;一是经酒泉、过沙漠到外蒙古，并明确表示，不管我们走哪条路，中央都会派陈云、滕代远来接我们。

第二天早晨，全军集合，战士们高擎军旗、齐刷刷站在雪地上，李先念兴奋地念了中央来电，然后大声说:"同志们，中央没有忘记我们，明确指示我们去新疆。中央还要派人来接我们，我们要坚定信心，克服一切困难，不惜一切代价走出祁连山!"

全军顿时欢呼雀跃，仿佛在黑暗中看到了一盏明灯，勇气陡增，大家高唱着李卓然(西路军政治部主任)创作的歌曲《巍巍峨峨祁连山》:"巍峨祁连山，伟大英雄，惊人的行军，为着团结抗日救国的力量，我们坚决向西进!"

我们开始翻过祁连山峰到达青海边境。爬山时太阳照在身上还暖烘烘的，没想到山顶时，天竟变了脸，又是风又是雪的，我和杨大奎抬电瓶，他年龄大，个头又小，抬的电瓶老往下坠，累得我气喘吁吁，刘寅见状忙扶着我走了百把米，这才坚持爬过山顶。

在涉疏勒河时，天上下起了雨夹雪，平时，这条河又深又宽，那天河面上结着厚厚一层冰，前面部队用衣服兜沙子铺在冰面上，好让后面的战友不至于滑倒。

当我们历尽艰险，到达甘肃西部的平川地列队报数时，西路军只剩下 903人了。

安西红柳园再遭重创

1937年4月17日，部队抵达安西县城东南二三十里路的地方，李先念考虑我军减员过大，且已疲惫不堪，不准备打，而参谋长李特和黄超坚持要打。根据侦察，安西只驻有敌人一个骑兵排，到嘴的肥肉不能让它白白溜掉。当天晚上，部队便乘着夜色向安西发起了攻击，一交手才发觉判断有误，对方不是一个排，而是一个团。激战一天，由于敌强我弱，我们被敌人赶出安西郊外，清点人数，发现又死伤了二三百人，19日夜，部队只好撤出安西，拼命由甘新大道向新疆方向走去。一夜走了90里路，但敌人穷追不舍，一直跟着我们打到新疆的要隘白墩子。

程世才命令部队休息，为防不测，我们砸掉电台，准备烧水煮饭。忽听远方传来一阵阵马蹄声，我抬头望去，只见戈壁滩上风尘滚滚，几千敌军骑兵挥着寒光闪闪的马刀，狂呼乱嚎着向我们扑来。在这千钧一发之际，程世才高举快慢机，骑着大黄马率先冲出沙岭阵地，厉声高呼："同志们，冲啊！"全军将士见军长杀入敌阵，便齐声呐喊，奋勇冲杀，终于打退了敌军一次又一次进攻。天黑前，我们突围至距白墩子50里的红柳园。

谁知，我们前脚刚到，追兵亦尾随而至，双方又展开激战。大约晚上8点多钟，敌军越来越多，将我们的前沿阵地突破，继而穿插，把我军切割成为几块。惨淡的星光下，到处是人喊马嘶，枪声、刀砍声汇成一片，直杀得天昏地暗。这时，混乱中听到程世才在高喊："同志们，赶快分散冲出去呀！"我一愣，忽闻背后响声，急忙向前一跃，一个敌人挥刀砍空，我随即给他一枪将其击毙，乘势冲出了包围圈。

我们这一行仅冲出5个人，有刘寅、杨大奎、刘成义、阚子山和我。股长祥因生病掉队，被敌人俘虏。刘寅很有经验，叫我们离开公路，顺着电线杆的方向走，敌人不易发现，并说，不管怎么样，也要找到部队，就是死我们也要在一起。

夜渐渐深了，云山邈远，大漠苍茫。看着身旁饥寒交迫、血染征衣的战友，我心中充满不尽的悲愤。真是"笛里谁知壮士心？沙头空照征人骨"。

在大泉喜逢打散战友

连续几场恶仗，我们疲乏和饥饿自不待言，最难受的是找不到水喝。第三天晚上，乘着月光看到池塘上有水的反光，大伙高兴得猛扑过去，咕嘟咕嘟地喝了个够。

4月21日太阳偏西时，路上又碰到一个掉队的同志——聂鑫（解放后任山东省邮电管理局局长），于是我们一行6人继续前进，晚上到了大泉，山包上仅有一间破屋，屋里结着蜘蛛网，从迹象看这里已有过路部队住过，还给我们留下点吃的，其中还有一条驴腿。我们美美地饱餐了一顿，由刘成义放哨，我们便倒头呼呼大睡。半夜里听到有人说话的声音，我们警觉地操枪挨在墙边，侧耳细听，原来是王子钢（原邮电部部长）带着百把人来到这里，劫难之后战友重逢，高兴得我们热烈地握手拥抱，王子钢捶了我一下大声说："放心吧，敌人不会追上来了，我们前方就是星星峡。"

星星峡西路军残部会合

4月22日晨6点，我们继续向西前进，将近中午，前方一溜尘土飞扬，开来一辆卡车，车头插着一面红旗。只见从车上跳下几名军人，为首一名军官热情地伸出双手："呵，我们是盛督办派来接你们的，上车吧。"原来是我党和新疆省督办盛世才交涉后，他才答应将西路军余部接到迪化（今乌鲁木齐），从他们处得知二六八团团长已先期到达。

由于人多坐不下，我和其他同志又走了十几里路，后又乘上新疆方面开来的空车。至此，40天的艰难历程终于告一段落。

4月25日，李先念、程世才也乘汽车来到了星星峡，他们在红柳园向外蒙古方向走，在沙漠地带迷了路，后新疆方面派飞机发现了他们，投下信件，叫他们到星星峡集中，他们刚下汽车，我们即飞奔过去，流着泪哭喊着："军长，政委……"一把拉着首长的手，忍不住失声痛哭。

据统计，原27000多人的西路军，抵新疆星星峡，只剩下318人，加上后来陆续又来了一些，总共只有400余人。

回延安迎接新的战斗

1937年5月1日上午，我们正和友军一起庆祝"五一"国际劳动节，只见从场外开来几十辆汽车，我们好奇地张望着，第一辆车门开处，走下的竟是陈云和滕代远，全场顿时爆发出雷鸣般的掌声，我们哭着叫着："党中央派代表来接我们啦！"

主席台上，陈云、滕代远和程世才、李先念等首长泪眼相望、互致问候。陈云站起来，激动地代表党中央、毛主席和共产国际向西路军将士问好。他说："西路军所经历的艰难困苦的战斗，在国际共产主义运动史上是史无前例的，你们虽然战败了，但你们是努力的、英勇的，而且保存了革命的有生力量。失败并不可怕，失败是成功之母嘛，只要我们接受教训，只要我们还有这支队伍，就会发展壮大起来，将来可以扩充到几千几万人，争取革命的更大胜利。"最后，陈云猛一挥手，高声道："中国革命的胜利必将属于我们！"陈云的讲话，使整个会场一片沸腾，口号声欢呼声响彻星星峡谷。

陈云、滕代远还给我们每人发了一身夹衣、一件衬衣、一个碗和一双筷子，并带来许多哈密瓜，让我们分着吃。我们从四川撤出根据地已两年半了，一身衣服早已烂掉，这时按照总部指示，我们把换下的烂衣撒上药，全部包装好送往莫斯科苏联博物馆。

1937年5月4日，西路军余部400多人在陈云、滕代远率领下，分乘十多辆卡车，从星星峡出发，于7月到达迪化。1938年4月21日，我们又从迪化乘苏联的汽车，途经星星峡、兰州、西安，最后回到延安。记得汽车途经红柳园时，远远望去，山头上零零落落随处可见被马步芳骑兵打死的我西路军战士的遗骸。我们提出要下去瞻仰一下战友们的遗容，却被告知不能下去，怕影响国共合作关系，我们只好含着热泪向长眠山上的英烈们挥手告别。前方传来了隆隆的炮声，似乎正在召唤我们，快投入到抗击日寇的战斗中去，以新的胜利来告慰战死疆场的战友。

54. 长征记事[①]

谢觉哉

抱崃岗的一夜

在岗下水子地停了一天了，说是前面部队走不通。第二天午前九点出发，不一会儿，大家依树偃息，敌机来了又去，我们终是蹲着不动。

快正午了，才开始蠕动，呵，原来是上山！陡的草壁，窄的之字路——这样的路不是走过很多吗？为什么这样慢？转过一坡，就只能一脚跟一脚，树木渐丛杂，因终年不见日的缘故，土都成了黑泥，手攀着树根或枝，足踹着泥里的小石。太陡了上不去，握着的小竹棍掉下涧里。从这个石上缘到那个石上，又到树林里来了。有些密箐，像竹枝扎成的门，弯着腰走进，有新砍伐的刀痕，原来是先头部队开的。在山下，土人说："可以走，不过难骑牲口。"哪知道根本没有路，只有些攀藤附葛的痕迹。

看看天晚了，据说到山顶只有 18 里高，但是走不到。前面传来了声音："宿营呀，宿营！"怎么宿法？捡得三四尺可以放下东西的平面就是好的，大家知道这样是不容易过的，非有火不行，枯枝倒是不少，一下子这一堆那一堆地把火生着了。我因为掉过了队，被丢在后面，虽然相隔不过二三十丈，但要下去找，多难，况且黑烂泥上也无法睡觉。天公偏不作美，下起雨来，雨滴在树上哗哗啦啦

---

① 谢觉哉同志回忆长征的短文，是红军长征历史的珍贵记录，曾刊登在 1937 年红军总政治部编印的《红军长征记》一书中。

地流下，人们都打着伞，戴着笠，烤着火。我借得一洋瓷盆垫坐，许多同志打着鼾，我是彻夜没有睡。

很想弄点水喝，炊事员同志点着火，下涧取水约半点多钟，携上一桶水，正架着烧，不幸泼了。但是天刚亮。他们也煮好了两桶苞谷糊糊给我们喝。

"走呵，似乎有了点日影，到山顶就好了。"爬上山顶一看：哎哟，路是有的，满是泥泞，陡处呢，谨防"坐汽车"！（跌翻滑下的称呼）稍平处呢？泥深没膝，泥中的石头不见了，有几匹马陷在泥里出来不得。

怎么走法？为要绕越泥潭，有时下涧，沿着圆石头走；有时攀树上岩——在涧不可下、岩不可攀的地方，就攀着路旁树或竹枝跃进。行行重行行，太阳当顶的时候，居然出了森林，望见许多人马在山下河里洗衣煮饭。路上泥没有了，但很滑。不幸得很，我偏偏在出森林后坐了两回"汽车"。

到河里洗去脚腿上的泥，渴得很，一同志拿茶壶在烧水，"给我一碗罢？"我说。他就倒上一碗，怪浊的。谁知煮的是骡子肉，没有盐，可是味特别鲜，至今还记得。

卓克基土司宫

卓克基是清高宗劳师伤财，费几年工夫才克服的所谓小金川的七大土司之一。土司宫设在几条河的汇流点，前临急流，后依峻岭，一个石块砌成的四方桶子，高达七八丈，宽广约十丈以外。前栋两层，后栋、左栋、右栋均四层，屹立万山中，俨然一西式建筑。

下层：上栋是大厨房，巨大的锅子几十口，左右为马厩及下人的住室等，中间的坪颇大。第二层大概也是些下人的住室及收藏食物器具被服的屋子，有一些高大的土栅子。第三层就美丽了，玻璃窗，雕刻而坚厚的木门与木壁，右栋数室，陈设颇精。有状若货架和壁相连的架子，分许多格，格内陈设一些玉如意、小玉佛、铜佛、瓷佛及其他古玩等。有床作长方形，木池无架；有精致的书案，都是坚木做的。这大概是土司的卧室。左栋为两大厅，有木坑桌凳，壁饰都雅致。上栋为佛室。第四层上栋为大佛堂，有几面大鼓，藏经很多，用架处置，黑底白字，像我们裱制字帖一样，但白墨发光坟起，纸亦坚致；佛幡很多，绸质的。壁画年久熏黑，看不清楚。佛堂外围有很多木轴可转动，这是转"藏经"的，但上面已没有经。右栋一小佛堂，左栋是新装饰的佛堂。壁画新鲜美丽，马、象、狮、虎、英雄、甲胄等宗教图画栩栩如生，连屋顶都是这种神秘的美术。我们看见的除达维喇嘛寺伟大的美丽的壁画外，要算这里。前面一小客室，题"蜀锦楼"三字，是一位曾在广州大元帅府做过事的过客题的，还题了一首不大佳的旧诗。前面平台可容一连人的操练，屋顶佛幡颇多，有高达三、四丈的。

现任土司索观瀛在成都大学读过书，刘文辉送他两架机枪及若干步枪。右卧室里有几部《三国演义》以及蜀锦楼的题字。可见此人已有几分汉化①。我们先头部队派人向他假道，被他杀了，因此把他打了一下。他率领百多番兵窜入深山。我们因其反动，把他的财产没收。但宫里许多古董器具，群众不敢要，我们不能拿，仍是原封不动。

宫旁有一碉，系石块垒上的塔，比屋还高，各层有高尺许的洞，即炮眼。这样的碉，番地颇多。《圣武记》上说，碉怎样险，攻碉怎样困难。有一封奏折上说：番人十多天可建一碉，而官军攻下一碉，需时月余，牺牲士兵，常至数百。但实际这种碉不像国民党筑的碉——在山顶及要害地，而是同内地土豪家筑的避土匪打劫的楼子，我们在云南扎西地方看见很多，湖南也有叫作箭楼，可以防小匪，不可以御大兵，红军经过番区，没有据碉来防御我们的。

番人种的地都是土司的，要向土司纳租。什么都派差，土司烧的柴、吃的肉，甚至门前守卫的都由居民轮派，见了土司要跪，等他过去了才敢起来。至于土司对地方做了什么，只看土司宫前一条木桥万古流芳的捐名碑上第一名索长官捐大树两根，其余是该村各户捐派的，看那些名字知道这里有少数汉人寄居。

---

① 这里说的"汉化"，是指四川军阀刘文辉等人常把土司邀去成都，一住几个月，吃花酒、坐汽车、看电影，使他们乐而忘归。同时还赠以枪支弹药，使其死心塌地地归顺。

55. 难忘的三百六十九天

刘 英

1934年10月初的一天，我正在江西于都，考虑着该怎样完成第二次扩红任务，突然，毛泽东同志出现在我面前。那时，他到赣南省委来巡视，住地离于都县委近，我经常去请示、汇报工作。毛主席神情严肃地对我说："刘英同志，告诉你，马上回瑞金，有特别任务！"

我不知道"特别任务"是什么，就说："扩红任务还没有完成，我怎么能走呢！罗迈没有通知，我可不能走。随便回去要挨批哩！"

罗迈就是李维汉同志，当时担任中共中央局组织部部长，是出名的"铁的纪律"。他亲自抓扩大红军的工作，我是他任命的于都扩红突击队队长。

毛主席见我不肯走，也没有再说什么，带着警卫员先走了。

我心里正在嘀咕，毛主席又折了回来，他对我说："刘英，你一定要走，不能不走，有特别任务啊！我也要回瑞金了。"

他把"特别任务"几个字说得很重，露出神秘的眼色，可那时我怎么也没有意识到"特别任务"就是突围，就是撤离苏区。

过不多时，电话铃响了，是罗迈来的电话，通知我快回瑞金。我说："于都扩红的任务还没有完成呢！"他说："任务没有完成不要紧，现在有特别任务，你快回来。"

我模糊地意识到有什么重大的事件发生了，急忙收拾好行李，骑上马，带着警卫员回瑞金。

就在回到瑞金之后的第三天，我们便踏上了征途。

出发前，罗迈找到我，让我在"红章"纵队当巡视员，跟司令部一起走，管无线电台，做政治工作。那时除野战军团外，军委机关编成一个纵队，叫"红星"纵队，党中央和政府机关、后勤部队、卫生部门、总工会、青年团等编成一个纵队，叫"红章"纵队，司令员是罗迈。

"红章"纵队是一支少见的庞杂的队伍。这里有贺诚同志领导的第二梯队，主要是野战医院，还包括休养连。这个特殊连队里有徐特立、谢觉哉、董必武等老同志，邓大姐患肺结核吐血，只能在担架上被抬着走，还有不少女同志和体弱的同志也都在这个连里。三梯队是叶季壮担任司令，负责后勤部、供给部，搬运所有的家产，从兵工厂的机床到刚造出来的炮弹，从印刷钞票和书报的机器到发电机、电台和成捆成捆的电线，还有各种文件、档案，以及对红军来说是至关重要的金库——用驮子或挑子装起来的金银财宝。虽然有一些牲口，但搬运任务主要是由几千名新兵运输员和招募的挑夫承担。

罗迈为了及时掌握整个纵队的情况，又把我从电台调回，组织一个突击队，十几个人，叫我当队长，负责检查整个纵队情况，向他汇报。为时不久，叶季壮的三梯队需要干部，罗迈又派我去那里担任政治部主任。

三梯队的艰苦困难不亚于前方作战部队。秋雨绵绵，地上都是烂泥巴，肩挑背扛的都是重家伙。一个人挑着担子走已经不容易，几个人抬着辎重，要想合上脚步更是困难。因为要躲敌机，行军都在夜里，又不准打火把，有时一个晚上只挪上五六里地。吃得不好，在雨地里淋着，又没有好觉睡，人怎么受得了呢？人困得很，停下来就睡着了。罗迈为了防瞌睡，困了就往嘴里放辣椒。有时部队一段一段接不上，原来都站在地上睡着了。可怕的是有些体弱的病号，睡着了就再也醒不过来。更多的人是脚沤烂了，用破布包起来，一踏着地就疼得难忍，不能走路。离开根据地又越来越远，有的挑夫开小差溜了，老实的也流着泪请求让他们回去。临时雇来的伕子不能走远。他们说，再走远，回去就会被认为参加了红军，抓起来就没命了。我努力鼓动，激励他们的热情，对红军新兵运输员还可以，对伕子却没有多少效果。这样三梯队政治部又有一个扩伕子的任务，走一段换一批。但行军缓慢，疲惫不堪，严重减员的局面没有改变。

长征出发后，毛泽东、张闻天、王稼祥在一起行军，称为中央队"三人团"，以同最高"三人团"相区别。中央队跟我们行军靠近，宿营地常常相距不远，我得空就到他们那里去，看望毛泽东、张闻天、王稼祥同志，有时也向他们作些反映。我每次去谈情况，毛、张、王三人都听得很仔细。听了我汇报的情况，他们叹息、摇头，感到问题严重。

真正改变这种局面，是在遵义会议以后。遵义会议批判了"左"倾军事路线，否定了"大搬家"，改变了领导，整个队伍实行大整编。领导这次整编的是陈云同志。我参加了具体的工作。陈云同志气魄大，组织能力强，细致而又果断，长征途中好多次渡河都是他在渡口指挥。

这次整编把"红章"纵队的编制撤掉了。庞大的挑夫队伍解散，一些重家伙有的埋起来，有的干脆扔了。凡是能战斗的人，都调到前方去。迫击炮、炮弹、枪械分给各战斗部队。余下的人成立一个队，主要管资财、供给和档案，有一批挑子和驮子带着文件档案和金银财宝，由杨立三当队长，毛泽民当副队长，我当指导员。经过这次大整编，队伍精干，行动灵活，再不像先前那样拖泥带水了。

过了不久，我被调到地方工作部。在地方工作部时，印象最深的事是1935年2月10日在扎西听张闻天传达遵义会议精神。

我们从张闻天的报告中得知，遵义会议批评了博古、李德的错误，作出了改变领导的决定，毛泽东同志当选为政治局常委，取消最高"三人团"，由周恩来和朱德指挥军事。关于党中央的组织领导问题，遵义会议决定由常委分工解决。到2月5日在"鸡鸣三省"这个村子里，常委分工又决定由张闻天接替博古负总的责任（习惯称为总书记）。当时还有人在背后鼓捣，叫博古不要交权。所谓"交权"，就是把几副装有中央重要文件、记录、印章的挑子交出来。博古没有听，他说，应该服从集体的决定。这样他就把权交给了张闻天，那几副挑子就跟张闻天走了。

扎西传达以后，干部们心里都豁亮了。在毛主席正确指挥下，主动灵活地同敌人周旋，完全改变了原先的被动局面。

红军渡过金沙江以后，已经把国民党围追堵截的大军甩掉了。军事方面进展比较顺利。刘伯承同彝族头领歃血为盟，部队安然过了彝族区。以后又飞夺泸定桥，红军从泸定桥和安顺场渡口渡过大渡河，蒋介石想让红军当"第二个石达开"的美梦破灭了。

过大雪山，是红军从敌人围追堵截的包围圈中跳出来以后碰到的自然界的第一个大障碍。上山之前，就交代大家，山上空气稀薄，一定要快走。上山沿路，还有宣传队唱快板："……裹脚要用布和棕，不紧不松好好包，到了山顶莫停留，坚持一下就胜利了。"人到困难临头都会想办法的。我发明了拽着骡子尾巴上山的办法，省力许多。不少女同志也是这么办的，蔡畅、刘群先都是拽着马尾巴上的山。

过雪山出问题主要是在山顶上。山顶上空气稀薄，呼吸困难，有的人就挺不住，憋死了。蔡大姐的一个小卫生员殷桃，就在山顶上牺牲了。我们看着她脸色惨白，嘴唇乌紫，呼吸憋不过来，想要救她，但一点办法也没有。

下山容易得多，胆子大的干脆坐下来，像滑滑梯一样滑下去。下了山，大家又似乎忘记了疲劳和危险，交流起经验来。人在困难中，觉得非常之难；过来之后，又好像不怎么样；过一段时间再回想起来，又会感到真不容易，甚至搞不清自己怎么有那股劲征服困难的。

尤其让人高兴的是，翻过大雪山，到达维，我们遇上了李先念同志率领的第三十军，知道红四方面军都在这一地区。中央红军从1934年10月中旬出发，一直想同二、六军团会合，未能如愿。过了大渡河以后，就抱有同四方面军会合的希望，如今总算碰上了；而且，看起来四方面军人数多，装备好，给养也足。6月14日到达维的当晚，两支兄弟部队联欢，气氛欢乐融洽。

第二天，我们就向懋功方向进发，走了大约一个星期，到了两河口，终于同四方面军总部会合。

张闻天对如何维持好一、四方面军会师时的有利形势，搞好团结，是很费思索的。他从各方面体察了解情况，经常与毛主席和恩来同志商量，感觉到张国焘在会师后的思想状况不利于红军与革命的发展。主要是：自恃兵强马壮，瞧不起一方面军，轻视遵义会议后党中央和军委的统一领导；保守退却思想严重，害怕损失实力，想在这一带按兵不动，并有退向川西北、过草原的打算，缺乏创立新苏区的观念。

6月26日开始的中央政治局两河口会议是在一座喇嘛庙里开的。会开了三天，集中讨论战略方针问题，主要是围绕要不要打松潘的问题来讨论，从战略上说，这是牵涉到向北还是向南的问题；从战役部署来说，牵涉到谁当打松潘的先锋的问题。

我担任这次会议的记录，记得会议由张闻天主持，周恩来作的报告。

在讨论时，张国焘明里不好反对打松潘，实际上又不愿当先锋。他怕四方面军同胡宗南碰，要保持实力。张国焘这个人长得挺富态，讲起话来半天一句，绕圈子，脸上看不出春夏秋冬。毛主席很耐心，同他慢条斯理讲道理，说得他没有办法。最后他同意中央的决策，并同意由四方面军负责打松潘。

两河口会议以后，我们在黑水、芦花一带休整了一段时间。打松潘的任务交给了张国焘，追兵已经被我们甩掉，群众工作也没有对象。因为这一带的藏民不了解我们，以他们对付汉人军队的老办法，把粮食藏到山里，人也都跑到山里去了。部队没有吃的了，开头想到山里向藏民做工作搞粮食，但藏民根本不让你接近。他们躲在山上树林里，枪法准得很，一枪一个，红军战士牺牲了不少。红军也有到山里打野猪、牦牛的，同样被藏民打死。幸好这时青稞麦已经成熟了，为了生存，为了保持部队的有生力量，朱总司令和张闻天等领导带头，红军上上下下一起动手割青稞麦。青稞麦产量高，但很粗糙，割下以后大家就一起搓麦子，手都搓破了。麦粒子无法加工，只是放在锅里煮一煮，就这么连皮吃下去。那时没有东西吃，只能吃这个，不吃要饿死啊！可是，吃进去又不消化，常常拉出来还是一团一团的麦粒子。我的胃病就是从这时闹起来的。

两河口会议虽然对北上赤化川陕甘的战略方针和夺取松潘的战役部署都作了正式决定，但张国焘并没有真正执行。他只是做做样子，派三十军包围了松潘，但并不进攻。待到胡宗南的援兵一到，三十军就立即撤了下来，白白丧失了战机，影响了北上战略方针的及早实现。

我仍然随着中央队行军。在毛儿盖一带，中央同四方面军张国焘、陈昌浩之间电报和人员往来频繁，北上还是西进、南下的争论一直继续着。行军路线迂回曲折，走了不知多少回头路。毛泽东、张闻天等同志一直商量怎样使一、四方面军团结一致，统一行动，认为关键就在张国焘。周恩来同志发高烧，病中仍为此事烦心。我听到毛主席和张闻天反复商量，谈得很具体。毛主席说："张国焘是个实力派，他有野心，我看不给他一个相当的职位，一、四方面军很难合成一股绳。"毛主席分析，张国焘想当军委主席，这个职务现在由朱总司令担任，他没法取代。但只当副主席，同周恩来、王稼祥平起平坐，他不甘心。张闻天跟毛主席说："我这个总书记的位子让给他好了。"毛主席说："不行，他要抓军权，你给他做总书记，他说不定还不满意，但真让他坐上这个宝座，可又麻烦了。"考虑来考虑去，毛主席说："让他当总政委吧。"毛主席的意思是尽量考虑他的要求，但军权又不能让他全抓去，同担任总政委的周恩来商量，周恩来一点也不计较个人地位，觉得这么安排好，表示赞同。这样，7月18日就以中革军委名义发布命令，任命张国焘为总政委。

8月6日，中央政治局在毛儿盖附近的沙窝开会。从会议记录来看，在讨论吸收四方面军干部参加中央工作的人选问题上，张国焘又讨价还价，磨了一阵。其实会上提出的名单在会前早已反复商量过，张国焘也是同意了的。

张闻天代表政治局提出的名单，是提升三个正式中央委员，三个候补中央委员，两位同志进政治局。

张国焘不满意，阴阳怪气地说："在坚决提拔工农干部上还可以多提几个人嘛！"

毛主席把他软顶回去说："四方面军中有很好的干部，我们现在提六位同志，是很慎重的。照党章规定，本来政治局不能决定中委，现在是特殊情况之下才这样做的。其他干部不进中委，可以更多地吸收到各军事、政治领导机关工作。"

张国焘迂回曲折地从另一方面要价："本来我们的意见，要提这几个同志都到政治局的，这样可以提拔工农干部，他们有实际经验，又可以学习领导工作。"

这样磨来争去，为了团结，最后又向张国焘作了些让步。毛主席、张闻天等中央领导同志确实是从大局出发，尽了一切可能来争取同张国焘搞好团结的。

在毛儿盖，中央决定组织左路军和右路军经草地北上，党中央随右路军行动。8月20日毛儿盖会议之后，右路军就出发过草地了。

进了草地，茫茫一片，看不到一点人烟。开头有吃的东西还好一点，后来没有吃的了，野菜几乎被前面过去的战斗部队摘完了，熬汤的盐也没有，人就没有力气了。风一阵，雨一阵，也受不了。一不小心，陷到泥沼里就糟了。没有力气爬出来，想救也救不了。眼看着有的同志陷下去，没了顶，泥水里泛着泡泡，就完了。我同蔡畅同志走一路，两人相互鼓励，相互搀扶，晚上宿营，用两条床单搭个小篷，躲避风雨。两人依偎在一起，觉得暖和一点。在毛儿盖，我向陈昌浩要了块麻袋布似的粗呢子，缝了一件上衣，这时候起了大作用。

好多人支持不住，倒下去，牺牲了。走到第5、6天，每天早晨起来走，周围不断见到同伴的尸体。长征的一路上我没有犯过病，但第六天开始，也泻肚子了。那时也顾不得害羞，随时蹲下来就拉，系好裤带又赶快赶队伍。一直拉了两天，我咬着牙挺过来了。

在草地走了7天7夜，那完全是一个渺无人烟的世界。第八天，走出了草地，看到村庄，看到群众，看到了牛羊和炊烟，看到田里有大萝卜，真是高兴极了。过草地牺牲最大。这7个昼夜是长征中最艰难的日子。到班佑，我觉得仿佛是从死亡的世界回到了人间。

过了草地，我们有吃有喝，体力也逐渐恢复。在巴西一带正等待着左路军北上的消息，一天半夜三更，突然凯丰来喊："起来，起来！马上出发！"大家问："出什么事啦？""到哪儿去啊！"凯丰说："都不要问，快走！"我们中央三队很快集合起来。凯丰又对大家说："不要出声，不打火把，一个跟着一个，跟我走！"一口气急行军十来里路，过了一个山口，才停下来喘口气。

这时，有几个人骑着马向我们这边跑过来。大家定睛看时，是张闻天来了，后面跟着几个警卫员。大家高兴地招呼他。

张闻天跟我们说：现在张国焘要搞分裂，我们不得不离开这里，我们当然还是要想办法争取不分裂。但是，现在情况非常紧急，三十军发觉我们突然行动，李特带了队伍来追，陈赓、宋任穷他们的干部团在那边山头顶着，你们快往北边走吧。说完，就同我们分开了。

那是9月10日，天蒙蒙亮的时候。

干部团的同志回来以后，许多消息传开了，说同三十军的追兵还干了几家伙，机关枪也张了嘴。双方僵持住了，三十军也不打了。他们喊了许多造谣的口号，什么中央红军右倾机会主义、什么想到苏联吃面包，等等。还传说，张国焘打电报给当时在右路军的陈昌浩，要他胁迫中央南下，中央的处境十分危险，才果断地决定：右路军中一方面军的队伍连夜北上。

大约是9月21日的上午，我们到了哈达铺。这是甘肃南部的一个小城镇。在两天之前，先头部队攻占哈达铺的时候，在当地的邮局得到了不少报纸，主要是七、八月间的天津《大公报》。毛泽东、张闻天、周恩来、博古他们翻读着这些报纸，谈得眉飞色舞。原来，从这些报纸登载的消息，他们确切地知道：陕北有苏区根据地，有红军，有游击队。这真是喜从天降。

9 月 28 日在通渭的榜罗镇召开了中央政治局常委会议，正式决定将陕北作为落脚点，到陕北去保卫与扩大苏区根据地。

过不多久，我们就同陕北红军取得了联系。1935 年 10 月 19 日傍晚，我们穿过头道川，到达吴起镇。经过艰难跋涉的 369 天，红一方面军的长征取得了胜利。

56. 我在长征途中参加的七次战斗

汪东兴

举世闻名的中国工农红军长征，是世界历史上前所未有的壮举。我是 1934 年 10 月 16 日在江西瑞金的九堡随所在部队参加长征的。

1934 年我参加第五次反"围剿"的战斗，在江西的金溪县负伤住院。杨立三同志来选干部，我被选上了。由于我以前做过青年工作，伤好后，就把我分配到福建沙县的总兵站第四中站政治处做青年干事。我刚在那里工作两个月左右，第一步兵学校（亦称彭杨步兵学校）招生，李文楷站长兼政委找我谈话，问我愿不愿意去学习。我说学习是好事，只要有可能我就去学习。他说："只有一个名额，要经过考试，考试合格，你就去上学；不合格，你就回来。"

从福建沙县到江西瑞金有好几百里，为了赶上考试的日期，我日夜兼程，每天都步行八、九十里路，用了 4 天时间赶到瑞金，在九堡参加了考试。考试的内容都是些基础的军政知识，如军事教练、红军的三大纪律八项注意、排进攻、军事哨、枪的种类和基本构造，等等。我考得不错，被录取了。1934 年 3 月 9 日，我正式成为第一步兵学校的学员了。学期 5 个月，学习的课程有政治、军事、文化知识等。当时是战争年代，生活、学习各方面条件都极其艰苦，但我们这些革命的青年绝大多数都是穷苦人出身，苦对我们来说是家常便饭，能有一个学习的机会，大家都很珍惜。

我原先在地方和部队都是做青年工作的，性格比较活跃，对大家的事也比较积极主动。因此，学校领导和同学们对我印象不错，入学一个月，我就被选为学生连支部书记。一边学习，一边做党的工作。在学校领导、教员耐心的教导和自己的努力下，在毕业考试时，各门功课都考得不错。毕业时领导找我谈话，要留下我在学校担任党的干部。我当时对军事很感兴趣，提出想当军事干部，但工作更需要政治工作人员，我就服从工作需要，当上了三连的政治指导员。在第一步兵学校的学习，是我青年时代进步的基础。虽然学习时间不长，但受益匪浅。我清楚地认识到，只要目标明确，有强烈的责任感和自觉性，就能克服任何困难，取得成绩。我自信心大大增强了。

1934年10月12日，第一步兵学校进行"突围"转移的动员。当时有两句话我至今记得很清楚，一句是扩大新苏区，一句是巩固老苏区。当时上级并没有说出发后到什么地方会合，到哪里建立根据地。另外，还有一个"保密"问题，我们只知道要长时期行军，打到苏区的外面去，最终目的是什么一点儿也不清楚。由于行动很紧急，准备工作很仓促。我们转移的时间严格保密，没有说要去长征，也没有说要去湘西（湘西是指任弼时、关向应、贺龙、王震、萧克领导的根据地）。

1934年10月14日，红军第二步兵学校（亦称公略学校）同我们合并。在这之前，第一步兵学校9月底招了一批新生，我所在的三连有120人。合并后，加上第二步兵学校来的35个人，我这个连队共有155人。那35个学生是由刘剑同志带来的，编为第四排。刘剑同志当了三排的排长。两所步兵学校合并以后，就不再叫步兵学校了，改叫干部团。团长是陈赓，政治委员是宋任穷。我们一营的营长是广西人，叫李荣；政治委员丁秋生。三连连长是戚云生，我是政治指导员。我们连里的政治教员是欧阳平、谢继友。

10月16日，我们从瑞金出发，开始长征。经过于都、信丰、全南等地方时，才知道我们干部团被编入中央纵队。后来考虑"保密"问题，中央纵队改称为"红星纵队"，司令员是叶剑英，政治委员是李富春。干部团当时的任务有两项：第一，保卫红星纵队，也就是军委的安全；第二，参加战斗，掩护转移。那时候中央纵队带的坛坛罐罐很多，我们干部团担任纵队前卫、后卫的行军保卫任务。

长征开始途中的详细情形这里就不记叙了。遵义会议以前，干部团的主要任务是掩护转移和保卫军委的安全，中央纵队前后左右都是由一、三、五、八、九军团保护着，我们干部团离敌人很远，参加战斗的机会很少。遵义会议以后，情况起了变化。遵义会议是党的历史的转折点，确立了毛泽东同志的领导地位。从此我军战术灵活，充分发挥了游击战、运动战和攻击战的作用。红军行动由被动转为主动，而且行动快捷。湘江之战，把许多坛坛罐罐打掉了，中央红军遭受较大的损失。遵义会议后，中央纵队常常和敌人挨得很近，经常与敌人发生冲突，打了大大小小不少的战斗。长征虽然很艰苦、很危险，但也是很紧张、很激动人心的，我们每一天都要面对激烈的战斗，跋山涉水，急行军，出生入死。对我个人而言，觉得还是很兴奋的，起码不像在瑞金九堡的时候，天天圈在那里训练，有一座山被我们爬得草都不长了。长征出发后，有许多新鲜事，对我们来讲，辛苦点、饿点、累点，都不在话下。那时候年轻，睡一觉疲劳就消失了。

长征途中，我们参加了不少战斗，现在就简单介绍以下七次战斗。

第一次战斗——土城战斗。土城战斗发生在1935年的1月27日至28日。当时遵义会议刚刚开过，中央红军正向赤水前进。行军途中，1月27日天黑的时候，四川军阀刘湘、刘文辉部郭勋祺、潘左的部队在赤水东岸一个叫土城的地方，把我三军团的部队截断，双方交上了火。第二天早晨战斗更加激烈，我们干部团是中午投入战斗的。干部团增援上去的时候，敌人已经占领了山顶有利地形。我方的迫击炮打了几炮，就没有炮弹了。我们向敌人发起了冲锋，与敌人肉搏，拼刺刀。我们三连冲到一个孤立无援的地方，学员们打得很勇敢、很顽强，消灭了不少敌人，一直打到离敌人指挥所很近的地方。但我们连损失也不小，一共减员十来个人，连长的腿被打断负了重伤，我的棉衣被打穿负了轻伤（当时我并不知道自己负了伤，是连里一个学员发现的）。我们在天黑的时候才往下撤。敌人封锁我们的退路，一动敌人就开枪，直打到第二天早晨才撤下来。我们连是最后撤出战斗的。这场战斗，使我们年轻的学生连受到考验。从土城撤下来后，我们连随部队一渡赤水。

连长由三连卫生员罗绍卿（现名胡波）送到了卫生单位治疗，刘剑担任代理连长。由于行军不方便，我们根据团领导的统一安排，把连长戚云生同志寄放在铁场那个地方，让他住在一个地主家里（那时只能住在地主家，放在一般老百姓家反而不保险，因为民团、挨户团不会怀疑地主家里能藏红军）。我们对那个地主讲：你要把他的命保住，除了给你钱之外，我们还保护你；将来红军打回来，保护你的财产和生命安全。我们给了地主两个元宝。地主同意让我们的连长在他家里养伤。后来部队返回又经过铁场，我和欧阳平、罗绍卿去看望连长时，发现地主把他藏在一间石洞里。我问地主为什么让连长住在这种地方，地主说，这个房子隐蔽，来了人不会往里进，他的话也有一些道理。我们与这位连长分别的时候大家很激动，都掉了泪。

第二次战斗——二占遵义。这次战斗也是干部团配合三军团打的。二渡赤水后，部队回师遵义，我们从娄山关一直走到遵义城，走了120里路。敌人周浑元、薛岳纵队所部的两个师追堵我们。一个是韩汉英的五十九师，一个是唐云山的九十三师。部团赶到遵义附近时，三军团已经把敌人的主力追到了乌江边，而遵义城外的山上还有敌人的一个营和一个团指挥所。三军团就把消灭这部分敌人的任务交给了我们干部团。

这里的地形十分复杂，两面是山沟，中间是一个突出的山包，敌人在山包上，居高临下。如果硬冲猛打，伤亡就会很大；只有利用山沟隐蔽行动，才能保护自己。我们参加战斗后，充分利用地形、地物，把损失降到了最低点。当时我们很注意战术的具体运用，这也证明干部团是一所学校——战斗学校。我们一营三连一个班一个班分别隐蔽地接近敌人，缩小了目标，减少了打击面。然后，全团用交叉火力掩护，从正面、侧面、右侧全面发起冲锋，一下就打垮了这股敌人。在山包最高处，还有敌人的一个团指挥所。我们派了邱正良带一个班（七班）冲上去，把敌人全部俘虏了。我们爬山比敌人快，敌人见我们就跑，实在累得不行，把报话机都丢了。七班长邱正良不仅抓获了敌人团指挥所的全体人员，还缴获了一批军事物资。这次战斗打得很成功，战斗部署、指挥得好，我们三连在没有伤亡的情况下消灭了敌人，完成了任务。

第三次战斗——鲁班场战斗。与其他战斗比起来，鲁班场战斗是一场小战斗。二占遵义后，我们于3月10日从遵义出发，部队过了乌江，到了鲁班场。国民党吴奇伟、周浑元的部队在鲁班场修筑了工事，派出的前卫营同我军遭遇，我们干部团又同三军团联合打了一仗。战场是一个有围墙的汽车站，敌人在围墙里面，我们在围墙外面。围墙很高，我爬上去观察敌人，由一个学员帮助我。下来的时候，一块石头板倒了下来把我的脚砸伤了，当时就流出了血。后来团部来电话，说地形不适合战斗，叫我们不要打了。这时天也渐渐黑了，敌人都逃跑了。我们于是撤除战斗，继续行军。这次战斗只打了几枪，投了几颗手榴弹、算一次小战斗。

第四次战斗——通安州战斗。这次战斗发生在抢渡金沙江以后的第二天。5月4日这一天，我们干部团走了100多华里，赶到金沙江边，抢占了金沙江皎平渡口。4日晚上、5日早上我们陆续从皎平渡过金沙江。过江后我们在江边的沙地上睡了三个小时，等后面的部队。

全团大部分人员过江后，就向江北的通安州快速前进。从皎平渡口至通安州，要爬15里的山路。通安州的旁边有一座小山，地形很险要。通安州是一个镇，这时镇子里已经驻扎了敌人的部队。我们翻过小山，与敌人在镇子外边不期而遇，就立即交上了火。敌人只有两个连的兵力。干部团的战斗力比较强。我们团二营一下子就冲到通安州的街上。打着打着，敌人本队的两个团增援上来，又把二营顶了回来。我们暂时退回到山前与敌人相持。下午3点多钟，陈赓团长、宋任穷政委召集连以上干部作反击动员。这时我们的四营（重机枪连、炮兵连、工兵连）赶到了，上干队也赶到了。这时，敌人一个团在前面，一个团作为本队，又发起了冲锋。我们从左、右、正面来了个反冲锋，把敌人打垮了。打到黄昏的时候，敌人交枪的交枪，逃跑的逃跑，乱得一塌糊涂。两个团的敌军大部分被歼灭，一部分敌人窜往会理，我们追出约10华里远，又撤回通安州街上宿营。

打了一天的仗，相当艰苦。在前一天（4日），又赶了100多华里的路。这时候学员们已经很疲倦了。虽然很累，但是打了胜仗，个个都非常高兴啊！打完仗，上级催我们休息。这个时候，大家只想好好睡一觉，连饭都不想吃。在一个小院子里，我们连的同志蜷在一起，有的同志坐着就睡着了。我和连长刘剑安排在一间房里休息。他睡着了，我没有睡。这个时候，营部来了一个通讯员传达命令，要我们放一个排哨（军士哨）警戒。刚才我们追击敌人时，追出去约有10里远，上级要求我们把排哨放在约8华里远的地方（地形有利）。我接到命令后感到很为难，大家都这么疲劳，派谁去那么远的地方放排哨呢？我正在为难的时候，代理连长刘剑已经听见通讯员传达的命令，立即爬起来。还没有等我开口，他说："我去！我带三排去放哨。"说着刘剑就集合三排出发。我把他们送到门口，问刘剑有什么要求。他说："什么要求也没有，就是明天早上你们出发的时候，带早饭给我们吃。"我说："就是这个要求呀！哪能等到明天早上，今天晚上就给你们送饭去。打了仗，大家还没有吃东西呢。"他说："今天晚上就算了。我们一个排去放哨，可以轮换睡觉。"我坚定地说："晚上一定给你们送饭去。"把他们送走之后，我就去找司务长（那时也叫排长）。司务长姓韩，叫韩先。我问他："今天晚上的饭准备得怎么样了？"他手一指，说："哎呀！你看，你看，早准备好了。"我顺着他指的方向一看，哟，怎么杀了猪，又杀了鸡。司务长说，这是敌人留下的。原来驻在这里的是敌人的一个伙食单位。我们打过来，敌人急急忙忙地逃跑了。准备好的菜呀、猪肉呀、鸡呀，都扔在了这里。被连里欧阳平和谢继友两个教员发现，成了战利品。我问："可不可靠？不要中毒了。"他说："没问题。据老百姓讲，这些东西都是敌人刚准备好的，一听到枪响他们就跑了。"结果，司务长他们把猪肉和鸡放在一起，炖成一大锅。我说："好家伙！这可是一顿美餐。我先去休息一下，你们弄好以后，赶快送三分之一去哨位。"过不多久，他们挑了一些肉、青菜和一担饭、一担水，送到哨位上。连长和三排的同志饱餐了一顿。我们这些在通安州街上宿营的人先睡觉，到了快天亮的时候才起来吃饭。事后想想，这件事很有意思。有的时候，往往会有意想不到的事情发生。你能想得到敌人为你准备丰盛的晚餐吗？不可能。我们也从来没有这样想过。结果在我们最艰苦的时候，就遇到了这么一次，这也算是"雪中送炭"。大家都很高兴，我也很高兴。当时我还问欧阳平和谢继友他们，这些东西是怎么来的。他们开玩笑说："是俘虏过来的。"我说："连猪和鸡都能'俘虏'？"他们说："都是敌人准备好了的，他们走了，说不吃了，送给你吃。"我说："那就谢谢他们啰！"大家听了哈哈大笑。

第五次战斗——会理战斗。通安州战斗的第二天，5月6日，我们好好地睡过一觉，吃了早饭以后，我们启程向会理进军。头一天跟我们打仗的敌人退进会理城后，怕我们进攻，做了一系列的准备。我们干部团主要担负牵制敌人，掩护大部队过金沙江的任务。所以，到了会理城的附近，我们实际上处于整顿、休息的状态。我们派出一些宣传队去做群众工作：从老百姓那里买了一些硝，准备做火药用；还砍了一些毛竹做梯子，准备攻城时用。12日，大部队到齐后，开始打会理城。当天，红军主力在东北城墙上炸开了一个口子，但是这口子只有门那么大，部队没法冲进城去。敌人在东城增加了一个团的兵力，使我们的进攻受阻。

我们连把爬城墙用的毛竹梯子都搭好了，可是部队仍没能冲进城去。敌人的迫击炮弹不断向我们射来，连长刘剑在我方阵地的高地上，掩体没有找好，炮弹的碎片打中了他的头部，受了伤。后来这弹片一直没有取出来，经常叫头疼。刘剑负伤后,我们找了一匹马给他骑。他担心我们"寄掉"(即在当地安置)他。我对他说,不会的。后来过草地我们也一起行动。进草地后没有马骑,我们就搀扶着他,一直到长征结束也没有让他掉队。为这件事,他一直很感激大家。革命同志的情谊是在艰苦的环境中培育起来的。这样的事情在我们连队中是很多的。

第六次战斗——安顺场安靖坝战斗。长征途中,大渡河这道险关,我们连不是从泸定桥过去的,而是从安顺场过的。当时一军团从这里过了一个团,就是杨得志指挥的一师一团。我们的任务是配合他们行动。他们早上一过去,就与敌人打了起来。起初交战的敌人,是从河这边的安顺场镇撤过去的两个连。打了一阵,敌人增援了一个团。上级要求干部团赶快乘船过河增援。干部团先派一营过河增援。我们连就立即投入了战斗。从中午一直打到天黑。打了三个来回。第一次,我们冲过去,把敌人打退;第二次,敌人又把我们打回到河边;第三次,我们又打回去,把敌人击退,这时我们牢牢站稳了脚跟。干部团没有过河的部队,在河对岸一边用迫击炮支援,一边大声呐喊,为我们助威。战斗中我们抢占了有利地形。过去老百姓筑的一道拦河坝正好给我们提供了掩护。而敌人那边是平地,没有什么可作掩护的地方,只有挨打的份。

这一仗打得很激烈,一营营长李荣在这次战斗中负了重伤。到当天晚上9点多,杨得志通知我们准备转移。他说:中央已经改变了过河计划,不在安顺场过河了,从河对岸朝着上游大约300华里远的泸定桥过去。我们这个团要从河这边向泸定桥开进,你们跟着我们行动。于是,趁着敌人休息,我们和杨得志那个团一起沿大渡河的东岸北上。天上下着毛毛雨,黑得伸手不见五指,我们举着火把,急行军50华里后宿营。打了一天的仗,大家都很累。经过休息,体力得到一些恢复。第五天,我们赶到了泸定桥,与中央和干部团大部队会合。大渡河安顺场渡口,是太平天国翼王石达开战败的地方。我们红军强渡大渡河这一仗打得很成功。

回想起来,长征途中我们过的河很多。什么湘江啊、乌江啊、赤水啊、金沙江啊,说起来不少,可是最难过的要数大渡河。大渡河水流急,浪最大,我长征出发时身上带的几件"宝贝",都在这里丢掉了。过大渡河时,船一到河中间,掀起的浪水一下子就盖过来,涌进船里。船上的人急忙用勺往外舀水。我一只手舀水,另一只手拿着我的皮包,又要抓着船沿。不小心手一松,皮包掉到河里去了。皮包里面有我的笔记本（上面记了行军战斗笔记），还有地图和几本书。其中有一本书是我最喜爱的，里面介绍各种基本知识，比如三八妇女节、五一劳动节的由来，怎样纪念等等，这都是对政治工作很适用的资料。

需要说明的是，安顺场是一军团一师一团拿下的。我们参加的是安顺场对岸的安靖坝战斗，是和四川军阀刘湘、刘文辉所部的一个团外加两个连的战斗。

第七次战斗——在吴起镇附近打骑兵。1935年10月19日，中央红军长征到达陕北吴起镇。吴起镇位于刘志丹等人创建的陕北苏区的边缘。这时中央红军已经和陕北苏区的人取得联系，准备进入陕北苏区。到吴起镇的当天下午，敌人二马（马鸿逵、马鸿宾）的骑兵部队和毛炳文的骑兵师追了上来，敌人的一个团不远不近地跟在我们后面。三军团当天和他们打了一下子。到了20日的早晨，我们正在原地休息，毛主席做动员，他对我们说，敌人这支骑兵要打他一家伙，不能把他们带进苏区。这时候干部团已经没有多少人了，组织起来大概还有几百人。几个月前跟四方面军汇合的时候，我曾经到骑兵科当副教导员。骑兵科的学员都来自四方面军。当了两三个月的副教导员以后，张国焘搞分裂，把学员全部叫回去了。我带着原先干部团的十几个干部回到团部。干部团随即改成随营学校。毛主席向我们干部团作动员说，这次战斗，你们干部团还要参加，一是可以学习，二是你们战斗力比较强，你们当预备队，打增援。他还说这一仗要打好，只能打胜。

根据毛主席的部署，部队随即倒回去15华里，迅速地占领了敌人前卫骑兵团驻地周围的山头，把宿营在山沟里的敌人骑兵包围了起来。这时候，敌人正在休息，有的在喂马。战斗一打响，敌人毫无准备，慌成一团，连马鞍子都来不及备，窜上光脊的马就跑了。我们干部团的人还没有赶上战斗，敌人骑兵就被打垮了，我们在一旁"观摩"学习。这一仗，一军团和三军团缴获了一批战马和军用物资。

打完仗，中央在吴起镇又休息了一天。在这个时候，就是10月21日，总政周桓秘书长找我谈话，说要从干部团调一批干部到总政工作，我是其中的一个。我被分配到总政直属队当政治指导员。总政直属队负责管理一批通讯员、警卫员、挑夫、服务人员，还有警卫排的工作。从此，我离开了干部团，走上新的工作岗位。

回顾往事,在长征途中,我在干部团参加了大大小小许多战斗。在战斗中得到了锻炼,也使我经受住了生与死的严峻考验,对我一生的成长是十分有益的。长征是艰苦的,从我个人的体会来说,长征中最难爬的是夹金山。这座山海拔有三千多米高,常年积雪,路滑,空气稀薄。上山时,有的同志爬着爬着就晕倒,一坐下就再也站不起来了。我们连的卫生员罗绍卿就是这样晕倒的;长征中最难过的河是大渡河,河水急、浪大,渡河的同时还要参加战斗;长征中最难走的路是草地,特别是水草地,在水草地宿营的时候,人都不能躺下来休息,只能找两根木棍插进草地,把自己的背包撑起来,人坐在上面"睡觉"。草地到处都是水、都是草,非常潮湿,艰苦异常。

在长征的过程中,红军还十分重视做少数民族工作。曾经准备了一些花绸子、包袱布面,送给少数民族(彝族)兄弟。由于工作做得好,我们安全通过了少数民族地区。这是我们党的政策的胜利,也是我党、我军的光荣传统。

尽管经历重重艰难险阻,长征最终还是以红军的胜利、敌人的失败而告终。毛主席讲得好:"长征是历史记录上的第一次,长征是宣言书,长征是宣传队,长征是播种机。自从盘古开天地,三皇五帝到于今,历史上曾经有过我们这样的长征吗?十二个月光阴中间,天上每日几十架飞机侦察轰炸,地下几十万大军围追堵截,路上遇着了说不尽的艰难险阻,我们却开动了每人的两只脚,长驱二万余里,纵横十一个省。请问历史上曾有过我们这样的长征吗?没有,从来没有的。"①

毛主席这段话,是对长征最好的概括和总结。

---

① 《毛泽东选集》第一卷,人民出版社 1991 年 6 月版,第 149—150 页。

57. 难忘的征程

余秋里

艰苦转战湘黔滇

1935 年 9 月上旬，蒋介石开始了对湘鄂川黔根据地新的"围剿"。除湘、鄂两省原有的敌军外，又新调来了一些部队。参加"围剿"的有樊嵩甫、郭汝栋、李觉、万耀煌、陶广、郝梦龄、薛岳、孙连仲、汤恩伯等纵队，共 100 多个团。

红军为了争取主动，撤离了津市、澧县，回师苏区中心地带桑植。

这次敌人的"围剿"采取了边筑垒边推进的方针，逐步缩小对红军的包围圈。11 月初，红二、六军团集结在桑植一带，处境越来越险恶，要想粉碎敌人的"围剿"显然非常困难。

11 月上旬，二军团部署进行战略转移。我们随即进行了政治上、思想上、物质上的准备。首先进行广泛的政治动员，说明当前的形势，提出以运动战打破敌人"围剿"的战斗任务，坚定广大指战员的胜利信心和决心；加强了党组织的建设，发展了一批新党员，健全和加强了党的基层组织。在物质上，要求每个人准备 3 双草鞋，带足 3 天的口粮。

为了适应新的战斗任务，总指挥部对部队进行了整编，红二军团新组建了红五师，调贺炳炎去五师担任师长。他接到命令后对我说："五师是以地方武装两个独立团为基础组建的，缺少干部和骨干，我想从十八团带走一些干部和骨干，补充到五师，不知你有什么意见？"我说："干部是党的干部，五师是新组建的部队，从十八团调些干部去，有利于部队建设和提高战斗力，我支持。你提个名单，用我们两个人的名义报告师长、政委。"贺炳炎听了很高兴，用手拍了一下我的肩膀说："你这个人很能顾全大局。"

贺炳炎调走以后，军团部任命成本兴（以后改名成钧）任红十八团团长。

成本兴是湖北石首人，1927年秋参加石首起义。1930年参加中国工农红军，1931年加入中国共产党，曾担任过连长、黔东独立团副团长、红二军团营长。他来十八团时大约二十二三岁，比我大一两岁。

长征前夕，红二军团在桑植刘家坪召开全体指战员大会，贺总指挥在会上讲话，分析了当前的形势，提出"我们要从内线转到外线，打到敌人的后方去。"

11月19日，贺总指挥下达了突围命令。当天夜里，红二、六军团告别了湘鄂川黔根据地，开始战略转移。先后突破了敌人沿澧水、沅水设置的两道封锁线，跳出了敌人的包围圈。当时湘中的敌人都到湘西参加"围剿"，兵力空虚。红二、六军团乘虚南下湘中，我们红六师攻占了溆浦。这里人口稠密，物产丰富。我军进入溆浦之后，立即广泛开展群众工作，宣传我党的抗日主张，没收地主豪绅的财物，把它分给贫苦的农民和市民，使广大群众亲身体会到工农红军是自己的队伍，纷纷报名参军，我团又补充了一批新战士。

红二、六军团到达湘中后，在湘西参加"围剿"的敌军又匆匆忙忙从湘西赶到湘中。当敌人到来时，我们又经湘西转向湘黔边界。1936年元旦刚过，二、六军团到达晃县（即新晃县）、玉屏。这时敌军李觉纵队跟了上来，我们只好继续向西走。几天后到达黔东南的石阡、江口。我军离开桑植以后，边打边走，在将近两个月的时间里，行军数千里，基本上未得到休息。在石阡才得到了一个休整的机会。

1月中旬的一天，总指挥部在石阡天主教堂召开二、六军团党的积极分子大会。任弼时作了报告。弼时同志指出："我们是准备在湘黔边界搞根据地的，现在敌人来了，我们还要继续往西走，到贵州西部，以战斗的胜利创造新的根据地。"弼时同志还讲了全国的形势，北平的学生提出"停止内战一致抗日"的口号，发动了"一二·九"示威运动，全国的形势有利于中国革命的胜利。接着他说，根据当前的形势，我们党提出了抗日民族统一战线的政策。听了弼时同志的报告，我们都很受鼓舞。

在石阡休整一个星期后，我军继续西进。当时我们十八团为后卫，在行军中，通讯员突然向团长和我传达贺总指挥的命令："传十八团跑步前进，赶上前去。"我和成本兴立即带领全团跑步前进，见到贺总指挥，他亲自向我们部署任务，他说："黔军为了防止我军进入贵州，在前面设置了由数公里到纵深数十里的堡垒封锁线，你们要冲上去，打开一个缺口，保证主力部队安全通过。"我俩异口同声地说："保证完成任务。"

我们受领任务以后，以急行军的速度赶到军团前卫。在接近封锁线时，我和团长观察了地形，经研究，为了争取时间，决定用少量部队对付两侧零星敌人据守的碉堡，我和团长带领主力直接扑向纵深的碉堡群。经过激烈战斗，消灭了敌二十三师的一个营，打开了一条通道，沿着这条通道，红二、六军团顺利地通过了堡垒封锁线。

1936 年 1 月 24 日是农历春节，我军攻占瓮安，休息了一天。25 日，攻占平越县（即今福泉县）的牛场镇。当天夜里，军团部命令红四师和我团攻占平越县城。午夜，我团控制平越西门的制高点，四师则控制了北门、东门的制高点。26 日晨 7 时，我军冒着纷飞的大雪开始攻城。我团首先攻破西门城楼，进入城内。随后，四师也由北门进城。这次战斗，击溃县团防队 600 余人，击毙平越专员公署专员兼平越县县长聂洸。

我团入城不久，即接到军团部命令，令我团出南门阻击敌九十九师。我团刚出南门，即遇敌前哨两个排，当即将其击溃，随之我团到达吴家桥，利用有利地形阻击敌人，掩护二军团在城内开展群众工作。阻击敌人一天一夜后，于 27 日晨奉命撤出阵地，作为军团后卫到达鸡场（仙桥）、大麻窝一带。于 28 日渡过青水江，进入龙里县境。然后继续向贵阳进军，一直到距贵阳 30 公里的地方。敌军非常恐慌，加强了对贵阳和遵义等地的防守。我军遂从贵阳北面向西北急进，奔袭扎佐、修文，准备从贵阳以西的鸭池河渡口渡过乌江。

2 月 1 日，总指挥部命令红六师抢占鸭池河渡口。鸭池河地处乌江的上游，也是黔西北的门户。六师师长郭鹏、政治委员廖汉生把这个任务交给了十八团。要抢占鸭池河渡口，一是要快，二是要隐蔽，出其不意。为了不让敌人发觉，必须在夜间行军，天亮之前赶到。当天夜里下着雨，路很不好走。在这种情况下，最重要的是干部的模范作用。我和团长商量，我随一营走在前面，他指挥二、三营随后跟进。我们冒着雨，踏着泥泞的小路，在黑夜里急行军，在拂晓时，赶到了鸭池河渡口，以迅雷不及掩耳之势，消灭了渡口的少数敌人。接着一面以猛烈的火力压制对岸的敌军；一面派人迅速找船。一会儿，二军团参谋长李达赶到。他问我是否派出了警戒，我说已派出一个排和一个班。他说还应该多派一些。我说当前最重要的任务是压制对岸敌人的火力和找船。他同意了我的意见。我们找到了两只渡船和一些小船。天亮时，大部队陆续到达，立即乘船组织强渡，同时搭浮桥，让大部队通过。红二、六军团仅用了半天的时间就渡过了乌江天险。

我军渡过鸭池河以后，又翻过高山，奔袭了黔西县城。国民党黔县县长林雁峰闻风丧胆，带着团丁弃城西窜。2月3日晨，我军进时，黔西各界群众燃放鞭炮，夹道欢迎。几天后，红五师占领大定，六军团进占毕节。

我们进入黔西、大定、毕节地区以后，在贵州地下党配合下，很快展开了创建新的根据地的工作。这里土地贫瘠，苛捐杂税多如牛毛，人民生活非常贫困，很多人吃不饱饭，没有衣服穿。我军组成抗日宣传队，广泛宣传抗日，帮助群众建立各级革命政权，领导群众开展打土豪、分浮财的斗争，使许多群众第一次吃上了饱饭，穿上了新衣服。同时镇压了一些欺压群众、作恶多端、死心塌地与红军为敌的反动分子。与此同时，我们组织了扩红突击队，广泛动员青壮年参军。在不长的时间内，我团就补充了几百名新兵。

我军离开湘鄂川黔以来，艰苦转战5000余里，不仅要行军作战，还要和恶劣的自然环境作斗争，特别是进入贵州以后，为了摆脱敌人，经常在深山小路上急行军，所经过的地方人烟稀少，缺粮少药。广大指战员以坚强的毅力与敌人、严寒、饥饿、疾病作斗争，部队减员严重，在黔西、大定、毕节地区建立革命根据地，为部队争取了一个比较长的补充休整时间，使指战员的体质得到了恢复，伤病员得到了及时治疗，人员得到了补充，为完成长征打下了一个好的基础。红二、六军团进入黔西和在黔西、大定、毕节地区建立革命根据地，引起了蒋介石的恐慌和不安。他从南京飞到贵阳，亲自布置"围剿"，命令贵阳行营主任顾祝同指挥万耀煌、樊嵩甫、郝梦龄、李觉和郭汝栋5个纵队向二、六军团进攻。敌人先后占领黔西、大定，2月27日，我军自动退出毕节，放弃了在这一地区建立根据地的计划。

红二、六军团退出毕节以后，为了避开敌军的围追堵截，开始进入黔滇交界的乌蒙山区。

乌蒙山海拔2300多米，连绵起伏于云南东北和贵州西部。我军进入乌蒙山已是3月初，但高山顶上仍然覆盖着白雪，遇到阴雨，特别是夜间，天气还相当冷。为了摆脱敌人，我军在大山中忽东忽西，忽南忽北，在崇山峻岭中转来转去，展开了一场艰苦卓绝的回旋战。

3月12日，我十八团正按着军团的部署向镇雄方向前进，忽然接到贺总指挥的命令，要我们火速前进到得章坝，截击正在经得章坝前往镇雄的万耀煌纵队。我团赶到干沟梁子，看到敌军正沿山坡由西向东开进，恰好经过我们的脚下。我们乘其不备猛烈开火，指战员呐喊着冲向沟底，消灭了正在行进中的一部分敌军，剩下的敌军有的在沟底顽抗，有的挣扎着爬上了对面的山坡。为了消灭被围困在沟底的敌人，我团成本兴团长站起来看地形，选择进攻路线。这时我看到对面山坡上的敌人正准备向我方射击，我急忙站起来用左臂把成团长拉倒，嘴里喊了一声："危险"，话音未落，敌人一排子弹射来，击中了我的左臂，简单包扎以后，继续战斗，消灭了沟底的敌人。在给敌人严重杀伤以后，总指挥部命令我军撤出战斗。为了掩护我军转移，必须要消灭对面山坡上的一股敌人。我和成团长带领部队迂回到对面坡上，占领了大半个山包，缴了十几支驳壳枪和几挺机枪，就在我们即将占领全部山头时，敌人一梭子机枪子弹打了过来，打在我已负伤的左臂上。当时我一看，打断的骨头白茬已穿出皮肉，有两根筋露在外面，微微颤动。当时好像有些麻木了。战斗正在激烈进行，也没有多想，继续指挥战斗。一直坚持到天黑，部队安全转移。当时在我团的六师政委廖汉生看我伤势很重，让同志们用担架把我送到师卫生部，经简单包扎后即随部队转移。在这次战斗中负伤的还有十七团参谋长张秀龙，他的腿部负了伤，是与我同时用担架送到师卫生部的。

事后我了解到，这次战斗，红四师、红六师把正在行进中的万耀煌纵队拦腰截断，使敌人首尾不能相顾，乱作一团，四处溃散，万耀煌在溃乱中只身脱逃。这次战斗俘敌200余人，毙伤敌营连以下官兵120余人，缴获重机枪7挺，长短枪数百支，弹药300余挑。在战斗中，总指挥部发现敌军不断向得章坝方向增援，我军南进的道路已被阻断，立即命令部队撤出战斗，争取了主动。

过雪山草地

得章坝战斗后，我离开了红十八团。总指挥部任命红四师副政委杨秀山为十八团政治委员。

我被抬到卫生部以后，疼痛难忍，开始意识到伤势的严重。我动动左手的手指，只有一个能动，其余四指全然没有知觉。经过战争的同志都知道，不怕骨折肉绽，只怕打断神经。那个疼痛，是难以用言语形容的。有人喊我一声，或用手指动我一下，我都感到伤口疼痛。我不敢张嘴说话，吃东西只能慢嚼慢咽，稍一不慎，伤口就钻心似地疼。为了摆脱敌人的围追堵截，不是打仗，就是急行军，根本没有时间治疗伤口，更不用说动手术了。

我负伤后，贺龙总指挥、任弼时政委、关向应副政委都非常关心，为我准备了一副担架，给我弄到了一件皮衣，还有一块油布。皮衣可以御寒，油布可以遮雨，这两样东西可是解决了大问题。

得章坝战斗后，一天深夜，我军从郭汝栋、樊嵩甫两个纵队之间秘密穿过，突出了重围，直趋滇东攻占了宣威，3月底到达盘县。在这里，我们听到传达，红二、六军团决定渡过金沙江，与主力红军会师。事后我们才知道，红二、六军团与党中央的联系已经中断。与二、六军团保持联系的是四方面军的电台，要二、六军团渡过金沙江的电报是朱德总司令和当时任红军总政委的张国焘签署的。

4月下旬，红二、六军团到达金沙江上游的石鼓渡口，从25日起开始渡江。渡江前，总指挥部派人给我送来一床鸭绒被。当时我的伤口已经发炎，正在发高烧。我是被同志们抬到船上，在同志们的保护下渡过金沙江的。

渡过金沙江后，开始进入康藏地区。这时摆脱了十几万敌军的围追堵截，部队开始在中甸地区的格罗湾休整。有一天，贺总指挥、任政委来看我，问了我的伤情后，对卫生部的同志说，我们要在这里休整一些日子，你们可以为余秋里同志把伤口好好治一治。卫生部的同志说，过金沙江时，医疗器械全掉在江里了。弼时同志很惋惜地说，又失掉了一次治疗的机会。

5月1日，我们翻越5300米的哈巴雪山，到达中甸县城。在中甸，我参加了连以上干部会议。会议明确提出，红军当前的任务，是要在极其困难的条件下过雪山、草地北上，与一、四方面军会合，创建西北根据地。

5月5日，红二军团从中甸出发向甘孜前进，共翻越了3座大雪山。过雪山时，气候变化很大，在山下天气还比较暖和，一上山气温骤然下降，狂风卷着积雪扑面而来，越往上走空气越稀薄，连喘气都很困难，再加上饥寒交迫，不少同志都倒在了雪山上，有的同志实在走不动了，坐下想休息一会儿，一坐下去，就再没有起来。在这种情况下，我不管怎么累，总是咬着牙走下去。同志们要抬我，我坚决不同意，同时鼓励大家一定要坚持下去，不能坐下来休息。有时山顶上暴风雪袭来，我们几个人就用那块油布挡一挡。就是这样，终于翻过了3座雪山，于7月1日到达甘孜。在甘孜，我们受到红四方面军广大指战员的热烈欢迎。他们为我们腾出了房子，筹集了大量粮食、牛羊、衣物，使我们深受感动。

7月2日，在甘孜举行了庆祝二、四方面军会师的盛大联欢会。朱总司令在会上发表了讲话。我这是第一次见到总司令，他朴实、慈祥，像一位忠厚的长者。他用浓重的四川口音说："同志们，我祝贺你们战胜了雪山，也欢迎你们来与四方面军会师。但是这里不是目的地，我们要继续北上，要北上就必须团结一致，不搞好团结是不行的。"朱总司令还说："中央去年带着一方面军胜利地通过草地，到达了抗日前哨阵地——陕甘地区。现在，陕甘边根据地巩固、扩大了，红军也壮大了。"我们原来以为，到甘孜就是和中央会师的，这时才知道，党中央已经到了陕甘地区，建立了新的根据地，我们听了很受鼓舞。

在甘孜，我们陆续听到了一些张国焘和中央闹分裂的消息。不久，张国焘开始把手伸向了二方面军。张国焘为了煽动二方面军指战员反对党中央，他给二、六军团团以上干部送来了《干部必读》等小册子，我们翻了一下，大部分是张国焘的讲话，恶毒攻击党中央、毛主席北上抗日的英明决策。我和张秀龙看了，非常气愤。我提出要去找任弼时、贺龙反映这个问题。但是，很快师里就派人把这些小册子收回了。事后才知道是关向应发现了这个问题，通知各师收回上交的。张国焘反对党中央的阴谋活动，由于遭到任弼时、贺龙、关向应的坚决抵制而未能得逞，最后不得不同意与二方面军一起北上。

在甘孜，我们住在一个喇嘛庙里，卫生员看到我身体很虚弱，不知道从哪里搞了两斤腊肉，要做给我和张秀龙吃，我坚决不同意，小卫生员很不高兴。我就耐心地给他说："这里是藏区，我们吃了群众的腊肉，不仅违犯了群众纪律，而且也违犯了党的少数民族政策，这可不是个小问题啊！"卫生员听了就高兴地把腊肉送回去了。在离开甘孜前夕，四师师长卢冬生来看我，问了我的伤势，还带来了一些食品，有青稞、糖、辣椒、酥油、牛肉等，充分体现了革命同志之间的情谊。

7月5日，中央军委颁布了组织红二方面军的命令。任命贺龙为总指挥，任弼时为政治委员，萧克为副总指挥，关向应为副政委。原四方面军的三十二军也划归为二方面军建制。

7月中旬，红二方面军离开甘孜北上，开始进入草地，举目望去，荒野一片，不见村庄，没有人烟，部队终日行进在荒凉的大草原上。这里地处高原，空气稀薄，天气多变，忽而晴空万里，忽而阴云密布。当时最大的困难是缺乏粮食。过草地前，给我们每个人准备了一份干粮，但数量有限，卢冬生虽给了我一些食品，但几天也就吃完了。以后只好挖野菜、找牛羊皮来充饥。偶尔在水里捉到一条鱼，或者在草地上捉到一只田鼠，就是最好吃的东西了。我记得有一次行军时，和红三十二军走在一起，罗炳辉军长不知用什么方法捉到几只田鼠，他请我吃了一顿田鼠肉，在我的印象里，那是最好吃的一顿美味佳肴了。在当时的情况下，饥饿和死亡时刻在威胁着每一个人。为了活下去，凡是能吃的东西都吃了。有一次，战士找到一面破鼓，把鼓面割下来用水煮着吃，又硬、又苦、又涩，真是难以下咽。但是，也要硬着头皮一口一口往下吞。不但自己吃，还要动员别人吃。

过草地还有一个很大的危险，就是要通过一大段泥沼地带。有的地方表面看上去是草地，下面却是泥潭，一旦不慎陷进去就会越陷越深，以至泥水没顶。在通过这一地段时，同志们都给我让路，把好走的路指给我。有时同志们看我实在太累了，就要用担架抬我，我坚决不同意。大家身体都很虚弱，自己走路都很困难，我怎么能让同志们抬我呢？

我负伤不久，伤口就开始发炎腐烂，疼得厉害。当时没有止痛药，为了止痛，有时就把受伤的左臂伸到冷水里泡一泡。伤口怕太阳晒，一晒就火辣辣地疼，行军时我就尽量找有荫凉的地方走。过草地时没有荫凉，我准备了一把水壶和两条毛巾，水壶里装满了水，疼痛难忍时，就用凉水浇在伤口上，然后用湿毛巾敷在受伤的左臂上。湿毛巾我自己一只手不能拧，都是张秀龙现场帮我洗净、拧干，再敷在我的伤口上。

过草地时，有一段时间没有换药。过了噶曲河，医生来检查伤口，打开纱布一看，伤口已经腐烂生蛆，医生用镊子将蛆一个一个地夹出来，用盐水清洗了伤口。

经过将近两个月的艰苦行军，终于走出了草地。9月初，红二军团到达哈达铺。我们又看到了村落，看到了人群，看到了牛羊，看到了勃勃生机，看到了希望，从内心充满了喜悦之情。

到了哈达铺，和部队中的同志接触多了，有的同志反映，近来开小差的不少，我听了感到很焦急。一天，六师师长贺炳炎来看我，我向他谈了这个问题。我说，在艰苦的环境中，我们比较重视思想工作。现在走过了雪山草地，艰苦的环境过来了，在比较好的环境下，更应该加强思想政治工作，不能有丝毫的放松。贺炳炎说："你这个意见很好，我回去和廖汉生政委研究，一定要解决好这个问题。"

9月中旬，红二方面军总指挥部根据中央军委的部署，发起了甘南战役，先后攻占了成县、徽县、两当、康县4座县城，并在这些地区建立了革命政权。当时，我们六师驻在徽县。

甘南战役后的一天，贺龙总指挥、任弼时政委、关向应副政委来看我。二、四方面军会师以后，弼时同志一直随四方面军行动，是在甘南战役时回到二方面军的。

贺、任、关首长问了我的伤口情况。当时我的左手已干燥、发黑、左臂红肿、身体消瘦。贺总问我有什么想法。我说，看来左手是保不住了，而且疼痛难忍，我要求把左手锯掉。贺总说，方才我们和红二方面军卫生部部长侯友成谈了话。侯部长说，左手是保不住了，做了，可以减少痛苦，防止感染；如果不做，感染后发高烧，就很危险，想做也不行了。卫生部的同志还说，这种手术他们做过，比较有把握，不会有危险。任弼时接着说："手既然没法保留，手术又有把握，那就下决心做吧！"贺总回过身去对在旁边的侯友成说："在甘南战役中，我们从毛炳文的部队中缴获了一批药品和医疗器材，你们需要什么器材和药品，开个单子给我，我回去马上通知二军团、六军团、九军团，找到后给你们送来。"很快二军团、六军团、九军团分别送来了麻醉药品、缝合针线、止血钳、洗伤口的双氧水。最后还缺少动手术的锯子，卫生部的同志从县城一家钟表店找到一把钢锯条，从修械所找到一把锯弓，截肢手术所需的器械和药品总算齐备了。

手术是在一个小城镇的居民家中进行的。屋内到处是灰土和烟尘。卫生部的同志从二方面军供给部领了一些白布，做了一顶帐子。侯部长告诉我，他做这次手术压力很大，因为贺龙、任弼时一再追问对手术有无把握。因此，在简陋的条件下，一定要做到万无一失。为了消毒，把医疗器械先用稻草灰擦洗一遍，然后从包子铺借来蒸笼，把器械和帐子进行蒸煮。

手术是在9月20日上午进行的。手术前，侯友成给我讲手术的程序和注意事项。我说："你们大胆做吧，没问题。"他又说，要全身麻醉。我说，既然交给你们做，就一切都交给你们全权处理。打上麻药以后，很快我就迷迷糊糊睡着了。醒来时，觉得头有些晕眩，我习惯地用右手去摸左手，空荡荡的，我才知道手术已经完成。事后，卫生部的同志告诉我，我醒来时说的第一句话是："这一觉睡得真香啊!"我算了一下，从3月12日得章坝战斗负伤，到9月20日做手术，拖着一只断臂度过了192个日日夜夜，这漫长的日子，不是躺在病床上，而是在敌人的围追堵截中走了两万里，从来没有睡过一个好觉。

手术后，为了给我增加营养，总指挥派人送来了罐头，卫生部的同志买了一些鸡蛋。一天，贺总指挥、任政委来看我，看到手术很成功，他们非常高兴。贺总对侯部长说："你们的手术做得不错，我奖给你们卫生部两匹马。"侯部长高兴地说："谢谢贺总，有了马驮药箱、驮伤员，我们就好办了。"

手术几天后，我就开始下床行走，身体逐渐康复。开始时伤口还有些疼痛，侯部长想给我打止痛针，但被我拒绝了。因为还有些同志要做手术，他们更需要止痛药。

10月初，红二方面军撤出成、徽、两、康地区。我即随部队向北进军。10月22日，在甘肃省隆德县的将台堡（今属宁夏西吉县）同红一方面军胜利会师。红二方面军胜利完成了历时一年，转战湘、黔、滇、川、甘、青、陕等省，行程两万余里的长征。

长征后，有的同志曾经问我，在负重伤的情况下，是什么力量支持你拖着伤残的身体走过这两万里的？我想，主要是两个因素：

一是革命队伍中的阶级友爱。红军广大指战员都有着共同的理想和信念，是建立在共同革命理想上的战斗集体，同志间充满了阶级友爱之情。我负伤后，上自贺龙总指挥、任弼时政委、关向应副政委，下至广大指战员，都对我表示了无微不至的关怀。长征中，几乎天天都处于行军作战状态中，地上有敌军围追堵截，天上有敌机轰炸。敌机轰炸时，同志们总是找个安全的地方，把我掩护起来。爬雪山、过草地，同志们总是把好走的路让给我；找到的粮食、挖到的野菜、草根，尽量先让我吃。同志间的阶级友爱之情，帮助我战胜了一个又一个的困难，增强了我战胜困难的信心和勇气。

二是崇高的革命理想和坚定的革命信念。我是通过参加农民暴动参加红军的。从那一天起，我就认定共产党和红军是为了全国广大工农群众求解放的。以后通过学习，进一步认识到我们党的奋斗目标是为了实现全阶级全民族的翻身解放，建设一个没有剥削、没有压迫、没有阶级的共产主义社会。这是一项最光荣、最伟大的事业，是正义的事业。不论经过任何艰难困苦，革命终究会胜利。在长征中，每当在最困难的时候，我总是和同志们互相鼓励：一定要坚持下去，只要有一口气，爬也要爬出草地，去参加抗日。正是理想和信念力量，鼓舞我战胜了难以想象的困难。经过艰苦的磨炼，更进一步坚定了我的革命信念，锻炼了我的革命意志。经过长征，我更加坚信，任何艰难困苦都阻挡不了有坚定信念的共产党人。

后 记

"红军不怕远征难，万水千山只等闲。

五岭逶迤腾细浪，乌蒙磅礴走泥丸。

金沙水拍云崖暖，大渡桥横铁索寒。

更喜岷山千里雪，三军过后尽开颜。"

1934年10月至1936年10月，中共中央领导中国工农红军通过长征，结束"左"倾教条主义在中央的统治，确立毛泽东在中央的领导地位，形成以毛泽东为核心的第一代中央领导集体，突破国民党军队围追堵截，克服恶劣的自然环境，战胜张国焘的分裂活动，实现红军三大主力会师西北，进入准备全国抗日战争的前进阵地。长征使中国共产党犹如凤凰涅槃、浴火重生，实现了伟大的历史性转变，迅速开辟了中国革命的新局面。历史已经证明，20世纪30年代中期中国共产党领导中国工农红军进行的长征，是中国革命史上气壮山河、惊天动地的壮丽史诗。

随着中国特色社会主义进入新时代，习近平总书记对长征精神进行了新的提升和概括："长征是一次理想信念的伟大远征。崇高的理想，坚定的信念，永远是中国共产党人的政治灵魂。中国共产党从成立之日起，就把共产主义确立为远大理想，始终团结带领中国人民朝着这个伟大理想前行。党和红军几经挫折而不断奋起，历尽苦难而淬火成钢，归根到底在于心中的远大理想和革命信念始终坚定执着，始终闪耀着火热的光芒。""长征是一次检验真理的伟大远征。真理只有在实践中才能得到检验，真理只有在实践中才能得到确立。长征途中，红军面临着凶恶残暴的追兵阻敌，面临着严酷恶劣的自然环境，还面临着同党内错误思想的激烈斗争。经过长征，党和红军不是弱了，而是更强了，因为我们党找到了中国革命的正确道路，找到了指引这条道路的正确理论。""长征是一次唤醒民众的伟大远征。红军打胜仗，人民是靠山。长征是历史纪录上的第一次，长征是宣言书，长征是宣传队，长征是播种机。面对正义和邪恶两种力量的交锋、光明和黑暗两种前途的抉择，我们党始终植根于人民，联系群众、宣传群众、武装群众、团结群众、依靠群众，以自己的模范行动，赢得人民群众真心拥护和支持，广大人民群众是长征胜利的力量源泉。""长征是一次开创新局的伟大远征。长征的胜利，是方向和道路的胜利。长征的过程，不仅是战胜敌人、赢得胜利、实现战略目标的过程，而且是联系实际、创新理论、探索革命道路的过程。长征出发前，由于党内"左"倾教条主义的错误领导，中央革命根据地第五次反"围剿"失败，其他根据地也遭受挫折，中国革命面临着方向和道路的抉择。面对乱云飞渡、惊涛骇浪，我们党表现出无所畏惧的伟大实践精神，表现出浴火重生的伟大创造精神，在血与火中趟出了一条走向新生、走向胜利的革命道路。"[1]

为了进一步纪念长征，研究长征，学习长征精神，弘扬长征精神，"把红色资源利用好""把红色传统发扬好""把红色基因传承好"，我们在长期从事长征研究和党史研究的基础上，根据收集、积累的长征资料，编写了这部著作。由于本书正式编纂、编辑、出版之际，恰逢全国人民万众一心抗击新冠肺炎传播，联系不便，交通不便，部分作者无法联系。因此，恭请未能取得联系的作者或其家人与我们联系，以便寄去稿酬和样书。在此书出版之际，谨对负责审读书稿的专家学者表示衷心的感谢。在本书策划、选题、编辑、出版过程中，人民出版社的领导和编辑对本书出版付出了不少心血，在此对他们表示衷心的感谢。由于时间紧迫，编者水平有限，如有不当之处，欢迎广大读者提出宝贵意见。

编　者

2020 年 3 月 5 日

---

[1]　习近平：《在纪念红军长征胜利 80 周年大会上的讲话》，《人民日报》2016 年 10 月 22 日。

责任编辑：王世勇

特约编辑：陈　华

图书在版编目（CIP）数据

红军长征回忆录精选／薛庆超 编 . — 北京：人民出版社，2020.6（2025.2 重印）

ISBN 978－7－01－021691－1

I.①红… II.①薛… III.①中国工农红军长征－史料 IV.① K264.406

中国版本图书馆 CIP 数据核字（2019）第 288800 号

红军长征回忆录精选

HONGJUN CHANGZHENG HUIYILU JINGXUAN

薛庆超　编

人民出版社 出版发行

（100706　北京市东城区隆福寺街 99 号）

北京旺都印务有限公司印刷　新华书店经销

2020 年 6 月第 1 版　2025 年 2 月北京第 2 次印刷

开本：787 毫米 × 1092 毫米 1/16　印张：29.5

字数：493 千字

ISBN 978－7－01－021691－1　定价：118.00 元

邮购地址 100706　北京市东城区隆福寺街 99 号

人民东方图书销售中心　电话（010）65250042　65289539